지혜,
타고나는가 배워지는가

지혜,
타고나는가 배워지는가

박찬욱 기획, 한자경 편집 | 이필원·장진영·김호귀·이진우·권석만 집필

운주사

지혜와 함께 행복한 삶을 영위하길 기원하며

사람은 누구나 삶의 현장에서 다양한 의문을 갖게 되고 답을 알고 싶어 합니다. 우리가 사는 환경인 자연에 대하여, 인간의 삶에 대하여, 내 안에서 일어나는 현상들에 대하여 의문이 생기고 해답을 탐구합니다. 온갖 현상들의 본질을 통찰하고 싶고, 일어난 현상들의 인과를 알고 싶으며, 당면한 과제를 어떻게 풀어야 할지 그 해법을 찾고 싶습니다. 우리가 원하는 답은 정보 수준에서 얻을 수도 있고, 지식 차원에서 해소될 수도 있지만, 정보와 지식만으로는 해결되지 않는 의문들과 과제들이 수두룩합니다. 지혜의 힘이 필요한 이유입니다.

지혜는 무엇인가? 무엇을 지혜라고 할 수 있나? 지혜의 특징은 무엇인가? 지혜는 어디에서 오는가? 지혜는 생득적인가 후천적인가? 지혜는 점차로 학습되는가 돌연히 창발되는가? 지혜의 양과 질은 어떻게 측정할 수 있는가? 등등 지혜와 관련하여 수많은 질문들이 제기됩니다.

사람은 누구나 행복한 삶을 바랍니다. 행복을 영위하기 위해서는 정보, 지식, 지혜를 잘 활용하여야 합니다. 삶이 평탄할 때도 그렇지만 삶이 휘청거릴 때 더욱 그렇습니다. 삶의 여정에서 행복과 불행은 교차하기 마련이고, 마음대로 잘 안 될 때가 허다한 것이 현실입니다. 이러한 삶의 현장에서 어떻게 살아야 행복하게 잘 살 수 있을까요? 삶의 항로에서 맞닥뜨리게 되는 다양한 파고를 어떻게 헤쳐 나가야 할까요?

안팎으로 복잡다단한 세상에서 중심을 잡고 행복을 향유하기 위해서는 지혜로워야 합니다. 인류는 시대와 지역에 관계없이 삶에 대한 지혜를 통하여 행복한 삶을 추구해 왔기에, 선배들의 통찰과 지혜에 귀를 기울이는 작업은 매우 유익할 것이기에, 지혜에 대하여 성찰해 보는 자리를 마련하였습니다. 모쪼록 우리 모두의 성장, 성숙, 행복을 위하여 유익한 계기가 되기를 기원합니다.

2006년부터 매년 한두 차례 개최해 온 '밝은사람들 학술연찬회'에서 논의되는 내용을 학술연찬회 개최 전에 '밝은사람들 총서'로 출간하고 있습니다. 학술연찬회와 총서 내용을 더욱 알차게 꾸리기 위하여 매번 1년 가까운 기간 동안 성실하게 준비하고 있습니다.

주제 발표자로 확정된 이후 여러 단계의 준비 과정에 진지한 태도로 참여하시고, 각자 전공 분야의 관점과 연구 성과를 일목요연하게 정리하신 이필원 교수님, 장진영 교무님, 김호귀 교수님, 이진우 교수님, 권석만 교수님, 다섯 분의 주제발표 원고를 조율하시고 학술연찬회 좌장 역할을 하시는 한자경 교수님께 진심으로 감사드립니다. 그리고 옥고를 단행본으로 출간해 주시는 운주사 김시열 사장님과 직원 여러분의 노고에도 감사드립니다.

특히 2006년 초 밝은사람들연구소 발족 이래 지금까지 불교와 사회의 상생적 발전을 촉진하는 연구소 사업을 물심양면으로 적극 지원해 주고 계신 수불 스님과 안국선원에 깊이 감사드립니다.

일상에서 늘 행복하시길 기원하며

2024년 10월

밝은사람들연구소장

담천 박찬욱 합장

지혜, 밖에서 얻는가 안에서 발견하는가

한자경(이화여자대학교 철학과 교수)

지혜란 무엇인가? 인간이 추구하는 가치를 진·선·미 셋으로 구분한다면, 지혜는 진眞, 즉 참됨 또는 진리를 알고 실천하는 범위에 속할 것이다. 서양의 고대철학자 플라톤은 인간이 갖추어야 할 덕을 지혜·용기·절제·정의 넷으로 보았는데, 이 네 덕목 중 셋을 개인에서는 신체의 각 부분이 담당해야 할 덕으로 보고, 국가 전체로서는 각 계층이 담당해야 할 덕으로 보았다. 즉 머리〔이성〕/통치자의 덕이 지혜이고, 가슴/수호자〔군인〕의 덕이 용기이며, 배/생산자의 덕이 절제이고, 이 세 영역이 각각 자기 덕을 잘 닦아 전체가 조화롭게 되는 것을 정의로 간주하였다. 그럼에도 네 가지 덕 중 최고의 덕은 개인의 머리나 국가의 통치자가 갖추어야 할 덕인 지혜로 간주하였음을 알 수 있다. 반면 동양의 유학자 맹자는 인간이면 누구나 타고나는 본성을 인仁·의義·예禮·지智 넷으로 보았으며, 따라서 인간이면 누구나 이 각각의 본성으로부터 일어나는 선한 감정인 측은지심·수오지심·겸양지심·시비지심 4단端을 느낀다고 논하였다. 즉 지혜는 인간이

타고나는 본성이며, 따라서 인간이면 누구나 무엇이 맞고 무엇이 맞지 않는지를 직감적으로 안다고 보았다.

일반적 가치:	선善			진眞	미美
플라톤, 갖춰야 할 덕:		용기	절제	지혜	정의
맹자, 타고나는 본성:	인仁	의義	예禮	지智	

이렇게 보면 동서를 막론하고 지혜가 강조되었는데, 지혜는 한편으로는 닦아서 얻어야 할 덕으로 간주되기도 하고, 또 다른 한편으로는 인간이 본래 타고나는 성품으로 간주되기도 하였다. 지혜는 교육이나 훈련을 통해 밖에서 얻는 것일까, 아니면 인간 안에 본래 구비되어 있는 것일까? 좀 더 지혜로워지기 위해 우리는 밖에서 더 많은 정보를 얻어야 하는 것일까, 아니면 오히려 자신의 내면에 더 귀를 기울여야 하는 것일까? 지혜는 밖에서 배워서 얻는 것일까, 아니면 우리 안에 이미 주어져 있는 것일까?

1. 지혜의 조건

이 물음에 답하기 위해서는 지혜가 갖추어야 할 조건이 무엇인가를 생각해 볼 필요가 있다. 한 인간의 지혜로움은 여러 가지 방식으로 묘사될 수 있지만, 일단 지혜로움의 조건은 다음 두 가지로 정리될 수 있다. ①갖고 있는 정보나 지식의 양, ②자신의 지식을 활용하는 태도나 방식이 그것이다. ①인간과 주변 세계에 대한 지식이 부족하다면, 지혜롭게 생각하고 판단하기 어렵다. 아무리 사심 없이 전체를 위한 공정한 마음을 갖고 있다고 해도 주변 정황에 대한 충분한 지식이 없다면 우리는 그를 지혜롭다고 여기지 않는다. 그는 그냥 착하고 어진 사람, 즉 선善이나 인仁을 갖춘 사람일 수 있지만, 지혜를 갖추었다고 보기는 어려울 것이다. ②그러나 아무리 지식이 많다고 해도 그 지식을 오직 자신이나 자기 주변의 이익 증대를 위한 방식으로만 활용한다면, 우리는 그를 지혜롭다고 여기지 않는다. 지혜롭기 위해서는 자신의 지식을 활용하는 방식이나 태도에 있어 오로지 자기 이익만을 챙기는 삿된 치우침이 없어야 한다. 즉 지식을 활용하는 마음이 사욕으로 한계 지어진 작은 마음, 자신의 이익만을 위하는 '각자위심各自爲心'이 아니라, 사욕의 한계를 넘어 전체를 향해 열려 있는 큰 한마음, 장애 없는 '무애심無碍心' 내지 '일심一心'이어야 한다.[1] 한마디로 사심私心 아닌 공심(公心, 共心)인 일심이어야 한다. 이렇게 보면 지혜를 이루는 두 축은 ①마음에 담긴 정보나 지식의 양, ②지식을 담고 있는 마음의 크기, 둘로 요약될 수 있다.

지혜의 두 조건:
　　① 지식의 양: 인간과 세계에 대한 지식의 양이 많아야 함
　　② 마음의 크기: 지식을 활용하는 마음이 사심 아닌 일심이어야 함

여기에서 ①지식은 세상을 살아가면서 얻게 되는 정보를 말한다.

---

1 자타분별의 장애를 넘어선 자타무분별의 큰 마음을 여기에서는 '하나'를 회복했다는 의미에서 '일심一心'이라고 부른다. 일심은 대승불교에서의 여래장성, 불성, 진심, 본심, 본래면목과 같은 의미이다.

지식은 직접 경험을 통해 또는 다른 사람의 말이나 글을 통해 얻게 되므로, 바깥으로부터 얻는 정보라고 할 수 있다. 지식의 양이 풍부해야 지혜로움이 성립하는 걸 보면, 지혜는 분명 바깥에서 배워서 얻는 측면이 있다. ②그러나 지식을 활용하는 마음가짐 내지 마음의 크기의 차이, 즉 사욕에 갇힌 작은 마음인가 사욕을 넘어선 큰 마음인가의 차이는 바깥에서 얻는 정보에 의해 결정되는 것이 아니라, 그 지식을 활용하는 마음 자체로부터 결정된다. 이렇게 보면 지혜는 바깥이 아닌 안에서 찾아져야 하는 측면이 있다.

　지혜, 밖에서부터 배워서 얻는가, 안에서 발견하는가?
　　① 지식의 양: 지식은 바깥에서 얻음
　　② 마음의 크기: 일심은 안에서 확보됨

　이와 같이 지식과 지혜는 밀접히 연관되어 있으면서도 서로 구분된다. 지식은 자신과 주변세계로부터 얻는 정보로서 그 자체가 그대로 지혜는 아니다. 아무리 많은 지식이라고 해도 지식은 지혜를 이루는 필요조건일 뿐 충분조건이 아닌 것이다. 지식이 지혜가 되기 위해서는 지식이 사욕으로 제한된 사심에 의해 운용되지 않고 사욕의 제한성을 넘어선 일심에 의해 운용되어야 한다. 다시 말해 지식 그 자체는 정보로서 동일하며, 그것이 어떤 마음에 의해 운용되는가에 따라 단지 지식에 그치는가, 아니면 그 이상의 지혜인가가 달라지는 것이다. 사심이 활용하는 지식은 단지 지식일 뿐이고, 일심이 활용하는 지식이 지식 이상의 지혜가 된다.

```
                  ┌── 사심私心으로 쓰면 ── 지식
    같은 정보를  ┤
                  └── 일심一心으로 쓰면 ── 지혜
```

　이처럼 지식과 지혜는 그 정보의 내용이나 양에 따라서가 아니라 그 정보가 어떤 마음으로 사용되는가에 따라 구분된다. 범부의 자타분별심 안에 축적된 정보는 그냥 지식일 뿐이고, 그 마음이 자타분별심을 넘어 자타무분별의 일심이 되면 그 안에 축정된 정보는 지식을 넘어 지혜가 된다. 결국 지식을 지혜로 변환시키는 방법은 그 지식을 활용하는 마음을 사심에서 공심으로 전환시키는 것이다. 즉 사욕에 갇힌 분별적 사심에서 사욕을 벗어난 무분별적 일심으로 나아가는 것이다. 그렇다면 어떤 방식으로 사심에서 공심 내지 일심으로 나아갈 수 있는가?

2. 지혜에 이르는 길: 탐진치의 제거

5온이 나라는 아견과 아집에 사로잡혀 있는 한, 우리는 사심의 범위를 벗어날 수가 없다. 사심은 5온이 나라는 아견 위에 탐욕과 분노와 어리석음의 번뇌에 갇혀 있는 마음이다. 반면 일심은 아견과 아집의 장애를 벗은 마음, 즉 탐진치의 번뇌를 벗은 마음이다. 그러므로 지식을 지혜로 변환시키는 길, 사심에서 일심으로 나아가는 길은 결국 마음에 쌓여 있는 아견을 깨고 탐진치의 번뇌를 덜어 가고 멸해 가는 것이다. 그래서 불교는 처음부터 5온이 나라는 아견을 깨기 위해 무아無我를 설하면서 마음속 탐진치의 번뇌를 덜기 위한 수행을 강조하였다.

우리가 일상적으로 나라고 여기는 5온이 실은 나가 아니라는 것, 5온의 나는 인연화합으로 생겨나고 인연이 다하면 흩어져 사라지는 물거품이나 아지랑이처럼 허망한 것임을 확연하게 깨닫는 것이 아견 我見을 깨는 견도見道의 깨달음이다. 이 깨달음이 바로 무아 내지 아공의 깨달음이며, 이때 마음은 사심의 속박에서 풀려나 마음의 본래 자리인 공空으로 돌아간다. 공은 일체를 품에 안는 무한의 크기이다. 마음 본래 자리인 공으로 돌아가 자신을 공으로 자각하는 마음이 일심一心이다. 마음이 그 자리로 돌아가야 부처가 될 수 있는 흐름에 들어선 것이며, 따라서 이런 수행자를 입류入流, 예류預流, 수다원이라고 부른다. 그러나 마음이 본래 자리로 돌아갔다고 해서, 그 마음 안에 떠다니던 번뇌가 즉각적으로 모두 사라지는 것은 아니다. 마음 본래 자리로 돌아가면 그 마음속의 탐욕과 분노와 어리석음이 오히려 더 선명하게 드러나며, 따라서 견도 이후에 비로소 의식보다 더 깊이 배어 있는 번뇌를 점차적으로 제거해 가는 수행이 가능한데, 이를 수도修道라고 한다. 탐심과 진심을 약화시켜 더 이상 새로운 업을 짓지 않아 욕계에는 딱 한 번만 더 오게 되는 일래(사다함), 그리고 탐심과 진심을 완전히 끊어 다시는 욕계로 돌아오지 않는 불환(아나함)을 거쳐 치심의 무명까지도 완전히 제거하면 그 수행자는 더 이상 수행(공부)할 것이 없는 무학, 즉 아라한이 된다. 탐진치의 번뇌가 모두 제거된 아라한의 마음은 삿된 치우침과 자타분별이 없는 마음, 중생 전체와 하나로 소통하여 하나가 된 마음, 일심이다. 그러니 그 마음에 저장된 모든 정보는 결국 지혜로 작용하게 된다.

사심 → 견도: 일심의 확인 → 수도: 마음속 번뇌의 약화   →   번뇌의 소멸=일심의 회복
범부   ① 예류(수다원) → ② 일래(사다함) → ③ 불환(아나함) → ④ 무학(아라한)
  ∥   └──┘
지식   →   지혜의 점진적 확장

  견도에서는 의식상의 번뇌가 제거되며, 이런 번뇌를 견도소단見道
所斷의 '견번뇌見煩惱' 또는 '견혹見惑'이라고 한다. 의식적 사고나 판단
으로써 해결되는 번뇌이다. 그런데 우리의 번뇌 중에는 의식 차원에서
는 해결되어도 어딘가에 미해결 과제로 계속 남겨지는 번뇌가 있다.
소위 무의식 차원에 남겨진 번뇌 또는 지난 세월 동안의 업業이 습習이
되어 몸속까지 배어 있는 번뇌가 그것이다. 이런 번뇌는 의식적 생각만
으로는 없어지지 않으며, 이런 깊은 번뇌까지 하나씩 제거하는 과정이
바로 수행의 길인 수도修道인 것이다. 수행을 통해서만 제거되는
번뇌를 수도에서 끊어지는 번뇌란 의미에서 수도소단修道所斷의 '애번
뇌愛煩惱' 또는 '수혹修惑'이라고 한다. 수다원은 견혹을 끊음으로써
수도의 길에 들어서며, 수행을 통해 점차 탐진치의 수혹을 조복시키고
단멸시킴으로써 사다함과 아나함을 거쳐 아라한이 되는 것이다.

3. 지식에서 지혜로: 전식득지轉識得智

대승 유식唯識은 애번뇌의 자리가 의식보다 더 깊은 마음이라는 것을
발견하였다. 그것이 바로 의식이 침전되어 형성된 식인 제7말나식이
다. 말나식은 의식의 대상으로 주어지지 않고 의식을 일으키는 근根으

로 작용하며, 이 의근의 자아식이 말나식이다. 의식의 생각이 겹겹이 축적되어 형성된 아애, 아치, 아만, 아견의 번뇌가 바로 제7말나식에 자리하고 있으며, 이처럼 의식보다 더 깊이 배어 있는 말나식의 번뇌를 제거하는 과정이 수도修道이다. 말나식의 번뇌가 모두 제거되면서 드러나는 마음이 바로 그보다 더 심층의 제8아뢰야식이다. 아뢰야식은 세상으로부터 얻은 일체의 정보를 모두 함장하는 정보보관소이며, 그 정보를 따라 일체 존재, 나(유근신)와 세계(기세간)를 다시 만들어내는 식이다. 아뢰야식 내의 정보를 유식은 경험으로부터 얻어진 산물인 '종자種子'라고 부르며, 따라서 아뢰야식을 '일체종자식'이라고도 부른다. 아뢰야식 안에 함장되는 종자는 업이 남긴 세력인 업력業力, 경험이 남긴 정보인 개념이며, 이러한 정보 내지 개념이 우리에게 지식으로 주어진다.

유식은 마음가짐 내지 마음의 크기를 따라 지식이 지혜로 바뀌는 과정을 '식識을 바꿔 지智를 얻는다'는 의미에서 '전식득지轉識得智'라고 부른다. 여기에서 식識은 탐진치의 번뇌에 쌓인 제7말나식의 관점(나의 관점)에서 활용되는 앎(지식)을 말하고, 지智는 제7말나식보다 더 큰 마음인 제8아뢰야식의 관점(일심의 관점)에서 활용되는 앎(지혜)을 말한다. 지식을 지혜로 바꾸는 전식득지의 과정은 다음과 같다. ①첫 단계는 의식 차원인 견도에서이다. 제6의식의 앎이 일심의 관점에서 활용되면 그 앎은 그대로 사물을 있는 그대로 관찰하는 지혜인 '묘관찰지妙觀察智'가 된다. ②그 다음은 탐진치를 제거하는 수도의 과정에서이다. 집착적 자아식인 제7말나식의 앎이 일체 번뇌를 떠난 일심의 관점에서 활용되면 그 앎은 곧 모두의 평등성을 아는 지혜인 '평등성지平等性智'가 된다. ③ 그리고 그렇게 탐진치의 번뇌를 벗고 보면 전5식의 앎은 그대로 일체의 행위를 완성하는 지혜인 '성소작지成所作智'가 된다. ④ 끝으로 제8아뢰야식의 앎은 그 안의 종자가 모두 지혜로 바뀌어 크고 원만한 거울처럼 일체 존재를 비추는 지혜인 '대원경지大圓鏡智'가 된다. 이 대원경지의 지혜가 곧 부처님의 일체지一切智에 해당한다. 이 과정을 앞의 성문4학의 단계와 연결하여 정리하면 다음과 같다.

사심 → 견도: 일심의 확인 → 수도: 마음속 번뇌의 약화 → 번뇌의 소멸=일심의 회복
범부   예류(수다원) → 일래(사다함) → 불환(아나함) → 무학(아라한)
        ① 제6의식 → 묘관찰지   ② 제7말나식 → 평등성지
                                                  ③ 전5식 → 성소작지
                                                  ④ 제8아뢰야식 → 대원경지

　　허공만큼 큰 마음인 일심을 자신 안에서 확인하는 것이 견도의 깨달음이다. 번뇌가 있어도 그 번뇌심이 다가 아니라는 것, 자신은 그 번뇌 너머의 마음이라는 것, 객진번뇌 너머 본래의 마음인 일심이 있음을 보는 것이다. 마치 해가 늘 구름에 가려져 있어서 있는 줄 모르다가 어느 순간 구름 사이로 구름 너머의 해를 힐끗 바라보는 것과 같다. 그것이 견도見道의 깨달음이고, 그것을 선불교는 견성見性이라고 한다. 구름 너머 해를 한순간 바라보듯, 번뇌 너머 일심을 몰록 보고 깨달으므로, 이것을 돈오頓悟라고 한다. 그렇게 한번 견성을 하면, 구름이 있어도 그 너머에 해가 있듯이, 번뇌가 있어도 그 너머에 일심이 있음을 알게 된다. 그리고는 온전히 일심으로 살기 위해 일심을 가리는 번뇌를 없애는 수행을 하게 되니, 그것이 수도修道이다. 번뇌를

18

없애는 과정은 점진적이므로, 이것을 점수漸修라고 한다.『기신론』은 견도의 깨달음을 궁극적 깨달음과 유사하다는 의미에서 '상사각相似 覺'이라고 하고, 번뇌를 없애는 수도 과정상의 깨달음을 '닦은 만큼 깊어지는 깨달음'이라는 의미에서 '수분각隨分覺'이라고 하며, 번뇌가 모두 멸한 상태의 깨달음을 궁극적 깨달음이라는 의미에서 '구경각究 竟覺'이라고 한다.

사심 → 견도: 일심의 확인 → 수도: 마음속 번뇌의 약화 → 번뇌의 소멸=일심의 회복
범부   예류(수다원) → 일래(사다함) → 불환(아나함) → 무학(아라한)
           견성見性   └──────────┘
           돈오頓悟   점수漸修
불각   상사각   수분각   구경각 2

　이상은 지식이 지혜로 바뀌기 위해 우리의 마음이 어떤 깨달음을 얻고 어떤 상태가 되어야 하는지를 여러 가지 방식으로 살펴본 것이다. 지식이 지혜가 되기 위해서는 그 지식을 활용하는 마음의 크기가 중요하다. 즉 번뇌에 갇힌 제한된 사심인지 번뇌의 제한을 벗은 무제한의 일심인지가 중요하다. 지식이 모두 지혜로 바뀌기 위해서는 그 마음이 아공과 법공을 깨닫고 탐진치의 모든 번뇌를 벗은 부처의 마음이 되어야 하는 것이다.

―――――――

2 『기신론』은 대승의 구경각이 이승 아라한의 깨달음에서 한걸음 더 나아간 것이라고 주장한다. 즉 이승 아라한은 아공을 깨닫고 번뇌장을 멸하여 제7지를 넘어선다고 보고, 대승 보살은 아공 너머 법공까지도 깨닫고 소지장을 멸하여 제10지를 넘어 불지로 나아간다고 본다. 다만 여기에서는 그 차이를 논하지 않고 번뇌를 멸하여 지혜로 나아간다는 점에서 같은 차원에 두었다.

4. 부처의 마음: 만들어지는가, 타고나는가

이렇게 보면 지혜를 밖에서 얻는가 안에서 발견하는가의 문제는 결국 지혜를 낳는 부처의 마음, 여래심, 일심은 수행을 통해 비로소 얻어지는 것인가, 아니면 수행에 앞서 이미 중생의 본래 마음으로 주어져 있는가의 문제가 된다. 대승은 여래심, 진여심, 일심은 수행을 통해서 비로소 만들어지는 마음이 아니라, 중생 안에 본래부터 내재해 있는 본래 마음임을 강조한다. 중생의 마음이 본래 부처의 마음, 본각本覺의 마음이라는 것이다. 중생의 본래 마음은 부처의 마음, 밝은 명明의 마음, 본각의 마음인데, 거기에 탐심과 진심의 번뇌가 쌓여 밝지 않은 무명無明의 마음, 불각不覺의 마음이 된다는 것이다. 이와 같이 대승은 지식을 지혜로 바꾸는 무제한의 일심은 누구나 타고나는 본래의 마음이지, 수행을 통해 비로소 만들어지는 마음이 아님을 강조한다. 구름에 가려져 있어도 뒤에 해가 빛나듯이, 번뇌에 가려져도 일심은 항상 그 자리에 있다. 마찬가지로 구름을 없앤다고 해가 만들어지는 것이 아니듯이, 번뇌를 없앤다고 일심이 만들어지는 것은 아닌 것이다. 지식을 지혜로 바꿀 수 있는 부처의 마음인 일심은 모든 중생이 이미 타고나는 마음인데, 다만 그 마음을 자기 마음으로 깨닫지 못하고 번뇌에 쌓여 번뇌심으로만 살아가는 것이 문제인 것이다. 수행은 허공과도 같이 두루 원만한 부처의 마음, 자신의 본래 마음을 가리고 있는 객진번뇌를 걷어내는 것이지, 그렇게 함으로써 부처의 마음을 비로소 만들어내는 것은 아닌 것이다.

지혜의 마음＝일심＝중생의 본래 마음

일심을 덮는 번뇌＝객진번뇌

지혜롭다는 것은 자기 보존과 자기 이익 추구라는 자기중심성의 한계를 넘어서서 보편의 관점에서 사유하고 행동하는 것을 말한다. 일체를 자기 이익의 관점 내지 자신의 견해(ditthi)에 입각해서 자기중심적으로 판단하는 것이 아니라, 자기를 세우지 않은 무견해, 전체의 관점인 무관점에서, 영원의 상하에서 사유하는 것이다. 그와 같이 전체를 아우르는 보편의 사유와 그 실현이 가능하자면 마음의 자기중심성을 넘어서야 하며, 그렇기에 마음속 탐진치의 번뇌를 소멸시키는 수행이 요구되는 것이다. 객진번뇌가 소멸될 때 드러나는 일심을 통해 지식은 지혜로 탈바꿈한다. 밖에서 얻은 지식을 지혜로 변환시키는 힘, 그것은 우리의 본래 타고난 마음의 힘, 일심의 힘인 것이다.

5. 이 책의 전개

이 책은 다음을 묻는다. 지혜란 과연 무엇인가? 우리는 어떤 사람을 지혜롭다고 여기는가? 우리는 지혜를 어떻게 얻는가? 지혜는 과연 밖으로부터 배워서 얻는 것인가, 아니면 누구나 본래 타고나는 것인가? 이 물음의 답을 찾기 위해 다섯 분야로 나누어 각 분야에서 지혜가 어떻게 다뤄지고 있는지를 각 분야의 전문가를 통해 들어보기로 한다. 초기불교[이필원], 대승불교[장진영], 선불교[김호귀] 그리고 서양철학[이진우], 심리학[권석만] 등 각 분야에서의 지혜에 관한 논의를 살펴봄으로써 우리의 마음이 한결 더 지혜롭게 되기를 희망한다.

초기불교 분야에서의 지혜는 이필원이 〈지혜, 생각의 경계 너머〉라는 제목의 글에서 논하고 있다. 그는 초기불교에서 지혜는 '생각을 통해서는 도달하지 못하는 것'임을 강조한다. 일반인의 생각은 자신의 경험이나 욕망 등에 의해 왜곡되어 있어서 사실을 있는 그대로 반영하지 못하며, 수행을 통해 생각을 넘어섬으로써 비로소 지혜가 가능하다고 보기 때문이다. 즉 자신의 욕망이나 견해로부터 자유로워질 때 비로소 지혜를 얻게 된다는 것이다. 그는 지혜와 번뇌 소멸은 쌍방향으로 작용함을 논한다. 즉 한편으로는 지혜를 얻음으로써 번뇌를 제거할 수도 있고, 또 다른 한편으로는 번뇌를 제거함으로써 지혜를 얻을 수 있다는 것이다. 그리고 이와 같은 방식으로 얻게 되는 지혜는 번뇌 제거의 단계가 점점 높아짐에 따라 지혜의 단계 또한 점차적으로 높아진다는 것, 한마디로 지혜는 점진적으로 성취된다는 것을 성문4과의 단계를 통해 논증한다. 그는 수행하는 성자의 삶은 생각을 따라 판단하고 분별하며 사는 삶이 아니라, 지혜를 따라 그냥 사는 삶, 지혜가 그대로 자비로 이어지는 삶이라는 것을 강조한다.

대승불교 분야에서의 지혜는 장진영이 〈대승의 지혜, 정지正智와 본지本知의 조화〉의 글에서 다루고 있다. 그는 대승불교의 큰 흐름인 중관학파와 유식학파 그리고 여래장사상과 화엄교학을 따라 그 각각에서 지혜가 어떻게 다뤄지고 있는지를 순서대로 밝힌다. 장진영에 따르면 중관사상에서 완전한 지혜로 간주되는 '반야바라밀'은 세간적 분별지를 넘어선 출세간적 무분별지이며, 이는 부처의 일체지一切智로서 성문 등 이승의 지혜와는 구분된다. 이어 그는 유식학파의 지혜를

3성과 3무성에 따라 논하며, 이를 다시 식에서 지로 전환하는 전식득지의 과정으로 설명하고, 이 전식득지 과정을 유식의 수행5위와 연관 지어 논한다. 불성과 여래장사상에 이르면 대승은 일심과 본각을 주장하고 모든 중생에 내재된 여래장성을 강조하며, 화엄에 이르면 일체 존재를 여래법신의 드러남으로, 여래의 무량한 지혜가 중중무진으로 펼쳐진 사사무애법계로 간주한다. 그럼에도 정진영은 지智는 결국 수행의 과정에서 얻어진 결과이며, 궁극의 지혜인 불지佛智 또한 수행의 결과임을 강조한다. 모든 중생에게 본래 구비된 것은 수행 결과의 지智가 아니고 성품에 드러나는 본지本知이며, 이는 곧 신회의 지知 또는 종밀의 '공적영지空寂靈知'에 해당함을 밝힌다.

　선불교 분야에서의 지혜는 김호귀가 다룬다. 〈자성의 자각과 그 활용〉에서 김호귀는 인도의 수행이 차제적으로 진행되는 점수의 수행이라면, 중국의 조사선은 갑작스런 깨달음인 돈오頓悟로서 견성見性을 지향한다고 말한다. 나아가 인도불교가 수행을 하고 난 후에 깨달음을 증득하는 '선수후증先修後證'의 체계인 데 반해, 중국의 조사선은 수행과 깨달음을 하나로 간주하는 '정혜일체定慧一體'를 주장한다고 본다. 그는 선문답에 있어 지혜의 역할이 무엇인지, 선지식이 납자의 깨달음을 인가하고 전법하는 메커니즘이 무엇인지를 밝힘으로써 선불교에서 지혜가 갖는 의미가 무엇인지를 설명한다.

　서양철학 분야에서의 지혜는 이진우의 〈인공지능 시대의 지혜사랑〉이라는 제목의 글에서 다뤄지고 있다. 현대를 특징짓는 '인공지능 시대'는 곧 지식이 지배하는 시대를 말한다. 인간보다 인공지능이 더 많고 더 정확한 정보와 지식을 제공하는 이 현대사회에서 우리 인간이 지식 너머 지혜를 추구한다고 하면, 이때 지혜는 과연 무엇인가? 이진우는 지혜의 의미를 서양 고대철학자들, 소크라테스와 플라톤 그리고 아리스토텔레스를 통해 밝히는데, 지혜는 결국 우리의 삶과 행위의 목적에 대한 숙고라고 설명한다. 즉 정보와 지식을 활용하여 우리가 왜 그리고 어떻게 좋은 삶을 살아나갈 것인가를 이론적으로 또 실천적으로 숙고하는 것이 바로 지혜이고, 철학은 바로 이 지혜의 추구라는 것이다. 오늘날과 같은 인공지능의 시대에 무제한적으로 쏟아져 나오는 정보와 지식의 홍수에 휩쓸리지 않기 위해서는 좋은 삶 내지 선과 정의에 대한 진지한 숙고, 지혜의 추구가 오히려 더 절실히 요구되는 것이다.

　심리학 분야에서의 지혜는 권석만이 〈지혜의 심리학〉이라는 제목하에 다루고 있다. 그는 현대의 심리학이 지혜를 어떻게 실증적 방식으로 연구하고 있는지를 설명하며, 심리학에서 대체적으로 받아들이는 지혜의 두 유형을 소개한다. 타인에게 현명한 조언을 해줄 수 있을 만큼의 지혜인 '전반적 지혜'와 자기 자신의 삶을 원만하게 유지하는 지혜인 '개인적 지혜'가 그것이다. 그리고 전반적 지혜에 대한 실증적 연구로서 폴 발테스의 '베를린 지혜 패러다임', 로버트 스턴버그의 '지혜의 균형 이론', 그리고 신-피아제 이론가들의 '지혜의 인지발달론'을 설명하고, 이어 개인적 지혜에 대한 실증적 연구로서 모니카 아델트의 '지혜의 3차원 모델', 김민희의 '지혜의 균형적 통합 모델', 레빈슨의 '자기초월 지혜 이론', 그리고 브레멘의 '지혜 패러다임'을 설명한다. 그는 이러한 연구를 통해 지혜는 나이와 정비례하지도 않고, 행복도와 일치하는 것도 아니지만, 인지발달이나 정서발달과 긴밀히 연관되고,

도덕성이나 종교성의 발달과 유관하다고 말한다. 다만 그는 심리학에서 논하는 지혜는 '세속적 지혜'로서 불교 등 종교에서 추구하는 '초월적 지혜'와는 구분된다고 본다.

선불교 | 자성의 자각과 그 활용　　　　　　　　김호귀・171

지혜, 생각의 경계 너머

이필원(동국대학교 WISE캠퍼스 교양융합교육원 교수)

◆　◆　◆

불교를 지혜의 종교라고 한다. 그런데 지혜가 무엇이냐는 질문을 받으면 답하기가 쉽지 않다. 그 이유는 지혜를 설명하는 방식이 다양하기도 하지만, 지혜를 수단으로 생각하기 때문이다. 우리는 흔히 지혜를 통해 번뇌를 제거한다는 말을 한다. 그런데 번뇌가 제거되면 지혜가 생겨나는 측면도 있다. 말하자면 지혜의 성취와 번뇌의 소멸은 쌍방향이 모두 가능하다는 것이다. 전자는 붓다의 가르침(지혜의 내용)을 듣고 완전히 이해하게 되면(지혜의 획득) 그것을 통해 번뇌가 제거되는 방식이다. 후자는 (붓다의 가르침을 실천하여) 번뇌가 제거되었을 때, 이전의 생각으로 알고 있는 내용이 지혜로 전환되는 것이라고 할 수 있다. 이 두 가지 방식이 상호작용하면서 지혜를 성취하고, 낮은 단계의 지혜에서 높은 단계의 지혜로 도약하게 된다.

그래서 지혜는 차제성을 갖는다. 낮은 단계의 지혜에서 높은 단계로 순차적으로 성취되는 것이다. 그리고 지혜는 번뇌의 단절 및 제거와 관련된다. 무엇인가 몰랐던 것을 아는 것의 차원이 아니라, 번뇌의 단절을 경험할 때 지혜가 다음

단계로 비약하게 된다.

지혜가 계발되면 자연스럽게 도덕성과 자애 및 연민을 갖추게 된다. 노력해서 도덕적인 삶을 사는 것이 아니고, 애써 남을 위해 봉사하는 삶을 사는 것이 아니라, 노력하지 않아도 그러한 삶을 살게 되는 것이다. 이것이 지혜가 갖는 힘이다.

또한 한 번 성취된 지혜는 퇴전하지 않는다. 예류의 지혜를 성취한 사람이 다시 범부와 같은 삶을 사는 것은 불가능한 일이다. 이미 범부의 삶을 사는 흐름이 끊어져 사라져 버렸기 때문이다. 범부의 삶을 생각에 기반한 삶이라고 한다면, 성자의 삶은 생각이 끊어진 지혜로 사는 삶이라고 할 수 있다.

지혜는 수단이 아니라 그 자체가 목적이다. 지혜를 삶 속에서 체험하며 사는 것이 깨달음의 삶인 것이다. 그래서 한 번 성취된 지혜는 잃어버릴 수 없는 것이다.

---

1. 생각을 통해서는 도달하지 못하는 길

인간이 인간을 규정하는 여러 표현들이 있다. 그중에서 가장 유명한 것은 아마도 호모 사피엔스(Homo sapiens)가 아닐까 싶다. '지혜로운 인간'이란 의미를 인간은 스스로에게 부여한 것이다. 그리고 도구를 사용한다고 해서 호모 하빌리스(Homo habilis)라는 표현도 사용한다. 요즘에는 '전망하는 인간'이란 의미로 호모 프로스펙투스(Homo pros-pectus)라는 말도 등장하고 있다. 그 외에 놀이를 특징으로 해서 호모 루덴스(Homo ludens)라는 표현도 있다.

이러한 용어들은 결국 인간은 생각하는 존재라는 의미의 또 다른 표현일 뿐이다. 다양한 용어들이 있지만, 가장 많이 사용하는 것은 호모 사피엔스인데, 중국어로는 지인智人으로 번역하고 있다. 그래서 이들 표현들이 갖는 핵심을 한마디로 표현하라고 한다면, '지혜'라는 말이 가장 적절한 말이 될 것이다.

한편 우리에게 잘 알려진 표현 가운데, 파스칼의 '인간은 생각하는 갈대'라는 말이 있다. 그리고 르네 데카르트의 '나는 생각한다. 그러므로 존재한다(Cogito ergo sum)'라는 말은 너무 유명하다. 이 지구상에 수많은 생명체가 존재하지만, 이른바 생각을 할 수 있는 존재는 인간밖에 없다는 것을 이러한 방식으로 표현한 것이다. 결국 인간이 만들어 낸 수많은 문명은 생각을 구체적으로 실현시킨 결과물이다. 보이지 않고, 만질 수 없는 관념이 구체적으로 사물화된 것이 유형의 문화들이다. 머릿속에 떠도는 생각을 체계적으로 정리하고, 그것을 누구나 경험할 수 있도록 만들어 낸 것을 보면, 인간의 위대함을 긍정할 수 있다.

초기불교에서 생각을 표현하는 말들은 다양하다. 생각은 의식의 활동이기 때문에 의식이라고 해도 된다. 의식은 마음과 동의어로 사용되기 때문에 마음이라고 해도 된다. 그런데 이 마음은 어떤 실체로 이해되지 않는다. 단지 끊임없이 인식의 작용이 이루어지는 것을 마음이라고 한다.[1] 이러한 마음의 특성을 후대 불교 주석 문헌에서는

1 Alubomulle Sumanasara and Akira Fujimoto, *Practical Psychology of the Buddha*, Tokyo: Saṃgha, 2006, p.53. 한편 이정모의 다음과 같은 말은 마음을 이해하는 데 도움을 줄 수 있다. "인지심리학에서는 인간의 마음의 주 특성을 인지(認知, 앎, congnition)라고 본다. 인간은 일상생활에서 각종 대상을 인식하고 주의하고 기억하고 학습하고, 언어를 사용하고 생각하고 느껴서 감정을 갖게 되고, 문제들을 해결하고, 여러 가지 숙련된 행위를 해낸다. 이러한 모든 것이 어떤 형태로든 일종의 앎과 관련되어 있다."(이정모·강은주·김민식 외,『인지심

32

"대상을 인식하는 특성이 마음이다(ārammaṇa-vijānana-lakkhaṇaṃ cit-taṃ)"[2]라고 설명하고 있다. 그래서 불교는 전통적으로 심·의·식(心意識, citta, mano, viññāṇa)은 동의어라고 본다.[3] 이 용어들의 갖는 의미를 사전의 정의를 통해 조금 더 살펴보자.

마노(mano, 意)는 의식의 지적 기능을, 윈냐냐(viññāṇa, 識)는 감각과 감각 반응('지각')의 영역을, 찌따(citta, 心)는 의식의 주관적 측면을 나타낸다. "마음"으로 번역하는 것이 대부분의 의미를 포함하며 때로는 "생각"으로 번역될 수도 있다. "마음"으로서 그것은 객관적 세계와의 관계에서 주관적인 측면으로서 인간의 이성적 기능을 구현하며, 이는 세계에 작용하는 특별한 감각, 즉 현상의 합리성에 적응된 감각으로 간주될 수 있다.[4]

그래서 마음을 생각의 활동(maññati)[5]으로 이해하기도 한다. 따라서 마음과 생각은 같은 동의어는 아니지만, 생각은 마음이 작용한 결과의 한 측면으로 이해할 수 있다.

한편 이 마음은 지혜를 통해 계발되어야 할 것이기도 하다. AN.에는 다음과 같은 가르침이 전한다.

___

리학』, 학지사[3판], 2010, p.26)
2 ThagA, p.11(Vipassana Research Institute).
3 平川彰 외, 이만 역, 『唯識思想』, 경서원, 1993, p.129.
4 PED. s.v. mano.
5 Ānalayo, 이필원·강향숙·류현정 공역, 『Satipaṭṭhāna 깨달음에 이르는 알아차림 명상 수행』, 명상상담연구원, 2014, p.238.

한때, 세존께서 사위띠의 제따와나 숲 아나타삔디까가 승원에 머물고 계셨다. "비구들이여, 비구에게 지혜에 의해 마음이 잘 닦아졌다면, 비구들이여, 그 비구에게 이 말이 적당하다. 나는 '태어남은 부서졌고, 청정한 삶은 이루어졌고, 해야 할 일은 다 했으며, 더 이상 이러한 생존의 상태로 이끌리지 않는다'라고 분명하게 안다."[6]

"paññāya cittaṃ suparicitaṃ hoti(지혜에 의해 마음이 잘 닦아졌다.)"는 지혜의 힘으로 마음이 잘 닦여진 것을 의미한다. 마음은 고정된 것이 아니다. 육문(六門, 眼耳鼻舌身意)을 통해 끊임없이 들어오는 정보들에 의해 찰나찰나 마음이 생겨났다 사라지는 것이다. 이러한 마음의 특성을 『담마빠다』에서는 다양하게 표현하고 있다.

불안정하고, 변덕스러우며, 지키기도 어렵고 제어하기도 어려운 마음을 지혜로운 이는 곧게 만든다. 화살을 만드는 사람이 화살을 곧게 만드는 것처럼.[7](Dhp.33게송)

---

6 AN.IV, Paññāparicitasutta, p.402. "Ekaṃ samayaṃ Bhagavā Sāvātthiyaṃ viharati Jetavane Anāthapiṇḍikassa ārāme. Yato kho bhikkhave bhikkhuno paññāya cittaṃ suparicitaṃ hoti, tass'etaṃ bhikkhave, bhikkhuno kallaṃ vacanāya: 'Khīṇā jāti, vusitaṃ Brahmacariyaṃ, kataṃ karaṇīyaṃ, nāparaṃ itthattāyā'ti, pajānāmī' ti."

7 phandanaṃ capalaṃ cittaṃ, dūrakkhaṃ {durakkhaṃ (sabbattha)} dunnivārayaṃ. ujuṃ karoti medhāvī, usukārova tejanaṃ.(김서리, 『담마빠다』, 소명출판, 2013, p.45)

제어하기 어렵고 재빠르며, 내키는 곳 어디든지 내려앉는 마음[8]의 제어는 좋은 것이다. 제어된 마음은 행복을 가져온다.[9](Dhp. 35게송)

아주 보기 어렵고 미묘하며, 내키는 곳 어디든지 내려앉는 마음을 지혜로운 이는 지켜야 한다. 보호된 마음은 행복을 가져온다.[10] (Dhp.36게송)

위 경문에서 지혜로운 이는 medhāvin의 번역이다. 메다(medhā)는 일반적으로 지혜를 나타내는 또 다른 용어인 빤냐(paññā)와 같은 의미이다. 경문에서 알 수 있듯이, 지혜로운 이는 마음을 다스리는 힘과 능력을 지닌 것임을 알 수 있다. 달리 표현하면 불안정하고, 변덕스럽고, 지키기 어려우며, 재빨라 어디든 내키는 곳으로 치닫는 이 마음을 오직 지혜만이 통제할 수 있다는 의미이다. 마음의 그러한 불안정성과 치닫는 성질은 바로 생각의 특성이기도 하다. 그래서 생각으로 마음을 다스리는 것은 불가능하다. 오직 지혜의 작용을 통해서만이 가능하다.

---

8 SN.I, p.37. "그 사람의 마음이 방황한다(cittam assa vidhāvati)." 마음이 이리저리 움직이는 것을 말한다. SN.I, p.75. "마음으로 모든 방향을 돌아다니고.(sabbā disā anuparigamma cetasā)"

9 dunniggahassa lahuno, yatthakāmanipātino. cittassa damatho sādhu, cittaṃ dantaṃ sukhāvahaṃ.(김서리, 위의 책, p.46)

10 sududdasaṃ sunipuṇaṃ, yatthakāmanipātinaṃ. cittaṃ rakkhetha medhāvī, cittaṃ guttaṃ sukhāvahaṃ.(김서리, 위의 책, p.47)

불교는 번뇌의 제거를 통해, 해탈 열반을 성취하는 것을 목적으로
한다. 이것은 생각을 넘어 지혜를 통해서만 가능한 일이다. 지혜는
바른 가르침을 듣고, 바른 사유를 통해 가능하다.[11]

2. 지혜가 갖고 있는 특징

〈그림 1〉 삼업과 의도의 관계

불교의 수행론은 까르마의 수정 혹은 제거를 목적으로 한다. 까르마
는 둑카(dukkha, 불만족)를 발생시키며, 윤회의 조건으로 기능한다.

---

11 Sn.322ab게송. "이와 같이 지혜에 통달한 자는 잘 수행된 자이며, 많이 들은
   자이며, 부동의 성품을 지닌 자이다.(evam pi yo vedagū bhāvitatto, bahussuto
   hoti avedhadhammao)" 뒤에 자세히 기술하겠지만, 지혜는 이미 그러한 상태를
   충분하고도 완벽하게 경험하고 있는 상태를 말한다. '잘 수행되었다', '많이
   들었다', '부동의 성품을 지녔다'는 모두 지혜가 지닌 특성이라고 이해할 수
   있다.

까르마에는 선과 불선의 두 측면이 있다. 물론 중립적인 까르마도 있지만, 이것은 기능하지 못한다는 측면에서 문제시되지 않는다. 문제는 선과 불선의 까르마이다. 그중에서도 불선의 까르마는 반드시 수정되거나 제거되어야 한다.

까르마를 만드는 방식은 크게 신체적인 측면, 언어적인 측면, 생각의 측면으로 구분된다. 이것을 보통 삼업三業이라고 한다. 그런데 붓다는 까르마의 핵심을 의도(cetanā)라고 설한다. 곧 이 의도를 삼업의 기저에 작용하는 근원으로 제시한다는 점에서 기존의 다른 종교나 사상에서 말하는 까르마론과 차별성을 갖는다.

삼업과 의도와의 관계는 위의 [그림 1]과 같다. 신업과 구업의 경우는 명백하게 그것이 드러나지만, 생각/마음의 업인 의업意業은 드러나지 않는 특징을 갖는다. 그렇지만 이것은 타인에게 알려지지 않을 뿐이지, 자기 자신에게는 명백하게 인지되는 까르마이다. 그런데 자신에게조차도 높은 빈도로 알려지지 않는 것이 있으니, 그것이 바로 '의도'이다.

AN에는 이와 관련한 붓다의 가르침이 전한다.

비구들이여, 나는 의도가 업(kamma)이라고 말한다.
의도하고 나서, 신체에 의해서, 말에 의해서, 생각에 의해서 업을 행한다.[12]

---

12 AN.III, p.415. "Cetanāhaṃ bhikkhave kammaṃ vadāmi, cetayitvā kammaṃ karoti kāyena vācāya manasā."

의업은 마노깜마(manokamma)의 번역인데, 이것은 마나사 깜마 (manasā kamma)로 분석된다. 곧 마음에 의한 행위[업]이다. 마노는 앞서 살펴본 바와 같이 일반적으로 마음으로 번역되지만, 생각으로 번역되기도 한다. 말하자면 의도와 생각/마음은 다른 것임을 알 수 있다. 의도가 있은 후에 생각을 통해 까르마가 형성되는 것이다. 곧 까르마의 본질로 이해한 '의도'는 정신적 활동을 의미하는 것이 아니라, 육체적이고 정신적인 활동 이전의 심리적 상태[13]인 것이다. 그래서 의도를 "신체라는 경계를 통해 생겨나고, 마음의 영역에 영향을 끼치며 인간의 삶에 영향을 미치는 촉매로서 기능한다. 즉, 의도는 정신(nāma)의 영역뿐만 아니라 몸과 마음의 작용에 모두 관여한다"[14] 고도 설명한다. 이 두 가지 설명은 문장이 다를 뿐, 그 의미는 같다고 이해된다. 육체적이고 정신적인 활동 이전의 심리상태란 결국 몸과 마음의 작용에 모두 관여하는 것으로 연결되기 때문이다. 브롱코스트 의 견해와 같이 의도는 의식 곧 정신적 활동의 토대가 된다. 이에 대한 경전의 내용은 다음과 같다.

비구들이여, 참으로 무엇인가를 의도하고 무엇인가를 도모하고 무엇인가에 잠재성향을 갖는다면, 이것은 의식을 일으키는 토대[15]

---

13 Bronkhorst, Johannes, "Did the Buddha Believe in Karma and Rebirth?", *Journal of the International Association of Buddhist Studies*, 21-1, 1998, p.14.

14 곽정은, 「의도(思, cetanā)의 수행적 역할과 의의」, 『불교학연구』 제79호, 2024, p.5.

가 된다. 토대가 있으므로 의식이 지속되게 된다. 그 의식이 지속되고 성장하면 미래에 다시 태어나고 생을 바꾸게 된다.

비구들이여, 만약 무엇인가를 의도하지 않고 무엇인가를 도모하지 않더라도 무엇인가에 잠재성향을 갖는다면, 이것은 의식을 일으키는 토대가 된다. 토대가 있으므로 의식이 지속되게 된다. 그 의식이 지속되고 성장하면 미래에 다시 태어나고 생을 바꾸게 된다.

비구들이여, 만약 참으로 무엇인가를 의도하지 않고 무엇인가를 도모하지 않고 무엇인가에 잠재성향을 갖지 않는다면, 이것은 의식을 일으키는 토대가 되지 못한다. 토대가 없으므로 의식은 지속되지 못하게 된다. 그 의식이 지속되지 않고 성장하지 않는다면, 미래에 다시 태어나고 생을 바꾸는 일이 없다.[16]

우리의 의식은 의도하고(ceteti), 도모하고(pakkapeti), 잠재성향을 갖는 것(anuseti)을 토대로 갖는다.[17] 그런데 그중에서도 잠재성향을

---

15 PED. s.v. ārammaṇa. 일차적 의미는 토대, 바탕이란 의미인데, 조건이나 원인의 의미도 갖는다.

16 SN.II, Paṭhamacetanāsutta, p.65. 전재성, 『상윳따니까야』 2, 한국빠알리성전협회, 2006, pp.250~251.

17 오늘날 의식에 대해서는 다양한 해석이 존재하는데, 한 가지 견해를 소개하면 "의식(consciousness)을 간단히 정의하면 '안다'고 하는 주관적 느낌이라고 할 수 있다"(대니얼 J. 시겔 지음, 윤승서·이지안 공역, 『알아차림』, 불광출판사, 2020, p.24)라는 설명이다. 의식을 아는 작용이라고 말하는데, 여기에서 핵심은 이것이 주관적 느낌이라는 것이다. '안다'는 것은 그것을 의식하는 자의 내적 영역이다. 그 사람이 그것을 어떻게 '아는지'는 사실 아무도 모른다고 해도

갖는 것(anusaya)이 의식 형성의 가장 강력한 토대임을 알 수 있다. 의식과 의도와 잠재성향의 관계를 정리하면 다음과 같이 제시할 수 있다.

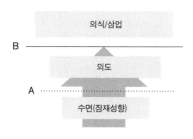

〈그림 2〉 수면-의도-의식의 관계

　이렇게 보면, 의도의 문제는 다시 수면의 문제임을 알 수 있다. 달리 말하면, 우리는 생각을 다루는 방식으로 우리들이 겪는 다양한 문제를 해결하고자 하는데, 근원적 해결은 수면의 문제를 해결함에 있음을 알 수 있다. 그렇다면 이 수면은 경전에서는 어떻게 설하고 있는지를 보자.

　비구들이여, 배우지 못한 범부는 육체적 괴로움을 겪게 되면, 근심하고 상심하며 슬퍼하고 울부짖고 광란한다. 그는 육체적 느낌과 마음의 느낌에 의해서 이중으로 고통을 받는다. 마치 어떤 사람이 화살에 찔렸는데, 다시 두 번째 화살에 또다시 찔리는

과언은 아니다. 그리고 그 안다고 말한 사람조차도 '알고 있다'는 막연한 느낌이 아닐까.

것과 같다. 그는 두 개의 화살 때문에 괴로움을 모두 다 겪는 것이다 … (중략) …

비구들이여, 괴로운 느낌에 대해서 그는 적의를 품는다. 적의를 품는 까닭에 괴로운 느낌에 대한 성냄의 잠재성향이 자리를 잡게 된다. 그가 괴로운 느낌에 접촉하게 되면 그는 감각적 욕망의 즐거움으로 나아가게 된다.

그것은 무슨 이유 때문인가? 비구들이여, 배우지 못한 범부는 감각적 욕망의 즐거움으로 나아가는 것 말고는, 괴로운 느낌으로 부터 벗어나는 다른 출구를 알지 못하기 때문이다. 다시 감각적 욕망의 즐거움을 누리는 사람에게는 즐거운 느낌에 대한 탐욕의 잠재성향이 자리잡게 된다. 그는 이러한 느낌들의 일어남과 사라짐과 달콤함과 위험함과 회피를 있는 그대로 분명하게 알지 못한다 (nappajānāti). 이처럼 일어남과 사라짐과 달콤함과 위험함과 회피를 있는 그대로 분명하게 알지 못하는 사람에게는 괴롭지도 즐겁지도 않은 느낌에 대한 무명의 잠재성향이 자리잡게 된다.[18]

위의 경문에서 알 수 있듯이, 잠재성향(anusaya)은 분명하게 알지 못함에서 기인한다. 그렇다면 문제의 해결은 '분명하게 아는 것'에서 찾을 수 있다. 잠재성향과 '분명한 앎'의 관계는 다음과 같이 제시되고 있다.

---

[18] SN. IV, pp.207~210. ; 인경 스님, 『명상심리치료』, 명상상담연구원. 2012, p.129의 번역.

비구들이여, 이것이 일곱 가지 잠재성향[이다]. 무엇이 일곱 가지
인가?

감각적 욕망의 대상에 대한 탐욕의 잠재성향, 견해의 잠재성향,
의심의 잠재성향, 자만의 잠재성향, 존재에 대한 탐욕의 잠재성
향, 무명의 잠재성향이다. 비구들이여, 이것이 일곱 가지 잠재성
향이다.

비구들이여, 이 일곱 가지 잠재성향을 경험으로 완전히 알기 위해
서 성스러운 여덟 가지 길을 닦아야 한다.[19]

위 경문을 통해 알 수 있는 것은 잠재성향이 결국은 '자아관념/의식'
에 기반한다는 사실이다. 욕탐, 견해, 의심, 자만, 색탐, 무색탐,
무명[20]의 7가지 잠재성향은 모두 '자아관념'이 갖는 특성들이다.

이상의 내용을 토대로 잠재성향에 근거하여 의도가 일어나고, 이

---

19 SN. V, Anusayā sutta, p.60. "Satt'ime bhikkhave, anusayā. Katame satta?
Kāmarāgānusayo, paṭighānusayo, diṭṭh'ānusayo, vicikicchānusayo, mānā-
nusayo, bhavarāgānusayo, avijjānusayo. Ime kho bhikkhave, satta anusayā.
Imesaṃ kho bhikkhave, sattannaṃ anusayānaṃ abhiññāya Ariyo Aṭṭhaṅgiko
Maggo bhāvetabbo."

20 욕탐, 색탐, 무색탐은 각각 욕계, 색계, 무색계와 관련된 탐욕으로 내 것이라는
소유관념(Sn.809, 872게송)에 기반한다. 자만은 자신을 남과 비교하는 것
(Sn.799)이고, 견해는 다양한 존재들에 대해서 분별된 견해(Sn.786게송), 또는
본 것이나 들은 것이나 생각된 것에 대해서 분별된 것(Sn.802게송)으로, 논쟁을
일으키는 원인(Sn.832게송)을 말한다. 의심은 악마의 일곱 번째 권속(Sn.437게
송)으로 언급되기도 하는 것으로, 사전적 정의로는 '회의적 의심(sceptical
doubt)' 혹은 '혼란(perplexity)' 등으로 설명된다.

의도에 근거하여 생각이 일어남을 알 수 있다. 그래서 생각이라고 하는 것은 강력한 자아관념에 근거한 잠재성향에 뿌리를 두고 있다고 할 수 있다. 따라서 생각은 자아관념과 욕망을 근거로 하는 것임을 알 수 있다.

한편 잠재성향을 경험으로 완전히 알기 위해서(abhiññāya)는 팔정도를 수행하면 된다. 팔정도에서 바른 생각은 정사유(正思惟, sammā-saṅkappo)이다. 그 내용은 다음과 같이 설명된다.

> 세 가지 불건전한 생각(saṅkappo)이 있다. 욕망의 대상에 대한 생각(kāma-saṅkappo), 악의적인 생각(vyāpāda-saṅkappo), 해치고자 하는 생각(vihiṃsā-saṅkappo)이다.
> 세 가지 건전한 생각이 있다. 욕망의 대상을 떠남에 대한 생각(nekkhamma-saṅkappo), 악의를 떠난 생각(avyāpāda-saṅkappo), 해치지 않음에 대한 생각(avihiṃsā-saṅkappo)이다.[21]

'욕망의 대상을 떠남', '악의를 떠남', '해치치 않음'의 생각이 바른 사유, 곧 바른 생각이다. 악의, 상해傷害, 욕망이란 모두 자아관념을 기반으로 한다. '자아'라는 확고한 관념적 구성물에 근거하게 되면, 자연스럽게 소유관념이 발생하게 된다. 그 자아관념과 소유관념에 따라 대상을 자기 욕망에 따라 구성하여, 취하게 되는 것이 '생각'의 특징이라고 할 수 있다. 바로 이 생각이 구성된 관념으로 자신과 세상을 이해하는 방식이다.

---

21 DN. III, p.215.

한편 지혜는 구성된 관념의 허구성을 깨달을 때 자연스럽게 발현된다. 그리고 그 지혜는 머리로 아는 것이 아니라, 이른바 증지證智로서 알게 된다. 증지이어야만 잠재되어 정체를 알 수 없는 번뇌의 뿌리, 곧 자아관념과 그에 근거한 욕망을 완전히 파악할 수 있게 된다. 불교가 단순히 아는 것(jānāti)이 아니라, 완전하고도 철저하게 아는 것(pajānāti)을 강조하는 이유이기도 하다.[22] 그렇다면, 일반적인 생각(jānāti)은 자아관념과 욕망에 근거하고, 팔정도의 바른 사유는 욕망을 떠남과 자아관념의 해체에 근거한다고 도식화하는 것도 가능할 것이다. 이것을 간단히 도표로 나타내면 다음과 같다.

〈그림 3〉 생각과 지혜의 차이

1) 지혜는 수단인가 목적인가?

생각과 지혜는 같은 듯 다른 의미를 갖고 있다고 말하기도 하는데, 사실 이 둘은 위에서 살펴본 바와 같이 명백하게 구별된다. 생각의 길과 지혜의 길은 그 추구하는 목적과 기능 또한 전혀 다르다. 각은

---

22 abhijānāti와 pajānāti는 지혜를 나타내는 다른 형태일 뿐이다. abhijānāti의 명사형 abhiññā는 신통으로 번역되는 용어이다. 뛰어난 지혜라고도 번역한다.

대부분 사실과 무관한 반면, 지혜는 있는 그대로의 사실에 철저하게 기반한다. 그래서 생각이 앞서면 문제해결에 도움이 되지 못하고, 오히려 일을 복잡하게 만들게 되는 경우가 많다. 하지만 지혜의 경우는 언제나 사실에 기반하기 때문에 문제를 해결하는데 매우 탁월한 힘을 발휘하게 된다. 이것이 문제해결의 측면에서 생각과 지혜의 차이라고 볼 수 있다. 하지만 지혜가 갖는 문제해결의 측면은 전체 지혜의 영역에서 보면 매우 좁은 영역에 해당한다. 문제해결은 지혜가 갖는 아주 작은 속성일 뿐이다.

그러면 수행의 측면에서 볼 때, 지혜는 어떤 의미를 가질까. 3. 1)에서 자세하게 다루겠지만, 흔히 지혜를 통해 번뇌를 제거한다고 말하는데, 이것은 지혜의 반쪽만을 드러낸 표현이다. 지혜가 번뇌를 제거하는 수단으로서 기능하는 측면이 분명 있지만, 이것은 지혜를 얻은 자가 지혜를 쓰는 용用의 한 차원일 뿐이다.[23] 곧 지혜를 수단의 측면으로만 이해하는 것은 온전한 이해가 아니다.

지혜는 그 자체가 목적이다. 그래서 불교를 지혜의 성취를 목적으로 하는 종교라고 말하는 것이다. 그렇다면 지혜는 이미 번뇌가 완전히 소멸된 상태, 곧 해탈 열반이 되는 것이다. 지혜를 통해 해탈 열반을 성취하는 것이 아니라, 지혜를 성취하니 해탈 열반의 상태가 경험되는 것이다.[24]

---

23 예를 들면, Sn.184d게송에는 "그는 지혜에 의해서 완전히 청정해진다(paññāya parisujjhati)"라고 되어 있다. 이것은 지혜의 도구적 측면이라고 이해할 수 있다.

24 혜해탈(paññāvimutti)의 경우, 복합어가 paññāya vimutti로 분석되기 때문에

진리에 의해 길들여지고, 〔감관의〕 제어를 갖추고, 지혜에 통달하고 청정한 삶을 이룬 자,

공덕을 기대하는 바라문이라면, 올바른 때에 공양 받을 만한 그에게 공양하시오. (Sn.463게송)[25]

삼매에 들어 거센 흐름을 건너고, 가장 뛰어난 견해로써 진리를 알고,

번뇌가 부수어져 최후의 몸을 지닌 자, 여래는 헌과를 받을 만합니다. (Sn.471게송)[26]

존재의 번뇌와 거친 언어는 파괴되고, 사라져 버리고, 존재하지 않으며,

지혜에 통달하고 모든 것에 해탈한 자, 여래는 헌과를 받을 만합니다. (Sn.472게송)[27]

이것은 '지혜에 의한 해탈'로 번역된다. 그러면 이것은 지혜를 수단으로 삼아 해탈을 성취한 것이란 의미로 이해된다.

[25] saccena dantā damasā upeto, vedantagū vusitabrahmacariyo, kālena tamhi havyaṃ pavecche, yo bhrāhmaṇo puññapekho yajetha.

[26] samāhito yo udatāri oghaṃ, dhammaṃ ca ñāsi paramāya diṭṭhiyā, khīṇāsavo antimadehadhārī, tathāgato arahati pūraḷāsaṃ. 번역은 전재성, 『숫타니파타』, 한국빠알리성전협회, 2018, p.375 참조.

[27] bhavāsavā yassa vacī kharā ca, vidhupitā atthagatā na santi, sa vedagū sabbadhi vippamutto, tathāgato arahati pūraḷāsaṃ. 번역은 전재성, 위의 책, p.376 참조.

46

위 경문에서 지혜에 통달한다는 표현인 vedagū는 '최고의 앎을 획득한 자'를 의미하는 말로, 궁극의 지혜를 획득한 자, 달리 표현하면 해탈지를 얻은 자란 의미가 된다. 위의 세 경문을 통해서 지혜는 진리에 의해 길들여진 상태이며, 감관의 제어를 갖춘 상태이며, 청정한 삶을 완성한 것이며, 번뇌를 부순 것이고, 존재의 번뇌와 거친 언어, 곧 생각이 파괴되어 끊어진 상태를 의미한다고 정리할 수 있다. 그렇기에 지혜는 완성된 상태를 말하는 것이지, 과정이나 수단으로 볼 수 없다. 그러나 지혜를 획득한 자는 그 지혜를 자유자재로 활용할 수 있는 능력을 갖추게 된다. 그래서 많은 사람들의 지혜를 갖춘 자에게 의지할 수 있게 되는 것이다.

지혜에 통달하고, 선정을 즐기며, 사띠를 갖춘 자, 〔그는〕 바른 깨달음을 얻고 많은 〔사람들의〕 의지처가 〔된다〕.(Sn.503ab게송)[28]

지혜와 선정, 사띠, 깨달음은 서로 다른 개념들이 아니다. 지혜와 선정, 지혜와 사띠, 지혜와 깨달음, 선정과 사띠, 선정과 깨달음, 사띠와 깨달음은 서로를 지지해 주고, 가능케 해주는 역할을 한다. 이 개념들은 근본적인 동질성(相卽)이라고 말해도 무방하다고 생각한다. 이것은 다음의 『담마빠다』의 게송을 통해서 확인할 수 있다.

지혜가 없는 자에게 선정은 없고, 선정이 없는 자에게 지혜는

---

28 yo bedagū hahānarato satīmā, sambodhipatto saraṇaṃ bahunnaṃ.

없다.
선정과 지혜가 있을 때, 그는 열반에 가까운 것이다.(Dhp.372게
송)[29]

선정에 전념하고 현명하며, 욕망을 떠난 고요함을 즐기는 이들,
정각자正覺者, 사띠를 갖춘 그들을 신조차도 부러워한다.(Dhp.181
게송)[30]

『담마빠다』 372게송은 명백하게 지혜와 선정이 동전의 앞뒤 관계와
같음을 명백하게 보여준다. 181게송 역시 지혜로운 자(dhīra)는 선정
에 전념하는 자이며, 욕망을 떠나 고요함을 즐기는 자이며, 바른
깨달음을 얻은 자이며, 사띠를 갖춘 자임을 알 수 있다.

질병이 없는 상태를 완전하게 이해하고서 온갖 번뇌들을 부수었기
때문에
진리에 서서 친근한 자는 바르게 분별하고서, 지혜에 통달한 자는
헤아림에서 벗어난다.(Sn.749게송)[31]

---

29 n' atthi jhānaṃ apaññassa paññā n'atthi ajhāyato, yamhi jahānañ c apaññā
  ca sa ve nibbānasantike.
30 ye jhānapasutā dhīrā nekkhammūpasame ratā, devāpi tesaṃ pihayanti sam-
  buddhāna, satīmataṃ.
31 ārogyaṃ sammadaññāya, āsavānaṃ parikkhayā, saṅkhāya sevī dham-
  maṭṭho, saṅkhaṃ nopeti vedagū ti.

위 경문에서 '질병이 없는 상태'는 열반을 의미한다.[32] 즉 열반을
완진하게 알고, 온갖 번뇌를 부순 것은 이미 완료된 상태이다. 진리에
입각해서 진리와 함께하는 자는 바르게 분별하는 자이고, 그 사람이
바로 지혜에 통달한 사람이란 의미이다. 곧 지혜에 통달한 사람은
열반을 완전하게 아는 자이고, 번뇌를 부순 자란 의미가 된다.

이상의 내용들을 통해서 본 논문에서는 지혜를 해탈 열반과 동의어
로 이해하고자 한다. 그렇다면 이때 말하는 지혜는 궁극적 지혜 혹은
앎이라고 말할 수 있다. 이 말은 궁극에 도달하지 못한 지혜가 있다는
의미가 된다. 따라서 지혜는 순차성 혹은 차제성을 갖는다.[33] 이와
관련된 내용을 『숫따니빠따』에서 볼 수 있다.

진리를 체득하고, 〔그〕 단계를 알고서, 온갖 번뇌의 포기를 명확하
게 보고,
모든 집착의 소멸로부터, 그는 〔이〕 세상에서 바르게 유행할 것이
다.[34](Sn.374게송)

---

32 SnA. "Ārogyanti nibbānaṃ." (https://tipitaka.org/romn/)

33 Sn.374ab. "Final Knowledge of the State, having realized the Dharma, having seen openly the letting-go of inflows," Bhikkhu Sujato, *Sutta Nipāta: Anthology of Discourses*, SuttaCentral, 2022, p.92 "The state of peace is understood, the truth is comprehended, they've openly seen defilements cast off."

34 aññāya padaṃ amecca dhammaṃ vivaṭaṃ disvāna pahānam āsavānaṃ, sabb'ūpadhīnaṃ parikkhayā sammā so loke paribbajeyya.

진리(dhamma)는 머리로 아는 것이 아니라, 체득의 문제이다. 그런데 그 진리는 단계별로 구성되며, 궁극의 진리에 도달하게 되는 순간 해탈 열반을 스스로 경험하여 알게 된다. '체득하고'는 samecca를 번역한 것인데, 이에 대한 다양한 번역이 있다.[35] 진리에 대한 체득이

---

35 전재성은 "진리를 이해하여 그 단계를 알고"로 번역하고(전재성, 『숫타니파타』, 한국빠알리성전협회, 2015, p.318.), 비구 자공 까윗사라는 "진리를 꿰뚫어 알고, 〔각각의〕 단계를 이해하여"(비구 자공 까윗사라 편역, 『사성제로 정리한 숫따니빠따』, 사람과 나무, 2023, p.58), Laurence Khantipalo Mills는 "Final Knowledge of the State, having realized the Dharma"(Laurence Khantipalo Mills, *Sutta Nipāta*, Published by SuttaCentra, 2015, p.129)로, Bhikkhu Sujato는 "The state of peace is understood, the truth is comprehended"(Bhikkhu Sujato, *Sutta Nipāta: Anthology of Discourses*,SuttaCentral, 2022, p.92)로 번역하고 있다.

samecca는 동사 sameti의 gerund 형태이다. 그 의미는 "(1) (coming) together with (2) having acquired or learnt, knowing"이다.(PED., s.v. sameti) 그래서 다른 번역자들은 (2)의 의미를 취해 번역한 것이다. sameti는 saṃ√i(to go)로 분석되는데, 기본적 의미는 "함께 가다/오다", "만나다"이다. 그리고 "알다", "고려하다"란 의미도 갖는다. 그런데 게송에서의 의미는 단순히 '알다'의 의미로는 그 말하고자 하는 메시지가 충분히 전달되지 않는다. 비구 자공 까윗사라의 번역이 훨씬 내용을 이해하는 데 도움이 된다. 이것은 영어 번역도 마찬가지이다. 그런데 게송의 a구는 "aññāya padaṃ amecca dhammaṃ"로 동사의 형태가 aññāya와 amecca 두 가지이다. 둘 다 '알다'란 의미를 기본 의미로 한다. Laurence Khantipalo Mills만 aññāya를 명사 aññā로 보고 있는데, 동사로 보는 것이 적절하다. pada는 단계를 의미하는 것으로 진리가 갖는 차제성을 나타낸 것으로 이해된다. 따라서 두 동사 모두 단순히 '알다'로 번역하는 것은 적절치 않다. 진리는 단순히 아는 것이 아니다. 그런 의미에서 본문에서 '체득하다'란 의미를 취해 번역했다.

곧 '지혜'이다. 이것을 성인론에 배대하면, 예류의 지혜, 일래의 지혜,
불환의 지혜, 아라한의 지혜로 구분할 수 있다. 이 각각의 단계를
명확하게 알아야 하며, 단계별로 포기되는 번뇌 또한 자연스럽게
알게 되는 것이다. 이것이 지혜가 갖는 차제성이라고 할 수 있다.

2) 지혜에 높고 낮음이 있는가

니까야라는 문헌을 통해 우리가 볼 수 있는 지혜의 중요한 측면은
'차제성'이다. 이것을 굳이 말하자면, 점수漸修라고 할 수 있다. 깨달음
과 관련해서 니까야에서 확인할 수 있는 내용은 점수를 통한 돈오이다.
깨달음은 시간을 기다리지 않고 단박에 깨치는 것이지만, 그 단박의
순간을 맞이하기 위해서는 과정이 필요하다는 것이다. 이러한 돈오의
순간을 『테라가타』에서는 다음과 같이 전하고 있다.

[Usabhatthera]
코끼리 등에서 내리자, 그때 나는 염리심(saṃvegaṃ, 厭離心)을
얻었다.
우쭐하던 나는 그때 고요해졌고, 나에 의해 온갖 번뇌의 소멸
(āsavakkhayo)이 획득되었다.[36](Thera-g. 198게송)

[Sumaṅgalamātātherī]
'치익 치익' 하는 [김빠지는 소리를 듣고] 나는 탐욕과 성냄을

---

36 "Hatthikkhandhato oruyha, saṃvegaṃ alabhiṃ tadā; Sohaṃ ditto tadā santo,
patto me āsavakkhayo"ti.

완전히 버렸네.

저 나무 밑에 가서, '아, 행복하구나'라고 나는 행복한 선정에

들었네.[37](Therī-g. 24게송)

〔Mettikātherī〕

대의(saṅghāṭi)를 내려놓고서, 그리고 발우를 엎어놓고서 나는

바위 위에 앉았네. 그때 나의 마음은 해탈되었네. 삼명이 획득되었

고, 붓다의 가르침은 실현되었네.[38](Therī-g. 30게송)

우사바 장로는 코끼리를 타고 탁발을 하러 마을에 들어갔다가,

코끼리에서 내리는 순간 깨닫는다. 그리고 수망갈라마따 장로니는

김빠지는 소리를 듣고는 깨달았다. 멧띠까 장로니는 바위에 걸터앉으

면서 깨닫게 된다.[39]

특히 멧띠까 장로니의 경우, 해탈이 곧 삼명의 획득이며, 붓다의

가르침의 실현임을 분명히 하고 있다. 삼명(三明, tevijjā)은 세 가지

지혜로, 천안지天眼智, 숙명지宿命智, 누진지漏盡智를 말한다.

전생의 삶을 알고, 하늘과 지옥을 보며,

---

37 "Rāgañca ahaṃ dosañca, cicciṭi cicciṭīti vihanāmi; Sā rukk-
hamūlamupagamma, aho sukhanti sukhato jhāyāmī"ti.

38 "Nikkhipitvāna saṅghāṭiṃ, pattakañca nikujjiya; Nisinnā camhi selamhi, atha
cittaṃ vimucci me; Tisso vijjā anuppattā, kataṃ buddhassa sāsana"nti.

39 이필원, 「깨달음의 다원적 양상」, 『불교학연구』 제54호, 2018, p.40.

태어남의 부숨을 획득한 자, 나는 그를 바라문이라고 부릅니다.⁴⁰
(Sn.647게송)

'태어남의 부숨을 획득한 자'라는 표현은 다음과 같이 구체적으로
표현된다.

이와 같이 마음이 통일되어 청정하고 순결하고 때묻지 않고 오염되
지 않고 유연하고 유능하고 확립되고 흔들림이 없게 되자, 나는
마음을 온갖 번뇌들의 소멸에 대한 지혜(āsavānaṃ khaya-ñāṇāya)
로 향하게 했다. '이것이 둑카이다'라고 나는 있는 그대로 체험적으
로 분명히 알았다(abbhaññāsiṃ). '이것이 둑카의 발생이다'라고
나는 있는 그대로 체험적으로 분명히 알았다. '이것이 괴로움이
소멸이다'라고 나는 있는 그대로 체험적으로 분명히 알았다. '이것
이 둑카의 소멸에 이르는 길이다'라고 나는 있는 그대로 체험적으
로 분명히 알았다. '이것이 번뇌이다'라고 나는 있는 그대로 체험적
으로 분명히 알았다. '이것이 번뇌의 발생이다'라고 나는 있는
그대로 체험적으로 분명히 알았다. '이것이 번뇌의 소멸이다'라고
나는 있는 그대로 체험적으로 분명히 알았다. '이것이 번뇌의
소멸에 이르는 길이다'라고 나는 있는 그대로 체험적으로 분명히
알았다.

---

40 pubbenivāsaṃ yo vedi, saggapayañ ca passati, atho jātikkhayaṃ patto, tam
aham brūmi brāhmaṇaṃ. MN.II, p.122 등에서도 쉽게 확인할 수 있는 내용
이다.

내가 이와 같이 알고 이와 같이 보자, 욕망의 대상으로 인한 온갖 번뇌로부터(kām'āsavā) 마음이 해탈되었고, 존재로 인한 번뇌에서 마음이 해탈되었고, 무명으로 인한 번뇌에서 마음이 해탈되었다. 해탈되었을 때 나에게 '해탈되었다'라는 지혜(ñāṇa)가 생겨났다. 나는 '태어남은 부서지고 청정한 삶은 이루어졌다. 해야 할 일은 다 마치고 더 이상 이러한 상태로 이끌리지 않는다'라고 체험적으로 분명히 알았다.[41]

누진지의 핵심은 번뇌의 소멸을 통해 다시는 이러한 상태, 즉 생존의 상태를 받지 않게 된다는 것에 있다. 그리고 그것은 해탈과 해탈지解脫 智로 설명된다.

여기에서 삼명이란 지혜는 차제성을 갖는다. 숙명지, 천안지, 누진지의 내용을 간단하게 정리하면 다음과 같다.

숙명지 – 과거의 생을 아는 지혜(과거의 수많은 생의 까르마를 알고, 구체적인 삶의 내용을 아는 지혜)
천안지 – 미래의 생을 아는 지혜(선, 불선의 까르마에 따라 미래에 어떤 곳에서 어떠한 삶을 사는지를 아는 지혜)
누진지 – 온갖 번뇌를 소멸시켜 해탈과 해탈지를 성취한 지혜

그런데 여기에서 우리가 주목할 내용은 숙명지와 천안지의 경우는

---

41 MN.II, Saṅgāravasutta, p.212. ; 전재성, 『맛지마니까야』, 한국빠알리성전협회, 2009, p.1140 참조.

인과를 명확히 아는 것을 내용으로 한다는 것이다.

삼명(tevijjā)		
지혜의 종류	지혜의 내용	특징
숙명지	과거생을 아는 지혜	인과를 아는 지혜
천안지	미래생을 아는 지혜	
누진지	번뇌를 소멸한 지혜	체험적 해탈의 지혜

〈표 1〉 삼명의 내용과 특징

이 삼명의 성취에 대해서는 설명하는 방식이 어떤 경전이든 동일하다. 삼명의 성취로 모든 번뇌를 소멸시켜 해탈과 해탈지를 성취하여, 완전한 깨달음을 선언하는 과정은 다음과 같다.

사선정의 성취 → 숙명지의 성취(초야에 성취한 첫 번째 지혜, rattiyā paṭhame yāme paṭhamā vijjā) → 천안지의 성취(중야에 성취한 두 번째 지혜, rattiyā majjhime yāme dutiyā vijjā) → 누진지의 성취(후야에 성취한 세 번째 지혜, rattiyā pacchime yāme tatiyā vijjā)[42]

위 정형적인 구조는 선정의 성취는 곧 지혜의 성취로 이어지는 것임을 보여준다. 단순히 깊은 선정을 통해 어떤 신비적 경험을 하는 것이 아님을 명확히 보여준다. 이렇게 보면, 팔정도의 구조에서 정정(正定, sammāsamadhi)의 성취는 거기에서 끝나는 것이 아니라 지혜의

---

42 MN.II, p.212.

성취로 바로 이어지는 것임을 알 수 있다.[43]

삼명은 하룻밤 새에 모두 순차적으로 성취되는 지혜이다. 사선정의 성취 이후 바로 누진지로 이어지는 것이 아니라, 숙명지를 거쳐 천안지로, 다시 누진지로 순차적인 지혜의 성취가 이루어지는 것이다. 그런데 숙명지와 천안지의 경우는 앞서 언급한 바와 같이, 인과에 대한 올바른 지혜의 성취이다. 이 단계에서 번뇌의 소멸이 이루어지는 것은 아니다. 진정한 의미에서 지혜의 성취는 바로 누진지의 단계에서 이루어지는 것으로, 이것은 번뇌의 소멸로 성취되는 해탈과 해탈지가 그 내용이 된다.

한편 지혜의 순차적인 성취는 성자의 깨달음을 통해서도 확인할 수 있다. 성자의 계위는 각 단계별로 번뇌의 소멸 정도에 따라 결정된다. 말하자면 번뇌의 소멸이 지혜의 성취로 이어진다는 것이다. 이것을 도표로 나타내면 다음 도표와 같다.

예류성자는 삼결三結을 제거한 성자이다. 삼결은 유신견, 의심, 계금취견이다. 이 세 가지가 갖는 공통점은 견해(diṭṭhi)라는 것이다. 의심은 붓다의 가르침에 대한 회의적 의심이다. 이것은 붓다의 가르침 안에 진리가 없다고 하는 생각이다. 그런데 예류성자에게는 이러한

---

43 DN.II, Mahāsatipaṭṭhanasutta, p.314에서 정정의 내용으로 사선정을 설명하고, 이어서 법에 대한 관찰(dhammānupassī)을 통해 지혜와 사띠의 현전의 성취로 이어지게 된다. 이것을 Anālayo는 "집중된 마음은 통찰의 계발을 지원하고, 다시 통찰에 따른 지혜의 존재는 더 깊은 수준으로 삼매의 발달을 촉진시킨다"라고 해서 삼매와 지혜는 상호 지지의 관계라고 설명한다.(Anālayo, 앞의 책, p.104)

견해가 없기에 생기는 지혜가 있게 된다.

성자의 계위	번뇌의 내용	제거 상태
예류	유신견(sakkāya-diṭṭhi, 有身見)	완전 제거
	의심(vicikicchā, 疑)	
	계금취견(sīlabbata-parāmāsa, 戒禁取見)	
일래	욕탐(kāma-chanda, 欲貪) 분노(byāpāda, 瞋恚)	욕탐과 분노가 옅어지면
불환		욕탐과 분노를 제거하면
아라한	색탐(rūpa-rāga, 色貪)	완전 제거
	무색탐(arūpa-rāga, 無色貪)	
	만(māna, 慢)	
	도거(uddhacca, 掉擧)	
	무명(avijjā, 無明)	

〈표 2〉 성자의 계위와 번뇌

비구들이여, 견해를 성취한 사람은 조건 지어진 것(saṅkhāraṃ)이라면 어떠한 것이든 영원한 것으로 여기는 것은 불가능하고, 견해를 성취한 사람은 조건 지어진 것이라면 어떠한 것이든 행복한 것으로 여기는 것은 불가능하고, 견해를 성취한 사람은 조건 지어진 것이라면 어떠한 것이든 실체인 것으로 여기는 것은 불가능하고, 견해를 성취한 사람은 무간업을 짓는 것은 불가능하고, 견해를 성취한 사람은 미신적 의례로 청정을 기대하는 것은 불가능하고, 견해를 성취한 사람은 여기의 밖에서 보시 받을 가치가 있는 것을 구하는 것은 불가능하다. 비구들이여, 이와 같은 여섯 가지

불가능한 경우가 있다.[44]

위 경문에서 견해를 성취한 사람(diṭṭhi-sampanno puggalo)이란 세 가지 견해를 버리고 올바른 견해를 성취한 사람을 말하는 것으로, 바로 예류자를 가리킨다. 경문의 내용은 예류자는 무상에 대한 지혜를 성취한 자로, 무상함에 대한 통합적인 깨달음을 얻은 성자를 가리킨다.[45] 무상에 대한 지혜는 삼법인에서 첫 번째로 제시되는 제행무상에 대한 완전한 이해를 말한다. 위 경문은 무상의 지혜를 성취한 예류자가 할 수 없는 것을 구체적으로 제시한 것이다. 할 수 없는 것이 지혜가 갖는 힘이다. 예류의 지혜를 가진 자는 일반 범부가 하는 일을 못하는 능력을 갖고 있는 것이다. 다시 말하면 안 하는 것이 아니라, 못하게 된 것이다. 그래서 경문에서 '불가능하다'(Abhabbo … upagantuṃ)라고 표현한 것이다.

일래성자의 경우는 『상윳따니까야』의 주석서의 설명에 따르면, 연기의 이치를 깨달은 존재로 묘사된다.[46]

"벗 사윗타(Saviṭṭha)여, 믿음이나 취향이나 전승이나 상태에 대한 분석이나 견해에 대한 이해와는 별도로, 나는 이것을 알고, 나는

---

44 AN.III, p.439. 전재성, 『앙굿따라니까야』, 한국빠알리성전협회, 2018, p.1317.
45 Anālayo, 앞의 책, p.120.
46 Spk II, p.122. "'아라한이 아니다'라고 〔말한 것은〕 불환도에 머물렀기 때문에 '나는 아라한이 아니다'라고 밝힌 것이다(Na camhi arahanti anāgāmimagge ṭhitattā arahaṃ na homīti dīpeti)." 여기에서 불환도/불환향이라는 것은 불환과를 지향해 가는 과정을 말한다. 따라서 일래과를 얻은 성자이다.

58

이것을 봅니다. '무명의 소멸로부터, 행의 소멸이 〔있다〕'라고."

"벗 나라다여, 믿음이나 취향이나 전승이나 상태에 대한 분석이나 견해에 대한 이해와는 별도로, 존자 나라다의 체험적 지혜(ñāṇa)는 있습니까? '존재의 소멸이 열반〔이다〕'라고."

"벗 사윗타여, 믿음이나 취향이나 전승이나 상태에 대한 분석이나 견해에 대한 이해와는 별도로, 나는 이것을 알고, 나는 이것을 봅니다. '존재의 소멸이 열반이다'라고."

"그러면 존자 나라다는 소멸된 번뇌를 지닌 아라한입니까?"

"벗이여, 참으로 나에게 '존재의 소멸이 열반이다'라고 있는 그대로 올바른 지혜에 의해 잘 보여졌습니다. 그리고 나는 번뇌의 소멸을 지닌 아라한이 아닙니다."[47]

위 경전에서는 주석서와 같이 '일래자' 혹은 '불환도'라는 표현은

---

47 SN.II, Kosambisutta, pp.117~118. "aññatreva, āvuso saviṭṭha, saddhāya aññatra ruciyā aññatra anussavā aññatra ākāraparivitakkā aññatra diṭṭhinijjhānakkhantiyā ahametaṃ jānāmi ahametaṃ passāmi − 'avijjānirodhā saṅkhāranirodho'"ti. "aññatreva, āvuso nārada, saddhāya aññatra ruciyā aññatra anussavā aññatra ākāraparivitakkā aññatra diṭṭhinijjhānakkhantiyā atthāyasmato nāradassa paccattameva ñāṇaṃ − 'bhavanirodho nibbānan'"ti? "aññatreva, āvuso saviṭṭha, saddhāya aññatra ruciyā aññatra anussavā aññatra ākāraparivitakkā aññatra diṭṭhinijjhānakkhantiyā ahametaṃ jānāmi ahametaṃ passāmi − 'bhavanirodho nibbānan'"ti. "tenahāyasmā nārado arahaṃ khīṇāsavo"ti? "'bhavanirodho nibbānan'ti kho me, āvuso, yathābhūtaṃ sammappaññāya sudiṭṭhaṃ, na camhi arahaṃ khīṇāsavo.", 전재성, 『상윳따니까야』 2, 한국빠알리성전협회, 2006, pp.373~374 참조.

없다. 하지만 '무명의 소멸로부터 행의 소멸이 있다'와 같이 연기에 대한 체험적 지혜(ñāṇa)가 있느냐는 질문에 '올바른 지혜로 잘 본다'라고 대답을 함으로써, 지혜의 차이를 인정하고 있다. 그렇다면 주석서의 설명을 받아들이여, 일래자는 연기를 있는 그대로 잘 보는 성자라고 한다면, 아라한은 연기를 체험적 지혜로 보는 성자라고 할 수 있다.[48]

그렇다면, 불환성자와 아라한성자의 차이는 무엇일까.『숫따니빠따』「두 가지 관찰의 경」에서는 집착이 남아 있으면 불환, 집착을 남김없이 소멸시키면 아라한이라는 분명한 선언이 나온다.[49] 여기에서 말하는 집착(upadhi)은 무엇일까.〔표 2〕에서 알 수 있듯이, 아라한이 제거해야 할 번뇌는 다섯 가지이다. 곧 '색탐, 무색탐, 만, 도거, 무명'이다. 색탐과 무색탐은 색계와 무색계에 대한 탐욕이고, 만(māna)은 다른 존재들과 비교하는 심리상태, 도거는 오장애로 언급되는 것 가운데 하나인데, 오장애에서는 도거(掉擧, uddhacca)와 악작(惡作, kukkucca)이 같이 쌍 개념으로 등장한다. 도거는 불안이나 흥분상

---

48 『숫따니빠따』「두 가지 관찰의 경(Dvayatānupassanāsutta)」에서는 아라한을 aññā(완전한 지혜, 최상의 지혜)로 표현한다. Sn., p.141.

49 Sn. p.141. "어떤 괴로움이 생기더라도 모두 집착을 조건으로 한다는 것이 관찰의 한 원리이고, 그러나 집착을 남김없이 사라지게 하여 소멸시켜 버린다면, 괴로움이 발생하지 않는다고 하는 것이 관찰의 두 번째 원리이다. 비구들이여, 이렇게 두 가지 관찰의 원리에 올바로 방일하지 않고 정진하는 비구에게는 두 가지 과보 중에서 어느 하나를 기대할 수 있다. 즉 현세에서 궁극적 앎(aññā)을 증득하든가, 집착이 남아 있더라도 하느님 세계에서 열반에 들어 다시 돌아오지 않는 님이 되는 것이다."(전재성,『숫타니파타』, 한국빠알리성전협회, 2018, p.536)

태, 악작은 보통 후회로 번역한다.[50] 그런데 불환과가 극복해야 할 도거는 '들뜸' 정도로 이해하면 좋다. 수행의 과정에서 맛보는 즐거움은 미세한 자극으로 인식될 수 있다. 예를 들어, 사선정 체계에서 희열(pīti)과 행복감(sukkha) 가운데 제3선에서 희열이 먼저 극복되고 제4선에서는 행복감이 극복된다. 따라서 불환성자가 경험하는 도거는 수행을 통해 경험되는 일종의 들뜸이라고 이해하는 것이 좋을 것 같다. 그리고 마지막으로 무명(avijjā)은 사성제에 대한 무지를 말한다.[51] 이렇게 보면 사성제에 대한 완전한 앎은 아라한과에서 성취되는 것임을 알 수 있다.

이상 오상분결의 내용을 간단하게 살펴보았는데, 이 내용들은 자아에 대한 집착이라고 정리할 수 있다. 색탐, 무색탐, 만, 도거는 자아에 대한 집착이 있을 때 작용하는 번뇌들이다. 유신견, 곧 영원한 자아에 대한 견해 혹은 믿음이 예류과에서 제거되긴 했지만, 이것은 어디까지나 견해의 차원에서의 제거이지, 근원적 뿌리가 제거된 지혜는 아니다. 자아 관념에 대한 완전한 소멸 내지 극복은 아라한과를 통해서만 이루어지는 것으로, 이때 완전한 열반을 성취하게 되는 것이다.[52]

이상 살펴본 바와 같이 지혜는 차제성을 갖는다. 말하자면 지혜는

---

50 Anālayo, 앞의 책, pp.216~217.

51 SN.II, Vibhaṅga sutta, p.4.

52 Anālayo는 이것을 이렇게 말한다. "완전한 깨달음에서는 깊은 명상의 상태에서 갈애의 형태로 남아 있는 마지막 애착이 자만심의 현현이며, 들뜸의 형태로 영향을 미치는 '내가 있다'는 개념의 흔적과 함께 소멸되고 나서, 즉시 모든 무지는 제거된다."(앞의 책, p.241, 각주 13)

낮은 단계의 지혜와 높은 단계의 지혜가 있는 것이고, 수행론의 체계에
서 보면 이것은 지혜가 차제성을 갖는다고 볼 수 있다.

3. 지혜와 번뇌의 관계

지혜의 차제성은 크게 두 가지 차원에서 이해할 수 있다. 하나는
정서적 번뇌를 얼마만큼 제거했느냐와 또 하나는 그 앎이 얼마만큼
명확한가로 구분할 수 있다. 우리는 보통 대상에 대한 정보를 개념을
통해 설명한다. 개념은 달리 표현하면 단어인데, 단어와 단어로 지시
되는 실재는 사실 같은 것이 아니다. 붓다는 언어가 관습일 뿐 아니라
어떠한 언어도 실재를 완전히 포착하는 것이 본질적으로 불가능하다[53]
고 결론을 내렸다. 사실 우리는 단어를 통해 가상의 실재를 만들어
내는 것[54]이라고 말해도 될 것이다. 바로 이러한 단어, 혹은 언어를
기반으로 이루어진 것을 우리는 생각이라고 할 수 있다.

신들의 왕이여, 생각은 개념의 확산에 의한 인식과 분별(papañca-
saññāsaṅkhā)을 원인으로 하고, 개념의 확산에 의한 인식과 분별로
부터 일어나며, 개념의 확산에 의한 인식과 분별로부터 생겨나고,
개념의 확산에 의한 인식과 분별로부터 발생한다. 개념의 확산에
의한 인식과 분별이 있을 때 생각이 있고(papañcasaññāsaṅkhāya

53 리처드 곰브리치, 송남주 옮김, 『곰브리치의 불교강의』, 불광출판사, 2018,
　　p.291.
54 유발하라리, 조현욱 옮김, 『사피엔스』, 김영사, 2016, p.60.

62

sati vitakko hoti), 개념의 확산에 의한 인식과 분별이 없을 때
생각이 없다(papañcasaññāsaṅkhāya asati vitakko na hoti).[55]

여기에서 개념의 확산(papañca)은 '망상'이라고 번역해도 된다.
개념의 확산, 곧 망상은 우리의 인식을 왜곡시킨다.[56] 그 결과 그것에
집착하게 되면 탐욕, 분노, 견해, 의심, 만, 존재에 대한 탐욕, 무명의
번뇌로 연결되게 된다.[57] 바로 이 개념의 확산이 일어나지 않는 것이
지혜와 연결되는 내용이 된다. 한편 생각이 없다는 것은 의식작용의
소멸로도 이해할 수 있다.

내적으로, 외적으로 느낌을 즐거워하지 않는 자, 이와 같이 바르게
자각하고 행동하면 의식작용은 소멸합니다.(Sn.1111게송)[58]

개념의 확산에 의한 인식(papañcasaññā)에서 상냐(saññā), 곧 상想

---

55 DN.II, p.277. "Vitakko kho devānam Inda papañcasaññāsaṅkhānidāno, pa-
pañcasaññāsaṅkhāsamudayo, papañcasaññāsaṅkhājātiko, papañcasaññā-
saṅkhāpabhavo, papañcasaññāsaṅkhāya sati vitakko hoti, papañca-
saññāsaṅkhāya asati vitakko na hotī" ti."
56 한상희, 「언어, 깨달음으로 가는 길」, 『언어, 진실을 전달하는가 왜곡하는가』,
운주사, 2023, p.68.
57 이필원, 「번뇌, 알아야 끊을 수 있다」, 『번뇌, 끊어야 하나 보듬어야 하나』,
운주사, 2020, p.65.
58 ajjhattañ ca bahiddhā ca, vedanaṃ nābhinandato, evaṃ satassa carato
viññāṇaṃ uparujjhatī ti.

은 지각작용 혹은 개념작용 등으로 번역되기도 한다. 이 상은 오온의
체계에서 느낌(vedanā)를 기반으로 한다. 그렇기에 내적으로 외적으
로 일어나는 느낌에 대해서 즐거워하지 않고, 내외를 올바르게 자각하
게 되면 번뇌를 일으키는 의식이 발생하지 않는다는 의미이다. 그래서
올바르게 자각하는 것(sata), 곧 사띠의 작용은 지혜가 갖는 속성으로
이해할 수 있다.

1) 지혜와 번뇌

번뇌의 제거는 달리 표현하면 마음의 정화(cittavisuddhi)이다. 번뇌가
작용하는 것은 마음의 영역이기 때문이다. 마음을 정화하는 구체적인
방법론이 바로 '선정'이다. 후지타 코우타츠는 마음(citta, ceto)이라는
표현은 바로 '선정'을 의미하는 것임을 여러 경전을 분석하여 밝힌
바 있다.[59]

번뇌는 앞서 정서적 번뇌와 이지적 번뇌로 구분할 수 있다고 했다.
그렇다면 각각의 번뇌를 제거하는 방법론이 다를 것이다. 이에 대한
내용이 경전에서는 다음과 같이 제시된다.

비구들이여, 명지(明智, vijjā)로 이끄는 두 가지 원리가 있다. 두
가지란 무엇인가? 사마타와 위빠사나[이다]. 비구들이여, 수행
된 사마타는 어떤 이익이 경험되는가? 마음이 닦아진다. 닦아진
마음은 어떤 이익이 경험되는가? 탐욕이 [있는] 자, 그것(탐욕)이

---

59 후지타 코우타츠, 이필원 옮김, 「원시불교의 선정사상」, 『文学 史学 哲学』
제20호, 2010, p.110.

버려진다. 비구들이여, 수행된 위빠사나는 어떤 이익이 경험되는
가? 지혜가 닦아진다. 닦아진 지혜는 어떤 이익이 경험되는가?
무명이 〔있는〕 자, 그것(무명)이 버려진다. 비구들이여, 탐욕에
물든 마음은 해탈되지 않는다. 무명에 물든 지혜는 닦여지지 않는
다. 실로 비구들이여, 탐욕으로부터 떠남이 마음에 의한 해탈[60]이
고, 무명으로부터 떠남이 지혜의 해탈이다.[61]

위 경전의 내용은 다음과 같이 정리할 수 있다.

사마타 수행 – 탐욕 등 정서적 번뇌를 제거하는 방법
위빠사나 수행 – 무명으로 대표되는 이지적 번뇌를 제거하는 방법

이것을 앞에서 소개한 10결의 내용으로 배대해 보자.

---

60 cetovimutti는 '마음에 의한 해탈'과 '마음의 해탈' 두 가지로 해석 가능하다.
전자는 마음이 사마타를 의미하는 것이고, 후자는 말 그대로 마음이 해탈한
것을 의미한다. 여기에서는 마음에 의한 해탈로 해석한다. 왜냐하면 이 경전이
사마타와 위빠사나를 주제로 하고 있기 때문이다.

61 AN.I, p.61. "dve me, bhikkhave, dhammā vijjābhāgiyā. katame dve? samatho
ca vipassanā ca. samatho, bhikkhave, bhāvito kamattham anubhoti? cittaṃ
bhāvīyati. cittaṃ bhāvitaṃ kamatthamanubhoti? yo rāgo so pahīyati. vi-
passanā, bhikkhave, bhāvitā kamatthamanubhoti? paññā bhāvīyati. paññā
bhāvitā kamatthamanubhoti? yā avijjā sā pahīyati. rāgupakkiliṭṭhaṃ vā,
bhikkhave, cittaṃ na vimuccati, avijjupakkiliṭṭhā na paññā bhāvīyati. iti
kho, bhikkhave, rāgavirāgā cetovimutti, avijjāvirāgā paññāvimuttī"ti.

성자의 계위	번뇌의 내용	수행방법
예류	유신견(sakkāya-diṭṭhi, 有身見)	청문, 바른 주의집중 등[62]
	의심(vicikicchā, 疑)	
	계금취견(sīlabbata-parāmāsa, 戒禁取見)	
일래	욕탐(kāma-chanda, 欲貪)	samatha
불환	분노(byāpāda, 瞋恚)	
아라한	색탐(rūpa-rāga, 色貪)	samatha
	무색탐(arūpa-rāga, 無色貪)	
	만(māna, 慢)	
	도거(uddhacca, 掉擧)	
	무명(avijjā, 無明)	vipassanā

〈표 3〉 번뇌와 수행방법

예류성자가 번뇌를 제거하여 지혜를 획득하는 방법은 사마타나 위빠사나와 같은 수행이 굳이 필요하지 않음을 알 수 있다. 또 다른 경전에서는 불법승 삼보와 계율의 수지만으로도 예류의 지혜를 얻을 수 있다고 설한다.[63] 따라서 예류의 지혜를 얻는 방식은 바른 가르침을

---

62 SN. V, Paṭhama caturo phalāsutta, p.410에서는 예류자가 되기 위한 네 가지 조건을 제시하고 있다. 1. 존경할 만한 사람들과의 교류(Sappurisa-saṅsevo), 2. 바른 가르침을 듣는 것(Sad'Dhamma-savanaṃ), 3. 이치에 맞는 주의집중 (yoniso-manasikāro), 4. 가르침과 가르침에 따른 실천(Dhammānudhamma-paṭipatti).

63 SN.II, p.69~70 ; SN.V, p.343, 396~398. SN의 예류상응(pp.396~398)에는 Kāligodha(39경)와 Nandiya(40경)와의 논의가 있다. Kāligodha는 불법승에 대한 무너지지 않는 믿음을 구족하게 되면 예류가 된다고 말한다. 하지만 Nandiya는 불법승 삼보 외에 계를 더하여 네 가지 무너지지 않는 믿음을

잘 듣고, 그것에 대해서 바르게 주의를 기울이며, 올바른 믿음을 성취하는 것만으로도 충분한 것이다.[64]

반면 일래와 불환 아라한의 성자들은 사마타와 위빠사나 수행을 통해 번뇌가 제거된다. 일래성자와 불환성자는 모두 사마타, 곧 선정을 수행하게 되는데 선정의 성취에 있어서 차이가 있다. 이와 관련해서는 다음의 내용을 소개한다.

경전들에 따르면, '한 번 돌아오는' 깨달음과 '돌아오지 않는' 깨달음의 차이는 삼매 능력의 수준과 관계가 있다. 몇몇 구절들은 불환자와는 대조적으로 일래자는 삼매의 발전이 아직 완전하게 이루어지지 않았음을 강조한다. 이러한 점에서 볼 때 선정의 달성은 돌아오지 않는, 즉 불환의 깨달음과 관련된다. 사실 몇몇 경전들은 깨달음의 높은 두 단계인 불환과와 아라한과를 향한 진전을 초선정 이상의 경험과 연결한다. 그 이유는 통찰력 있는 선정

구조할 때 예류가 된다고 말한다. 이에 대해 붓다는 Nandiya의 입장을 승인하는 내용이다.

64 Anālayo는 이와 관련해서 다음과 같이 말한다. "수많은 경전에 나와 있듯이 예류가 달성되었는가에 의해 확증된다. 여기에 해당되는 사람은 삶에서 규칙적인 명상조차 하지 않았을 수 있고, 선정을 얻기에 턱없이 부족한 사람일 수도 있다. 그러나 이러한 보고들은 통찰이 일어나기 전에 장애가 제거된다고 확실하게 주장한다. 이 모든 사례들에서처럼 장애는 붓다가 베푼 단계적 가르침에 주의 깊게 귀를 기울인다면 결과적으로 모두 사라지게 된다. 사실 저명한 현대 명상 지도자들 상당수가 깨달음을 위한 선정 능력 없이 예류에 들었다는 것은 이러한 가르침에 바탕을 둔다."(앞의 책, p.96)

상태의 관찰이 욕망의 마지막 흔적들을 완전히 극복하는 데 있어 중요한 역할을 하기 때문이다.[65]

이렇듯 선정 수행은 번뇌, 특히 욕망 등으로 대표되는 정서적 번뇌의 제거를 위해서는 반드시 수행되어야 한다. 번뇌가 제거된 상태를 해탈이라고 한다. 그런데 번뇌의 제거가 왜 지혜로 연결되는지는 앞서 지혜의 차제성을 소개하면서 언급했는데, 해당되는 부분만 보면 다음과 같다.

> 욕망의 대상으로 인한 온갖 번뇌로부터(kām'āsavā) 마음이 해탈되었고, 존재로 인한 번뇌에서 마음이 해탈되었고, 무명으로 인한 번뇌에서 마음이 해탈되었다. 해탈되었을 때 나에게 '해탈되었다' 라는 지혜(ñāṇa)가 생겨났다. 나는 '태어남은 부서지고 청정한 삶은 이루어졌다. 해야 할 일은 다 마치고 더 이상 이러한 상태로 이끌리지 않는다'라고 체험적으로 분명히 알았다.[66]

즉 번뇌의 소멸은 해탈의 원인이고 해탈은 곧 해탈지를 발생시킨다. 그렇기에 번뇌의 소멸은 단지 번뇌가 소멸한 상태로 끝나는 것이 아니라, 해탈에 대한 지혜를 자연스럽게 발생시키는 것이다. 이와 관련해서 『숫따니빠따』의 다음 게송은 중요하다.

---

65 Anālayo, 앞의 책, p.97.

66 MN.II, Saṅgāravasutta, p.212.

68

진리에 대한 사색을 선행으로 하는 평정과 바른 자각에 의한
청정이 해탈직 지혜에 의한 해탈이고, 무명의 파괴라고 나는 설한
다.[67](Sn.1107게송)

위 게송의 내용은 두 가지로 분석된다. 첫째는 '평정과 바른 자각에
의한 청정'이고, 둘째는 '해탈적 지혜에 의한 해탈이고 무명의 파괴'이
다. 첫째는 사선정에서 제4선의 내용이다. 말하자면 선정을 통해
마음이 번뇌로부터 벗어나 청정해지면, 이것을 '있는 그대로 아는
것'이 해탈적 지혜(aññā)[68]이고, 그 지혜에 의해서 무명이 파괴되는
것이다. 해탈과 동시에 해탈지가 발생하고, 이것이 무명을 완전히
파괴시킴으로써, 완전한 깨달음이 이루어지는 것이라고 할 수 있다.
이 게송과 관련한 주석서의 설명을 참조하면 다음과 같다.

'진리에 대한 사색을 선행으로 한다'는 것은 이것에 의해서 네
번째 선정의 해탈에 머물러서 선정의 부분들을 자세히 살피고서
증득한 아라한의 해탈을 말한다. 아라한의 해탈은 도道와 상응하
는 정사유(sammāsaṅkappa) 등의 법을 헤아리는 것에 앞서 나아가
기 때문이다. 그러므로 '진리에 대한 사색을 선행으로 한다'고

---

67 upekkhāsatisaṃsuddhaṃ dhammatakkapurejavaṃ aññāvimokhaṃ pabrūmi
  avijjāya pabhedanaṃ.
68 aññā에 대해서 Vetter는 "해탈하는 것과 함께, '(마음이) 해탈했다' 등의 인식이
  발생한다. 이것은 다시 재생하지 않는 것을 확정한 아라한에 대한 가장 일반적인
  서술의 출발점이 된다"고 말한다.(Vetter, T., The Ideas and Meditative Practices
  of Early Buddhism, Netherlands. 1988, p.46)

말한다.[69]

이와 관련해서 Ergardt의 내용이 이해를 도울 수 있다.

vimutta는 개인이 자신의 해탈을 일으키고, 다음으로 관찰로 명확히 하는 것이라는 사실에 있어서 매우 능동적인 과정을 설명하고 있다. 동시에, 논리적 관점에서 우리들은 vimutta는 ñāṇa에 있어서의 필요조건이라는 사실을 생각해야만 한다. '필요조건'은 심리적 특성의 복잡한 과정을 포함하고 있다. 정신적 발전에서 끊임없이 사람은 뒤돌아보고, 자기 생각을 증명한다. 언제나 줄어든 욕망과 줄어든 무지 사이에는 변증적인 과정이 있다.[70]

해탈은 찰나의 간극 없이 해탈에 대한 바른 앎이 발생한다고 봐야한다. 적절한 예로 부족할 수 있지만, 우리를 고통스럽게 하던 어떤 문제가 해결되었을 때, 해방된 심리적 상태가 곧바로 알려지는 것과 같다.

---

69 Dhammatakkapurejavanti iminā tasmiṃ catutthajjhānavimokkhe ṭhatvā jhānaṅgāni vipassitvā adhigataṃ arahattavimokkhaṃ vadati. Arahattavimokkhassa hi maggasampayuttasammāsaṅkappādibhedo dhammatakko purejavo hoti. Tenāha — "dhammatakkapurejava"nti. (https://tipitaka.org/romn/)

70 Ergardt, JAN T., *Faith and Knowledge in Early Buddhism*, LEIDEN, E.J. BRILL. 1977, p.49.

2) 지혜와 윤리적 행위

앞시 살펴본, AN.III의 내용은 예류의 지혜를 성취하게 되면 자연스럽게 비윤리적 행위가 불가능해짐을 보았다.

견해를 성취한 사람은 무간업을 짓는 것은 불가능하다.[71]

여기에서 말하는 무간업의 내용은 다음과 같다.

비구들이여, 견해를 성취한 사람이 어머니의 목숨을 빼앗는 것은 불가능하고, 견해를 성취한 사람이 아버지의 목숨을 빼앗는 것은 불가능하고, 견해를 성취한 사람이 아라한의 목숨을 빼앗는 것은 불가능하고, 견해를 성취한 사람이 악한 마음으로 여래에게 피를 흘리게 하는 것은 불가능하고, 견해를 성취한 사람이 승가를 분열시키는 것은 불가능하다.[72]

이렇듯 예류의 지혜를 성취한 사람은 부모의 목숨을 빼앗는 등의 비윤리적 행위가 불가능함을 알 수 있다. 그래서 지혜를 성취한 자는 자연스럽게 도덕성을 갖추게 된다. 이것에 대한 이야기는 Soṇadaṇḍa sutta에서 구체적으로 제시하고 있다.

---

71 AN.III, p.439.

72 AN.III, p.439. 경전에서는 여섯 번째도 언급된다. "견해를 성취한 사람이 다른 스승을 선택하는 것은 불가능하다." 이것은 윤리적 문제라고 보기 어려워, 본문에서는 제외했다.

바라문이여, 참으로 그러합니다. 계를 통해서 청정해진 것이 지혜
이고, 지혜에 의해서 청정해진 것이 계입니다. 계가 있는 곳에
지혜가 있고 지혜가 있는 곳에 계가 있습니다. 계를 가진 자에게
지혜가 있고 지혜를 가진 자에게 계가 있습니다. 그러므로 이
세상은 계와 지혜를 제일로 한다고 말합니다. 바라문이여, 마치
손으로 손을 씻고 발로 발을 씻는 것과 같이 계를 통해서 청정하게
되는 것이 지혜이고 지혜에 의해서 청정하게 되는 것이 계입니다.
계가 있는 곳에 지혜가 있고 지혜가 있는 곳에 계가 있습니다.
계를 가진 자에게 지혜가 있고 지혜를 가진 자에게 계가 있습니다.
그러므로 이 세상은 계와 지혜를 제일로 한다고 말합니다.[73]

위 경전에서 알 수 있듯이, 지혜와 계율은 떼려야 뗄 수 없는 관계이
다. 지혜를 획득한 자가 계율을 어기며 살 수 없는 것이며, 계율을
온전하게 실천하는 자가 지혜가 없을 수 없는 것이다. 그래서 지혜와
계는 한 쌍으로 같이 작용한다.

항상 계를 몸에 지니고, 지혜가 있으며 마음을 잘 통일하고 안으로
살피며, 사띠를 갖춘 사람만이, 건너기 어려운 거센 흐름을 건널
수 있다.(Sn.174게송)[74]

---

73 DN.I, p.124. ; 각묵 스님 옮김, 『디가니까야』 1, 초기불전연구원, 2006, p.339.

74 sabbadā sīlasampanno, paññavā susamāhito, ajjhattacintī satimā, oghaṃ
   tarati duttaraṃ.

거센 흐름은 폭류暴流라고 번역하기도 하는데, 욕망의 대상의 거센
흐름, 존재의 거센 흐름, 견해의 거센 흐름, 무지의 거센 흐름이
있다.[75] 거센 흐름을 건넌다는 것은 깨달음의 체현을 의미하는 것이다.
곧 깨달음의 성취는 계와 지혜를 갖출 때 가능함을 보여준다.

한편『숫따니빠따』「천한 사람의 경」의 내용은 도덕적이지 못한
사람에 대한 이야기이다. 곧 남을 화나게 하거나 악의적이고 인색하
며, 거짓을 일삼고, 부끄러움을 모르는 자를 천한 사람이라고 하는
데[76], 이것은 곧 지혜가 없는 사람의 특성이기도 하다. 지혜를 갖춘
자는 욕망에서 재난을 보지만, 지혜롭지 못한 자는 욕망에서 쾌락과
행복을 찾는다.

> 온갖 욕망의 대상에서 재난을 보고서, 그것에서 벗어남을 안온으
> 로 보고서, 나는 정진하러 갑니다. 내 마음은 이것에 기뻐하고
> 있습니다.(Sn.424게송)[77]

위 게송은 고따마 태자가 막 출가했을 때, 마가다의 빔비사라왕을
만나 한 이야기이다. 욕망의 대상에 대해서 재난을 본다는 의미는
바로 탐욕과 분노가 갖는 재앙을 본다는 의미이다. 탐욕과 분노를

---

75 전재성,『숫타니파타』, 한국빠알리성전협회, 2018, pp.98~99 각주 21번에
　나온 설명이다.

76 Sn.133 게송.

77 kāmesvādīnavaṃ disvā, nekkhammaṃ daṭṭhu khemato, padkhānāya ga-
　missāmi, ettha me rajatī mano ti.

떠난 자가 비윤리적 행위를 하는 것은 불가능한 일이다.

불교에서 윤리적 덕목으로 제시하는 것을 일반적으로 오계 혹은 십계라고 한다. 그 구체적인 내용을 통해 지혜와 계의 관계를 살펴보자.[78]

열 가지 잘못된 실천	계의 분류	성자의 지혜
생명을 죽이는 것		
주지 않는 것을 취하는 것	신체적인 잘못된 행위	
잘못된 성적 행위를 하는 것		
거짓말		
이간질	언어적인 잘못된 행위	
욕설		
꾸며대는 말		
탐욕		일래/불환의 지혜
분노	정신적인 잘못된 행위	
사견		예류의 지혜

〈표 4〉 십악업의 내용과 분류

위의 표에서 신업과 구업의 내용은 탐욕과 분노와 사견으로부터 비롯된 것이다. 사견의 내용은 인과를 부정하거나 알지 못하는 것이다.[79] 그런데 〔표 3〕의 내용을 〔표 4〕의 내용과 비교해 보면, 어떤

---

78 MN.I, Sāleyyakasutta, p.286의 내용을 정리한 것이다.

79 MN.I, p.287. "보시도 없다. 제사도 없다. 고양도 없다. 선악의 과보도 없다. 이 세상도 없고 저 세상도 없다. 어머니도 없고 아버지도 없다. 홀연히 태어나는 중생도 없다. 세상에는 바르게 유행하고 올바로 실천하며 이 세상과 저 세상을

74

성자의 지혜가 올바른 계율의 확립과 연관되는지를 알 수 있다.

〔표 4〕에서 보듯이, 사견은 예류과의 지혜로 제거된다. 탐욕과
분노는 일래과와 불환과의 지혜로 제거된다. 그런데 십악업의 내용에
서 신업과 구업을 일으키는 가장 근원은 사견이다. 이 사견은 가르침을
따르면 제거된다.[80]

성자에 의해 가르쳐진 가르침에 기뻐하는 자들, 그들은 말, 정신,
행위에 의해서 가장 뛰어나다. 평안과 온화와 삼매에 확립된 그들
은 배움과 지혜의 핵심에 도달한 것이다.(Sn.330게송)[81]

붓다의 가르침에 기뻐하고, 그것을 삶 속에서 실천하고자 노력하는
것만으로도 사견은 충분히 제거된다. 그렇다면 이것은 예류의 지혜를
얻지 못했다고 해도 가능한 일이다.

그리고 사견이 정견으로 바뀌게 되면, 탐욕과 분노를 완전히 제거하
지는 못하더라도, 그것을 따라가지는 않게 된다. 그것이 바로 예류과
의 지혜가 갖는 힘이다. 즉 예류성자는 하지 못하는 불가능한 행위들이
있다. 그것이 바로 몸으로 짓는 악한 행위와 말로 짓는 악한 행위이다.
탐욕과 분노와 사견은 모두 생각에 비롯된 것들이다.[82] 잘못된 불선한

곧바로 알고 깨달아 가르치는 사문이나 바라문도 없다."(전재성, 『맛지마니까
야』, 한국빠알리성전협회, 2009, p.511)

80 MN.I, p.289.

81 dhamme ca ye aryapavedite ratā, anuttarā te vacasā manasā kammanā ca,
te santisoraccasamādhisaṇṭhitā, sutassa paññāya ca sāram ajjhagū ti.

82 DN. III, p.215. "세 가지 불건전한 생각(akusala-vittakā)이 있다. 욕망의 대상에

생각을 제거하고, 선한 생각으로 전환하는 것이 지혜의 힘이라고
할 수 있다.

이렇듯 생각은 선(善, kusala)와 불선(不善, akusala)에 속한 생각들로
구분된다. akusala와 관련된 생각의 경우는 탐진치와 관련된 것이고,
kusala와 관련된 생각은 그 반대에 해당한다. 결국 이들 생각은 선과
불선의 까르마를 형성함으로써, 삶의 내용을 구성하게 된다. 그렇기
에 선한 생각을 통해 선한 까르마를 형성해 가는 것이 포인트가 된다.

그래서 생각의 차원에서는 선을 취하고 불선을 버려야 하지만,
지혜의 차원에서는 선도 불선도 모두 버려야 한다.[83]

대한 생각(kāma-vitakko), 악의적인 생각(vyāpāda-vitakko), 해치고자 하는
생각(vihiṃsā-vitakko)이다.

세 가지 건전한 생각(kusala-vittakā)이 있다. 욕망의 대상을 떠남에 대한 생각
(nekkhamma-vitakko), 악의를 떠난 생각(avyāpāda-vitakko), 해치지 않음에
대한 생각(avihiṃsā-vitakko)이다."

83 Sn.520a게송의 "고요함을 얻은 자는 공덕과 악을 버리고(samitāvi pahāya
puññapāpaṃ)", Sn.790c게송에 "공덕과 악에 물들지 않는다(puññe ca pāpe
ca anūpalitto)"란 내용이 대표적으로 언급될 수 있다. 여기에서 공덕은 선의
결과를 말하는 것이다. 그런데 우리가 오해해서는 안되는 것이 선과 악을
모두 버리라는 말을 선도 행하지 않는다는 의미로 이해해서는 안 된다. Sn.627
게송에서는 "심오한 지혜를 지닌 자, 현명한 자, 길과 길 아닌 것에 대해서
잘 아는 자, 최상의 이익을 성취한 자, 나는 그를 바라문이라고 부릅니다"라고
하듯이, 길(magga)과 길 아닌 것(amagga)는 바로 진리와 진리가 아닌 것,
선과 불선한 것 등을 나타내는 것이다. 그렇다면 공덕과 악을 버린다는 것은
공덕과 악에 대해서 잘 분별한 뒤에, 최상의 이익을 주는 공덕을 실천하되,
그 어떤 것에도 집착하지 않음을 의미하는 것으로 이해해야 한다. 그것을
Sn.526에서는 이렇게 설하고 있다. "안으로 밖으로 양쪽의 깨끗함을 분별하고

선과 불선을 모두 버리는 것은 생각의 파괴와 연관된다.

모든 생각들이(vitakkā) 파괴되어지고(vidhūpitā), 안으로 완전하
게 안정된 자,
그 비구는 이 세상과 저 세상을 버린다. 마치 뱀이 묵은 허물을
벗는 것처럼.(Sn.7게송)[84]

　궁극의 관점에서 보면, 모든 생각이 파괴되어 완전하게 고요해지게
되면 아라한의 지혜를 얻게 된다. 그때 아라한은 그 어떤 것도 바라지
않고 집착하지 않게 된다. 그렇게 되면 윤리적으로 완전한 상태가
되는데, 이것을 선악을 초월한 상태라고 한다.

3) 지혜와 자애

지혜의 획득은 바로 윤리적 덕성의 드러남으로 나타난다. 윤리적
덕성은 이타행으로 이어지게 되는 것은 필연적이다. 그래서 지혜를
획득한 자는 자애로운 존재가 될 수밖에 없다. 자애는 비폭력성에
기인한다. 마음에서 폭력성이 제거된 사람에게 자애는 자연스러운
덕성으로 드러나게 된다. 붓다가 폭력에 대해서 얼마나 비판적인지는

───────

서, 청정한 지혜를 지닌 자, 어둠과 밝음을 초월한 자, 참으로 그러한 자[를]
현명한 자[라고] 부른다." 여기에서 깨끗함(paṇḍarāni)은 선, 혹은 진리를
의미한다. 말하자면 안과 밖으로 선과 불선 가운데 선함을 잘 분별하는 것을
조건으로 할 때, 청정한 지혜를 지닌 자(suddhipañño)가 되는 것이다.

84 yassa vitakkā vidhūpitā, ajjhattaṃ suvikappitā asesā, so bhikkhu jahāti or-
apāraṃ, urago jiṇṇamiva tacaṃ purāṇaṃ.

경전 곳곳에서 확인할 수 있다.

폭력적인 사람으로부터 두려움이 생깁니다. 싸움을 〔하는〕 사람
들을 보십시오.
내가 어떻게 두려워했는지, 그 두려움에 대해서 설명하겠습니
다.(Sn.935게송)[85]

잦아드는 물에 있는 물고기처럼, 전율하고 있는 사람들을 보고서,
서로 반목하는 사람들을 보고서, 나에게 두려움이 생겨났습니
다.(Sn.936게송)[86]

이 세상은 완전하게 견고하지 않고, 모든 방향으로 흔들리고 있습
니다.
나의 거처를 구하고 있지만, 〔폭력에 의해〕 점령되지 않는 곳을
보지 못했습니다.(Sn.937게송)[87]

---

85 attadaṇḍā bhayam jātam, janam passatha medhagam, samvegam kittayissāmi,
   yathā samvijitam mayā.

86 phandamanam pajam disvā, macche appodake yathā, aññamaññehi
   vyāruddhe, disvā mam bhayam āvisi.

87 samantam asāro loko, disā sabbā sameritā, iccham bhavanam attano,
   n'āddasāsim anositam. 주석서에서는 anositam을 '늙음 등에 의해 점령되지
   않은'으로 해석하고 있는데, 전재성은 '폭력에 점령되지 않은 곳으로 번역하고
   있다.(전재성, 앞의 책, p.684) 내용상 전재성의 해석이 적절하다고 생각하여,
   전재성의 번역을 따랐다.

그들이 끝까지 반목하는 것을 보고, 나에게 혐오가 생겨났습니다.
그리고 나는 보기 어려운 것을 보았습니다. 그들의 심장에 박힌
화살을 보았습니다.(Sn.938게송)[88]

붓다는 폭력(daṇḍa) 자체에 대해 혐오(arati)하고 있음을 분명히
하고 있다. 그리고 폭력에 놓인 사람들의 심정을 '잦아드는 물에
있는 물고기'로 비유하고 있는 점은 생생함을 더한다. 그리고 폭력을
행하는 자나 당하는 자 모두의 가슴에 '화살(salla)'이 꽂혀 있을 만큼
고통받고 있음을 묘사하고 있다. 이러한 폭력에 대한 붓다의 혐오는
『맛지마니까야』에서 더욱 강렬하게 확인할 수 있다.

비구들이여, 또한 만약 비열한 도적들이 양쪽의 손잡이를 가진
톱으로 사지를 자르려고 할지라도, 그때에 마음이 분노하는 자,
그는 그것에 의해서 나의 가르침을 따르는 자가 아니다.
비구들이여, 그때에 또한 이와 같이 배워야 한다. '우리의 마음은
영향받지 않을 것이고, 악의에 찬 말을 내뱉지 않을 것이고, 이익과
연민을 지닌 자애의 마음으로부터 분노를 품지 않고 머무를 것이
다. 그리고 그 사람을 자애를 갖춘 마음으로 가득 채우고 머무를
것이다. 그 대상과 모든 세상을 자애를 갖춘 마음으로, 광대한
〔마음으로〕, 커다란 〔마음으로〕, 무량한 〔마음으로〕, 친절한 〔마
음으로〕, 원한 없고 악의 없는 〔마음으로〕, 가득 채우고 머무를

88 osāne tv'eva vyāruddhe, disvā me aratī ahu, ath'ettha sallaṃ addakkhiṃ,
   duddasaṃ hadayanissitaṃ. 전재성, 앞의 책, p.685.

것이다'라고. 비구들이여, 참으로 이와 같이 배워야 한다.[89]

비록 비유이긴 하지만, 수행자라고 한다면 누군가 잔인하게 자신의
목숨을 빼앗을 때조차 분노하지 말고, 자애심을 내야 함을 강조하고
있다. 분노의 마음을 버리지 못한 사람은 붓다의 가르침을 따르는
자가 아니라는 점은 붓다가 분노로 야기된 폭력을 얼마나 경계하고
있는지를 알 수 있다. 이것은 다르게 표현하면, 분노를 버리면 분노와
관련된 생각이 끊어져 버리는 것이라고 할 수 있다. 완전히 분노와
관련된 생각이 끊어지면, 애써 노력하지 않아도 자애의 마음을 일으킬
수 있게 된다. 그렇다면 우리가 배워야 할 것은 분노를 버리는 것이라고
도 볼 수 있다. 이렇듯 자애는 분명히 배워야 하는 것이지만, 그
배우는 방식은 끊임없이 분노를 버리는 것을 반복적으로 수행한다는
의미가 된다. 그 분노를 버려 자애를 일으키는 구체적인 방법을 제시한
것이 『숫따니빠따』의 「자애경(Mettasutta)」이다. 원문이 다소 길긴
하지만, 소개하면 다음과 같다.

---

89 MN.I, Kakacūpamasutta, p.129. "Ubhatodaṇḍakena pi ce bhikkhave kakacena
corā ocarakā aṅgamaṅgāni okanteyyuṃ, tatrāpi yo mano padūseyya, na
me so tena sāsanakaro. Tatrāpi vo bhikkhave evaṃ sikkhitabbaṃ. 'Na c'eva
no cittaṃ vipariṇataṃ bhavissati. Na ca pāpikaṃ vācaṃ nicchāressāma.
Hitānukampī ca viharissāma metta-cittā na dos'antarā. Tañ ca puggalaṃ
mettā-saha-gatena cetasā pharitvā viharissāma. Tadārammaṇañ ca
sabbā-vantaṃ lokaṃ mettā-saha-gatena cetasā vipulena mahaggatena ap-
pamāṇena averena avyābajjhena pharitvā viharissāmā' ti. Evaṃ hi vo bhik-
khave sikkhitabbaṃ."

80

그 평화로운 경지를 완전히 이해하고서, 도덕적 탁월함에 대해 능숙한 사람에 의해서 행해져야 합니다. 그는 유능하고, 정직하고, 단정하며, 온순하고, 상냥하고, 자만이 없는 자여야 합니다.(Sn.143게송)

만족하고, 부양하기 쉽고, 해야 할 의무가 적으며, 검소한 자이어야 합니다. 고요한 감각기관을 지니고, 지혜롭고, 겸손하고, 다른 사람들의 집에서 욕심을 부리지 않는 자이어야 합니다.(Sn.144게송)

다른 현자의 비난을 받을만한 비열한 행위를 결코 해서는 안 됩니다. 모든 살아있는 것은 행복하고, 편안하고, 안락하소서.(Sn.145게송)

어떤 생명이든, 약한 것이거나 강한 것이거나 남김없이 모두, 긴 것이거나 커다란 것이거나, 중간 정도의 것이거나 짧은 것이거나, 미세한 것이거나, 거친 것이거나(Sn.146게송)

눈에 보이는 것이거나 보이지 않는 것이거나, 멀리 사는 것이거나 가까이 사는 것이거나, 이미 태어난 것이거나 이제 태어날 것이거나, 모든 생명은 행복하소서.(Sn.147게송)

다른 사람을 속여서는 안 됩니다. 어디에서든 누군가를 경멸해서

는 안 됩니다. 증오 때문에 분노와 같은 상념 때문에, 서로의
고통을 바라서는 안 됩니다.(Sn.148게송)

마치 어머니가 외아들을 목숨 바쳐 보호하듯이, 그와 같이 모든
생명에 대해서도 한없는 자애의 마음을 일으켜야 합니다.(Sn.149
게송)

또 모든 세상에 대해서, 한량없는 자애의 마음을 닦아야 합니다.
위로, 아래로, 옆으로, 장애 없이, 원한 없이, 적의 없이 자애를
실천해야 합니다.(Sn.150게송)

서 있거나, 가고 있거나, 앉은 상태이거나, 누워 있거나, 그가
잠에서 깨어 있는 한, 이 사띠를 확립해야 합니다. 세상에서 사람들
은 이것을 청정한 경지라고 말합니다.(Sn.151게송)

계행을 갖추고, 통찰에 의해 갖추어진 자는 그릇된 견해를 받아들
이지 않고서, 온갖 욕망의 대상에 대한 탐욕을 포기하고서, 결코
다시는 모태에 들지 않습니다.(Sn.152게송)

우선 자애를 수행하는 데 있어 요구되는 사항들이 있다. 핵심이 되는
사항들을 앞서 살펴본 십결十結과 관련지어 보면 다음과 같이 정리해
볼 수 있다.

82

번호	자애 수행의 핵심 사항	해당되는 십결
1	고요하고 평화로운 경지(santaṃ padaṃ)[90]를 알아야 한다.	-
2	도덕 윤리에 능숙한 사람이어야 한다.	-
3	유능하고, 정직하고, 단정하고, 온순하고, 상냥하며, 자만이 없어야 한다.	만慢
4	자신이 가진 것에 만족할 줄 알고, 자신을 부양하는 데 어려움이 없으며, 분주하지 않아야 하고, 검소해야 한다.	탐욕
5	현자들이 비난할 만한 행위를 해서는 안 된다.	삼결
6	다른 사람을 속이거나 경멸해서는 안 된다.	만慢
7	증오나 분노 때문에 다른 사람의 고통을 바라서는 안 된다.	분노
8	잠에서 깨어 있는 한, 사람들의 행복을 바라는 사띠를 굳게 확립해야 한다.	-
9	계행을 갖추고 통찰(dassana)을 갖추며, 그릇된 견해[91]를 받아들이지 않고, 탐욕을 포기할 줄 알아야 한다.	삼결, 탐욕

〈표 5〉 자애수행과 십결과의 관계

이렇게 보면, 자애/자비를 수행하는 것은 윤리성 곧 계율의 성취[92]와

---

90 "번뇌가 가라앉아 고요해진 상태"를 말한다. AN. II, p.18 ; Sn746게송. Dhp.368의 게송은 보다 직접적이다. "붓다의 가르침에 대해 굳건히 신뢰하고, 자애에 머무는 비구는 적정(santa)한 경지, 〔모든〕 행위가 고요한 경지, 행복한 경지를 얻을 것이다." Nārada는 santa를 '열반'으로 설명한다.(Nārada Thera, The Dhammapada, B.M.S. Publication, 1978, p.283.)

91 삼결, 곧 유신견, 계금취견, 의심으로 해석할 수 있다.

92 아날라요는 『자비와 공』에서 "윤리적 행동은 연민과 직접적인 연관성을 갖습니다. 사실 윤리적 행동은 연민의 표현입니다"(pp.24~25)라고 말하고, "(자애는) 연민을 포함한 나머지 무량심들이 성장하고 숙성하는 비옥한 토양을 형성하게 합니다"(p.62)라고 말하고 있다. 연민은 karuṇā의 번역으로 한자로는 悲로 번역하고, 자애는 metta의 번역으로 한자로는 慈로 번역한다. 따라서 사무량심 전체는 윤리, 곧 계율과 직접적인 연관성을 갖는다고 이해해야 한다. 어떤

탐욕과 분노, 자아관념 등의 번뇌를 지멸하는 것에 다름 아님을 알 수 있다. 그래서 자애수행을 닦게 되면 예류의 지혜는 물론이거니와 일래와 불환 성자의 지혜도 성취할 수 있고, 나아가 아라한의 지혜도 성취할 수 있다.[93] 그리고 '고요하고 평화로운 경지'나 '사띠의 확립' 등을 통해서 자애수행은 선정수행과도 밀접한 관련이 있음을 알 수 있다. 사실 사무량심은 수행법으로는 사마타 계열에 속한다.[94]

4. 지혜는 '아는 것'이 아니라, '그렇게 됨'이다

지혜를 나타내는 단어들은 많다. 그런데 이들 단어들은 기본적으로 '안다'라는 뜻을 지닌 jānāti에서 파생된 형태들이다. 곧 동사어근 √jñā에 다양한 접두사들이 붙어서 특별한 앎을 뜻한 단어들을 형성한다.

그런데 그것이 어떤 형태를 지닌 단어이든,[95] 지혜는 그 자체가

수행이든 계율을 언급하지 않는 것은 사실상 불가능하다.

93 SN. V, p.131. "비구들이여, 자애가 닦여지고 많이 수행되면, 두 가지 과보 가운데 하나의 과보가 기대된다. 지금 여기에서 완벽한 앎이 〔성취되거나〕 혹은 집착이 남아 있으면 〔이 세상에〕 돌아오지 않는 자가 〔된다.〕"(mettā bhikkave bhāvitā bahulīkatā dvinnaṃ phalānaṃ aññataram phalam pāṭkaṅkhaṃ diṭṭheva dhamme aññā sati vā upādesese anāgāmitā)

94 藤田宏達, 「原始佛教の禪定思想」, 『佐藤博士古希記念: 仏教思想論叢』, 東京: 山喜房書林, 1972, p.301. 그는 사무량심을 '마음'의 계열에 속하는 선정설로 설명한다.

95 paññā, aññā, abhiññā, ñāṇa, medhā, vijjā 등.

84

목적이 된다. 단순히 영리하거나, 남이 생각해 내지 못하는 기발한 생각을 해내거나, 혹은 문제해결 능력이 뛰어난 것을 지혜라고 하지 않는다. 지혜는 삶에서 구현된 상태이며, 그래서 지혜로운 자는 이미 문제가 해결된 상태를 경험하며 살아갈 뿐인 것이다.

물론 앞에서도 살펴보았듯이, 지혜에는 차제성이 있다. 높은 차원의 지혜가 있는 반면 낮은 차원의 지혜도 있다. 하지만 낮은 차원의 지혜와 높은 차원의 지혜에는 비약이라는 것이 있어서, 순간 차원을 달리하는 지혜의 획득을 가능케 한다. 예를 들면 예류의 지혜를 갖고 있는 사람이 어느 순간 일래의 지혜를 갖게 되고, 다시 일래의 지혜에서 불환의 지혜로, 불환의 지혜에서 아라한의 지혜를 성취하게 되는 것이다. 그런데 예류와 일래, 일래와 불환, 불환과 아라한 사이의 비약은 존재하지만, 예류에서 불환으로, 혹은 아라한으로의 비약은 허락되지 않는다. 순간적이긴 하지만 순서를 밟아가야 한다. 그래서 지혜는 차제성을 갖는다고 하는 것이다. 이는 삼명에서도 드러난다. 숙명지를 성취하면, 다음에는 반드시 천안지를 성취하고, 그 다음에 누진지를 성취하는 것이다.[96] 여기에서도 숙명지 다음에 누진지를 얻고, 그 다음에 천안지를 얻는 등의 방식은 허락되지 않는다.

일단 지혜를 성취하게 되면, 지혜의 내용에 부합하는 번뇌들이 제거된 상태가 된다. 그래서 지혜는 '번뇌가 제거된 상태가 됨'으로 설명된다. 그런데 예류의 지혜를 얻기 전에는 그 지혜는 온전한 지혜라고 할 수 없다. 예류의 지혜부터는 퇴전이 허락되지 않는다.[97] 그렇기

---

96 육신통 가운데 앞의 세 가지, 곧 신족, 타심, 천이는 지혜의 범주에 들어가지 않는다. 지혜의 범주에 들어가는 것은 뒤의 세 가지, 곧 숙명, 천안, 누진이다.

때문에 예류의 지혜를 성취한 성자는 이미 성취한 지혜를 잃지 않고,
그 지혜를 구현하는 삶을 살게 되는 것이다. 지혜와 어울리지 않는
불건전한 생각이나 행위는 다시는 일어나지 않게 된다. 그래서 애써
노력하지 않아도, 지혜에 부합하는 삶을 살게 되는 것이다. 왜냐하면
지혜와 어울리지 않는 방식과 관계된 생각이나 행위가 이미 끊어져
버렸기 때문이다.

이러한 내용을 볼 수 있는 경전이 『숫따니빠따』 「헤마와따의 경
(Hemavatasutta)」이다. 이 경전은 야차 헤마와따가 붓다는 몸으로,
언어로, 생각으로 잘못된 행위, 욕망에 물든 행위를 하지 않을까
묻는 것으로 시작된다. 이에 야차 사따기라는 이렇게 답한다.

〔그는〕 명지를 갖춘 자이며, 청정한 행동을 지닌 자〔이다〕.
그에게 모든 번뇌들은 소멸되었다. 그에게 재생은 없다.(Sn.163게
송)[98]

지혜(vijjā)를 갖춘 자는 그에 맞는 삶을 산다고 답한 것이다. 번뇌에
물든 생각이나 말이나 행동이 불가능하다는 것을 '재생은 없다'로

---

97 AN.III, Abhabbasutta, p.438. 이 경전에서는 예류의 지혜를 성취한 성자가
다시 유신견, 계금취견, 의심을 일으키는 것은 불가능하다고 밝히고 있다.
나아가 3악도의 원인이 되는 탐욕, 분노, 어리석음을 일으키는 것도 불가능하다.
예류성자는 기본적으로 삼악도에 떨어지는 일이 없기 때문에, 3악도와 관련된
번뇌를 일으키지 못하는 것이다.

98 vijjāyameva sampanno, 〔iti sātāgiro yakkho〕 atho saṃsuddhacāraṇo, sabb'as-
sa āsavā khīṇā, n'atthi tassa punnabbhavo.

표현한 것이다.

　우리가 삶에서 방황하는 것은 지혜가 체득되지 못했기 때문이다. 그렇기 때문에 자꾸 물러남이 생겨나는 것이다. 이것은 생각으로 아는 차원에 머물고 있기 때문이다. 하지만 '가르침을 즐기고, 가르침에 기뻐하며, 가르침에 입각해서, 잘 설해진 진리의 말씀에 따라 살아가면'(Sn.327게송) 그 과정에서 우리는 지혜를 어느 순간 성취하게 된다.

　우리가 삶 속에서 실천할 수 있는 지혜를 습득하는 방식은 '붓다의 가르침을 끊임없이 듣는 것'이다. 그 들은 바를 사유하고, 사유한 바를 실천하는 것을 반복하는 것이다. 이것이 반복되다 보면, 어느 순간 생각의 경계를 넘어, 지혜를 성취하게 된다. 그렇게 성취된 지혜는 생각이 끊어진 것이기에(Sn.749게송), 지혜를 성취한 자에게는 생각의 그물인 견해가 존재하지 않는다.(Sn.786게송)

　갈증이 날 때, 물을 마시면 된다고 아는 것은 생각이다. 이것은 지혜가 아니다. 지혜는 물을 마셔 갈증이 해소된 상태이다. 지혜를 얻은 자는 그렇게 살 뿐이다.

참고문헌

원전

AN. = *Aṅguttara Nikāya*, PTS

Dhp. = *Dhammapada*, PTS

DN. = *Dīgha Nikāya*, PTS

MN. = *Majjhima Nikāya*, PTS

SN. = *Saṃyutta Nikāya*, PTS

Sn. = *Suttanipāta*, PTS

Spk. = *Sāratthapakkāsinī*, PTS

ThagA. = *Theragāthā Aṭṭhakathā* (*Paramatthadīpanī*), Vipassana Research
Institute

PED. = *Pāli English Dictionary*, PTS

단행본

각묵 스님 옮김, 『디가니까야』 1, 초기불전연구원, 2006.

김서리, 『담마빠다』, 소명출판, 2013.

대니얼 J. 시겔 지음, 윤승서·이지안 공역, 『알아차림』, 불광출판사, 2020.

리처드 곰브리치, 송남주 옮김, 『곰브리치의 불교강의』, 불광출판사 2018.

비구 자공 까윗사라 편역, 『사성제로 정리한 숫따니빠따』, 사람과 나무, 2023.

아날라요, 이성동·윤희조 옮김, 『자비와 공』, 민족사, 2018.

유발하라리, 조현욱 옮김, 『사피엔스』, 김영사, 2016.

이정모·강은주·김민식 외, 『인지심리학』, 학지사(3판), 2010.

인경 스님, 『명상심리치료』, 명상상담연구원. 2012.

전재성, 『맛지마니까야』, 한국빠알리성전협회, 2009.

전재성, 『상윳따니까야』 2, 한국빠알리성전협회, 2006.

전재성, 『숫타니파타』, 한국빠알리성전협회, 2018.

전재성, 『앙굿따라니까야』, 한국빠알리성전협회, 2018.

Ānalayo, 이필원·강향숙·류현정 공역, 『Satipaṭṭhāna 깨달음에 이르는 알아차림 명상 수행』, 명상상담연구원, 2014,

Alubomulle Sumanasara and Akira Fujimoto, *Practical Psychology of the Buddha*, Tokyo: Saṃgha, 2006.

Bhikkhu Sujato, *Sutta Nipāta: Anthology of Discourses*, SuttaCentral, 2022.

Bronkhorst, Johannes, "Did the Buddha Believe in Karma and Rebirth?", *Journal of the International Association of Buddhist Studies,* 21-1, 1998.

Ergardt, JAN T., *Faith and Knowledge in Early Buddhism*, LEIDEN, E.J. BRILL. 1977

Laurence Khantipalo Mills, *Sutta Nipāta*, Published by SuttaCentra, 2015.

Nārada Thera, *The Dhammapada*, B.M.S. Publication, 1978.

Vetter, T., *The Ideas and Meditative Practices of Early Buddhism*, Netherlands. 1988.

藤田宏達, 「原始仏教の禪定思想」, 『佐藤博士古希記念: 仏教思想論叢』, 東京: 山喜房書林, 1972.

논문

곽정은, 「의도(思, cetanā)의 수행적 역할과 의의」, 『불교학연구』 제79호, 2024.

이필원, 「깨달음의 다원적 양상」, 『불교학연구』 제54호, 2018.

이필원, 「번뇌, 알아야 끊을 수 있다」, 『번뇌, 끊어야 하나 보듬어야 하나』, 운주사, 2020.

한상희, 「언어, 깨달음으로 가는 길」, 『언어, 진실을 전달하는가 왜곡하는가』, 운주사, 2023.

후지타 코우타츠, 이필원 옮김, 「원시불교의 선정사상」, 『文學 史學 哲学』 제20호, 2010.

인터넷 사이트

https://tipitaka.org/romn/

https://obo.genaud.net/backmatter/indexes/sutta/sutta_toc.htm

https://dictionary.sutta.org/

대승의 지혜, 정지正智와
본지本知의 조화

장진영(원광대학교 마음인문학연구소장)

◆　　◆　　◆

대승불교에서 지혜는 크게 세 측면으로 이해할 수 있다. 첫째, 수행의 덕목으로서 지혜이다. 삼학의 혜학慧學 등이 이에 해당된다. 둘째, 깨달음의 경지로서 지혜이다. 수행의 과정에서 얻어지는 유루지有漏智인 세속지世俗智를 포함하되 궁극적으로는 무루지無漏智로서 해탈지解脫智, 무분별지無分別智, 일체지一切智, 불지佛智 등이 이에 속한다. 셋째, 제도의 방편으로서 지혜이다. 이는 대승불교의 특징을 드러내는 것으로 무분별지 이후에 나타나는 분별지로서 후득지後得智, 방편지 등이 여기에 해당된다.

　　대승불교의 지혜에 대한 논의는 초기불교와 아비달마불교의 계승과 극복이라는 측면에서 살펴볼 필요가 있다. 중관학파에서는 설일체유부說一切有部 등이 주장하는 제법분별諸法分別 위주의 실유설實有說을 극복하는 과정에서 아집我執과 법집法執을 벗어난 공성空性의 체득과 무분별지의 발현을 강조한다. 이를 통해 진속이제眞俗二諦의 관점에서 현상세계〔속제〕의 분별지〔세속지〕에서 벗어나 공성의 체득을 통한 진여·본성세계〔진제〕의 무분별지〔반야바라밀〕를 드러냈다. 이로써 지혜에 대한 이해를 의식의 심층[아뢰야식]과 무분별의 본성[불성·여래장]으로 확장할 수 있게 되었다. 유식학파는 식識의 전변轉變에 의해 형성된 가립된 현실세계를 삼성설三性說을 통해 설명하고자 했다. 즉 분별성[변계소집성]을 제거하되 의타성[의타기성]의 분별을 긍정함으로써 진실성[원성실성]의 진여·본성세계를 드러내고자 했다. 오랜 시간 수행을 통해 식識에서 지智로의 전의轉依인 전식득지轉識得智가 일어나 여래의 4지[대원경지·평등성지·묘관찰지·성소작지]를 얻게 된다. 여래장·불성사상은 현상세계의 부정인 공空을 인정함과 동시에 그 이면인 본성세계의 긍정인 불공不空의 측면을 강조하였다. 이는 모든 중생에게 여래의 불성이 잠재되어 있음을 인정함으로써 성불의 수기受記를 보편화하였고, 지혜의 증득으로서 성불의 가능성과 지혜의 확산으로서 제중의 가능성을 크게 진작시켰다. 이는 이후 분별의 현상세계[法相]에서 무분별의 본성세계[法性]로 전환을 통한 여래의 출현과 법성의 현현이라는 화엄교학의 토대가 되었다. 화엄교학에서는 기존의 삼승三乘과 차원이 다른 일승一乘의 입장에서 여래성기·여래출현의 실상을 있는 그대로 드러내고자 했다. 이는 의상義相의 이이상즉설理理相卽說이나 징관澄觀의 사종법계설四種法界說로 정리되었다. 즉 이 세상을 현상세계[事法界]와 진여·본성세계[理法界], 그리고 현상세계와 진여·본성세계가 걸림 없는 이사무애법계理事無礙法界로 볼 뿐 아니라, 일승의 지혜로서 이이상즉, 혹은 사사무애법계를 보고자 했다. 이는 지혜가 근원적으로는 붓다의 정각을 통한 여래의 출현에서 비롯된 것이며, 우리의 마음[중생심]과 오척五尺의 몸[중생신]도 여래의 지혜를 차별 없이 갖춘 법성임을 밝힘으로써 지혜의 세 측면[수행의 덕목, 깨달음의 경지, 제도의 방편] 역시 하나로 융합되도록 하였다.

화엄교학은 동시대에 선사상을 통해 더욱 실천적으로 전개되는데, 현상세계에서 혜학을 닦아서 증득된 지혜인 정지正智와 본성세계인 자성에 이미 갖추어 있는 앎인 본지本知를 함께 밝힘으로써 지혜의 증득은 물론 지혜의 확산까지 병행하는 자리이타의 실천을 강조했다. 그러므로 여래의 지혜가 두루 편만하여 언제나 어디서나 그 광명이 미치지 않은 곳이 없으며, 누구나 성품[법성, 자성, 본성]의 현현인 본지를 떠나지 않고 살아간다는 점에서 정지에서 본지로 혹은 정지와 본지의 조화를 통해 일상의 경계 속에서 여래의 지혜를 떠나지 않고, 여래의 지혜를 닦아가며 여래의 지혜를 활용하는 삶을 살아갈 수 있게 되었다.

1. 지혜의 세 측면

현재 우리 인류는 일찍이 누리지 못했던 물질적 풍요와 생활의 편리를
향유하며 살아가고 있다. 하지만, 과거에 경험하지 못했던 복잡다단
한 문제로 인하여 큰 고통에 직면해 있는 것 또한 우리의 현실이다.
이처럼 어렵고 힘든 상황을 극복하는 데 우리에게는 무엇보다 필요한
것이 바로 지혜일 것이다. 흔히 지혜롭다는 것은 어리석지 않다는
것이며, 무지無知하지 않다는 뜻이다. 현재 우리가 겪고 있는 괴로움의
근본 원인을 들여다보면, 그것은 바로 우리의 어리석음〔무지〕에서
비롯된 것이 대부분이다. 무지에는 자신과 세상에 대한 '근본무지'〔無
明〕와 그 괴로움을 가중시키는 '현실무지'〔無識〕가 있다. 근본무지의
해결을 위해 무분별지無分別智인 진제眞諦의 가르침도 필수적이지만,
현실무지의 극복을 위해 분별지分別智인 속제俗諦의 가르침도 병행되
어야 한다.

붓다는 깨달음〔正覺〕을 통해 괴로움에서 벗어났으며, 지혜〔佛智〕를
증득하여 '일체지자一切智者'가 되었다. 그는 초전법륜初轉法輪에서
사성제四聖諦의 가르침을 통해 이고득락離苦得樂의 길을 제시했다.
이고득락의 길에는 어리석음〔무명〕과 번뇌를 극복할 '지혜'가 반드시
필요하다. 불교는 '지혜의 종교'라 할 정도로 다양한 전통을 통해
지혜의 문제를 깊이 성찰해 왔다. 불교 전통에서 사용되는 지혜를
크게 세 가지로 나누어 본다면, 첫째, 번뇌의 소멸과 깨달음의 성취를
위한 수행 덕목으로서 지혜, 둘째, 궁극적 진리 체험을 통해 얻어진
깨달은 경지로서 지혜, 셋째, 중생의 제도를 위한 방편으로서 지혜가

그것이다.

먼저 수행의 덕목으로서 지혜이다. 우리가 괴로움에서 벗어나지 못하는 이유를 근본 무지[무명]인 분별과 그것에 대한 집착으로 형성된 업과 번뇌와 같은 장애[번뇌장, 소지장]를 극복하는 데 필요한 지혜를 말한다. 여기에는 팔정도八正道의 정견正見·정사유正思惟나, 위빳사나(vipassana)를 비롯한 다양한 관법觀法, 그리고 삼학의 혜학慧學 등이 해당될 것이다.

다음으로 깨달음의 경지로서 지혜이다. 이 지혜는 무루지無漏智로서 기본적으로는 붓다의 깨달음으로 성취된 불지佛智를 말한다. 붓다는 보리수 아래 금강좌에서 '일체지(一切智, sarvajña)'를 얻었다고 했다.[1] 그리고 "나는 일체승자一切勝者요 일체지자一切智者이니 일체법에 물들지 않는다"[2]라고 했다. 일체지는 인식의 전환을 주는 일대 사건을 통해 얻어진 '깨달음의 경지로서 지혜'라 할 수 있다.[3] 이 일체지는 『반야경』, 『법화경』, 그리고 『화엄경』 등 주요 대승경전에서도 불지佛智로서 중시된다.[4] 이처럼 괴로움의 극복 혹은 번뇌의

---

1 『增壹阿含經』 卷14(T2, 618b25-26). "今於此樹下 坐於金剛床 以獲一切智 逮無所礙慧."

2 『보디왕자경(Bodhirājakumāra Sutta)』(MN85).

3 김한상은 "초기불교의 일체지가 경험세계와 무관한 객관세계의 모든 것들에 대한 항시적이고 동시적인 앎이 아닐 뿐만 아니라 만인에게 공개된 수행법인 팔정도를 통해서 누구나 얻을 수 있는 것임을 암시한다. 이러한 암시는 불교의 일체지가 인식론적으로 접근되어야 할 필요성을 제시한다." 김한상, 「초기불교의 일체지에 대한 경험주의적 분석」, 『보조사상』 61, 보조사상연구원, 2021, p.168.

소멸 등을 통해 얻어진 경지로서 해탈지解脫智, 일체지一切智, 무분별지無分別智 등이 이러한 불지에 해당될 것이다.

마지막으로 제도의 방편으로서 지혜이다. 붓다는 정각을 성취한 후 여러 곳을 옮겨가며 7일간씩 선정[삼매]에 안주하여 해탈의 즐거움을 누리며 깨달은 경지를 확인하였다. 처음에는 깨달음을 전하는 일[傳法]에 대해 망설였지만, 이를 알아차린 범천梵天의 세 차례에 걸친 권청勸請에 결국 붓다는 중생제도를 위해 전법을 결심했다고 전한다.[5] 붓다는 정각을 통해 표현 불가능한 궁극적 진리를 직접 체득하고 일체지를 얻었지만, 설법의 과정에서는 다시 언어, 개념, 상징 등을 통해 표현할 수밖에 없었다. 이 점에서 지혜의 증득과 구분된 지혜의 활용 측면과 관련하여 무분별지를 얻은 이후 후득지後得智로서 방편지의 필요성이 요청된 것이다.

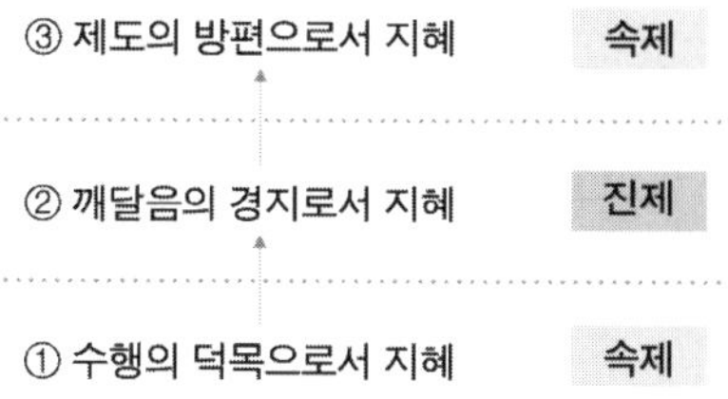

〈그림 1〉 지혜의 세 측면과 진속이제

실제 전법의 과정에서 붓다는 형이상학적 질문에 대해서 '무기(無

4 박보람,『화엄교의 일체지 연구』, 동국대학교 박사논문, 2011, p.31 이하 참조.
5『增壹阿含經』卷10(T2, 593b4-15);『佛本行集經』卷31~33(T3) 참조.

記, avyākata)'로 대응함으로써 혹 언어에 얽매여 허망분별에 빠질 위험을 방지하고자 했다〔언어직 분별과 개념적 확산 → 무기(침묵을 통한 허망분별의 확산 방지) → 무분별지의 획득〕. 이러한 붓다의 무기는 그 자체로 우리의 관심이 개념적 확산〔戲論〕에 빠져드는 것을 방지하여 불가설不可說의 진리를 드러내도록 하는 역할을 한다. 동시에 중생제도를 위한 중요한 방편 역할도 담당한다. 그러므로 이 무기를 통해 알 수 있는 지혜의 세 측면은 즉 언어적 분별과 개념적 확산의 방지를 위한 '수행 덕목으로서 지혜', 모든 분별과 번뇌를 내려놓음〔침묵〕으로써 얻어진 '깨달음의 경지로서 지혜', 그리고 이후 발현된 '제도 방편으로서 지혜'로 정리할 수 있다. 이 과정은 진리를 이해하는 데 중요한 안목을 제시함과 동시에 중생제도를 위한 기본 방향을 제시해 준다. 이처럼 진리를 표현하고 이해하기 위해서는 언어와 개념을 사용하지 않을 수 없기 때문에 진리는 대체로 두 가지 혹은 세 가지 측면으로 기술된다. 대승불교에서도 속제俗諦와 진제眞諦, 유루지有漏智와 무루지無漏智, 분별지(分別智, vikalpa-jñāna)와 무분별지(無分別智, nirvi-kalpa-jñāna), 공空과 유有, 공空과 불공不空, 상相과 성性, 연기緣起와 성기性起 등 두 가지 측면〔차원〕이나, 혹은 공空·가假·중中, 체體·상相·용用, 상相·공空·성性 등 세 가지 측면에서 지혜에 대한 논리체계를 발전시켰다.

　본고에서는 위의 지혜의 세 측면을 중심으로 대승불교의 여러 전통에서 어떤 방식으로 지혜를 수행하였는지, 어떻게 깨달음의 지혜를 성취하였는지, 어떻게 중생제도를 위해 지혜를 활용하였는지를 살펴보고자 한다. 먼저 초기불교와 아비달마불교의 지혜에 대한 이해를 분별지에서 무분별지로 전개되는 과정을 살펴보고, 이어서 중관학파의 공성 체득과 유식학파의 전식득지를 통한 무분별지의 증득 방식, 불성·여래장사상에서 공과 불공, 본각과 시각의 전환을 통한 지혜의 발현 방식, 그리고 화엄교학에서 중생신이 여래의 지혜를 갖춘 법성현현의 모습임을 확인하고자 했다. 끝으로 화엄교학의 전개과정에서 선사상과 만남을 통해 어떻게 실천적으로 확장되는지를 정지正智와 본지本知의 의미를 중심으로 살펴보고자 한다.

2. 중관학파의 지혜

1) 분별지分別智와 무분별지無分別智

정각을 통해 일체지자一切智者가 된 붓다는 언어적 분별을 피할 수 없는 설법을 주저했으며, 전법 이후에도 형이상학적 질문에 대해서는 '무기無記'로 대응하는 등 매우 신중한 입장을 취했다. 그 이유는 열반의 경지나 궁극적 지혜[無分別智]는 언어적 분별로서는 표현이 불가능하기 때문이다. 물론 이는 궁극적 진리에 대한 체험이나 인식이 불가능하다는 것은 아니다. 설령 궁극적 진리를 체험하고 인식했다 하더라도 그것을 언어적 분별을 통해 표현하는 것이 불가능하다는 의미이다. 전법傳法의 과정에서 필연적으로 언어와 개념을 사용하게 되므로 오히려 어리석은 중생들은 그 언어와 개념에 얽매여서 자칫 해탈과 깨달음으로부터 멀어질 수 있기 때문이다. 우리가 어리석음[무지]에 빠지게 되는 원인 중에, 자신과 세상에 대한 언어적 분별과 개념적 확산, 그것에 대한 집착, 그리고 이기적이고 습관적 행동등이 복합적으로 작용한다. 언어와 개념은 인간의 삶에서 없어서는 살 수 없는 것이지만, 언어적 분별을 통한 개념화 과정은 필연적으로 그 언어나 개념이 가리키는 내용을 구체화함으로써 분별의 고착화나 개념의 실체화로 흘러갈 위험성이 있다. 결국 언어로 지칭된 대상을 실체화할 경우 허망분별에 떨어져 생각의 틀에 갇힘으로써 업과 번뇌의 삶에서 괴로움을 받게 되는 것이다. 분별 망상의 형성과정은 『마두삔디까숫따(Madhupindika Sutta)』에서 다음과 같이 밝히고 있다.

> 벗이여, 눈을 조건으로 형색에 대해서 눈의 의식이 일어난다. 이 셋의 결합이 접촉〔觸〕이다. 접촉을 조건으로 감각이 있다. 감각한 것 그것을 인식하고, 인식된 것 그것을 생각하며, 생각한 것 그것을 〔개념적으로〕 확산한다. 확산한 것 그것을 원인으로 사람에게 과거·미래·현재의 문으로 알아지는 형색에 대하여 '개념의 확산과 결합된 인식'이라고 불리는 것이 일어난다.[6]

그 과정을 보면, 근根·경境·식識 삼사三事의 화합인 접촉〔觸〕을 조건으로 감각〔受〕이 발생하고, 이어서 인식〔想〕과 생각〔vitakka, 尋求〕 그리고 개념적 확산〔papañca, 戱論〕에 이르게 된다. 여기서 희론은 빨리어(이하 P.)로는 '빠빤차(papañca)', 산스끄리뜨어(이하 S.)로는 '쁘라빤차(prapañca)'라고 하는데, 원래는 확장, 발산, 다양화 등의 의미를 가지며, 여기서는 개념의 확장과 증식 등의 의미로서 한역漢譯에서는 '망상妄想', '잡념雜念', '사량思量' 등으로 변역된다.[7] 그러므로

---

6 『마두삔디까숫따(Madhupiṇḍika Sutta)』(MN18)

초기불교 수행에서 '개념(paññatti, 이하 P.)'의 해체가 무엇보다 중요하며, 그 과정에서 자아와 세상 등을 '법들〔諸法, dhammā〕'로 해체함으로써 '염오(厭惡, nibbidā) → 이욕(離欲, virāga) → 소멸(消滅, nirodha)' 혹은 '염오 → 이욕 → 해탈解脫 → 구경해탈지究竟解脫智'의 과정을 통해 괴로움의 근원인 번뇌의 소멸〔열반〕과 깨달음의 지혜를 얻게 했다.[8] 붓다는 우리가 경험하고 있는 현상세계가 무상(無常, anicca)·고(苦, dukkha)·무아(無我, anattā)임을 여실히 알도록 계학戒學·정학定學·혜학慧學의 삼학을 통해 해탈(解脫, vimutti)과 해탈지견(解脫知見, vimutti-ñāṇādassana)에 이르게 하였다. 이러한 과정에서 번뇌의 소멸〔涅槃〕과 무분별지인 '해탈지解脫智'를 얻게 된다.

아비달마阿毘達磨 불교에서는 지혜를 더욱 체계화하여 세부적으로 분석했다. 아비달마에서는 관습적 실재인 '개념'과 궁극적 실재로서 '법'을 구분하며, 법은 자연에 실제 존재하고, 소멸할 때까지 자신의 고유한 성질〔自性, sabhāva(P.), svabhāva(S.)〕을 유지한다고 보았다.[9] 아비달마불교의 수행과정도 초기불교 수행의 핵심인 개념적 존재를 법들로 해체하는 과정이라 할 수 있는데, 이 과정에서 계·정·혜의 삼학이 필요하다. 초기불전에서는 '지智'는 '냐나(ñāṇa, 이하 P.)'인데, 빠린냐(pariññā, 통달지), 아빈냐(abhiññā, 신통지, 최상의 지혜),

───────────
7 한상희, 「언어, 깨달음으로 가는 길」, 『언어, 진실을 전달하는가 왜곡하는가』, 운주사, 2023, pp.65~66 해석 참조.
8 각묵 스님, 『초기불교의 이해』, 초기불전연구원, 2013, p.54 이하.
9 멤 틴 몬 지음, 김종수 옮김, 『체계적으로 배우는 붓다 아비담마』, 불광출판사, 2016, pp.38~40.

안냐(añña, 구경지), 빤냐(paññā, 慧, 통찰지)를 포괄하는 개념으로 사용된다.[10] 특히 '혜慧'는 '빤냐(panna)'로서 법의 고유한 성질[自性]을 통찰하는 수행덕목으로서 주어진 대상을 있는 그대로 꿰뚫어 아는 지혜를 말한다. 대표적으로 문혜聞慧·사혜思慧·수혜修慧의 3혜가 있으며, 이러한 지혜[통찰지]를 통해 혜해탈(慧解脫, paññā-vimutti)을 추구한다.

반면에 설일체유부說一切有部에서 '지智'는 '즈냐나(jñāna, 이하 S.)'의 번역어로 판단된 내용을 뜻하며, '혜慧'는 '쁘라즈냐(prajñā)'의 번역어로 '택법擇法', 즉 법에 대한 간택簡擇으로서 판단작용이나 판단하는 힘을 뜻한다.[11] 그리고 인(忍, kṣānti)과 지(智, jñāna)와 견(見, dṛṣṭi)은 모두 혜慧의 일종으로 이해되기도 한다. 그러므로 대체로 지智는 혜慧의 내용이나 결과라고 볼 수 있으나, 넓게는 지가 혜를 포괄하기도 하고, 지가 혜의 일종으로 이해되기도 함을 알 수 있다.

남방 상좌부[Theravāda]에서는 세간과 출세간에 걸쳐 열반에 이르는 과정에서 총 16가지의 통찰지(vipassanā-ñāṇa 이하 P.), 즉 위빠사나의 지혜를 얻는다. 『청정도론(淸淨道論, Visuddhimagga)』에 따르면, 이러한 통찰지는 7가지 청정[七淸淨]의 단계를 거쳐서 이루어진다. 7청정 중 계행[戒]의 청정과 선정[定]의 청정을 지나서 3번째 '견해의 청정[見淸淨, diṭṭhi-visuddhi]'에서 '정신과 물질을 구분하는 지혜(nāmarūpa-pariccheda-ñāṇa)'를 얻고, 4번째 '의심 극복의 청정[渡疑淸淨, kaṅkhāvitaraṇa-visuddhi]'에서 '조건을 파악하는 지혜(paccayapa-

10 각묵 스님, 위의 책, p.446.
11 권오민, 『아미달마불교』, 민족사, 2003, p.281; pp.229~231.

riggha-ñāṇa)'를 얻는다. 이후 5번째 '도와 도 아님에 대한 지견의 청정〔道非道知見清淨, maggāmagga-ñāṇadassana-visuddhi〕'에서 '명상의 지혜(sammāsana-ñāṇa)'와 '생멸의 지혜(udayabbaya-ñāṇa)'의 일부를 얻고, 6번째 '도 닦음에 대한 지견의 청정〔行道知見清淨, paṭipadā-ñāṇadassana-visuddhi〕'에서 '생멸의 지혜(udayabbaya-ñāṇa)', '무너짐의 지혜(bhaṅga-ñāṇa)', '공포의 지혜(bhaya-ñāṇa)', '위험의 지혜(ādīnava-ñāṇa)', '염오厭惡의 지혜(nibbidā-ñāṇa)', '해탈을 원하는 지혜(muñcitukamyatā-ñāṇa)', '깊이 숙고하는 지혜(paṭisaṅkhā-ñāṇa)', '형성된 것들〔行〕에 대한 평정의 지혜(saṅkhārupekkha-ñāṇa)', 그리고 '수순의 지혜(anuloma-ñāṇa)' 등을 얻는다. 이상의 5번째와 6번째 청정을 거치면서 '10가지의 통찰지'를 얻게 된다. 이어서 6번째와 7번째 청정 사이에서 범부의 종성에서 성자의 종성으로 변환하는 '종성의 지혜(gotrabhū-ñāṇa)'를 얻는다. 마지막 7번째 '지견의 청정〔知見清淨, ñāṇadassana-visuddhi〕'에서 '도의 지혜(magga-ñāṇa)'와 '과의 지혜(phala-ñāṇa)', 그리고 '반조의 지혜(paccavekkhaṇa-ñāṇa)'를 얻어서 7청정을 거치는 동안 총 '16가지의 통찰지'를 개발하게 된다.[12] 특히 마지막 반조의 지혜는 '해탈지견解脫知見'을 뜻하는데, 여기서는 네 가지 출세간도(出世間道, 수다원·사나함·아나함·아라한)의 증득과정에서 각각 '도道에 대한 반조', '과果에 대한 반조', '제거된 번뇌에 대한 반조'와 '남아 있는 번뇌에 대한 반조', 그리고 '열반에 대한 반조' 등 5가지 반조의 지혜를 얻게 되는데, 마지막 아라한과에서는

---

12 대림 스님·각묵 스님 옮김, 『아비담마 길라잡이2』, 초기불전연구원, 2017(전정판), pp.340~370 참조; 멤 틴 몬, 2016, p.472 이하 참조.

'남아 있는 번뇌'가 없으므로 총 '19가지 반조의 지혜'를 얻게 된다.[13]

7청정	16가지 통찰지[위빳사나의 지혜]	
7) 知見淸淨	반조의 지혜(paccavekkhaṇa-ñāṇa)	19가지 반조 지혜
	과의 지혜(phala-ñāṇa)	
	도의 지혜(magga-ñāṇa)	
*6청정·7청정 사이	종성의 지혜(gotrabhū-ñāṇa)*	
6) 行道知見淸淨	수순의 지혜(anuloma-ñāṇa)	10가지 통찰지
	형성된 것들[行]에 대한 평정의 지혜 (saṅkhārupekkha-ñāṇa)	
	깊이 숙고하는 지혜(paṭisaṅkhā-ñāṇa)	
	해탈을 원하는 지혜(muñcitukamyatā-ñāṇa)	
	염오의 지혜(nibbidā-ñāṇa)	
	위험의 지혜(ādīnava-ñāṇa)	
	공포의 지혜(bhaya-ñāṇa)	
	무너짐의 지혜(bhaṅga-ñāṇa)	
	생멸의 지혜(udayabbaya-ñāṇa)	
5) 道非道知見淸淨	생멸의 지혜(udayabbaya-ñāṇa)-일부	
	명상의 지혜(sammāsana-ñāṇa)	
4) 渡疑淸淨	조건을 파악하는 지혜 (paccayapariggha-ñāṇa)	
3) 見淸淨	정신·물질을 구분하는 지혜 (nāmarūpapariccheda-ñāṇa)	

〈표 1〉 16가지 통찰지

한편 설일체유부[Sarvāstivāda]는 번뇌의 소멸이 사제四諦의 '현관

---

13 대림 스님·각묵 스님 옮김, 2017, p.369.

(現觀, abhisamaya S.)'을 통해 가능하다고 보았다. 현관이란 '현전에서 평등하게 깨닫는 것〔現等覺, abhisaṃbodha S.〕'이라는 뜻이다.[14] 『아비달마구사론阿毘達磨俱舍論』에서도 예비적 단계로 문·사·수의 3혜를 닦는다고 한다. 이는 자증自證에 의한 지혜가 아니라 개념적·언어적 대상에 대한 이해분별의 지혜로서 견도 이전의 '가행위加行位'에서 말과 뜻에 의해 진리에 대한 인식판단의 능력을 고양하는 것이다. 특히 4선근(四善根: 煖·頂·忍·世第一法)의 단계에서는 수소성혜修所成慧를 통해 4제 16행상[15]을 관찰하여 4제에 대한 의심을 끊고 그 진리성을 개념적으로 분명히 이해함으로써 '견도위見道位'에 들어간다.

또한 『구사론』에서 지혜를 구분할 때, 유루지有漏智와 무루지無漏智로 나눈다. 먼저 유루지인 세속지世俗智는 일체의 유위법과 무위법을 대상〔境〕으로 하는 분별지이다. 반면에 무루지에 속하는 법지法智와 유지類智는 사제四諦를 대상으로 삼는 것으로 욕계의 번뇌를 물리치는 것은 '법지'라 하고, 상2계〔색계·무색계〕의 번뇌를 물리치는 것은 '유지'라 한다. 이상을 합쳐서 '3지三智'라고도 한다. 견도위에서 법지와 유지는 그 대상〔所緣境〕과 행상行相의 차별에 따라 '고지苦智', '집지集

---

14 권오민 역주, 『아비달마구사론』 3권, 동국역경원, 2002, p.994.
15 16행상行相은 고성제의 네 가지 행상은 비상(非常, anitya 이하 S.), 고(苦, duḥkha), 공(空, śūnyatā), 비아(非我, anātmaka)이고, 집성제는 인(因, hetu), 집(集, samudaya), 생(生, prabhava), 연(緣, pratyaya)이며, 멸성제는 멸(滅, nirodha), 정(靜, śānta), 묘(妙, praṇīta), 리(離, niḥsaraṇa), 그리고 도성제는 도(道, mārga), 여(如, nyāya), 행(行, pratipatti), 출(出, nariyāṇika)을 말한다. 권오민 역주, 2002, pp.1039~1040.

智', '멸지滅智', '도지道智'로 나눈다. 욕계의 고성제를 대상으로 고법지
인苦法智忍, 고법지苦法智, 그리고 상2계의 고성제를 대상으로 고유지
인苦類智忍, 고유지苦類智가 생겨나는데, 이와 같이 집성제·멸성제·
도성제까지 16찰나의 마음을 거쳐서 '사제의 현관〔四諦現觀〕' 혹은
'성제의 현관〔聖諦現觀〕'이 이루어진다. 이를 '견도의 16심'이라고 하지
만, 15심까지는 '견도위'에 속하며, 마지막 16심〔道類智〕에 이르면
'수도위修道位'에 들어간다. 그리고 '타심지他心智'는 타인의 마음을
연하여 유루와 무루의 심법과 심소법에 대해 아는 지혜로서 유루의
타심지는 세속지에 해당하며, 무루의 타심지는 오직 도지〔道法智와
道類智〕에 해당한다. 그리고 견도위에서 견혹(見惑, 迷理惑)을 끊은
방식으로 수도위에서도 무루지로 4제의 현관을 닦아가며 수혹(修惑,
迷事惑)을 끊는 과정을 계속한다. 마지막으로 '무학위無學位'에서 4제
四諦 전후 두 찰나에 걸쳐 일어나는 '진지盡智'와 '무생지無生智'가
얻어진다.[16] 진지는 "만약 스스로 '나는 이미 고를 알았다〔知〕', '나는
이미 집을 끊었다〔斷〕', '나는 이미 멸을 증득했다〔證〕', '나는 이미
도를 닦았다〔修〕'라고 스스로 아는 것"이라면, 무생지는 "이를테면
'내가 이미 고를 알았고 다시 알지 않아도 된다', 나아가 '내가 이미
도를 닦아서 다시 닦지 않아도 된다'까지를 스스로 아는 것을 말한다.
그리고 이 무학위의 진지와 무생지 각각에서 8가지 혜를 얻게 된다.[17]

---

16 『阿毘達磨俱舍釋論』 卷19(T29, 285c11-286c2)

17 『阿毘達磨俱舍釋論』 卷19(T29, 135a24-28) "云何盡智 謂無學位 若正自知
我已知苦 我已斷集 我已證滅 我已修道 由此所有智·見·明·覺·解·慧·光·觀
是名盡智 云何無生智 謂正自知 我已知苦不應更知 廣說乃至 我已修道不應更

이상에서 세속지, 법지, 유지, 고지, 집지, 멸지, 도지, 타심지, 진지, 무생지 등 10지를 나누었는데, 이는 기본적으로 분별지라 할 수 있으며, 무생지에 이르러서 해탈지〔무분별지〕를 얻는다.

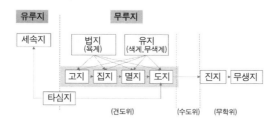

〈그림 2〉 설일체유부의 10지

이처럼 아비달마불교에서는 사제四諦의 현관을 중심으로 지혜에 대한 이해를 심화시켰다. 이 과정을 통해 유루지〔세속지〕에서 무루지로, 분별지에서 무분별지로 나아가는 길을 자세히 밝혔다. 하지만 이러한 지혜에 대한 분별 그 자체가 이미 언어적 분별과 개념의 세분화를 수반함으로써 또 다른 분별을 필연적으로 요구하게 되었고, 지혜에 대한 분별도 더욱 번쇄해졌다. 북방의 대표적인 부파였던 설일체유부는 제법의 해체를 통해 그 어떤 것도 실체가 없음을 여실히 앎으로써 생사윤회의 고통에서 벗어나 열반 해탈의 무위세계에 들어갈 수 있다

修 由此所有廣說乃至 是名無生智" 진지와 무생지에서 각각 8가지 혜를 얻는다. 8혜〔인용문 밑줄 참조〕에서 '지智'는 결단決斷 혹은 중지重知, '견見'은 추구推求 혹은 관조現照, '명明'은 조명照明, '각覺'은 각오覺悟, '해解'는 달해達解, '혜慧'는 간택簡擇, '광光'은 혜광慧光, '관觀'은 관찰觀察을 말한다. 『俱舍論記』 卷26(T41, 386a12-14)

고 했다. 이 해체의 과정에서 자아를 구성하는 오온五蘊이 실체가
없으며, 허구임을 자각하여 '아공我空'의 세계를 알게 했지만, 제법이
과거·현재·미래에 걸쳐 영원히 실재[실유]한다는 주장을 통해 제법분
별諸法分別의 한계를 드러내고 만다.[18] 결국 아비달마불교에서는 법을
다른 것과 차별되는 고유한 특성을 가진 것으로 보았지만, 이러한
관점은 법을 실재로 인식함으로써 '법공法空'의 세계를 드러내는 데
한계를 노정하게 된다.

2) 공성空性과 반야바라밀般若波羅蜜

용수(龍樹, Nāgārjuna, ?150~250?)를 비롯한 중관학파에서는 설일체
유부를 비롯한 실재론의 주장을 비판하며 이러한 언어적 분별이나
개념적 확산들을 공성(空性, śūnyata, 이하 S.)을 통해 해체하고자 했
다. 용수는『중론中論』에서 형이상학적 물음뿐만 아니라 일상적인
주장이나 개념적 확산들까지도 허망분별에 의한 '희론(戲論, pra-
pañca)'이라 하여 논파했다. 특히 언어와 개념에 의한 허망분별의
해체를 위해 붓다의 무기無記와 같은 역할을 '공성空性'을 통해 논리적
으로 체계화했다. 이 과정에서 이제설二諦說을 통해 중도의 길을
제시하고, 속제[세속제, 언설제]와 진제[승의제, 제일의제]의 틀을 통해

---

18 이는 초기불교에서 '~인 존재의 틀'을 의미했던 법이 설일체유부에서는 '~인
   존재의 틀이 있다'로 바뀌어진 것이라고 말할 수 있다. '~이다'로부터 '~이
   있다'로, 다시 말하면 본질(essentia)로부터 존재(exitence)로 바뀌어 간 것이
   법유설이 성립하게 된 이론적 근거라고 생각한다. 나카무라 하지메 지음,
   남수영 역,『용수의 중관사상』, 여래, 2012, p.78.

진리의 양면을 해명하고 그에 따라 지혜의 두 측면[유루지와 무루지, 분별지와 무분별지]의 관계를 밝혔다. 예를 들어 『금강경』에 자주 사용되는 문구로서 'A卽非A是名A'가 있다. 이를 풀어보면, 'A는 곧 A가 아니다. 그러므로 A라 한다'라고 풀어볼 수 있다. A를 순서대로 번호를 붙인다면, [A①]은 언설에 의한 분별로서 '속제俗諦'에 해당하며, [A②]는 '즉비卽非'에 의해 공성의 체득이 이루어진 자리로서 '진제眞諦'에 해당한다. [A③]은 '시명是名'에 의해 다시 언설에 의한 분별을 사용하지만, 이는 [A①]과 같은 분별이 아니라 공성의 체득에 의한 '무분별지의 분별'이다.

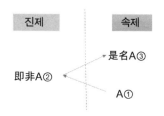

〈그림 3〉 『금강경』 논리와 이제설

용수는 『중론』 18장(5게송)에서 "업과 번뇌의 소멸에 의해 해탈한다. 희론에서 분별이 일어나고 분별에서 업과 번뇌가 일어난다. 희론은 공성에서 소멸한다"[19]라고 하여 분별에 의한 번뇌의 형성과 공성을 통한 번뇌의 소멸 과정을 소개하고 있다. 업과 번뇌의 형성과정은 '희론 → 분별 → 업·번뇌'의 과정으로 정리된다면, 해체과정은 '공성

---

19 가츠라 쇼류·고시마 기요타카 공저, 배경아 옮김, 2018, 『중론』, 불광출판사, p.96. 해석 참조.

→ 희론의 소멸 → 분별의 소멸 → 업·번뇌의 소멸 → 해탈'의 순서로 정리된다.[20] 여기서 공성은 다른 것에 연緣하지 않으며, 적정寂靜하며 희론이 없고, 분별이 없으며, 다의多義를 가지지 않는 것이라고 할 수 있다. 또한『중론』24장의 게송들을 통해 공성이 연기緣起와 무자성 無自性과 동일한 의미임을 밝히고 있다.

> 〔갖가지 사물과 현상이 어떤 것을〕 조건으로 하여 일어나는 것〔緣 起〕을 우리는 〔모두〕 공성空性이라고 한다. 그것〔연기〕은 〔어떤 것을〕 원인으로 〔어떤 것이〕 개념 설정되는 것〔因施設〕이고, 그와 같은 것이 중도中道이다.[21]

여기서 연기緣起와 무자성無自性과 공空은 동일한 진리로 이해된다. 다만 그 관계를 좀 더 살펴보면, '연기 → 무자성 → 공'의 순서로 파악할 수 있다. 이와 반대 방향의 설명은 발견되지 않는다.[22] 한마디로 '연기공緣起空'이나 '무자성공無自性空'으로 부를 뿐, '공연기'나 '공무 자성' 등으로는 부르지는 않는다. 즉 모든 법이 연기로서 공이고, 무자성으로서 공이란 점이다. 모든 법이 조건을 따라 성립된 것〔연기〕 이며, 실체적 본성이 없다는 것〔무자성〕으로부터 공성이 체득되는 것이다. 이 공성의 체득은 분별지의 제거와 동시에 일체지인 무분별지 로 드러난다. 이러한 공성의 체득과 무분별지의 발현과정에서 번뇌의

---

20 가츠라 쇼류·고시마 기요타카, 2018, p.229; p.248.
21 가츠라 쇼류·고시마 기요타카, 2018, p.127 해석 참조.
22 나카무라 하지메, 2012, pp.219~220.

장애〔煩惱障〕와 지적인 장애〔所知障〕가 제거된다. 먼저 아공을 통해 업·번뇌의 장애인 번뇌장이 제거되고 아집我執이 소멸되며, 법공을 통해 희론·분별에 의한 장애인 소지장이 제거되고 법집法執이 소멸된다. 이렇게 이공소현二空所現의 일체지(一切智, 무분별지)가 드러나며, 이는 곧 반야바라밀의 실천으로 이어진다.

'반야바라밀般若波羅蜜' 혹은 '반야바라밀다般若波羅蜜多'는 원어로 쁘라즈냐빠라미따(prajñā-pāramitā)인데, 두 가지로 해석이 가능하다. 하나는 '저편(깨달음의 세계)에 도달한 상태'라는 의미로서 '도피안到彼岸'으로 한역된다. 다른 하나는 '빠라미따(pāramitā)'를 '최고의 것', '가장 뛰어난 상태'라는 의미로서 '완성'으로 한역됨으로써 '지혜의 완성' 혹은 '완전한 지혜'라는 의미로 해석이 가능하다. 그런 점에서 반야바라밀은 '깨달음에 이르게 하는 완전한 지혜'라고 정리해 볼 수 있다.[23] 물론 반야바라밀의 지혜는 세간지世間智인 분별지가 아닌 출세간지出世間智로서 무분별지라 할 수 있다. 그러므로 지혜의 완성인 반야바라밀은 공성의 체득과 동시에 발현된 무분별지로서 이를 통해 보시, 지계, 인욕, 정진, 선정 등 세간적인 덕목들도 모두 출세간적인 것으로 전환하게 된다. 와타나베 쇼고(渡邊章悟)는 6바라밀六波羅密이 먼저 성립하고 반야바라밀이 독립한 것이 아니라 반야바라밀이 먼저 설해지고 뒤이어 6바라밀이 완성되었거나 인용되었다고 보았다. 그는 반야바라밀이 일체지를 낳는 작용을 하는 것으로, 세속적인 과보를 구하는 실천들과 구별하여 각 바라밀의 과보를 일체지성

23 와타나베 쇼고, 「반야경의 형성과 전개」, 시모다 마사히로 외 저, 김천학·김경남 역, 『지혜·세계·언어』, 씨아이알, 2017, pp.130~132.

에 '돌리는[회향하는]' 작용을 한다고 보았다.[24] 즉 반야바라밀이 6바라
밀의 하나로서의 역할보다는 반야바라밀을 통해 나머지 바라밀까지
도 비로소 출세간적인 것으로 전환시키는 역할을 하는 것이다.[25]

『반야경』에서도 일체지一切智가 반야바라밀을 따라 생겨나며, 일
체지는 반야바라밀이고 반야바라밀이 일체지로서 일체지와 반야바
라밀은 둘이 아니며 다르지도 않다고 한다.[26]『대지도론』에서는 일체
지를 나누어서 일체지一切智, 도종지(道種智 혹은 道相智), 그리고 일체
종지(一切種智 혹은 一切相智)의 삼지三智로 밝히고 있다. 여기서 '일체
지'는 성문·연각의 지혜이며, '도종지'는 보살의 지혜로서 온갖 차별의
모든 도道와 법法을 아는 지혜이며, '일체종지'는 부처의 지혜[佛智]로
서 성문·연각의 일체지와 구분하기 위해 '일체종지' 혹은 '일체지지'라
고도 사용한다.[27] 이러한 예는 모두 대승의 지혜를 더 궁극적인 지혜로
보고 아라한(성문) 등 2승의 지혜와 차별을 둔 것으로 위의 지혜는
아래의 지혜를 포괄하는 것으로 이해된다.

---

24 와타나베 쇼고, 2017, p.134.
25 가지야마 유이치 지음, 김성철 옮김, 『공 입문』, 동국대학교출판부, 2007,
   p.75.
26 『摩訶般若波羅蜜經』卷9(T08, 288a7-13) "佛告釋提桓因言 如是 如是 憍尸迦
   諸佛一切智卽是般若波羅蜜 般若波羅蜜卽是一切智 何以故 憍尸迦 諸佛一切
   智皆從般若波羅蜜中生 般若波羅蜜不異一切智 一切智不異般若波羅蜜 般若
   波羅蜜一切智不二不別."
27 『大智度論』卷84(T25, 646b21-24) "須菩提言 佛說一切智 說道種智 說一切種智
   是三種智有何差別 佛告須菩提 薩婆若是一切聲聞辟支佛智 道種智是菩薩摩
   訶薩智 一切種智是諸佛智."

또한 이는 앞서 설일체유부의 10지에 여실지如實智를 포함한 11지
설을 주장하는 것에서도 드러난다. 『대지도론』에서는 여실지에 대하
여 다음과 같이 밝히고 있다.

> 여실지란 (설일체유부의) 10종 지혜로는 알 수 없다. 여실지로써
> 10종 지혜 각각의 행상[相]과 대상[緣]과 차이[別異], 그리고 어떤
> 관법[有觀法]인지를 알 수 있다. 이 여실지는 무상無相하고 무연無
> 緣하고 무별無別하고 모든 관법이 소멸했거나 (별도의) 관함이
> 있지 않다. 10지에는 법안과 혜안이 있지만, 여실지에는 불안佛眼
> 이 있다. 10지는 아라한, 벽지불, 보살이 공유하지만, 여실지는
> 오직 부처에게만 있다.[28]

즉 10지가 아라한, 벽지불, 보살 공통이지만, 여실지는 부처에게만
해당된다. 10지가 속제俗諦에 해당한다면, 여실지는 불안佛眼이 있다
는 점에서 진제眞諦로서 불지佛智로 보았다.

이상에서 중관학파에서는 모든 번뇌 망상이 언어에 의한 개념적
확산[희론]에 의한 분별에서 기인함을 직시하고 사구분별(四句分別,
catuṣkoṭi)과 희론의 적멸을 통해 공성의 체득과 동시에 반야바라밀인
무분별지[일체지]를 얻도록 했다. 이를 통해 세간의 모든 덕목들도

---

28 『大智度論』卷23(T25, 234a4-10) "如實智者 十種智所不能知 以如實智故能知
十智各各相 各各緣 各各別異 各各有觀法 是如實智中無相 無緣 無別 滅諸觀法
亦不有觀 十智中有法眼 慧眼 如實智中唯有佛眼 十智 阿羅漢 辟支佛 菩薩共有
如實智唯獨佛有 所以者何 獨佛有不誑法."

출세간의 경지로 이끌고 포용하였다. 이를 통해 깨달음의 경지로서 불보살의 지혜를 한층 강조함과 동시에 반야바라밀을 중심으로 6바라밀을 제도의 방편으로 확장하는 방향으로 전개되었다.

3. 유식학파의 지혜

1) 삼성三性과 삼무성三無自性

용수는 세속제世俗諦와 제일의제第一義諦의 이제설을 통해 진리를 설명했다. 세속제〔俗諦〕는 언어로 분별된 현상세계를 말한다면, 제일의제〔眞諦〕는 언어적 분별이 끊어진 무분별의 세계로서 공성에 의해 체득된 궁극적 진리세계를 말한다고 할 수 있다. 여기서 현상세계는 허망분별의 연기緣起된 세계로서 공하며, 진리세계도 역시 무분별의 세계로서 공하다. 이 과정에서 '공'을 강조한 것은 공성의 체득과 함께 무분별지로서 반야바라밀의 현현을 지향한 것이다. 하지만 '공'이란 개념을 사용한 순간 공을 실재로 집착하는 '악취공惡取空'에 떨어질 위험이 없지 않았다.[29] 중관학파가 현실세계의 모든 '분별分別'이 허망분별로 가는 길을 원천적으로 차단함으로써 무분별지인 궁극적 지혜를 얻고자 했다면, 유식학파는 허망분별에 떨어지는 편향성으

---

[29] "원래 공성은 현상과 본질을 모두 포괄하는 진실 그 자체이다. 이러한 공성을 현전으로서 성립시키는 것이 연기이다. 따라서 현실적으로 현전하는 나는 연기의 여실상으로 있는 진여이고, 그렇기 때문에 공성 그 자체이다." 윤종갑, 「공과 나의 현전現前-『중론』과 『보살지』「진실의품」의 공성 이해를 중심으로-」, 『인도철학』 53, 2018, p.192.

로서 '분별성分別性'만을 제거함으로써 '의타성依他性'인 분별은 긍정
하고자 했다. 즉 현상세계는 '실유(實有, 實體有)'가 아닌 연기된 세계인
'가유(假有, 緣起有)'라는 점에서 긍정하여 '의타성'에서 '분별성'만을
제거하고 분별 그 자체는 '진실성眞實性'으로 전환함으로써 실재론〔有〕
과 허무론〔空〕의 양변을 비판하고 중도의 길을 제시하고자 했다.

　삼성설三性說은 존재의 세 가지 모습으로서 진제(眞諦, Paramārtha,
499~569)는 이를 분별성, 의타성, 진실성이라 했고, 현장(玄奘,
602~664)은 변계소집성遍計所執性, 의타기성依他起性, 원성실성圓成
實性이라 했다. 진제는 무상유식無相唯識의 입장에 있어서 '경식구민境
識俱泯'을 주장하므로 분별성이 사라지면, 의타성도 사라져서 비로소
진실성이 드러난다고 보았다〔분별성(×) ⇒ 의타성(×) → 진실성(○)〕.
이는 모든 분별을 논파하고 공성을 체득함으로써 반야의 지혜를 드러
내고자 했던 중관학파의 입장과 가까운 주장이라 할 수 있다. 반면에
현장은 유상유식有相唯識의 입장에서 '유식무경唯識無境'을 주장하는
데, 의타기성을 염오분染汚分과 청정분淸淨分의 양면을 갖춘 이른바
'이분의타二分依他'의 관점에서 의타기성의 염오분인 변계소집성만
제거한다면, 의타기성이 그대로 청정분인 원성실성으로 전환된다고
본 것이다〔변계소집성(×) ← 의타기성(○) ⇒ 원성실성(○)〕.

　먼저 의타기성(paratantra-svabhāva)은 '다른 것에 의지하는 것
(paratantra)'을 본성으로 하는 것을 말하며, 이는 어떤 존재이든 스스로
그 존재를 성립시킬 수 없다는 뜻으로 모든 존재는 다른 것에 의지하여
성립되므로 자기의 고유한 본성이라고 할 것이 없다.[30] 의타기성은
다른 것에 의지하여 생기므로 인연소생법因緣所生法이며, 아뢰야식

(阿賴耶識, ālaya-vijñāna) 기반의 여덟 가지 '식識'을 말한다. 식은 구체적 인식상황에서 주관〔견분〕과 객관〔상분〕으로 나뉘어 인식작용을 함으로 범부들은 실재성이 없는 대상을 실재하는 것처럼 착각하므로 이를 '허망분별'이라고 한다.[31] 즉 식은 기본적으로 분별을 통해 인식작용을 하며, 염오분과 청정분의 양면을 가지고 있는 것이다. 이는 식의 전변轉變과 전의轉衣의 근거가 된다.

다음 변계소집성(parikalpa-svabhāva)은 '변계(遍計, parikalpa)', 즉 '두루 분별된 것'을 본성으로 한다. 이는 '주변계탁周遍計度'의 의미로서 두루 분별하여 착각하여 집착하는 것으로 주로 언어적 관념에 의해 구축된 가설적 존재로서 설명된다. 특히 '변계'는 언어적 인식에 관여하고 개념화된 것을 실체화하려는 작용이 수반된 것이다. 그러므로 그 자체로 스스로 존재하지 못하는 허망한 것이다. 즉 인식주관에 의해 허구로 구성되었을 뿐 실제로는 존재하지 않기 때문이다.[32] 변계는 주체의 측면인 능변계能遍計와 대상의 측면인 소변계所遍計로 나눌 수 있다. 제7식인 말나식(末那識, manas-vijñāna)이 아뢰야식의 견분을 실아實我로 착각하는 것을 능변계라 하며, 이러한 근본무명으로부터 온갖 번뇌가 생겨난다. 이때 집착의 대상인 아뢰야식이 소변계가 된다. 또한 제6 의식意識이 외부대상을 두루 분별하여 선·악·무기의 삼성으로 인식하고 집착하는 것을 능변계라 한다면, 식의 이러한

---

30 요코하마 고이치, 김용환·유리 옮김, 『불교의 마음사상-유식사상 입문』, 산지니, 2013, p.17.

31 묘주, 『유식사상』, 경서원, 1997, p.342.

32 요코하마 고이치, 2013, p.17.

작용에 의해 실재한다고 집착된 대상〔자아와 세계 등〕을 소변계라
한다.[33]

마지막으로 원성실성(pariniṣpanna-svabhāva)은 '이미 온전히 완성
된 것'을 의미한다. 이것은 이미 불변이고, 줄어들지도 늘어나지도
않는 것이다. 다만 현상세계는 연기의 세계이므로 불변의 본성으로서
공한 것이다. 원성실성은 현상계를 떠나 있어서 연기하고 변화하는
현상과는 구별되면서도 현상 그 자체의 불변의 본성으로서 법성法性
혹은 진여眞如라 한다.[34]

앞서 중관학파에서 '허망분별(×) → 공성체득＝무분별지(반야바라
밀)'를 추구했다면, 유식학파에서는 현상세계를 구성하고 있는 분별인
의타기성에서 실체화〔관념화〕된 허구세계인 분별성〔변계소집성〕만을
제거함으로써 진여인 진실성〔원성실성〕을 그대로 드러내고자 했다.
실제 범부중생은 현상세계가 연기된 것〔의타기성〕이며, '명名'과 '상相'
으로 '분별分別'된 것임을 모르고 의식 밖에 실재한다고 사량함으로써
분별성〔변계소집성〕에 빠져 자신에 대한 집착〔아집〕과 세계에 대한
집착〔법집〕을 일으키게 된다. 이에 반해 불보살은 '정지正智'로서 '진여
眞如'를 직시함으로써 아집과 법집의 장애로부터 벗어날 수 있으며,
무분별지가 공성을 떠나지 않으면서도 분별지로서 확장되어 후득지後
得智로서 허망분별이 아닌 참 분별을 통한 수행과 제도의 방편으로
확장될 수 있다. 즉 범부는 '의타기성 → 변계소집성'으로 향한다면,
불보살 성자는 '의타기성 → 원성실성'으로 나아간다. 앞서 언급한

33 묘주, 1997, pp.342~343.
34 요코하마 고이치, 2013, p.19 참조.

오법五法 혹은 오사(五事: 相, 名, 分別, 眞如, 正智)에 따라 삼성을 정리해보면, '분별〔명＋상〕 = 변계소집성 ← 의타기성 → 원성실성 = 정지〔진여〕'로 의타기성을 중심으로 양쪽으로 범부와 성자의 길이 나뉜다. 결국 전체적으로 '변계소집성 ← (전변轉變) ← 의타기성 → (전의轉依) → 원성실성'으로 볼 수 있는데, 삼성설은 분별성〔변계소집성〕에서 벗어나 진실성〔원성실성, 眞如〕으로 나아가며, 분별지에서 벗어나 무분별지〔正智〕로 나아갈 수 있도록 구상된 것이라 할 수 있다.

〈그림 4〉 삼성과 오법[오사]의 관계

　이상의 삼성은 우리의 의식에 의해 만들진 존재의 근거라 할 수 있는데, 다시 삼무성三無性을 통해 중도의 길을 제시한다. 즉 의타기성은 스스로 발생한 것이 아니라 여러 가지 조건〔緣〕에 의해 이루어진 것이므로 생무자성(生無自性, utpatti-niḥsvabhāva)이며, 변계소집성은 언어에 의해 허구로 구성된 것으로 자상이 없으므로 상무자성(相無自性, lakṣaṇa-niḥsvabhāva)이며, 원실실성은 궁극적 진실 곧 완성된 진여이자, 무분별지로서 모든 존재 가운데 최고의 가치를 갖는 승의勝義이므로 승의무자성(勝義無自性, paramārtha-niḥsvabhāva)이라 하였다.[35]

---

35 묘주, 1997, p.343.

삼성을 통해서 존재의 진실을 충분히 드러내고, '공'〔변계소집성〕과
'유'〔의타기성과 원성실성〕의 중도로서 양변에 치우침을 방지했으며,
여기에 다시 삼무성을 배치함으로써 삼성과 삼무성이 각각 또한 비유
비무非有非無의 중도에 있음을 밝혀 유에 집착하는 실재론과 함께
공에 집착하는 허무론을 모두 극복하고자 했다.

2) 식識에서 지智로 전의轉依

삼성과 삼무성은 또한 전의에 의한 성불의 구조적 원리를 제시하고
있다.[36] 유식학파에서 식의 전변(轉變, pariṇāma)은 현실세계가 식識에
의지하여 전변된 결과이며, 현행現行과 훈습薰習을 통해 끊임없이
연기적으로 재구성되는 현실세계를 보여준다면, 반면에 전의(轉依,
āśraya-parivṛtti)는 중생에서 부처로의 전환을 위한 것으로 현실세계에
서 진여・본성세계로 전환되는 것을 보여준다. 즉 전변은 일상생활〔현
실세계〕속에서 경험하는 마음의 변화를 나타낸다면, 전의는 수행을
통해 해탈에 이르는 과정을 나타내는 것으로, 전의 이전과 이후가
완전히 달라지는 심층적인 변화를 의미한다.[37] 이는 속제와 진제 혹은
분별지과 무분별지의 어느 한편에 치우치지 않도록 보완함으로써
한편에서는 식識의 전변轉變을 통해 연기적으로 재구성되는 현실세계
를 긍정함과 동시에 다른 한편에서는 식識의 전의轉依를 통해 불지佛智
에 이르는 길을 구체적으로 제시한 것이다.[38]

---

36 묘주, 1997, p.296.

37 안환기, 「언어에 의한 '식'의 변화-『섭대승론』을 중심으로-」, 『선문화연구』16,
   2014, p.467.

『성유식론成唯識論』에서 전의에 대해 다음과 같이 언급한다.

'의依'란 '소의所依'로서 곧 의타기성으로서 염오법과 청정법의 소의를 말한다. 염오법이란 허망한 변계소집성이고, 청정법이란 진실한 원성실성이다. '전轉'이란 둘[염오법과 청정법]로 나누어 전환하여 버리는 것[轉捨]과 전환하여 얻는 것[轉得]을 말한다. 종종 무분별지를 수습하여 근본식 가운데 2가지 추중의 장애를 단절하기 때문에, 의타기성에서 변계소집성을 전환하여 버리고, 의타기성에서 원성실성을 전환하여 얻는다. 번뇌장을 전환하여 대열반을 증득하고 소지장을 전환하여 무상無上의 깨달음을 증득한다.[39]

즉 삼성의 전의를 통해 2가지 추중의 장애를 단절함으로써 변계소집성을 전환하여 버리고[轉捨], 원성실성을 전환하여 얻으며[轉得], 아울러 번뇌장을 전환하여 대열반을 얻고, 소지장을 전환하여 무상의 깨달음을 얻는다고 했다. 이처럼 전환을 통해 얻는 것[所轉得]이 대열반大涅槃과 대보리大菩提이다. 대열반은 진여법성이 드러나는 것[所顯得]이며, 대보리는 대원경지大圓鏡智, 평등성지平等性智, 묘관찰지妙

---

38 안환기, 2014, pp.465~498.

39 『成唯識論』卷9(T31, 51a3-8) "依謂所依 卽依他起與染淨法爲所依故 染謂虛妄 遍計所執 淨謂眞實圓成實性 轉謂二分 轉捨 轉得 由數修習無分別智 斷本識中 二障麤重 故能轉捨依他起上遍計所執 及能轉得依他起中圓成實性 由轉煩惱 得大涅槃 轉所知障證無上覺." 이하 해석은 이만, 『성유식론 주해』, 씨아이알, 2016 참조.

觀察智, 성소작지成所作智 등 4지四智와 상응하는 마음이 현행하는 것〔所生得〕이다.

여래의 4지에서 대원경지는 "모든 분별을 여의고 소연과 행상도 미세하여 알기가 어렵다. 일체의 경계상이 항상 드러나 있어서 잊을 수 없으며〔不忘〕, 미혹하고 어리석지 않으며〔不愚〕, 체성〔자체분〕과 체상〔견분〕도 청정하여 모든 잠염법雜染法을 여읜 것이다. 순수하고 청정하여 원만한 공덕이 있어서 현행과 종자의 의지처가 된다"⁴⁰고 했다. 평등성지는 "일체제법과 자타의 유정이 모두 다 평등하고 관조하고, 대자비 등과 항상 함께 상응한다"⁴¹고 했으며, 묘관찰지는 "제법의 자상〔依他起性〕과 공상〔圓成實性〕을 관조하여 걸림 없이 전전展轉하며, 무량한 총지와 선정문 및 발생된 공덕의 참다운 보물〔珍寶〕을 총섭하여 관조한다"⁴²라고 했다. 마지막으로 성소작지는 "모든 유정들을 이요利樂케 하고자 널리 시방의 갖가지 변화하는 3업을 나타내어 본원력에 상응하여 지은 것을 성취한다"⁴³라고 했다.

식에서 지로의 전환인 '전식득지'에 대해서 『성유식론』에서는 다음과 같이 설명한다.

40 『成唯識論』卷10(T31, 56a13-15) "離諸分別 所緣行相微細難知 不忘不愚一切境相 性相清淨離諸雜染 純淨圓德現種依持."

41 『成唯識論』卷10(T31, 56a17-18) "觀一切法自他有情悉皆平等 大慈悲等恒共相應."

42 『成唯識論』卷10(T31, 56a21-23) "善觀諸法自相共相無礙而轉 攝觀無量總持定門及所發生功德珍寶."

43 『成唯識論』卷10(T31, 56a26-28) "爲欲利樂諸有情故 普於十方示現種種變化三業 成本願力所應作事."

지혜는 비록 심식이 아니더라도 심식에 의지해서 전환하여 일어나
며, 심식을 주체로 삼기 때문에 심식을 전환해서 증득한다고 한다.
또한 유루위에서 지혜는 열등하고 심식이 강력하며, 무루위에서
는 지혜에 의지하고 심식을 버리도록 하므로 8식을 전환하여
이 4지를 증득한다.[44]

유식에는 5위의 수행계위를 통해 지혜를 증득해 가는데, 견도見道에
해당하는 통달위通達位는 "보살이 초지初地의 입심入心에서 비로소
무루의 정지正智가 일부 발득發得하고 이로써 유식의 실성인 진여를
체득하는 계위"[45]이다. 통달위부터 진여를 대상(所緣境)으로 하고 무
분별지(正智)가 나타난다. 이 무분별지를 '근본지'라고 한다. 이 무분
별지로서 유식의 본성(性)을 증득하는 것을 '진견도眞見道'라 하고,
이후 다시 분별지를 일으켜 유식의 현상(相)을 증득하는 것을 '상견도
相見道'라 하는데, 이것을 '후득지'라고 한다. 이 2가지 지로써 유식의
성性과 상相을 깨달아 들어가는 것이다. 또한 근본지로써 2공(아공,
법공)에 의해 나타나는 진여를 증득하고 분별기分別起 2장(번뇌장,
소지장)의 미혹은 끊는 것을 '진견도'라 하고, 이후 진견도의 끊음(斷)
과 증득(證)을 모방하여 관찰하는 것을 '상견도'라 한다. 상견도에는
먼저 안립되지 않은 성제(非安立諦)에서 3품의 마음을 관찰하는 경우

44 『成唯識論』卷10(T31, 56b3-6) "智雖非識而依識轉 識爲主故說轉識得 又有漏
位智劣識强 無漏位中智强識劣 爲勸有情依智捨識 故說轉八識而得此四智."
45 후카우라 세이분 저, 박인성 역, 『유식삼심송 풀이-유식불교란 무엇인가』,
운주사, 2012, p.445.

는, 첫째, 내심內心에 유정有情의 가연假緣을 제거하는 지혜로 번뇌장의 수면隨眠을 제거하고, 둘째, 내심에 제법의 가연을 제거하는 지혜로 소지장의 수면을 제거하며, 셋째, 두루 모든 유정과 제법의 가연을 제거하는 지혜로 모든 분별 2장의 수면을 없앤다.⁴⁶ 그리고 안립된 성제〔安立諦〕를 반연한 경우는, 앞의 설일체유부와 같이 4제의 각각에 법인法忍, 법지法智, 유인類忍, 유지類智의 4심을 들어서 총 16심을 관찰한다.

수도修道에 해당하는 수습위修習位에서는 보살 초지의 주심住心에서부터 제10지의 출심出心까지로서 이 시기에는 구생기俱生起의 2장을 제거하는 시기이므로 무분별지를 자주 수습하는 것이다. 이 무분별지는 세간〔迷界〕 유루의 근본인 2취〔能取와 所取〕의 수면隨眠을 끊어서 제거하였으므로 '출세간지'라 한다. 구경위에서는 앞의 수습위에서 무분별지를 자주 일으켜서 2장〔번뇌장과 소지장〕을 모두 끊을 때, 금강유정金剛喩定의 무간도無間道에서 2과〔대열반과 대보리〕를 증득하며, 이어지는 해탈도解脫道에서 불지佛智를 현현한다. 여기서 대열반은 본래자성청정열반, 유여의열반, 무여의열반, 무주처열반을 말한다. 그리고 대보리는 4지 상응의 심품心品을 말한다.

다만 대보리에 해당하는 4지는 얻어지는 시기가 각각 다르다. '대원경지'는 금강유정의 해탈도에 이르러서 처음 나타난다. 이숙식異熟識의 종자를 금강유정이 현전할 때에도 즉시 버리지 못하는 것은 무간도

46 『成唯識論』 卷9(T31, 50a11-20) "二相見道 此復有二 一觀非安立諦 有三品心 一內遣有情假緣智能除軟品分別隨眠 二內遣諸法假緣智能除中品分別隨眠 三 遍遣一切有情諸法假緣智能除一切分別隨眠 … 二緣安立諦有十六心"

자량위	가행위	통달위	수습위		구경위
3현위	4선근	초지		10지	금강유정
		분별기 2장제거	구생기 2장제거		
전5식					성소작지
제6식					묘관찰지
제7식					평등성지
제8식					대원경지
가행지		무분별지			후득지

〈그림 5〉 유식의 수행계위와 전식득지

와 상위相違되지 않기 때문이다. 반면에 장애 없는 유루법과 열등한 무루법만이 금강유정의 불과〔해탈도〕와 상위되기 때문에 이때 비로소 〔대원경지가〕 나타난다. '평등성지'는 제7말나식이 보살의 견도 초기 〔보살 10지 중 초지〕에 현전하는 위에서 2가지 집착〔아집, 법집〕에 상위되기 때문에 비로소 최초로 일어난다. '묘관찰지'는 먼저 아공〔生空〕을 관조하는 경우, 이승의 견도위에서 처음 일어나며 이후 전전展轉하여 무학위에 이르기까지 일어나거나 혹은 보살의 해행지解行地 최종위나 상위上位〔10지, 여래지〕에 이르기까지 일어난다. 법공을 관조하는 경우, 보살의 견도위에서 처음 일어나서 이후 전전해서 상위에 이르기까지 일어난다. '성소작지'의 경우는 보살의 수도위 중에 후득지에 견인되어 처음 일어나거나 성불할 때 처음 일어난다.[47] 간단히 말하자면,

---

47 『成唯識論』卷10(T31, 56b) "大圓鏡智相應心品 … 解脫道時初成佛故乃得初起 異熟識種金剛喩定現在前時猶未頓捨 與無間道不相違故 非障有漏劣無漏法

묘관찰지와 평등성지는 통달위, 곧 초지의 입심入心인 견도에서 일부
증득하고 이후 각각의 지위에서 점차로 증득함을 더해가는 것이라면,
대원경지와 성소작지는 구경위에 이르러 일시에 증득한다고 할 수
있다.

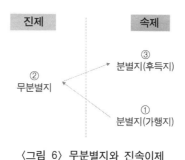

〈그림 6〉 무분별지와 진속이제

이처럼 유식학파에서는 무분별지를 좀 더 세분화하여 가행무분별
지, 근본무분별지, 그리고 후득지로 나누어 설명한다. 『섭대승론석攝
大乘論釋』에서 무분별지에 대해 다음과 같이 설명하고 있다.

무분별지는 증상혜增上慧라 하여 3가지로 설명하고 있다. 첫째
가행무분별지加行無分別智는 곧 심사尋思의 혜를 말하며, 둘째
근본무분별지根本無分別智는 바르게 증득正證한 혜를 말하며, 셋

但與佛果定相違故 金剛喩定無所熏識 無漏不增應成佛 … 平等性智相應心品
菩薩見道初現前位 違二執故方得初起 … 妙觀察智相應心品 生空觀品 二乘見
位亦得初起 此後展轉至無學位或至菩薩解行地終或至上位 … 法空觀品 菩薩
見位方得初起 此後展轉乃至上位 … 成所作智相應心品 … 有義菩薩修道位中
後得引故亦得初起 有義成佛方得初起."

째 후득무분별지後得無分別智는 일으켜 사용하는[起用] 혜라 하였
나. … 지금 또 무분별지가 성립한 것은 오직 이 지[무분별지]로
인하여 원인과 결과를 통했기 때문이다. 그 심사의 지는 이 지의
원인이 되고, 이 후득지는 이 지의 결과가 된다. 그러므로 이[무분별
지]를 나머지 둘에게 겸하여 성립한 것이다.[48]

여기서 가행지나 후득지의 경우는 모두 세속지로서 분별지라 할
수 있지만, 가행지는 무분별지의 원인이고, 후득지는 무분별지의
결과란 점에서 무분별지라고 겸하여 부른다.[49] 실제 반야바라밀로서
무분별지만을 밝힌 중관학파보다는 가행의 과정뿐 아니라 (무분별지
를 떠나지 않은) 후득지를 통해서 무분별지의 폭을 넓게 적용함으로써
세간생활이나 중생제도를 위한 방편지로서 이를 적극 활용할 수 있게
한 것이다.

4. 불성·여래장사상의 지혜

1) 불성佛性과 지혜
중관사상과 유식사상에 비해 불성·여래장사상은 인도에서 크게 두각

---

48 『攝大乘論釋』 卷8(T31, p.363c15-22) "無分別智名增上慧 此復三種 一加行無
　分別智 謂尋思慧 二根本無分別智 謂正證慧 三後得無分別智 謂起用慧 … 今且
　成立無分別智 由唯此智通因果故 其尋思智是此智因 其後得智是此智果 所以
　成此兼成餘二"

49 박보람, 2011, pp.86~87.

을 드러내지 못했으며, 별도의 학파를 형성했다고 보기는 어렵다. 하지만, 그 사상은 대승의 주요 경론을 통해 발전을 거듭했으며, 특히 중국을 비롯한 동아시아에서 크게 중시되었다. 최근 연구에 따르면, 여래장사상이 제시된 경전 중에는 기존의 『여래장경如來藏經』보다 『열반경涅槃經』이 앞선 것으로 알려졌다.[50] 시모다 마사히로(下田正弘)에 따르면, 『대승열반경』의 성립 초기에 여래의 열반으로부터 부처의 영원성에 대한 추구가 중생의 세계와 다른 '여래상주설' 혹은 '법신상주설'로 제시되었다. 이 법신상주설은 부처의 세계와 중생의 세계가 이질적인 것임을 근거로 성립된 것이다.

〈그림 7〉 열반사덕과 여래장의 공·불공

실제 중생의 현상세계에서는 무상, 무아, 부정不淨이라면, 부처의 세계 즉 여래상주의 법신세계에서는 상常, 락樂, 아我, 정淨의 열반사덕涅槃四德이 갖추어져 있다는 것이다. 이러한 '상락아정설'은 붓다의 정각에서 열반까지 늘 떠나지 않는 법신의 입장에서 본 것이다. 법신은 붓다의 정각 이전에도 여래의 열반 이후에도 상주한다는 것이다. 이렇듯 『열반경』을 통해 불교가 전통적으로 극복하고자 했던 '아트만〔我〕'이 새로운 차원에서 수용되고 있다. 이는 현상세계에서 아트만을

---

50 시모다 마사히로 저, 이자랑 역, 『열반경 연구』, 2018 참조.

긍정하는 것이 아니라 여래상주의 법신세계 혹은 진여·본성세계에서 '부처의 영원성'을 표현하기 위해 도입된 것으로 이후 여래장·불성사상의 발전 속에서 '내화된 부처'의 표현으로 사용되었다. 즉 '외부'의 불탑, 즉 불사리(buddhaśarīadhātu)가 곧 '내부'의 불탑인 불성(buddha-dhātu)과 동일시된 것이다. 이처럼 부처 그 자체로서 외부의 불탑인 '불사리'는 부처가 될 존재로서 내부의 불탑인 '불성'이란 술어로 『열반경』에 자리하게 되었으며,[51] 예경禮敬의 대상이 외부[불탑]에서 내부[불성]로 전환하게 되었다.

이처럼 『열반경』에서 경전 성립의 초기에 여래상주설[법신상주설], 상락아정설 등이 부처와 중생의 이질성을 근거로 형성되었다면, 이는 이후 실유불성설悉有佛性說, 여래장설如來藏說 등으로 발전되면서 그 부처와 중생을 연결하는 공통의 근거로서 사용되었다. 이후 부처와 중생이 함께하는 장소[所依, āśraya]로서 생사와 열반의 의지처이자 염정染淨의 의지처로서 여래장 혹은 불성이 제시하고 있다.[52]

『승만경勝鬘經』에서도 이를 계승하여 "열반[苦滅]은 시작도 없고 작위作爲도 없으며, 일어남도 없고 다함도 없으며, 다함을 떠나 상주하고 자성이 청정하여 일체의 번뇌장을 떠나있다"라고 하면서도 "여래법신이 번뇌장을 떠나지 않은 것을 여래장"[53]이라고 하여 여래장을

---

51 시모다 마사히로, 2018, p.349; p.357 참조

52 시모다 마사히로, 2018, pp.389~391 참조.

53 『勝鬘師子吼一乘大方便方廣經』卷1(T12, 221c7-11) "世尊 非壞法故 名爲苦滅 所言苦滅者 名無始無作 無起無盡 離盡常住 自性淸淨 離一切煩惱藏 世尊 過於恒沙不離 不脫不異 不思議佛法成就 說如來法身 世尊 如是如來法身不離煩惱

정법의 의지처일뿐 아니라 염법의 의지처로 보았으며, 불공不空 중심
의 여래장 개념을 확장하여 공空의 측면까지 포괄하고자 했음을 살펴
볼 수 있다.

> 세존이시여! 여래장의 공에 대한 지혜는 두 가지가 있습니다.
> 세존이시여! 공여래장空如來藏은 모든 번뇌장을 떠나거나 벗어나
> 거나 다른 것입니다. 세존이시여! 불공여래장不空如來藏은 항하의
> 모래보다 많은 불가사의한 불법을 여의지 않고 벗어나지 않고
> 다르지 않은 것입니다.[54]

즉 '공여래장空如來藏'은 번뇌장이 공한 것이고, '불공여래장不空如
來藏'은 불가사의한 불법이 불공不空한 것이다. 이처럼 불성·여래장사
상은 공과 불공, 불공과 공의 양 측면을 갖춤으로써 독자적인 노선으로
나아가게 된다.

중관학파의 '공'의 교설에서는 모든 것이 공이고 승의에서 실재하는
것은 아무 것도 없다고 간주하는 것과 달리 여래장사상의 공空은
여래장에 본래 구비된 무위로서 청정한 불덕佛德인 불공不空이고
승의로서 실재한다고 설한다.[55] 중관학파에서는 지혜의 발현을 위해

藏 名如來藏."

54 『勝鬘師子吼一乘大方便方廣經』卷1(T12, 221c16-18) "世尊 有二種如來藏空
　智 世尊 空如來藏 若離 若脫 若異一切煩惱藏 世尊 不空如來藏 過於恒沙不離不
　脫不異不思議佛法."

55 시모다 마사히로 외 저, 김성철 역, 『여래장과 불성』, 씨아이알, 2017, p.207.

128

서는 공성의 체득을 통한 허망분별과 번뇌의 제거가 필요했다면,
불성·여래장사상에서는 궁극적 신리에서 공한 측면과 더불어 불공의
측면을 들어서 진여무차별眞如無差別의 입장을 강조했다. 즉 부처와
중생이 모두에게 차별 없이 평등하게 주어진 불성이 있으므로, 중생도
자성청정심을 회복하고 여래법신에 합일하여 무분별지〔불지〕를 증득
하게 된다.

중생과 여래의 관계에 대하여 『보성론寶性論』에서는 '모든 중생에
게 여래장이 있다'는 의미를 세 가지로 밝히고 있다.

첫째, 여래의 법신이 일체의 모든 중생신에 편재되어 있다. 게송에
서는 부처의 법신이 편만하기 때문이라고 한다. 둘째, 여래의
진여가 (중생과) 차별이 없다. 게송에서는 진여가 차별이 없기
때문이라고 한다. 셋째, 모든 중생이 다 진여불성을 가지고 있다.
게송에서는 모두 불성이 있기 때문이라고 한다.[56]

이는 여래의 법신이 모든 중생신에게 두루 충만해 있다는 의미〔法身
遍滿義〕, 여래의 진여가 중생과 차별이 없다는 의미〔眞如無差別義〕,
그리고 여래의 종성이 모든 중생에게 내재한다는 의미〔種姓存在義〕이
다. 여기서 법신(法身, dhamakāya)은 청정한 일체법의 본질로서 부처
의 지혜로 관찰하는 대상이다. 즉 법신은 부처가 깨달을 수 있는

---

56 『究竟一乘寶性論』卷3(T31, 828b2-5) "一者如來法身遍在一切諸衆生身 偈言
佛法身遍滿故 二者如來眞如無差別 偈言 眞如無差別故 三者一切衆生皆悉實
有眞如佛性 偈言 皆實有佛性故."

근거임과 동시에 깨달음을 통해 얻어진 과보로서 그 본질이 곧 부처의 지혜〔불지〕이다.

특히 부처의 지혜가 중생세계의 차원에 침투해 있다는 점은 여래장사상을 유식사상과 구분하는 중요한 주제가 된다. 유식에서는 존재기반의 전환, 즉 전의轉依를 통해서 지혜를 획득하여 대열반과 대보리를 증득함으로써 부처가 되고 여래가 될 수 있지만, 여래장사상에서는 이미 중생이 여래법신에 들어 있으며, 진여에 있어서 중생이 여래와 차별이 없음을 강조하는 것이다. 즉 수행을 위한 모든 가르침은 붓다의 깨달음〔自內證의 법〕에서 발생하고, 수행자가 증득한 지혜들은 붓다가 증득한 여래법신이나 진여의 세계로부터 흘러나온다는 점에서 어떤 면에서는 깨달음의 결과인 지혜라는 것도 부처의 세계인 법신여래 안에서 일어나는 위상의 전환이라 할 수 있다.[57]

불성·여래장사상은 기존의 현상세계 중심에서 벗어나 진여·본성세계 중심으로 사상을 전개할 수 있는 계기가 마련되었다. 이는 초기불교에서부터 유식학파에 이르기까지 현상세계의 차별상〔法相〕을 중심으로 점차적인 수행을 통해 열반을 증득하고 지혜를 획득하는 방식을 취한 것과 달리 진여·본성세계의 평등성〔法性〕을 중심으로 각자의 본성에 대한 믿음과 즉각적인 자각을 통해 열반을 증득하고 지혜를 발현하는 방식으로 나아간다. 뿐만 아니라 공성〔空〕이 곧 불성〔不空〕임을 강조하여 공을 통한 무분별지의 체득은 물론 불공을 통한 방편적 분별지를 이미 우리 본성이 갖추고 있음을 선언함으로써 깨달음의

---

57 시모다 마사히로 외 저, 2017, p.59.

경지로서 지혜〔무분별지〕의 증득과 중생제도의 방편으로서 지혜〔후득
지〕의 측면을 아울러 제시할 수 있게 되었다.

2) 본각本覺과 시각始覺

유식학파의 전환은 식에서 지로의 전환인 전의, 즉 전식득지轉識得智
를 통해 이루어지는데, 그것은 삼성을 통해 보면, 의타기인 의식에서
번뇌에 오염된 상태인 변계소집의 세계를 청정한 상태인 원성실의
세계로 전환하는 것을 말한다.[58] 그리고 이는 어디까지나 견도와 수도
의 과정을 거쳐서 금강유정에 이르러 완성된다는 점에서 향상적인
면이 주가 된다. 반면에 여래장의 전환은 염오에서 청정으로, 무명에
서 진여로, 불각不覺에서 각覺으로 전환이며, 이는 부처와 중생의
의지처인 여래장이 객진번뇌염〔染汚〕의 측면에서 자성청정심〔清淨〕
의 측면으로 전환됨으로써 여래법신이 드러남을 말한다. 이는 아리야
식이라는 소의所依의 전환〔轉依〕을 통한 진여의 증득과는 달리 염오와
청정의 분별을 놓음으로써 여래장 자체가 그대로 무분별한 진여본성
으로 현현함을 말한다.

『대승기신론大乘起信論』에서는 대승의 의미를 설명하면서 일심이
곧 중생심이며, 우리의 마음이 일체의 세간법과 출세간법을 포섭하
며, 그 본성〔體〕에서는 일체법의 진여가 평등하여 더함도 덜함도
없음을 밝혔고, 그 현상〔相〕에서는 여래장이 무량한 성공덕性功德을
구족함을 밝혔으며, 작용〔用〕에서는 세간과 출세간에 좋은 인과를

---

58 나가오 가진 지음, 김수아 옮김, 『중관과 유식』, 동국대학교출판부, 2006,
   p.313.

일으킨다고 했다.

마하연(=대승)이란 종합하여 말하면 두 가지가 있다. 두 가지는
무엇인가? 하나는 법이고, 둘은 의이다. 법法이란 곧 중생심이다.
이 마음이 곧 일체의 세간법과 출세간법을 포섭하며, 이 마음에
의지하여 마하연의 뜻이 드러난다. 왜냐하면 이 마음 그대로의
진실한 모습[심진여상]이 곧 마하연의 체성을 즉시 보이고, 이
마음이 인연 따라 생멸하는 모습[심생멸상]이 마하연 자체의 현상
과 작용을 보여주기 때문이다. 의義란 곧 세 가지가 있다. 세
가지는 무엇인가? 하나는 체성이 큰 것[體大]이니 일체법의 진여
가 평등하여 증감이 없기 때문이며, 둘은 현상이 큰 것[相大]이니
여래장이 무량한 성공덕을 구족하기 때문이며, 셋은 작용이 큰
것[用大]이니 일체의 세간과 출세간의 좋은 인과를 일으킬 수
있기 때문이다. 일체의 제불이 본래 타고 있는 바이며, 일체 보살이
다 이 법을 타고 여래의 지위에 오르기 때문이다.[59]

특히 일심이 곧 진여임을 밝히고 진여는 원래 불가설不可說이고
불가념不可念이지만, 이 진여의 두 측면을 여실공如實空과 여실불공如

---

59 『大乘起信論』卷1(T32, 575c20-576a1) "摩訶衍者 總說有二種 云何爲二 一者法
二者義 所言法者 謂衆生心 是心則攝一切世間法出世間法 依於此心顯示摩訶
衍義 何以故 是心眞如相 卽示摩訶衍體故 是心生滅因緣相 能示摩訶衍自體相
用故 所言義者 則有三種 云何爲三 一者體大 謂一切法眞如平等不增減故 二者
相大 謂如來藏具足無量性功德故 三者用大 能生一切世間出世間善因果故 一
切諸佛本所乘故 一切菩薩皆乘此法到如來地故."

132

實不空으로 밝히고 있다.

첫째 여실공如實空은 구경의 진실을 나타낼 수 있기 때문이고,
둘째 여실불공如實不空은 자체에 무루의 성공덕을 구족하고 있기
때문이다. '공空'이라고 한 것은 (여래장이) 예로부터 일체의 염법
과 상응하지 않기 때문이다. 이를테면, 일체법의 차별상을 떠나
있어서 허망한 마음과 생각이 없기 때문이다. … 일체중생의 망심
에 의지하여 일어나는 생각 생각의 분별에 모두 상응하지 않으므
로, '공'이라 한다. 만약 망심을 여의면 실제 공하다고 할 것도
없다. '불공'이라고 한 것은 법의 체성이 이미 드러나서 공이 허망하
지 않기 때문이다. 즉 진심이 항상 불변하여 청정법이 만족하기에
'불공'이라고 한다.[60]

이는 여래장이 일체의 염오법과 상응하지 않으므로 '여실공'이고,
동시에 모든 법의 체성이 드러나 허망하지 않고 항상 분별하며 청정법
이 만족하기 때문에 '여실불공'이라고 했다. 이어서 심생멸에서 여래
장如來藏과 아리야식阿梨耶識의 관계를 설명하는데, "심생멸이란 여래
장에 의지하여 생멸심이 있다. 이를테면, 불생불멸과 생멸심이 화합

60 『大乘起信論』卷1(T32, 576a24-b6) "復次 眞如者依言說分別有二種義 云何爲
二 一者如實空 以能究竟顯實故 二者 如實不空 以有自體 具足無漏性功德故
所言空者 從本已來一切染法不相應故 謂離一切法差別之相 以無虛妄心念故
… 依一切衆生以有妄心念念分別 皆不相應故說爲空 若離妄心實無可空故 所
言不空者 已顯法體空無妄故 卽是眞心常恒不變淨法滿足 故名不空."

하여 같지도 않으며 다르지도 않는 것을 '아리야식'이라고 한다."⁶¹라
고 했다. 앞의 유식학파의 근본식인 아뢰야식(＝아리야식)과 염정의
의지처인 여래장의 관계를 '같지도 않고 다르지도 않다〔非一非異〕'라
고 해명한 것이다. 여기서 여래장은 염과 정이 화합된 것이며, 생멸심
의 의지가 된다. 아리야식도 염정을 아우르고 있으며, 이 점에서
『기신론』에서는 근본식을 진망화합식眞妄和合識으로 본 것이다.

그러므로 아리야식은 일체법을 포섭하면서 일체법을 일으키는
생멸문으로서 여기에 각覺과 불각不覺의 구분이 나타난다. 각覺은
마음〔心〕의 체성에서 생각〔念〕을 여읜 것으로 법계와 합일한 상태〔法界
一相〕로 여래의 평등한 법신이 된다. 그리고 이 법신에 의지하여
'본각本覺'이라 한 것이다.⁶² 본각은 시각始覺에 대비하여 말한 것인데,
시각은 본각과 다르지 않다고 했다. 본각에 의해서 불각不覺이 있고,
불각에 의해서 시각이 있다.⁶³

불각의 상태에서는 '시각'의 단계〔불각 → 상사각 → 수분각 → 구경각〕
를 밟아가며 '불각 → 각'으로 수직적 전환을 이끌어간다면, 각에서는
'시각〔불각 → 상사각 → 수분각 → 구경각〕＝본각'이라는 수평적 전환을
제시하고 있다는 점에서 각에서 불각으로, 불각에서 각으로 양면의

61 『大乘起信論』 卷1(T32, 576b7-9) "心生滅者 依如來藏故有生滅心 所謂不生不
滅與生滅和合 非一非異 名爲阿梨耶識."

62 『大乘起信論』 卷1(T32, 576b11-14) "所言覺義者 謂心體離念 離念相者 等虛空
界無所不遍 法界一相卽是如來平等法身 依此法身說名本覺."

63 『大乘起信論』 卷1(T32, 576b14-16) "本覺義者 對始覺義說 以始覺者 卽同本覺
始覺義者 依本覺故而有不覺 依不覺故說有始覺."

134

전환이 함께 이루어진다고 볼 수 있다. 이때 불각에서 각으로의 단계를 밟아가는 수행자들이라 할지라도 '법계일상'으로서 여래의 평등한 법신인 본각을 떠나지 않는 수행이라는 점에서 유식학에서 식의 전환을 하는 방식과는 다르다고 할 수 있다.

〈그림 8〉 불각에서 각으로 전환

　본각을 좀 더 살펴보면, '수염본각隨染本覺'과 '성정본각性淨本覺'으로 나누어 볼 수 있다. 먼저, 성정본각은 각覺의 체상體相을 네 가지 거울로 비유한 것인데, 여실공경如實空鏡은 "일체의 마음의 경계상을 멀리 떠나서 드러낼 수 있는 법이 없다. 깨달아 비춘다는 의미가 없기 때문이다." 인훈습경因熏習鏡은 "여실불공으로 일체의 세간 경계가 모두 그 안에 나타나서 나가지도 않고 들어가지도 않으며, 사라지지도 않고 무너지지도 않아서 항상 일심에 머무는 것으로 일체법이 곧 진실성이기 때문이고 또 일체의 염법이 오염시킬 수 없어서 지혜의 체성이 부동하고 무루를 구족하여 중생을 훈습하기 때문이다." 법출리경法出離鏡은 "(여실)불공의 법으로 번뇌의 장애와 지적인 장애를 벗어나고 (염오와의) 화합상을 떠나서 순수하고 맑고 밝기 때문이다." 그리고 연훈습경緣熏習鏡은 "법출리경에 의지하여 중생의 마음을 두루 비추어 선근을 닦게 하여 염念을 따라 (본각이) 드러나기 때문이다"

라고 했다.[64] 모든 중생 안에 여래의 법신인 '본각'이 두루 작용함으로써
중생의 자각 여부에 상관없이 중생을 훈습하고〔인훈습경〕, 또 모든
장애를 벗어나 염오와 화합하지 않아서〔법출리경〕 중생에게 선근을
닦게 하고 생각〔念〕을 따라 본각이 드러나게 한다〔연훈습경〕.

〈그림 9〉 성정본각·수염본각 및 자리이타의 관계

성정본각이 염오와 상관없는 본각의 체성으로서 일체법과 일체중
생에게 드러나는 것이라면, 수염본각隨染本覺을 보면, 염오를 따라서
그 모습을 드러내는 것이다. 수염본각은 '지정상智淨相'과 '부사의업상
不思議業相'이 있는데, 진여본각 자체〔體〕가 본래 가지고 있는 속성〔相〕
과 작용력〔用〕을 갖는다.[65] '지정상'은 지혜의 청정한 모습으로서 법력

---

64 『大乘起信論』卷1(T32, 576c20-29) "復次 覺體相者 有四種大義 與虛空等 猶如
　　淨鏡 云何爲四 一者 如實空鏡 遠離一切心境界相 無法可現 非覺照義故 二者
　　因熏習鏡 謂如實不空 一切世間境界悉於中現 不出不入 不失不壞 常住一心
　　以一切法卽眞實性故 又一切染法所不能染 智體不動 具足無漏熏衆生故 三者
　　法出離鏡 謂不空法 出煩惱礙 智礙 離和合相 淳淨明故 四者 緣熏習鏡 謂依法出
　　離故 遍照衆生之心 令修善根 隨念示現故."
65 한자경, 『대승기신론강해』, 불광출판사, 2013, p.140.

의 훈습에 의지하여 여실히 수행하여 방편을 만족하여 화합식의 상을 깨뜨리고 상속심의 상을 소멸함으로써 법신이 드러나서 지혜가 순수하고 맑아지기 때문이다.[66] 본래 우리의 본성은 지혜의 각성만 있을 뿐 생멸의 상이 없다. 무명을 따라서 생멸상을 보이지만, 본래 마음에는 무명도 없고 생멸상도 없다. 그러므로 무명이 사라지면 결국 본래 마음의 모습인 청정한 지혜가 드러난다.[67] '부사의업상'은 "지정상에 의지하여 일체의 수승하고 신묘한 경계를 짓는 것으로 이른바 무량공덕의 모습이 항상 끊어지지 않으며, 중생의 근기를 따라 자연히 상응하여 여러 가지로 나타나 이익을 주기 때문이다"[68]라고 했다.

이상의 불성·여래장사상에서는 지혜의 본질을 여래장 혹은 불성에서 찾고자 했다. 이는 깨달음과 지혜를 대하는 태도에 중대한 변화를 가져온 계기가 되었다. 초기불교 이후 중생에서 부처로 단계적 수행을 통한 향상적 전환을 거쳐서 무분별지에 이르는 과정을 주로 밝았다면, 공과 불공, 번뇌와 깨달음, 불각과 각, 중생과 부처의 의지처로서 여래장이 제시됨으로써 무시이래로 이미 원만히 갖추고 있는 진여본각 혹은 여래법신의 청정한 지혜로부터 향상적 전환과 향하적 전환, 또는 점진적〔차제적〕전환과 돈오적〔원융적〕전환, 그리고 수행의 과정과 깨달음의 경지로서 지혜〔자리적 측면〕와 제도의 방편으로서 지혜〔이

---

66 『大乘起信論』卷1(T32, 576c7-9) "智淨相者 謂依法力熏習 如實修行 滿足方便故 破和合識相 滅相續心相 顯現法身 智淳淨故."

67 한자경, 2013, p.145.

68 『大乘起信論』卷1(T32, 576c16-19) "不思議業相者 以依智淨能作一切勝妙境界 所謂無量功德之相常無斷絶 隨衆生根自然相應 種種而見 得利益故."

타적 측면] 등 자리이타의 길을 함께 병행하게 되었다.

5. 화엄교학에서의 지혜

1) 여래장과 여래법신

불성·여래장사상에서 여래장과 불성이 부처와 중생 공통의 의지처임을 강조함으로써 부처와 중생의 차별된 현상보다는 평등한 본성에 초점을 두게 되었다. 그것은 역사상 붓다나 그 유골을 모신 불탑 등 외적 의지처를 내 안의 불성이라는 내적 의지처로 전환함으로써 모든 중생에게 언젠가는 부처를 이루어 여래법신과 합일할 수 있음을 강조한 것이다. 이는 모든 중생에게 언젠가 부처를 이룰 수 있다는 성불의 수기受記를 준 것과 같다.[69] 이로써 수행자들에게 무분별지의 획득을 위한 실천보다는 우리의 중생심 안에 내재되어 있는 부처와 다르지 않은 불성·여래장에 대한 믿음과 자각에 주목하게 되었다.

불성·여래장사상은 특히 동아시아에 수용되고 변용되면서 그 의미에 대한 깊은 성찰이 이루어졌다. 아리야식이 전의를 통해 현실세계에서 진리세계로 나아간다면, 여래장은 객진번뇌로 뒤덮인 상태에서도 자성청정의 진여법신은 불공不空의 상태로 내재되어 있는 것이다.

---

[69] 정호영, 『여래장사상』, 대원정사, 1993, p.131. 정호영은 이를 '수기의 보편화'라 하였다. 전의가 수행자의 존재 및 실천에 관한 문제라면, 수기는 깨달은 사람의 지혜 및 방편의 문제라는 점에서 큰 차이점이 있다. 그리고 전자는 자기구제의 상향도를 제시한 것이라면, 후자는 중생구제의 하향도를 선언한 것이다. 그러나 모두 전환의 논리라는 점에서 동일한 역할을 담당하고 있다고 할 수 있다.

그러므로 이후 가능태로서의 여래장에서 현실태로서의 여래장, 혹은 인위因位의 여래장에서 과위果位의 여래징인 여래법신을 보려는 시각이 발전하게 되었다. 기존의 불성·여래장사상이 인위인 여래장에서 출발한다면, 화엄교학은 여래장의 과위인 여래법신에 주목했다〔인위: 여래장 → 과위: 여래법신〕.

이는 어떤 면에서는 붓다가 정각을 이룬 순간에 주목한 것이기도 하다. 특히『화엄경』은 붓다가 보리수 아래에서 정각을 이룬 순간, 자타의 구별이 없는 해인삼매海印三昧에서 일시에 무량한 지혜로서 광명설법을 펼친 것이다. 그 정각의 순간에서 금강보좌에서 부동한 채, 7처 8회〔60화엄〕혹은 7처 9회〔80화엄〕의 설법을 펼칠 때, 이미 정각을 얻는 붓다가 그대로 법신과 합일하여 불지佛智가 되고 일체지一切智가 되었으며, 그 지혜가 법계法界를 가득 채운 것이다. 이처럼 석가모니불이 정각의 순간 비로자나불과 합일하면서 여래성기如來性起 혹은 여래출현이 현실화되었다고 할 수 있다. 석가모니불〔석가불〕＝비로자나불〔법신불〕의 순간에는 이미 부처의 지혜로 일체의 법계가 모두 장엄되었다. 그러므로 화엄교학에서는 정각을 이루고, 부처를 이루는 일이 먼 미래에나 성취될 가능성이거나 언제 일어날지 알 수 없는 막연한 잠재태로만 보지 않고, 여래출현과 법신현현이 지금 이 순간〔＝정각의 순간〕에 이미 성취된 현실태로 제시하는 것이다.

화엄교학에서는 이처럼 일승의 입장에서 성기설性起說을 전개한다. 성기性起에서 "성性은 체요, 기起는 심지에 드러나 있는 것"[70]으로

70 『大方廣佛華嚴經搜玄分齊通智方軌』卷4(T35, 79b29-c1) "性者體 起者現在心地耳."

〈그림 10〉 일승·삼승 및 5교판과 3종판의 관계

성性이 곧 기起이다. 그 핵심적인 내용은 『화엄경』의 「보왕여래성기
품」(60권본) 혹은 「여래출현품」(80권본)을 통해 확인할 수 있다. 「성기
품」에서는 여래께서 미간의 백호상에서 대광명을 발하여 여래의 법을
밝히는데, 그 광명이 법계와 허공계 등 일체 세계를 널리 비추고서
여래성기묘덕보살의 정수리로 들어가서 설법을 청하니, 다시 보현보
살의 입으로 들어가 설법을 한다. 청법주와 설법주가 모두 여래광명에
의한 것이며, 무분별의 지혜광명을 떠나지 아니한 채, 청법주와 설법
주를 통해 '여래성기如來性起의 정법正法'이 펼쳐진다.[71] 이 "여래성기
정법은 일체 여래의 평등한 지혜광명에서 일어난 것이며, 일체 여래
일미一味의 지혜로서 무량무변의 공덕을 나오게 한다"[72]라고 한다.
이러한 여래출현의 모습은 중생뿐만 아니라 티끌 먼지 등 일체의
현상세계 모든 것에 편만하게 드러나고 있다. 특히 여래의 지혜를

---

[71] 『大方廣佛華嚴經』(T9, 611b21-612a27) "爾時 普賢菩薩摩訶薩 答如來性起妙
德菩薩言 佛子 如我惟忖 如我所見 過去如來應供等正覺 放大光明 必說如來性
起正法 是故今佛放大光明 顯自在力 必說如來性起正法時 如來性起妙德菩薩
聞如來性起正法名已 一切大地六種震動 出生無量論難光明."

[72] 『大方廣佛華嚴經』(T9, 614a3-5) "佛子 如來性起正法 一切如來平等智慧光明所
起 一切如來一味智慧 出生無量無邊功德."

통해서도 끊이지 않고 시방의 일체 세계를 통해 드러난다. 「성기품」(60
권본)과 「여래출현품」(80권본)에서도 "무상대지無上人智의 광명으로
여래종(如來種, 여래성기)의 불가사의한 지혜가 끊이지 않고 시방의
일체 세계를 널리 비추고 모든 보살에게 일체 여래의 관정灌頂의
수기를 내려 당래에 정각을 이루어 세상에 드러낼 것이다"[73]라고
하며, '여래대지如來大智'(60권본) 혹은 '무상대지無上大智의 광명'(80
권본)을 10가지로 설명하고 있다.

불자여! 여래의 출현으로 다시 무상대지의 광명이 있나니, '청정하
여 더러움을 벗어남〔淸淨離垢〕'이라 하며, 여래의 더러움이 없고
다함이 없는 지혜를 성취할 수 있다. 다시 무상대지의 광명이
있나니, '널리 비춤〔普照〕'이라 하며, 여래가 법계에 들어서 불가사
의한 지혜를 성취할 수 있다. … '부처의 종성을 간직함〔持佛種性〕'
이라 하며, 여래의 치우침 없는 동력을 성취할 수 있다. … '무너질
수 없음을 향해 감〔逈出無能壞〕'이라 하며, 여래의 두려움 없고
무너짐 없는 지혜를 성취할 수 있다. … '일체의 신통〔一切神通〕'이
라 하며, 여래의 모든 불공법不共法과 일체지지一切智智를 성취할
수 있다. … '출생하고 변화함〔出生變化〕'이라 하며, 여래가 친근

73 『大方廣佛華嚴經』卷50(T10, 264b5-9) "佛子 如來出現亦復如是 具足一切善根
功德 放於無上大智光明 名不斷如來種不思議智 普照十方一切世界 與諸菩薩
一切如來灌頂之記 當成正覺出興於世.";『大方廣佛華嚴經』卷33(T9, 6139-12)
"如來應供等正覺亦復如是 出興于世 具諸善根 有光明 名無上大智 不斷如來性
起不思議智 普照十方世界 授一切菩薩如來記 號成等正覺出興于世."

소생의 선근을 견문하여 잃거나 무너지지 않는 지혜를 성취할 수 있다. … '널리 수순함〔普隨順〕'이라 하며, 여래의 무진의 복덕과 지혜의 몸을 성취하여 일체중생을 위해 요익을 줄 수 있다. … '궁극적 경지를 이를 수 없음〔不可究竟〕'이라 하며, 여래의 깊고 오묘한 지혜를 성취하여 깨달음에 따라 삼보의 종자가 영원히 끊어지지 않게 할 수 있다. … '온갖 장엄〔種種莊嚴〕'이라 하며, 여래의 상호로 몸을 장엄하여 일체중생이 다 환희를 일으키도록 한다. … '무너뜨릴 수 없음〔不可壞〕'이라 하며, 여래의 법계와 허공계와 같은 수승한 수명의 다함이 없음을 성취할 수 있다.[74]

이때의 여래의 대지혜는 여래법신과 합일된 상태에서 펼쳐진 여래성기〔여래출현〕의 지혜라 할 수 있다. 이처럼 『화엄경』 전반에 여래의 지혜가 곳곳에서 설해진다.

『화엄경』 「보왕여래성기품」에는 여래의 지혜가 부처뿐만 아니라 중생에게도 차별 없이 갖추어져 있음을 밝히고 있다.

---

74 『大方廣佛華嚴經』 卷50(T10, 264b9-25) "佛子 如來出現復有無上大智光明 名淸淨離垢 能成如來無漏無盡智 復有無上大智光明 名普照 能成如來普入法界不思議智 … 名持佛種性 能成如來不傾動力 … 名逈出無能壞 能成如來無畏無壞智 … 名一切神通 能成如來諸不共法一切智智 … 名出生變化 能成如來令見聞親近所生善根不失壞智 … 名普隨順 能成如來無盡福德智慧之身 爲一切衆生而作饒益 … 名不可究竟 能成如來甚深妙智 隨所開悟 令三寶種永不斷絶 … 名種種莊嚴 能成如來相好嚴身 令一切衆生皆生歡喜 … 名不可壞 能成如來法界虛空界等殊勝壽命無有窮盡."

불자여! 여래의 지혜는 미치지 않은 곳이 없다. 왜냐하면 중생으로서 여래의 지혜를 구족하지 않은 중생의 몸[衆生身]은 없기 때문이다. 다만 중생이 전도顚倒하여 여래의 지혜를 스스로 알지 못하기 때문이다. 전도를 멀리하면 일체지一切智, 무사지無師智, 무애지無礙智가 일어날 것이다.[75]

우리의 중생들도 여래장·불성을 가진 존재에서, 『화엄경』에서는 중생의 몸에 여래의 지혜가 구족한 존재로서 전도顚倒만 멀리한다면 일체지, 무사지, 무애지가 그대로 드러나 있음을 알게 된다.

의상(義相, 625~702)은 『일승법계도一乘法界圖』에서 해인삼매에서 일승의 화엄법계를 제시하고 있다. 『법계도』의 반시[槃詩＝一乘法界圖合詩一印]로 법계를 표현했는데, 붉은 색[朱色]의 한 줄[一道]은 지정각세간智正覺世間을, 210자의 검은 글자는 중생세간衆生世間을 그리고 흰 바탕은 기세간器世間을 상징하여 전체적으로 삼세간을 드러냄으로써 이 법계가 융삼세간인 법신불의 세계임을 제시했다.[76] 이 해인삼매에 드러난 삼세간의 법계를 떠나지 않은 채, 자리행[증분과 연기분]과 이타행으로, 그리고 수행자의 방편과 이익을 얻도록 법법[法

75 『大方廣佛華嚴經』卷35(T9, 623c23-27). "佛子 如來智慧無處不至 何以故 無有衆生 無衆生身如來智慧不具足者 但衆生顚倒 不知如來智 遠離顚倒 起一切智 無師智 無礙智."
76 수미해주, 『해주 스님의 법성게 강설』, 조계종출판사, 2022, pp.108~109. 『華嚴一乘法界圖』(H28, 1b2-6) "欲表釋迦如來教網所攝三種世間 從海印三昧槃出現顯故 所謂三種世間 一器世間 二衆生世間 三智正覺世間 智正覺者佛菩薩也 三種世間攝盡法故."

性圓融無二相〕에서 시작하여 불佛〔舊來不動名爲佛〕로 끝날 때, 한 자리에서 다시 만나게 하여 인과동시因果同時, 인과부동因果不動의 모습을 제시했다. 초발심 수행자는 곧 법성法性을 여의지 않은 채, 54각을 돌아서 모든 수행을 다 마친 순간이 처음 출발했던 그 자리이고 비로소 자신이 '구래불舊來佛'〔예로부터 부처〕이었음을 자각하게 되며, 한 순간도 법성〔법신불〕을 떠나지 않았음을 확인하게 된다. 그러므로 『법계도기총수록法界圖記叢髓錄』에서 밝힌 바와 같이 모든 것은 법성法性으로 화하게 된다.

'법성'이란 미진법성, 수미산법성, 1척 법성, 5척 법성이다. 만약 금일 5척 법성을 기준으로 논한다면, 미진법성과 수미산법성 등은 자신의 지위에서 움직이지 않고서 5척에 꼭 들어맞게 성립한 것이니, 작은 지위가 늘어나지도 않고, 큰 지위가 줄어들지도 않으나 능히 성립한다.[77]

미세한 티끌〔微塵〕이나 수미산과 같이 크기의 대소大小에 상관없이 모든 것이 법성을 떠나지 않으며, 1척이든 5척이든 모든 중생이 또한 법성을 떠나지 않음으로써 예로부터 부처의 지혜를 구족한 것이다. 여기서 5척五尺은, 우리와 같은 범부중생을 말하는 것이다. 중생의 몸인 오척신五尺身이 법성의 입장에서는 미세한 티끌을 늘리거나

---

[77] 『法界圖記叢髓錄』 卷1(K1502, 150a6-9) "法性者 微塵法性 須彌山法性 一尺法性 五尺法性 若約今日五尺法性論者 微塵法性 須彌山法性等 不動自位稱成五尺 不增小位 不減大位 而能成也"

144

수미산을 줄이지 않고도 걸림 없이 만족하고 계합하는 것이다. 화엄의
지혜는 여래성기의 모습이며, 여래출현의 모습으로서 그것이 크든
작든, 유정이든 아니든 상관없이 모든 것에 걸림 없이 법성이 현현하는
모습이다. 여기서 법성은 유정·무정 모두에게 적용되고, 불성은 유정
에게만 적용된다고 구분하기도 한다.[78] 실제 무분별지에서는 모든
분별을 떠나므로 불성이라 해도 되고 법성이라고 해도 된다. 이때의
법성은 모든 현상을 초월한 어떤 실체가 아니라 무자성공, 연기공을
통해 획득된 무분별지의 입장에서 여래출현의 실상을 있는 그대로
드러내고 있다.

화엄교학을 통해 중생심 안에 여래의 지혜와 공덕이 갖추어져
있으며, 중생의 몸〔오척신〕 그대로 이미 부처를 성취하여〔舊來成佛〕
여래의 지혜와 공덕을 드러내고 있음을 밝힘으로써 일체가 법신불
아님이 없으며, 우리도 여래의 지혜와 덕상을 갖춘 법성현현의 존재로
서 살아가도록 했다.

2) 일승一乘의 지혜

지엄(智儼, 602~668)은『공목장孔目章』「제7회이세간품명지장第七會
離世間品明智章」에서 지혜를 교판敎判을 따라 소승, 대승, 일승으로
각각 분류하고, 일승의 경우는 별교일승別敎一乘의 입장에서 「이세간
품離世間品」의 십지十智를 제시하고 있다.[79] 지엄은『화엄경』에 제시

---

78 『圓覺經略疏鈔』卷6(X9, 889a8-9) "在有情數中 名爲佛性 在非情數中 名爲法性."
79 『華嚴經內章門等雜孔目章』卷4(T45, 581c15-582b21)『공목장』에서는 소승의

된 10지 가운데 「노사나품盧舍那品」의 10지[80]에 대해서는 기세간, 중생세간, 지정각세간 등을 포괄하는 융삼세간融三世間의 지智로 보았으며,[81] 반면에 「이세간품」의 10지〔十種得智慧〕[82]에 대해서는 자분

_____

지혜로, 10지, 44지〔12지 연기에서 노사에서 행까지 11지에 대해서 각각 4지(법지, 유지, 고지, 세속지)를 얻어 총 44지가 됨〕, 그리고 77지〔위의 11지에 대해서 각각 3세에 연이 있음과 연이 없음을 아는 6지와 제7 법주지法住智까지 모두 7지를 얻어 총 77지가 됨〕를 소개하고 있다. 대승의 초교에서 먼저 『잡집론』의 잡염유전설에 따라 77지, 안립제설에 따라 34지를 소개하고 있는데, 이러한 순관과 역관의 2관이 청정해지면 제7 니원지泥洹智〔앞의 제7 법주지가 무명까지 멸하면 나타나는 열반지〕가 나타난다고 한다. 이어서 3지(문·사·수), 11지(10지에 여실지 포함), 13지(信解智, 道理智, 不散智, 內證智, 他性智, 下智, 上智, 厭患智, 不起智, 無生智, 智智, 究竟智, 大義智, 또는 聞所生智, 思所生智, 世間修所生智, 勝義智, 他心智, 法智, 種類智, 苦智, 集智, 滅智, 道智, 盡智, 無生智, 大乘智, 上所說智)를 소개하고 있다. 다음으로 대승의 숙교에서는 3지(가행지, 정체지, 후득지), 3종지(실상반야지, 관조반야지, 문자반야지), 3혜지(문혜지, 사혜지, 수혜지), 5종지(聞, 思, 修, 證智, 報生善意識智), 그리고 1지로서 '진여지'까지를 소개하고 있다. 일승은 앞에 소개한 대소승의 모든 지혜를 일승의 소목所目으로 일승에 포섭된다고 보았으며, 별교일승의 10지로서 『화엄경』 「이세간품」의 10지를 소개하고 있다.

80 『大方廣佛華嚴經』 卷3(T9, 409a6-12) "佛子 諸佛一切世界海成敗淸淨智 不可思議一切衆生界起智 觀察法界智 一切如來自在智 淸淨願轉法輪智 力無所畏 不共法智 光明讚歎音聲智 三種敎化衆生智 無量三昧法門不壞智 如來種種自在智 如是等一切皆不可思議 我當承佛神力 具足演說 欲令一切衆生入佛智海."

81 『大方廣佛華嚴經搜玄分齊通智方軌』 卷1(T35, 22c23-23a4) "此之十智 卽三世間智 一器世間 二衆生世間 第三第四智正覺 次願轉法輪智 說前三世間行 六力無畏不共智 依法成治 行力治魔 無畏治外道 不共治二乘 七光明音聲智 以佛事善成讚揚三寶 第八三種敎化智 興隆三寶使不斷絕 第九三昧法門不壞智 明證

행자재自分行自在의 지혜와 타분행자재他分行自在의 지혜, 즉 자리행
과 이타행을 제시한 것으로 파악하였다.[83] 「노사나품」의 10지가 융삼
세간의 지혜로서 해경解境의 십지에 해당한다면, 「이세간품」의 10지
는 자리이타행의 십지로서 행경行境의 십지로 파악한 것이다.[84] 여기
서 해경의 십지는 여래법신에 합일한 무분별지의 입장이라면, 행경의
십지는 여래의 방편을 갖춘 후득지의 입장이라 할 수 있다.

그리고 지엄은 일승의 입장에서는 신만信滿 이후 각 지위에서 모두
일체지一切智를 증득한다고 했다.[85] 일체지는 초기불교에서부터 모두
불지로 보았다. 대승의 수행계위인 10지十地와 관련해서는 금강삼매
〔금강유정〕에서 일체지를 증득한다고 했다. 화엄교학에서는 신만信滿
에서 초발심주初發心住에 든 수행자는 수행의 단계에 구애받지 않고

智 十如來種種自在智 卽後得智."

82 『大方廣佛華嚴經』卷39(T9, 646c26-647a11) "佛子 菩薩摩訶薩有十種得智慧
何等爲十 所謂 於一切施自在智慧 樂一切佛法解脫自在智慧 深入一切如來無
量無邊自在智慧 隨問能答減一切疑自在智慧 深解實義自在智慧 解一切如來
巧妙方便 深入一切諸佛解脫自在智慧 解一切佛所種少善根 必能滿足一切白
淨善根 出生如來一切智自在智慧 具足成就菩薩不思議住自在智慧 於一念中
悉能往詣不可說佛所自在智慧 覺悟一切諸佛菩提 深入一切法界 聞持一切佛
法 深入一切如來莊嚴語言自在智慧 佛子 是爲菩薩摩訶薩十種得智慧 若菩薩
摩訶薩安住此法 則得一切如來無上自在智慧."

83 『大方廣佛華嚴經搜玄分齊通智方軌』卷4(T35, 84c22-24) "第四辨十智慧 初四
自分行自在 次六他分行自在耳 以智用照明曠周法界.";『華嚴經內章門等雜孔
目章』卷4(T45, 582b19-21) "若依別敎 卽有十智 如下離世間品說 餘義如別章."

84 박보람, 2011, pp.95~99 참조.

85 박보람, 2011, p.94.

언제든지 여래법신에 합일하여 일체지〔佛智〕를 증득할 수 있다고
본 것이다.

한편 청량징관(淸凉澄觀, 738~839)은 유식의 사지四智를 일승원교
의 입장에서 재해석하고 있다. 유식학파의 4지는 견도위 이상에서
무루의 정지正智로의 전환이 시작되어서 구경위에서 완성되는 것으로
수행의 과정과 매우 밀접하게 제시되고 있다. 그런 점에서 유식에서의
4지는 무루의 유위법有爲法이라면, 『화엄경』의 불지佛智는 무위법無
爲法에 해당한다고 보았다.[86] 즉 유위의 수행을 닦아서 증득한 지혜가
아니라 여래의 출현에 의해서 현현된 지혜라 할 수 있다.

『화엄경』의 「여래현상품」에는 여래의 대지혜를 찬탄하며 여래의
10심상心相을 설한다. 그중 제4 심상에서 '사대지보주四大智寶珠'의
비유가 있다.

불자야! 여래응공정등각의 대지혜 바다도 또한 이와 같다. 이
중에 네 가지 대지혜〔大智〕의 보주寶珠가 있느니, 무량의 복과
지의 공덕을 구족했다. 이로부터 능히 모든 중생, 성문, 연각,
유학위, 무학위 및 모든 보살에게 지혜의 보물이 일어나게 한다.
네 가지는 무엇인가? 이른바 ①염착이 없는 선교방편의 대지혜
보물, ②유위와 무위의 법을 잘 분별하는 대지혜 보물, ③무량법
문을 분별하여 설하되 법성의 무너짐이 없는 대지혜 보물, ④때와
아닌 때를 알아서 일찍이 착오가 없는 대지혜 보물이다.[87]

---

86 張文良, 『澄觀華嚴思想の硏究』, 山喜房佛書林, 2006, 126項.

87 『大方廣佛華嚴經』卷51(T10, 271b18-24) "佛子 如來應正等覺大智慧海亦復如

여래의 대지혜의 보주가 무량한 복과 지의 공덕을 구족하여 모든 이들[중생에서 보살까지]에게 지혜의 보물이 생기게 하며, 이 네 가지 대지혜를 얻어야 널리 보살들에게 이익을 줄 수 있다. 다만 이 지혜의 보물을 여래가 깊고 은밀한 곳에 감춰두어서 박복한 중생을 볼 수 없다. 징관은 이 네 가지 대지혜의 보주를 각각 유식의 4지와 대비하고 있다.

① '염착이 없는 선교방편의 대지혜 보물'은 첫째 '대원경지'이다. 모든 분별을 떠난 것을 '염착이 없다'라고 한 것이며, 소연과 행상이 미세하여 알기가 어렵고, 일체의 경계상에 대해 잊지도 않고 어리석지도 않는 선교방편이기 때문이다.

② '유위와 무위의 법을 잘 분별하는 대지혜 보물'은 둘째 '평등성지'이다. 일체법의 유위와 무위, 자타의 경계상을 관찰하므로 '선교방편'이라고 하며, 타인을 이롭게 하는 데 평등하므로 '잘 분별한다'라고 한다.

③ '무량한 법을 분별하여 설하되 법성의 무너짐이 없는 대지혜 보물'은 셋째 '묘관찰지'이다. 이 지智는 제법의 자상과 공상이 걸림이 없이 굴러가는 것을 잘 관찰하기 때문에 '무량한 법을 분별하여 설하되 법성의 무너짐이 없다'라고 한 것이다. '무량한 법'이란 곧 무진의 총지와 선정의 문을 포섭하여 관찰하는 것이며,

是 於中有四大智寶珠 具足無量福智功德 由此能生一切衆生聲聞獨覺學無學位 及諸菩薩智慧之寶 何等爲四 所謂 無染著巧方便大智慧寶 善分別有爲無爲法大智慧寶 分別說無量法而不壞法性大智慧寶 知時非時未曾誤失大智慧寶"

'설한다'라고 한 것은 대법우를 내리어 일체의 의심을 끊는 것을
말한다.

④ '때와 아닌 때를 알아서 일찍이 착오가 없는 대지혜 보물'은
넷째 '성소작지'이다. 근기를 알고 때를 알아서 하고 싶은 대로
할 수 있기 때문이다. 만약 모든 여래의 대지혜 바다에 이 네
가지 보물이 없다면, 어느 한 중생도 대승에 들어가려 하나 결국
그곳에 없을 것이다. 이 지혜의 보물은 박복한 중생은 볼 수 없는
것이다. 왜냐하면 여래가 깊고 은밀한 곳에 감춰두었기 때문이다.[88]

이상에서 징관은 유식의 4지설을 화엄의 입장에서 비교하고 있다.
유식의 4지는 식識에서 지智로의 전의轉依, 즉 전식득지를 통해 무분별
지를 얻도록 했다. 하지만 화엄의 불지佛智는 무주無住의 입장에서
현재의 모습 그대로 현현하는 것으로 보았다. 그러므로 여기서는
수행의 단계[차제]나 시간적 선후 등 과정상의 분별은 중요하지 않다.
그러한 단계조차도 그 자체로 고정된 것이 아니고 연기된 것이기
때문이다. 상식적으로 볼 때, 수행의 시작[因位]과 끝[果位]이 엄연히

---

88 『大方廣佛華嚴經隨疏演義鈔』卷18(T36, 137c10-18) "無染著巧方便大智慧寶
(一大圓鏡智離諸分別 名無染著 所緣行相微細難知 不忘不愚一切境相 巧方便
故) 善分別有爲無爲法大智慧寶(二平等性智 觀一切法有爲無爲自他境相名巧
方便 利他平等名善分別) 分別說無量法而不壞法性大智慧寶(三妙觀察智 此智
善觀察諸法自相共相無礙而轉 故說無量法而不壞法性 無量法者 卽攝觀無盡
總持定門而言說者 雨大法雨斷一切疑) 知時非時未曾誤失大智慧寶(四成所作
智 知機知時作所應作故 若諸如來大智海中無此四寶 有一衆生得入大乘終無
是處 此曰智寶 薄福衆生所不能見 何以故 置於如來深密藏故)."

150

구분되고, 과거·현재·미래의 선후가 분명하며, 초발심의 수행자와 정각을 이룬 부처가 분명히 구분되지만, 그 역시 필요[須]에 따라 연기적으로 성립된 것[緣成]일 뿐이라는 점이다. 그러므로 원인과 결과가 (무분별의 입장에서는) 한 자리[因果同時]인 것이며, 과거·현재·미래의 삼세가 한 때[三世一際]인 것이며, 처음 발심을 했을 때, 곧 정각을 이루는 것[初發心時便成正覺]이다. 이처럼 어떤 수행이든 그 수행에 있어서는 시간적 선후와 단계적 성취는 무엇보다도 중요한 지침이 될 수 있다. 하지만 이러한 시간적 선후나 단계적 성취가 연을 따라서 이루어진 것임을 안다면, 부처의 지혜[佛智]도 과거·현재·미래의 시간적 선후나 수행의 단계 등에 걸림이 없이 원융적 접근이 가능하다.

징관의 삼종교판[무상종, 법상종, 법성종]에 따르면, 법상종[유식학파]의 4지와 법성종[화엄교학]의 4지는 그 의미상 차이가 적지 않다. 한마디로 법상종의 4지는 각각 독립적인 존재[各別]로서 원융하지 않지만, 법성종의 4지는 각각의 1지가 다른 3지를 모두 갖추어 4지가 상융相融하는 입장을 취한다.[89] 이는 『화엄경』에서 제시된 모든 10지智에도 그대로 적용된다. 그러므로 10지는 단순한 열 가지 지혜의 나열이 아니라 하나의 지혜에 일체의 지혜가 상즉상입相卽相入함으로써 무량한 지혜가 중중무진重重無盡으로 펼쳐진 모습이라 할 수 있다. 일지一智가 일체지一切智에 들어가고, 일체지가 일지에 들어가며, 일지가 일체지에 즉하고 일체지가 일지에 즉하기 때문이다. 상입상즉의 입장

---

89 張文良, 2006, 128項.

에서 각각의 모든 지가 여래출현의 모습이며, 법신현현의 모습이다.

그러므로 일승의 수행자는 하나의 번뇌를 끊음으로써 일체의 번뇌를 끊을 수 있으며, 하나의 지혜를 증득함으로써 일체의 지혜를 증득할 수 있다. 의상은 이를 '반정返情', 즉 허망분별인 망정妄情을 되돌림으로써 무명진원無名眞源인 법성法性으로 회귀하여 일승의 지혜가 발현될 수 있다고 했다. 유식에서 식識의 전환을 통해 지혜를 얻는 것이라면, 화엄에서는 성性의 현현[회복]을 통해 지혜를 드러내는 것이라고 할 수 있다.

3) 이이상즉理理相卽과 사사무애事事無碍

불성·여래장사상 이후 부처와 중생은 본성[불성]에 있어서는 차이가 없다. 여래의 지혜도 중생의 몸에 구족한 것뿐 아니라 법계法界 전체에 미치고 있다.

> 불자여! 비유하자면 한 권의 경권이 있는데, 마치 하나의 삼천대천 세계와 같아서 대천세계가 모든 있는 것을 기록하지 않음이 없도 다. … 저 삼천대천세계와 같은 경권이 하나의 티끌[一微塵] 속에 있으니 일체의 티끌[一切微塵]도 또한 이와 같다.[90]

여래의 지혜에 대한 '미진경권微塵經卷'의 비유에서는 하나의 티끌

---

90 『大方廣佛華嚴經』(T9, 623c27-624a7) "佛子 譬如有一經卷如一三千大千世界 大千世界一切所有無不記錄 … 彼三千大千世界等經卷在一微塵內 一切微塵 亦復如是."

속에 삼천대천세계와 같은 무수한 경권들이 다 들어간다고 한다.
중생에게도 무량한 여래의 지혜가 온전히 들어와 있다.

불자야! 마치 살파야〔薩婆若＝一切智〕가 능히 과거, 미래, 현재의
일체 보살로 하여금 모든 부처님의 집에 이미 태어났거나 현재
태어났거나 미래에 태어나게 하고, 나아가 무상의 보리를 성취하
여 마침내 피로해하거나 싫어함이 없다. 왜냐하면 일체지는 법계
와 둘이 아니며, 일체법에 집착된 바가 없기 때문이다.[91]

이때 부처의 지혜가 미치는 경계는 먼저 유정세간〔중생세간〕이지만,
삼천대천세계 등 일체의 세계가 모두 그 대상이 될 수 있다. 즉 법계
전체가 다 여래의 지혜의 대상이 되는 것이다. 이처럼 여래의 지혜는
전체 법계를 대상으로 하는데, 능지와 소지의 분별이 없는 무분별의
입장, 무주無住의 입장에서는 일체지와 법계가 둘이 아니다.
　『화엄경』「여래현상품」에 "부처님의 몸이 법계에 충만하여 널리
일체중생 앞에 나타나며 인연을 따라서 나아가고 감응하여 두루 하지
않음이 없으나 항상 이 보리좌에 머물러 계신다"[92]고 했는데, 부처님의
몸이 곧 여래의 법신으로서 일체중생의 앞에 나타나 인연 따라 감응하

91 『大方廣佛華嚴經』(T10, 224a15-18) "佛子 如薩婆若 能令過去未來現在 一切菩
　薩於諸佛家 已現當生 乃至令成無上菩提 終不疲厭 何以故 一切智與法界無二
　故 於一切法無所著故."
92 『大方廣佛華嚴經』卷6(T10, 30a6-7) "佛身充滿於法界 普現一切衆生前 隨緣赴
　感靡不周 而恒處此菩提座."

고 법계에 두루 감응하지만 항상 보리좌에서 움직인 바가 없는 것[不動]이다.

그리고 「야마천궁중게찬품」에 "만약 사람이 삼세의 모든 부처님을 요지了知하고자 한다면, 응당히 법계의 체성을 관찰하라. 일체가 오직 마음이 짓는 것이다."[93] 그리고 「여래출현품」에는 "성문과 독각 그리고 제불의 해탈이 다 법계를 의지하나 법계는 증감이 없다. 부처님의 지혜도 또한 이와 같아서 일체의 지혜를 출생하지만 더함도 없고 또한 덜함도 없으며 남도 없고 다함도 없다"[94]라고 했다. 여래법신의 입장에서 지혜와 법계가 둘이 아니며, 모든 것에 인연 따라 감응하고 요지하며, 뜻하는 대로 이루어진다.

화엄에서 법계(法界, dharmadhātu)라 할 때, 법法은 '법칙을 지닌다[軌持]'는 뜻이며, 계界는 사事의 입장에서는 '분한分限'의 의미이고, 이理의 입장에서는 '성性'의 뜻이다.[95] 화엄에서 법계는 크게 이와 사의 관계 속에서 설명하는데, 현상세계나 본성세계, 그리고 두 세계의 관계를 통해 설명된다.

지엄은 법계연기설法界緣起說을 통해서 기존의 모든 연기설을 일승

---

93 『大方廣佛華嚴經』 卷19(T10, 102a29-b1) "若人欲了知 三世一切佛 應觀法界性 一切唯心造."

94 『大方廣佛華嚴經』 卷51(T10, 273a12-15) "聲聞與獨覺 及諸佛解脫 皆依於法界 法界無增減 佛智亦如是 出生一切智 無增亦無減 無生亦無盡."

95 『大華嚴經略策』 卷1(T36, 707c9-15) "法界何義 答 法者 軌持爲義 界者有二義 一約事說界 卽分義 隨事分別故 二者性義 約理法界 爲諸法性不變易故 此二交絡成理事無礙法界 事攬理成 理由事顯 二互相奪卽事理兩亡 若互相成則常事常理 四事事無礙法界 謂由以理融彼事故."

연기의 관점에서 설명하고, 여기에 성기性起적 측면을 포괄하고자 했으며, 의상은 성기분性起分과 연기분緣起分을 병립함으로써 성기설 性起說을 더욱 강조하는 방향으로 전개했다.[96] 가설可說의 세계인 연기 분緣起分보다 불가설不可說의 세계인 증분證分〔性起分〕에 더 중점을 둠으로써 분별에 얽매이지 않고 법계를 있는 그대로 보고자 했다. 이와 관련하여 의상은 『법계도法界圖』에서 "만약 별교일승에 의거한 다면, 이이상즉理理相卽 또한 가능하고, 사사상즉事事相卽 또한 가능 하고, 이사상즉理事相卽도 가능하고, 각각 불상즉不相卽 또한 가능하 다"[97]라고 하여 '이이상즉설理理相卽說'에 대해 언급하고 있다.

의상은 이와 이, 사와 사, 이와 사의 조합이 자유롭게 상즉하고 상즉하지 않는 상태야말로 별교일승의 특징이라고 하고 그러한 상태 를 '무장애법계법문' 내지 '연기실상다라니緣起實相陀羅尼'라고 불렀 다.[98] 일승연기에서 보면, 본성〔理〕이나 현상〔事〕이나 모두 연기적으 로 가설된 것일 뿐이므로 그 자체에 자성을 고집할 필요가 없다. 그러므로 그것이 본성〔이〕이든 현상〔사〕이든 상관없이 필요〔須〕에

---

96 지엄은 법계연기설 안에서 기존의 삼승연기설인 불성연기나 여래장연기, 그리 고 아리야연기 등을 염문染門에 놓고 별도로 일승연기를 정문淨門에 두었으며, 그 안에 성기분에 해당하는 본유本有와 본유수생本有修生을 배치했다. 반면에 의상은 『법계도』를 통해 성기분〔증분〕과 연기분〔교분〕을 양립함으로써 성기설 을 더욱 강조했다. 장진영, 「연기와 성기의 관계-『화엄경문답』을 중심으로-」, 『선문화연구』10, 2011, pp.231~235.

97 『華嚴一乘法界圖』(H28, 6a15-17) "若依別敎一乘 理理相卽亦得 事事相卽亦得 理事相卽亦得 各各不相卽亦得."

98 이시이코세이 저, 김천학 역, 『화엄사상의 연구』, 민족사, 2020, p.486.

따라 연기법에 따라 이이상즉, 이사상즉, 사사상즉 혹은 이사불상즉理
事不相卽, 이이불상즉理理不相卽, 사사불상즉事事不相卽 등이 모두 가
능하다는 것이다. 여기서 '역득亦得'은 '~도 가능하다', '또한 ~라고
할 수 있다' 등으로 해석이 가능한 것으로 무분별의 입장에서 모든
것을 긍정하는 화엄교학의 입장을 잘 드러내는 표현이라 할 수 있다.
이는 『법계도』에서 "자성을 고집하지 않고 연緣을 따라 이루어진다〔不
守自性隨緣成〕"라는 표현에서도 드러나는데, 여기서는 본성〔理〕이 체
가 되고, 현상〔事〕은 용이 된다는 고정된 틀이 없기 때문에 이와
사 혹은 이와 이, 혹은 사와 사가 상즉하고 혹은 불상즉하는 것이
필요〔須〕에 의해 연을 따라 성립하는 것〔緣成〕이다.

　이러한 의상의 '이이상즉설'과 달리 징관은 '사종법계설四種法界說'
로 이를 정리했다. 즉 사법계事法界, 이법계理法界, 이사무애법계理事
無碍法界, 사사무애법계事事無碍法界이다. 이 사종법계설은 두순의
『화엄법계관문華嚴法界觀門』에서 비롯되었다고 하지만, 이는 징관의
문헌을 통해 소개된 것이며, 그 이전에는 명확한 형태로 제시된 바가
없기에 징관에 의해서 비로소 정립되었다고 해도 무방할 것이다.
징관의 사종법계설에는 '이이상즉'의 측면은 언급되지 않고 사사무애
법계를 정점으로 체계화된다. 징관은 『화엄법계관문』에 제시된 3관
〔진공관, 이사무애관, 주변함용관周遍含容觀〕을 『화엄법계현경華嚴法界玄
鏡』에서 각각 사종법계의 이법계, 이사무애법계, 사사무애법계에
배대하고 여기에 사법계까지 포함한 사종법계설을 밝혔다.[99] 규봉종

---

99 『華嚴法界玄鏡』卷1(T45, 672c10-13) "言法界者 一經之玄宗 總以緣起法界不
　思議爲宗故 然法界之相要唯有三 然總具四種 一事法界 二理法界 三理事無礙

156

밀(圭峰宗密, 780~841)의『주화엄법계관문註華嚴法界觀門』에서는 징관의 주석을 인용하여 다음과 같이 기술하고 있다.

> 법계法界는『청량신경소淸凉新經疏』에서 '총괄하여 오직 일진법계
> 一塵法界일 뿐이다'라고 했는데, 이를테면 만유 전체를 포괄하는
> 것으로 곧 이것이 일심一心이다. 그러므로 마음이 만유를 융섭하
> 여 사종법계를 이룬다. 첫째는 사법계이다. 이 계界는 분제分齊의
> 의미이다. 하나하나가 차별되어 분제가 있기 때문이다. 둘째로
> 이법계이다. 이 계는 성性의 의미이다. 다함이 없는 사事가 동일한
> 성性이기 때문이다. 셋째는 이사무애법계이다. 이 계는 성性과
> 분제를 모두 갖춘다. 성과 분제가 무애하기 때문이다. 넷째는
> 사사무애법계이다. 이 계는 모든 분제의 사事들이 하나하나 성性
> 과 같이 융통하여 중중으로 다함이 없기 때문이다.[100]

여기서 사법계에서 하나의 현상[事]은 다른 현상[事]와 명확히 구분되는 세계이다. 그러므로 사법계는 낱낱이 펼쳐진 차별된 현상세계를 말한다고 할 수 있다. 이법계는 개개의 현상[事]의 본성[性]으로서 일반적으로 이理는 이치나 법칙 등을 말하는데, 여기서는 현상세계

法界 四事事無礙法界."
[100]『註華嚴法界觀門』卷1(T45, 684b24-c1), "法界 清涼新經疏云 統唯一眞法界 謂總該萬有 即是一心 然心融萬有 便成四種法界 一事法界 界是分義 一一差別 有分齊故 二理法界 界是性義 無盡事法 同一性故 三理事無礙法界具性分義 性分無礙故 四事事無礙法界 一切分齊事法 一一如性融通 重重無盡故."

의 모든 분별이 사라진 공성空性 그 자체로서 법상法相에 대하여 법성法性을, 현상에 대하여 본성을 말한다고 할 수 있다. 이사무애법계의 경우는 현상세계〔事法界〕와 본성세계〔理法界〕가 서로 의지하여 걸림 없이 융통하는 세계이다. 본성을 떠난 현상이 있을 수 없고, 현상에 의지하지 않고는 본성이 드러날 수도 없다. 징관은 이때 이理를 무분한無分限의 이理로 보았는데, 이러한 이사무애법계에 의지하여 사사무애법계를 보고자 했다. 그러므로 사사무애법계는 이사무애법계를 근거로 나온다고 한 것이다. 이와 사, 사와 이를 나누던 그 인식의 장벽을 무너뜨리고, 분별의 선을 넘어가 무분별의 입장에서 낱낱의 현상세계를 그대로 보는 것이다. 이때의 현상세계는 처음 보았던 사법계와 다르지 않지만, 그것을 보는 안목은 같지 않은 것이다. 여기서 사事는 연기적 현상이며, 그 연기설 이면에 성기설이 있어서 개별적 현상〔事〕으로 분립되어 있으면서도 여래성기〔여래출현〕의 모습으로서 현상〔事〕과 현상이 그대로 걸림 없이 중중무진으로 펼쳐진 것을 사사무애법계라 할 수 있다.

한편 의상이 이이상즉설에서 밝힌 입장을 보면, 이때 현상〔事〕이든 본성〔理〕이든 그것은 무자성無自性이고 무주無住이므로, 사사상즉 대신 이이상즉이나 이사상즉, 혹은 이이불상즉, 이사불상즉, 사사불상즉이라 해도 아무 문제가 없는 것이며, 이사상즉〔이사무애〕 등을 사사상즉〔사사무애〕 등과 달리 별개의 경지로 나눌 이유도 없다.

실제 징관은 4종법계설을 왕성하게 사용하였지만, 사사무애법계를 일진법계一眞法界와 겹치게 사용함으로써 이후 일진법계 안에 포함되고 만다. 그리고 종밀의 경우도 징관 이상으로 이사무애의

〈그림 11〉 사종법계설과 상·공·성 3종판

색채가 강한 것으로 알려져 있다.[101] 사사무애법계의 기본 취지로 보면, 사법계는 현상세계로서 낱낱이 차별이 펼쳐져 있는 세계이다. 이법계는 본성[법성, 진여, 이법]의 세계로서 현상세계 이면의 본성세계를 말한다. 하지만 이사무애법계까지는 분별의 경계가 남아 있기에 이를 극복할 일이 남은 것이다. 이런 점에서 이법계는 방편적으로 제시된 것이라 할 수 있다.[102] 그러므로 사사무애법계를 통해 마지막 남은 인식의 장벽을 무너뜨리고 분별의 선을 넘어서도록 한 것이며, 그렇게 했을 때 비로소 [이이상즉이든 사사무애법계이든] 여래의 무량한 지혜가 중중무진으로 펼쳐진 세계를 있는 그대로 받아들일 수 있게 된다.

---

101 이시이코세이, 2020, p.488.

102 박수현, 「사사무애와 무한으로 열린 법계원융-사·리·법계의 개념을 중심으로-」, 『선문화연구』 30, 2021, p.149 이하.

6. 정지正智와 본지本知의 조화

초기불교에서부터 대승불교에 이르기까지 지혜〔智〕는 혜학을 통해
유루지〔세속지〕를 먼저 닦아야 한다. 상좌부의 16가지 통찰지〔위빳사
나의 지혜〕도 그렇고, 설일체유부에서 문·사·수의 3혜도 수행의 덕목
으로서 지혜를 포함한다. 이러한 혜학의 수행과정을 통해 무루지를
얻게 되며, 현상세계에 대한 혜학 혹은 위빳사나를 통해 언어적 분별이
나 개념적 확산〔희론〕에서 벗어나 무분별지를 획득하는 방향으로
진행된다. 그것은 해탈과 함께 얻어지는 해탈지견으로, 혹은 공성의
체득과 함께 드러나는 반야바라밀로, 혹은 근기에 따라서 일체지·도
종지·일체종지로, 혹은 무분별지의 원인과 결과까지를 포함하여 가
행지·근본무분별지·후득지로, 혹은 전식득지로 얻어진 4지로 제시
되기도 한다. 이러한 과정에서 얻어진 구경의 지혜인 불지佛智는
모두 '정지正智'라 할 수 있다. 이는 수행의 결과로 얻어진 것이므로
그것은 범부중생과는 분명히 구분되는 불보살의 지혜이다.

반면에 불성·여래장사상을 통해 내 안에 불성, 우리의 중생심 안에
있는 여래장을 통해 부처와 중생이 근본적으로 다르지 않으며, 평등한
본성을 가졌음을 자각함으로써 새로운 방향을 모색할 수 있게 되었다.
여기서 여래장은 염오법과 청정법의 의지처이다. 그러므로 염오법이
없다는 측면에서 공여래장空如來藏임과 동시에 청정법이 충만하다는
측면에서 불공여래장不空如來藏이다. 『기신론』에서는 불각不覺에서
부터 구경각에 이르는 시각始覺의 단계와 중생심에 이미 본각本覺을
갖추고 있음을 함께 제시한다. 한편 화엄교학을 통해서 현실세계〔사법

계)와 본성세계(이법계)의 분별마저 무너뜨리고 이와 사, 사와 이, 사와 사 등이 걸림 없이 통하게 했다.

일승의 입장에서 지혜(智)는 더 이상 한정적으로 사용되지 않으며, 모든 것에 연성緣成으로서 필요(須)에 따라 걸림 없이 사용될 수 있다. 특히 수행의 덕목으로서 지혜와 깨달음의 경지로서의 지혜는 초기불교와 아비달마불교의 10지에 대하여 여실지如實智나, 시각始覺의 단계에 대하여 본각本覺이 그렇듯이 필요에 따라 사용할 수 있다. 한편 『화엄경』에서 확인한 바와 같이 우리와 같은 중생의 몸과 마음에도 여래의 지혜가 온전히 갖추어져 있기에 그것에 대한 전도顚倒된 마음, 즉 망정妄情만을 돌이킨다면(返情) 원래 근원인 법성法性을 회복함으로써 여래출현, 즉 법성성기의 세계가 그대로 현실에 펼쳐진다. 또한 여래의 지혜와 합일함으로써 깨달음의 경지로서 지혜와 중생제도의 방편으로서 지혜가 동시에 드러나게 된다.

이러한 경향은 선사상을 통해 더욱 실천적으로 제시된다. 특히 선禪과 교教, 교와 선을 함께 겸했던 종밀(宗密, 780~841)에 와서 선禪이 더욱 강조되었다. 앞서 징관은 5교판 중 돈교에 선禪의 가르침을 배대하여 삼승의 종교보다는 일승의 원교에 가깝게 이해하고자 했다. 반면에 종밀은 교와 선을 양립하는 새로운 교판을 제시하고, 이를 상종(法相宗), 공종(無相宗), 성종(法性宗)의 3종판으로 정리하여 기존의 사상을 통합적으로 이해하고자 했다. 이를테면, 현상의 측면(상종)에서는 점진적인 수행과정을 통해 정지正智를 얻는다면, 공성의 측면(공종)에서는 공성의 체득을 통해 허망분별을 제거하고 반야바라밀의 무분별지(정지)를 드러내고자 했다. 반면에 본성의

측면〔성종〕에서는 공과 유, 공과 불공 양면의 균형을 통해 무분별지와
후득지〔방편지〕를 함께 제시했다. 특히 징관과 종밀은 각자의 성품〔본
성, 불성, 자성〕에서 드러난 '본지本知'로서 공적영지空寂靈知를 주목했
다. 지知를 중시한 것은 하택신회(荷澤神會, 684~758)라 할 수 있는데,
신회는 무념無念과 무주無住를 근본 종지로 하여 진공眞空은 체이고
묘유妙有는 용이라 하면서도 본체는 공적하되 공적한 체로부터 '지知'
의 작용이 일어난다고 하였으며, 스스로 아는 '공적지空寂知'를 자연지
自然智, 반야지般若智, 본지本智, 무사지無師智 등으로 표현하여 '지知'
의 본유성과 작용성을 동시에 설하고 있다.[103]

　징관은 하택종뿐만 아니라 우두종, 북종선 등 다양한 선사상의
영향을 받았는데, 그중 지知에 대해서는 이후 종밀에게 영향을 미친
다. 징관은 그의 『화엄경소』에서 「보살문명품」에서 부처님의 10가지
경계 중 '지智'와 '지知'에 대해 설명한 부분에 대해 주석을 덧붙이고
있다.

　　지知는 곧 심의 체이다. 요별了別한 것은 참된 앎〔眞知〕이 아니다.
　　그러므로 식識으로 식별하는 것은 아니다. 언뜻 일어난 것도 참된
　　앎이 아니다. 그러므로 심의 경계는 아니다. 심의 체는 염念을
　　떠난 것이다. 곧 염이 (원래) 있는 것이 아니기에 가히 없는 것이다.
　　그러므로 '성품은 본래 청정하다'라고 한다. 중생에게도 똑같이
　　있으나 혹 가려 있어서 알지 못한다. 그러므로 부처가 열어보여서
　　다 깨달아 들어가게 한다. 체에 즉한 용이니, 그러므로 지知로써

---

103 지은, 『규봉종밀의 선사상 연구』, 2011, 정우서적, p.59; p.63.

그것을 묻는다. 용에 즉한 체이니, 그러므로 성품의 청정함으로써
답한다. '지'라는 한 글자가 온갖 묘함이 나타나는 문이다. 만약
능히 비었으되 알아진다면 곧 부처의 경계에 계합한다.[104]

징관은 '지知'를 심의 체라 하여 식識과 다름을 밝히면서 이 지知가
부처와 중생 모두에게 다르지 않음을 신회는 '지知라는 한 글자는
온갖 묘함을 갖춘 문[知之一字衆妙之門]'을 통해 강조했다. 징관을
이어 화엄종의 5조가 된 종밀도 하택종荷澤宗의 조사였다. 그는 『선원
제전집도서禪源諸詮集都序』에서 지智와 지知를 구분하였다.

묻는다. 앞에서 이미 '성품은 항상 스스로 분명하게 안다'고 했는
데, 어떻게 모든 부처님이 열어서 보이는가?
답한다. 여기서 '안다[知]'는 것은 증득하여 아는 것이 아니다.
의도를 말한다면, 진성眞性은 허공이나 목석과 같지 않기 때문에
'안다[知]'고 한 것이다. 경계에 반연하여 분별하는 식識이 아니며,
체성을 비추어 요달하는 지智도 아니다. 바로 진여의 성품이 자연
히 항상 아는 것[知]이기에 마명보살은 '진여란 자체로서 진실하게
아는 것이다'라고 하였고, 『화엄경』「회향품」에서도 '진여는 비추
어 밝힘을 본성으로 한다'고 하였다. 또한 「보살문명품」을 근거로

---

104 『大方廣佛華嚴經疏』卷15(T35, 612b28-c4) "知卽心體 了別卽非眞知 故非識
所識 瞥起亦非眞知 故非心境界 心體離念 卽非有念可無 故云性本淸淨 衆生等
有 或翳不知 故佛開示皆令悟入 卽體之用 故問之以知 卽用之體 故答以性淨
知之一字衆妙之門 若能虛己而會 便契佛境."

말하자면, 지知는 지智와 다르니, 지智는 성인에 국한되고 범부에게는 통용되지 않으나, 지知는 범부와 성인 모두에게 있으며 이치〔理〕와 지혜〔智〕에도 통하는 것이다.[105]

종밀은 '지知'는 경계에 반연하여 요별하는 식識과 다르고, 체성을 비추어 요달하는 지智와도 다르다고 했다. 또한 지智가 성인에 국한되고 범부에게 통용되지 않는 것과 달리 지知는 범부와 성인 모두에게 통용되는 것이라고 보았다. 이 점은 지智가 수행의 결과 증득되는 '정지正智'로 모든 번뇌나 망상을 제거하고 분별에서 벗어났을 때 비로소 얻어지는 것이라 한다면, 지知는 진여의 성품, 일체중생의 본성(자성, 불성)에서 그대로 발현되는 앎이란 점에서 본성에게 비추어 아는 '본지本知'라 할 수 있다.

또한 공종과 성종의 차이를 분별하면서 진지眞智와 진지眞知의 차이를 밝히고 있다.

공종은 분별로서 지知를 삼고 무분별로서 지智를 삼으니 지智가 깊고 지知는 얕다. 성종은 성스런 진리를 증득할 수 있는 묘한 지혜로서 지智를 삼고 이치와 지혜를 갖추어 범부와 성인의 진성眞

---

105 『禪源諸詮集都序』 卷1(T48, 404c26-405a6) "問上旣云性自了了常知 何須諸佛開示 答此言知者 不是證知 意說眞性不同虛空木石 故云知也 非如緣境分別之識 非如照體了達之智 直是一眞如之性 自然常知 故馬鳴菩薩云 眞如者自體眞實識知 華嚴迴向品亦云 眞如照明爲性 又據問明品說 知與智異 智局於聖不通於凡 知卽凡聖皆有 通於理智."

性에 통용되는 것으로서 지知를 삼는다. 그러므로 지知는 통용되고 지智는 국한된다.[106]

징관과 종밀을 통해서 한편 그동안의 정지正智가 가지는 한계, 즉 범부와 중생을 구별하거나 무분별지 이후 후득지가 필요하다는 점 등을 극복하고, 다른 한편에서는 불성·여래장 이후 진여본성의 무량한 성공덕인 여래의 지혜가 (여래장에 가능태로든 아니든 현실태로든) 중생에게 이미 온전히 갖추어져 있음을 실천적으로 전개할 수 있게 되었다. 앞서 밝힌 불공여래장이나 본각 등, 혹은 법성성기[여래출현]의 입장에서 모든 중생이 성품의 청정함을 본래 가지고 태어났음을 충실히 제시해 주는 것이 바로 공적영지와 같은 본지本知라고 할 수 있다.

〈그림 12〉 지혜의 세 측면과 본지·정지

106 『禪源諸詮集都序』卷2(T48, 406b5-9) "四眞智眞知異者 空宗以分別爲知 無分別爲智 智深知淺 性宗以能證聖理之妙慧爲智 以該於理 智通於凡聖之靈 性爲知 知通智局."

　물론 초기불교 이후 계승 발전시켰던 무분별지로서의 정지는 현상
세계에서 현실을 무지를 극복해 가는 수상삼학隨相三學을 닦아가며
오염된 의식을 전환하므로 무시이래로 쌓인 현실세계의 장애, 현실무
지現實無知를 극복하는 일에 여전히 유용하다. 여기에 청정한 본성의
작용인 본지를 통해 무분별지를 떠나지 않는 실천수행을 통해 근본무
지根本無知에서 벗어난 수행을 병행한다면 현상세계[事]와 본성세계
[理]의 양변에 치우치지 않는 중도적 실천에 큰 도움이 되리라 생각된
다. 특히 공적영지인 자성은 그대로 화엄교학의 성기性起사상과 상통
하며, 이 본지를 통해 서두에 언급했던 지혜의 세 측면을 우리가
실천적으로 아울러 진행할 수 있다는 장점이 있다. 『육조단경六祖壇
經』에서 "심지에 그름이 없는 것이 자성의 계이고, 심지에 요란함이
없는 것이 자성의 정이며, 심지에 어리석음이 없는 것이 자성의 혜이
다"라고 한 자성삼학自性三學[107]을 병진함으로써 자성 안에서 혜학을
닦아감과 동시에 공적영지를 통해 자성을 여의지 않으며, 그 자리를
떠나지 않고 방편지[후득지]를 작용함으로써 실천적이고 윤리적인
기준을 제시할 수 있다.

　그러므로 여래의 지혜가 두루 편만하여 언제나 어디서나 그 광명이
미치지 않은 곳이 없으며, 누구나 본성[불성, 법성, 자성]의 현현이자
작용인 본지本知를 떠나지 않으면서 정지正智를 성취할 수 있는 것이
다. 이를 통해 항상 여래의 지혜를 떠나지 않은 채, 여래의 지혜를

---

107 『南宗頓教最上大乘摩訶般若波羅蜜經六祖惠能大師於韶州大梵寺施法壇經』
　　卷1(T48, 342b25-27) "心地無非是自性戒 心地無亂是自性定 心地無癡是自性
　　惠."

이미 갖추고 있음을 자각하고, 여래의 지혜를 활용하는 삶을 살아갈
수 있게 되는 것이다.

참고문헌

원전

H: 韓國佛教全書

K: 高麗大藏經

T: 大正新修大藏經

X: 新纂卍續藏經

『華嚴一乘法界圖』(H2)

『法界圖記叢髓錄』(K1502)

『增壹阿含經』(T2)

『佛本行集經』(T3)

『摩訶般若波羅蜜經』(T8)

『大方廣佛華嚴經』(T9)

『大方廣佛華嚴經』(T10)

『勝鬘師子吼一乘大方便方廣經』(T12)

『入楞伽經』(T16)

『大智度論』(T25)

『阿毘達磨俱舍釋論』(T29)

『究竟一乘寶性論』(T31)

『攝大乘論釋』(T31)

『成唯識論』(T31)

『大乘起信論』(T32)

『大方廣佛華嚴經搜玄分齊通智方軌』(T35)

『大方廣佛華嚴經疏』(T35)

『大方廣佛華嚴經隨疏演義鈔』(T36)

『大華嚴經略策』(T36)

『俱舍論記』(T41)

『華嚴經內章門等雜孔目章』(T45)

『華嚴法界玄鏡』(T45)

『註華嚴法界觀門』(T45)

『南宗頓教最上大乘摩訶般若波羅蜜經六祖惠能大師於韶州大梵寺施法壇
　經』(T48)

『禪源諸詮集都序』(T48)

『圓覺經略疏鈔』(X9)

MN: 맛지마니까야

『보디왕자경(Bodhirājakumāra Sutta)』(MN85)

『마두삔따까숫따(Madhupiṇḍika Sutta)』(MN18)

논저

가지야마 유이치 지음, 김성철 옮김, 『공 입문』, 동국대학교출판부, 2007.

가츠라 쇼류·고시마 기요타카 공저, 배경아 옮김, 『중론』, 불광출판사, 2018.

각묵 스님, 『초기불교의 이해』, 초기불전연구원, 2013.

권오민, 『아미달마불교』, 민족사, 2003.

김한상, 「초기불교의 일체지에 대한 경험주의적 분석」, 『보조사상』 61, 보조사상연
　구원, 2021.

나가오 가진 지음, 김수아 옮김, 『중관과 유식』, 동국대학교출판부, 2006.

나카무라 하지메 지음, 남수영 역, 『용수의 중관사상』, 여래, 2012.

대림 스님·각묵 스님 옮김, 『아비담마 길라잡이2』, 초기불전연구원(전정판), 2017.

멤 팀 몬 지음, 김종수 옮김, 『체계적으로 배우는 붓다 아비담마』, 불광출판사,
　2016.

묘주, 『유식사상』, 경서원, 1997.

박보람, 『화엄교의 일체지 연구』, 동국대학교 박사논문, 2011.

박수현, 「사사무애와 무한으로 열린 법계원융-사·리·법계의 개념을 중심으로-」,
　『선문화연구』 30, 2021.

수미해주, 『해주 스님의 법성게 강설』, 조계종출판사, 2022.

시모다 마사히로 외 저, 김성철 역, 『여래장과 불성』, 씨아이알, 2017.

시모다 마사히로 저, 이자랑 역, 『열반경 연구』, 씨아이알, 2018.

안환기, 「언어에 의한 '식'의 변화-『섭대승론』을 중심으로-」, 『선문화연구』 16, 2014.

와타나베 쇼고, 「반야경의 형성과 전개」, 시모다 마사히로 외 저, 김천학·김경남 역, 『지혜·세계·언어』, 씨아이알, 2017.

요코하마 고이치, 김용환·유리 옮김, 『불교의 마음사상-유식사상 입문』, 산지니, 2013.

윤종갑, 「공과 나의 현전現前-『중론』과 『보살지』「진실의품」의 공성 이해를 중심으로-」, 『인도철학』 53, 2018.

이만, 『성유식론 주해』, 씨아이알, 2016.

이시이코세이 저, 김천학 역, 『화엄사상의 연구』, 민족사, 2020.

張文良, 『澄觀華嚴思想の硏究』, 山喜房佛書林, 2006.

장진영, 「연기와 성기의 관계-『화엄경문답』을 중심으로-」, 『선문화연구』 10, 2011.

정호영, 『여래장사상』, 대원정사, 1993.

지은, 『규봉종밀의 선사상 연구』, 정우서적, 2011.

한상희, 「언어, 깨달음으로 가는 길」, 『언어, 진실을 전달하는가 왜곡하는가』, 운주사, 2023.

한자경, 『대승기신론강해』, 불광출판사, 2013.

후카우라 세이분 저, 박인성 역, 『유식삼십송 풀이-유식불교란 무엇인가』, 운주사, 2012.

자성의 자각과 그 활용

김호귀(동국대학교 불교문화연구원 한국불교인문학과 교수)

❖   ❖   ❖

선종의 궁극은 깨달음을 성취하는 것이다. 깨달음이란 지혜의 완성이다. 그런 까닭에 깨달음에 도달하려는 선수행의 방식이 다양하게 고안되었다. 처음 발심으로부터 깨달음에 도달하고, 나아가서 사회에 회향하는 전체의 과정에서 납자와 선지식이 발휘했던 일련의 행위에 대하여 때로는 보편적이고 때로는 특수한 지혜를 전개하였다. 선종에서 보여주었던 그 지혜의 면모는 발심과 수행과 깨달음 그리고 깨달음에 대한 보증과 인가와 전법의 과정에서 유감없이 전개되었다.

선의 발생은 불교의 출발과 함께 인도적인 개념이었다. 그러나 불교의 동점東漸으로 인하여 중국에 전승된 후에 좌선을 중심으로 하는 선종이 형성된 것은 전적으로 한자문화권에서 발생한 결과였다. 선종은 좌선이라는 선의 전통을 수용하면서 거기에 머물지 않고 더욱 적극적으로 선수행법을 추구하고 모색하였다. 그 결과 선의 수행법은 단순히 수행의 행위로 끝나지 않고 궁극에 수행이 깨달음과 다르지 않다는 관념을 도출하였다. 그것이 바로 점수행의 차제정次第定

으로부터 돈오의 견성見性을 지향한 중국 조사선祖師禪의 출현이었다.

조사선은 수행과 깨달음의 관계인 수증의 문제에 대하여 기존에 인도불교에서 전개되었던 선수후증先修後證의 관계로부터 정혜일체定慧一體의 관념을 현실화하였다. 선수후증이 수행과 깨달음의 관계를 차제적인 개념으로 이해한 것과 비교하여 정혜일체는 수행과 깨달음이 불이不二의 관계임을 보여준 것이었다. 이로써 조사선의 가풍에서 보여준 지혜의 기능은 처음으로 불교의 수행에 입문하는 발심의 단계로부터 궁극의 전법 및 교화에 이르기까지 모든 과정이 수행이면서 깨달음이라는 수증일여修證一如의 관계를 제시하였다.

이러한 수증관을 바탕으로 하여 아직 깨달음의 과정에 놓여 있는 납자와 이미 깨달음을 경험한 선지식 사이에 이루어지는 교육방식에 특수한 장치가 고안되었다. 그것이 바로 선문답禪問答의 출현이었다. 선문답은 선에 대한 문답으로 납자와 선지식 사이에 이루어지는 행위로서 때로는 문답의 주체가 바뀌는 경우도 있는가 하면, 아무런 언설이 드러나지 않은 침묵의 경우도 있다. 이러한 선문답의 상황에는 반드시 선지식의 지혜로운 안목이 작용하지 않으면 안 되었다. 여기에서 선지식이 보여준 지혜의 안목은 납자를 깨달음으로 인도하는 견성의 방식으로 도출되었다.

견성은 납자가 체험하는 깨달음의 소식이다. 선지식은 견성의 방식으로 상황에 따라서 역설逆說과 반상합도反常合道의 방편을 활용하면서 납자를 단련시켜 준다. 여기에는 반드시 명안종사의 역할이 절대적이다. 그런 까닭에 견성은 전적으로 납자 자신의 경험이지만 선지식의 역할이 없어서는 안 되는 경험이었다. 이에 납자의 경우는 명안종사가 있는 곳이면 제방을 유행遊行하고 편참遍參하였으며, 선지식의 경우는 영리한 납자를 제접하기 위하여 다양한 기관機關을 창출하여 납자의 근기에 상응하여 널리 파주把住와 방행放行의 방식을 제시하였다.

견성의 방식에서 보여준 납자와 선지식의 지혜는 더욱이 선지식이 납자에게 대응하는 점검의 방식으로 보증과 인가에서 발휘되었는데, 그것이 소위 납자의 깜냥이 뱀인지 용인지 그 범성凡聖을 확인해 주는 감변勘辨이었다. 납자는 반드시 깨달음을 얻어야 하고 선지식은 반드시 납자의 깨달음을 보증하고 인가해 줄 의무가 있었다. 만약 납자가 선지식으로부터 보증과 인가를 받지 못한 경우에는 천연외도로 간주되었을 뿐만 아니라 스승에게 사법을 통하여 법맥을 상승相承하는 행위도 불가능하였다. 그 결과 납자는 깨달음을 추구하면서도 보증과 인가라는 장치를 통하여 비로소 출세出世가 가능하였다. 출세란 깨달음을 성취하여 세간에 나와서 깨달음을 펼치는 행위를 말한다.

그래서 이미 깨달음을 성취한 납자에게도 선지식은 또한 전법이라는 장치가 반드시 필요하였다. 전법은 붓다로부터 전승된 정법안장을 계승하는 행위로서 선종에서 깨달음을 온전하게 보전할 수 있는 장치였다. 그 전법을 위해서 보리달마는 이역 멀리 중국까지 찾아왔다. 조사서래의祖師西來意의 의미는 바로 전법을 감당할 만한 제자를 찾으려는 행위였고, 조사의 지위를 계승했던 달마의 임무였다. 이와 같은 인가와 전법이라는 메커니즘을 통하여 선종은 순전히 중국적인 불교로 거듭날 수가 있었다. 나아가서 깨달음이라는 지혜를 속성으로 삼고 있는 선종과 같은 특수한 종파가 출현하여 오늘날에 이르기까지 존속할 수 있는 근거가 되었다.

---

1. 무분별의 분별

선종禪宗은 좌선종坐禪宗의 준말이다. 그만큼 좌선이라는 수행법을 중심으로 형성된 종파宗派를 가리킨다. 종파의 개념은 중국의 불교에서 경론이나 인물 또는 특수한 관념을 중심으로 형성되면서 다져진 말이다. 선종의 경우도 예외가 아니었다. 특히 좌선이 선수행의 일반을 대표하는 수행이라는 점에서 좌선은 선과 동일한 의미로 대변되었다.[1] 따라서 선종에 대한 제반의 문제는 종파의 개념이 미약했던 인도불교에서 논의하는 데에는 한계가 있다. 중국불교에서 시작된

---

1 이런 점에서 좌선이 처음에는 걷고(行)·머물며(住)·앉고(坐)·눕는(臥) 행위 가운데 하나로 출발했지만, 중국의 불교에서는 좌선을 근거로 하는 소위 선종이 형성되면서 좌선은 앉아서 실천하는 선의 수행법을 의미할 뿐만 아니라, 선수행의 일반, 나아가서 깨달음을 상징하는 의미로까지 확장되었다.

선종은 선수행을 기반으로 선수행에 전념하여 깨달음을 성취하고 불조佛祖의 혜명慧命을 계승하려는 일군의 선자禪者들로부터 형성되면서 여타의 종파들과 더불어 중국불교의 특색을 지니게 되었다.

처음에는 산중에서 몇몇 대중이 함께 생활하는 정도였지만, 7세기 무렵에는 점차 대중이 하나의 집단을 형성하게 되면서 그에 상응하는 갖가지 규범이 필요했고, 대중을 이끌어가는 지도방식이 필요했으며, 일정한 경지에 도달한 일군의 수행자들을 점검하기 위한 기관機關이 창출되었고, 그것을 지속적 그리고 효율적으로 유지하기 위한 방법으로 사승師承의 중요성을 강조한 법맥의 개념이 강화되었으며, 그에 따른 전등사서傳燈史書가 출현하였고, 교단의 질서를 유지하기 위한 청규淸規가 제정되는 등 기존의 인도불교의 경우와 비교하여 무수한 변용을 보였다.

그런데 선종에서 지향하는 궁극의 목표가 깨달음이라는 점에서 붓다의 교법인 경전을 활용하면서도 경전이라는 형식에 얽매이지 않는 불립문자의 전통을 확립하였고, 깨달음을 성취하기 위하여 경전에 보이지 않는 다양한 방편을 창출하였으며, 이미 깨달음을 성취한 사람들은 아직 깨달음에 도달하지 못한 제자들을 지도하기 위하여 제자에게 가장 적합한 수행의 방편을 개발하여 교화해 줌으로써 선종은 점차 선종 특유의 사상과 문헌과 규범과 제도 등에서 독특한 문화를 지니게 되었다.

그 가운데서도 가장 특징적인 요소는 깨달음을 추구하는 것이다. 일반적으로 명상의 목적이 마음의 안정이라면 선의 목적은 몸과 마음을 통한 지혜의 터득이다. 지혜의 터득은 지혜의 실현으로서 곧 자신을 깨닫는 것이다. 자신을 깨닫는 것은 미혹한 자신을 잊는 것이다.
이전의 자신을 잊고 새로운 자신에 눈뜨는 행위이다. 그래서 깨달음은
반드시 자각이 필요하다. 자각이란 깨달음을 의미하는데, 타인을
말미암지 않고 자신이 직접 깨닫는다는 뜻이고, 나아가서 자신에
대한 깨달음이다. 그래서 깨달음은 그 말에 이미 지혜로운 행위가
들어 있다. 곧 지혜를 깨닫는 행위의 완성이다.[2] 그 깨달음은 바로
청정淸淨을 그 속성으로 한다. 깨달음의 청정이란 무집착無執著의
완성으로 공空의 체험이다. 공이기에 집착이 없어 차별적인 분별상分
別相이 없다. 차별적인 분별상이 없으므로 굳이 한정되고 확정된
실체로 소유하려는 구원求願의 행위를 할 필요가 없다.

  이에 대하여 선종에서 지향하는 지혜의 성격을 복덕보다는 공덕임
을 단적으로 보여주는 일화로 달마와 무제 사이에 확연무성廓然無聖이
라는 공안이 있다.

  양나라 무제가 달마 조사에게 물었다. "최고의 깨달음이란 무엇입
  니까?" 달마가 말했다. "훤칠하게 드러나 있어서 최고의 깨달음이
  라고 말할 것도 없습니다." 무제가 미심쩍다는 듯이 물었다. "그렇
  다면 지금 이 자리에 계시는 대사는 누구입니까?" 달마가 말했다.
  "저도 모르겠습니다."[3]

  무제는 불교를 매우 좋아하였고 또한 조예도 깊었다. 사찰을 짓고

2 김호귀, 『선과 수행』 석란, p.109.
3 『汾陽無德禪師語錄』 卷中(大正藏 47, p.616下)

경전을 유포시키며 스님을 양성하고 황제의 몸으로 직접 사찰에 기거하면서 스님의 생활을 체험하기도 하고 사신공양捨身供養도 하였다. 또한 불교의 가르침을 실천하기 위하여 많은 복지정책을 펴서 자비를 실천하는 황제였다. 그 때문에 백성들은 황제를 가리켜 불심천자佛心天子라고 불렀다. 그뿐만 아니라 몸소 불교의 경전을 공부하고, 나아가서 신하들에게 불교의 경전을 강의하기도 하였으며, 경전에 대한 주석서를 내기도 하였다. 그런 황제였던 만큼 달마대사를 불러서 은근히 자신을 자랑하고 싶었다.

그러나 달마에게 무제의 그런 행위는 겉으로 드러나는 복덕福德을 짓는 것일 뿐이지 깨달음에 나아가지 못하는 것이다. 달마는 깨달음으로 나아가는 공덕功德을 추구하는 대승의 선법을 전하고자 하였다. 그 때문에 달마의 의도와 무제의 행위 사이에는 서로 코드가 맞지 않아 조화로운 소리가 날 수가 없었다. 선종에서 추구하는 지혜란 궁극에는 깨달음으로 향하는 행위로서 복덕이 아닌 공덕이었음을 보여준 것이다. 복덕과 공덕의 차이에 대해서는 조계혜능도 자세하게 차별하여 설명하였다.[4]

바로 이와 같은 깨달음에 대하여 그에 이르는 수행의 방편과 수행의 경지를 진단하는 점검과 궁극에는 깨달음에 도달했음을 인정하고 보증해 주는 인가와 깨달음에 대한 체험과 그 활용 등에 대하여 고안해 낸 다양한 기관들은 선종을 가장 선종답게 정착시켜 가는 노력의 일환으로 크게 주목되었다. 그 결과 선종은 한자문화권의 불교에서

---

4 『六祖大師法寶壇經』(大正藏 48, pp.351下~352上)

특유한 면모를 발휘하였고, 불교의 사상과 수행과 문화의 전개에 일전의 진보를 보여주었다. 선종에서는 어떤 행위가 그저 무엇을 위한 과정으로만 이해되지 않고 항상 그 행위 자체로 완전하다는 점에 가치를 둔다. 이것이야말로 선종에서 제시한 지혜의 최고 가치였고 풍모였다.

그런데 이와 같은 일련의 모든 과정에는 이미 깨달음을 체험한 선지식善知識[5]이 발휘하는 지혜의 안목이 없어서는 안 된다. 이와 같은 안목을 소위 깨달음이라고도 하였고, 지혜라고도 하였는데, 정작 이 둘의 관계는 동일하게 간주되는 측면이 있는가 하면, 또 다르게 취급되는 측면도 있다. 따라서 선종에서 언급하는 지혜의 위상은 사실 선종의 전 과정의 기반으로 기초부터 완성까지 걸쳐 있다.

이에, 여기에서는 반드시 지혜의 안목을 지닌 선지식의 역할을 중심으로 하여 아직 미완성인 납자를 설정하고, 발심부터 수행과 깨달음의 증명과 인가, 그리고 전법에 이르는 각 단면에서 선종의 지혜는 과연 어떤 것인가 하는 주제를 설정하고, 그 지혜는 어떤 속성을 지니고 작용하며 역할을 하고 있는가 하는 점에 비추어 선종에서 지혜의 다면적인 모습을 살펴보고자 한다.

이에 선종에서 지혜와 수행 그리고 지혜와 깨달음의 관계는 어떤 모습인가. 이들 지혜와 수행과 깨달음의 삼자의 관계는 때로는 개별個別의 관계이기도 하고, 조화調和의 관계이기도 하고, 동질同質의 관계

---

5 善知識은 正法을 설하여 납자를 올바르게 안내하는 宗師인 敎授善知識, 道友인 同行善知識, 외호자인 外護善知識으로 분류하는데, 여기에서는 교수선지식으로서 善德을 지닌 智者를 의미하기로 한다.

이기도 하다. 왜냐하면 수행을 통한 깨달음으로 수행과 깨달음이 별개의 개념으로 간수되는 경우가 있는가 하면, 수행 자체가 깨달음으로 간주되어 수행과 깨달음이 일체—體의 관계로 설정되어 있기 때문이다.

그런데 이들 수행과 깨달음 사이에는 선지식과 납자 간에 반드시 수행과 깨달음을 이해하고 체험하며 활용하고 후대에 상전相傳하는 방식으로 작용하는 모종의 지혜가 개입되어 있지 않으면 안 된다. 그 지혜를 본체와 작용의 측면에서 말하자면, 본체의 모습은 깨달음과 통하고, 작용의 모습은 수행과 교화에 통한다. 따라서 선종에서 지혜를 논의함에 있어서 우선 수행과 지혜와 깨달음의 관계를 파악해야 하고, 나아가서 선종에서 지혜는 수행과 깨달음에 어떻게 작용하고 있는가 하는 점을 살펴보아야 한다.

왜냐하면 선종에서 지혜란 전통적인 사고방식을 존중하면서도 거기에 안주하지 않고 기존의 사고의 틀을 초월하는 속성을 함께 수반하고 있기 때문이다. 전통의 사고방식을 존중한다는 점에서는 붓다의 선정을 계승하는 불교의 종교를 벗어나지 않는 점이고, 기존의 사고방식을 초월한다는 점에서는 소위 중국적인 선종이라는 교단을 형성하였고, 자급자족의 생활을 영위하였으며, 묵조선默照禪 내지 간화선看話禪[6]처럼 새로운 선수행의 방법을 창출하여 선의 궁극적인

---

6 默照禪과 看話禪은 중국 선종사에서 公案의 출현을 근거로 하여 형성된 선수행의 방식을 일컫는 말로, 송대 중기 12세기 중반부터 본격적으로 활용되었다. 기존의 전통적인 觀法의 선수행법과 더불어 한자문화권에서 가장 보편적인 선수행법으로 정착되었다.

목표를 성취하려는 면모를 일신하였다.

선종에서 그와 같은 행위는 기존의 전통을 수용하는 계율의 수지에 국한되지 않고,〔入格〕 그것을 원융圓融과 화회和會로 조화시켜 초월함으로써 조사祖師라는 새로운 인간상을 창출하려는 의지의 표출이었다.〔格外〕 천오백 년 선종의 역사에서 보여준 지혜의 안목이란 붓다의 정법안장을 계승하고 주지함으로써 일체중생 개개인이 불법의 가치를 자각하는 근거를 제공하였을 뿐만 아니라, 그 가치를 구현하는 방식으로 역설逆說과 반상합도反常合道의 기관을 다양하게 활용했던 점에서 찾아볼 수가 있다.

선종의 지혜는 시비是非, 정사正邪, 선악善惡, 진위眞僞, 성범聖凡 등을 가려내는 것보다 납자가 깨달았는지 그 유무有無를 점검하는 선지식의 안목이 중요하게 간주되었다. 그것이 바로 납자가 발휘하는 지혜의 경우에는 발심에서부터 지혜의 안목을 가진 명안종사明眼宗師를 찾아 제방으로 유행遊行하고 편참遍參한 까닭이었고, 선지식이 발휘하는 지혜의 경우에는 납자에 대하여 자신이 바라는 인물로 교육하기 위하여 고안해 낸 기관機關을 통해 파주把住와 방행放行으로 도야陶冶하는 이유였다.

더욱이 납자와 선지식이 의기투합되어 쌍방이 지혜로운 안목을 지닌 경우에는 납자의 깨달음에 대한 선지식의 보증과 인가와 전법의 행위가 이루어졌다. 이러한 점은 선종에서 지혜의 보편성에 해당한다. 나아가서 선종에서 지혜의 특수성은 본체의 측면에서는 차별지를 초월한 무지無知의 지知 내지 평등한 자비인 무분별無分別의 분별分別, 그리고 작용의 측면에서는 가식이 없는 무공용無功用의 행위 내지 조작이 없는 무위無爲의 생활을 지향하였다. 이것이 바로 선종에서 지혜를 추구하면서 궁극에는 그 지혜마서 초월하는 향상일로向上一路의 안목이었다.

그러나 정작 지혜의 안목이 없으면서 허세를 부리는 경우 그 진위眞 僞를 가려내는 것도 선지식의 중요한 역할이었다. 왜냐하면 실로 깨닫지 못했으면서 깨달았다고 속이는 경우는 대망어大妄語라고 하여 가장 큰 거짓말로 간주되기 때문이다. 가령 남양혜충(南陽慧忠, 675~775)이 서역에서 도래한 대이 삼장大耳三藏을 감파勘破한 경우가 있다.

대이 삼장이 타심통을 얻었다. 그래서 조정에 들어가 숙종 황제를 알현하였다. 그러자 황제가 혜충 국사에게 점검해 볼 것을 명했다. 삼장은 국사를 만나서 예배를 드렸다. 그리고 국사의 오른쪽에서 있었다. 국사가 물었다. "그대가 타심통을 얻었다는 게 사실인가?" 삼장이 말했다. "감히 자랑할 만한 것은 못됩니다." 그러자 국사가 말했다. "그러면 어디 그대는 말해 보라. 지금 내 마음이 어디에 있는가?" 삼장이 말했다. "화상께서는 국가의 고귀한 스승이신데 어찌 보통사람들과 더불어 천진교까지 가서 재롱부리는 원숭이 구경을 하고 계시는 겁니까?" 계속하여 국사가 세 번째 물었다. "지금 내 마음이 어디에 있는가?" 이번에는 삼장이 국사의 마음이 어디에 있는지 알지 못했다. 그러자 국사가 질타하였다. "이 엉터리 같으니라구. 무슨 타심통을 얻었다고 호들갑이야."[7]

---

7 『宏智禪師廣錄』卷3(大正藏 48, p.31上)

여기에서는 타심통이 주제가 되어 있다. 여기에서 대이 삼장은 세 차례에 걸쳐 타심통을 점검하고 있다. 처음 두 차례는 국사의 마음을 알아보았고, 나중의 한 차례는 마음을 알아보지 못하였다. 그 이유는 먼저 두 차례는 경계를 의지한 마음이었고 나중 한 차례는 자수용삼매自受用三昧에 들어가 있었기 때문이었다. 달리 말하면 국사의 마음이 삼장의 코끝에 있어 너무나 가깝기 때문이었다.

더욱이 국사의 마음이 삼장 자신의 눈동자 속에 들어 있었다고 해도 보지 못했을 것이고, 나아가서 삼장 자신의 온몸 전체가 곧 국사의 마음이었다고 해도 전혀 몰랐을 것이다. 왜냐하면 무엇인가를 이해하고 체득한다는 것은 곧 벌써 상대적인 개념에 빠져버리기 때문이다. 이런 까닭에 국사는 대이 삼장의 신통력을 꾸짖으면서 선을 도그마화 한다든가 초자연적인 신통력의 일환으로 취급한다든가 자신의 명예를 내세우는 방편쯤으로 활용하여 선의 본질을 호도하는 것을 경계하고 있다.

그렇다면 삼장이 국사의 마음을 꿰뚫기 위해서는 어찌했어야 하겠는가. 삼장 자신이 인도를 출발도 하기 이전에 벌써 국사와 상견했다는 사실을 드러냈어야 했다. 삼장 자신이 타심통을 누구로부터 점검받는다는 자체가 벌써 점검대상이 되어 자신의 마음을 국사에게 노출시켜 버린 것이었다.

그런데도 부득이 타심이네 자심이네 하는 마음을 가지고 이러쿵저러쿵 논하는 것은 머리 위에 또 머리를 얹는 것처럼 불필요한 희롱일 뿐이다. 그러면 정녕 국사는 타심통을 지니고 있었던 것인가. 국사는 또 어떻게 검증을 받아야 하는가. 이것이야말로 우리네 자신의 마음을 점검해 보는 본분사이기도 하다.

이에 여기에서는 중국의 불교에서 형성되고 전개되며 전승되어 온 선종의 조사선祖師禪[8]에서 지혜의 성격은 무엇이고, 그 기능은 어떤 위상을 차지하고 있는가, 선종에서 지혜의 작용은 어떤 역할로 드러났는가, 결과적으로 선종의 지혜는 어떤 의미와 가치를 구현했는가 하는 점에 대하여 생각해 보기로 한다. 이에 선종에서 지혜의 속성을 비롯하여, 납자에 대하여 선지식이 지도하는 방편의 기능으로서 지혜의 모습, 납자를 교육하는 스승으로서 활용하는 지혜의 역할, 보살로서 대중을 교화하는 전법자로서 지혜의 실천이라는 측면에 대하여 주목함으로써 선종에서 지혜의 위상에 대한 다각적인 면모를 이해하는 근거로 삼고자 한다.

2. 선정과 지혜

1) 지혜와 선정

선禪 곧 선정禪定[9]의 출현은 불교의 역사와 함께 시작되었는데, 그 까닭은 붓다가 깨달음을 성취한 방식으로 선정을 채택한 이후로 가장

---

8 祖師禪에서 祖는 시조이고 師는 師範으로 一宗 혹은 一派를 개창한 사람을 일컫는다. 또한 붓다의 正法眼藏을 전승한 인물을 祖師라고 하는데, 특히 菩提達磨를 지칭하기도 한다. 祖師禪은 조사인 달마가 正傳한 선법이라는 의미인데, 특히 不立文字 敎外別傳을 내세우는 조계의 南宗禪法을 지칭하기도 한다. 그러나 여기에서는 달마로부터 연원하여 전승된 중국선의 일반을 가리킨다.

9 禪은 dhyāna이고 定은 Samādhi이지만, 이 경우에는 선을 선정의 줄임말로 간주한다.

보편적인 수행법으로 전개되었기 때문이다. 붓다가 수행방식으로
활용한 선은 범어 드야나(dhyāna)로서 한역으로 태연나馱演那라고
음사되었고, 팔리어 지아나(Jhāna)로서 한역으로 지아나持阿那 및
선나禪那라고 음사되었다. 특히 선나라는 용어가 후대에 오늘날까지
전승되어 선禪으로 정착되었는데, 그 의역意譯은 사유수思惟修 및
정려精慮로 한역되었고, 그 의역義譯은 공덕총림功德叢林 및 기악棄惡
으로 한역되었다.[10]

따라서 선이라는 용어에는 명상의 행위가 담겨 있는 수행이라는
의미뿐만 아니라 수행으로 성취되는 결과로서 공덕을 쌓고 악법을
벗어난다는 의미도 함께 포함되어 있다. 여기에서 공덕은 깨달음으로
서 지혜智慧를 가리키고, 악법을 벗어나는 것은 일상의 생활에서
자유로운 삶을 구가하는 것으로 자비慈悲를 가리킨다. 이로써 선을
수행하는 것은 깨달음을 획득하고 그것을 일상에서 구현하는 방식이
라는 점에서 지혜와 자비를 추구하는 덕목으로 불교의 출현과 더불어
불교수행의 기초로서 역할을 해왔다.

이처럼 선이라는 수행법은 불교의 시작부터 마음을 다스리는 작용
의 측면을 근거로 삼음으로써 그 결과 깨달음이라는 궁극적인 지혜의
성취에 이르는 방법으로 중시되었다. 그래서 선정과 깨달음의 관계에
대하여 인도불교의 역사에서는 선정이 궁극적인 목표가 아니라 깨달
음을 성취하기 위한 수단으로 활용되는 측면을 지니고 있다. 소위
사선四禪·사무색정四無色·상수멸想受滅 등의 경우가 그것이다.

---

10 『妙經文句私志記』 卷9(卍新續藏 29, p.364中)

수단의 의미로서 선정은 어디까지나 깨달음을 성취하기 위한 준비단계로 수용된 것으로 신징 자체가 깨달음은 아니라는 것이다. 가령 사선을 설명하는 경전은 반드시 삼명三明을 설명하고, 최후로 누진지명漏盡智明에서 사성제四聖諦를 여실하게 이해하는 것으로 "애욕의 번뇌로부터 심해탈心解脫하고, 생존의 번뇌로부터 심해탈하며, 무명의 번뇌로부터 심해탈한다"[11]라고 설명한다. 또한 구차제정九次第定의 경우에도 최후의 "상수멸을 구족하여 머물고 지혜로써 관찰하여 모든 번뇌가 끝난다"[12]라고 설명한다. 이것은 선정이 바로 지智와 견見의 획득, 정지正智와 정념正念의 성취, 모든 번뇌의 멸진으로 향하는 수단의 성격임을 보여준다.

그러면서도 깨달음은 반드시 선정에 근거하여 성취되고 선정은 깨달음으로 결착되는 점에서 선정과 깨달음은 불일불이不一不異의 관계로 설정되었다. 이로써 지혜는 선정에 근거한 것이기 때문에 선정과 지혜는 불가분의 관계로 일찍부터 혜학과 계학과 정학이라는 무루삼학無漏三學을 구성하는 하나의 요소로 청정법(淨法)으로 정의되었다.[13]

가령 선정에 해당하는 정학이 혜학 및 계학과 어떤 관계인가 하는 점은 팔정도八正道의 덕목에 잘 드러나 있다. 이 덕목은 붓다가 녹야원鹿野苑에서 다섯 비구를 상대로 하여 최초로 가르침을 편 것으로 더욱 유명하다.[14] 그만큼 깨달음에 이르는 가장 보편적이고 올바르며

---

11 『寂志果經』(大正藏 1, pp.274下~275下)

12 『中阿含經』 卷48(大正藏 1, p.730上-下)

13 『圓覺經類解』 卷第三本(卍新續藏 10, p.205上)

빠른 방법으로 제시되어 있다. 더불어 고의 원인과 해결 그리고 열반에 이르는 길이다. 이로써 보면 팔정도의 구체적인 내용은 사성제·사정근·십선업·사념처·사선 등이 망라된 까닭에 무루삼학과 관련되어 있다. 곧 정견·정사는 혜학에 해당되고, 정어·정업·정명은 계학에 해당되며, 정정·정념·정정은 정학에 해당된다.

그러나 이와 같은 선정의 개념이 보리달마(菩提達磨, 5~6세기)에 의하여 중국에 전승되어 소위 선종禪宗이 출현하면서부터 그 성격은 사뭇 달라졌다. 이를테면 선정과 지혜는 근원과 결과가 다르지 않다는 점이 강조되었다. 그 결과 선정은 수행이고 지혜는 깨달음이라는 속성으로 투영되었는데, 이 경우에 선정의 수행은 깨달은 상태에서 이루어지는 수행이고, 지혜의 깨달음은 수행으로 작용하는 깨달음이라는 관계가 되어 인도의 선법과 그 양상이 크게 바뀌었다. 따라서 『단경』에서는 선정과 지혜의 관계에 대하여 정혜일체定慧一體로 설명하고 있다. 소위 수행에서 선정과 지혜를 지관止觀과 관련하여 이해하는 방식은 천태지의(天台智顗, 538~597)의 견해에 보이는데,[15] 조계혜능(曹溪慧能, 638~713)은 선정과 지혜의 관계에 대하여 선정에서 지혜가 발생한다는 소위 인도 선법의 속성을 바꾸어 선정과 지혜의 일체一體로 간주하는 것으로 일체중생이 본래 부처라는 의미에서 본래성불本來成佛에 근거한 조사선祖師禪의 입장을 잘 보여주고 있다.

선지식들이여, 내가 하는 법문은 선정과 지혜가 근본이다. 대중들

14 『大般涅槃經』 卷3(大正藏 1, p.204上)

15 『維摩經略疏』 卷3(大正藏 38, p.607中)

이여, 어리석게도 선정과 지혜가 다르다고 말하지 말라. 선정과
지혜는 일체一體로서 둘이 아니다. 선정은 곧 지혜의 본체이고
지혜는 곧 선정의 작용이다.[16]

소위 선정이 없는 지혜는 등잔이 없이 등불을 밝히려는 것과 같고,
지혜가 없는 선정은 등불이 없는 등잔과 같다는 것이다. 이에 혜능은
선정을 통한 지혜의 성취는 일상의 걷고 머물며 앉고 눕는 모든 행위에
서 집착이 없는 평직심平直心을 실천하는 일행삼매一行三昧라고 말하
고, 지혜에 근거한 선정은 일상에서 막힘이 없고 전도顚倒가 없는
일상삼매一相三昧라고 말했다. 이처럼 선정에 근거한 지혜는 일행삼
매를 성취하여 일체의 상황에서 집착을 벗어나 자유롭고, 지혜에
근거한 선정은 평등삼매를 성취하여 일상의 행위에서 걸림이 없다고
말한다. 이처럼 선종에서 지향하는 올바른 지혜는 반드시 깊은 선정에
기인하고 또한 깊은 선정은 반드시 올바른 지혜를 도출한다.
　더욱이 지혜가 깨달음과 다르지 않다는 이면에는 항상 명안종사明
眼宗師가 납자를 이끌어주고 교육하는 측면이 동시에 수반되었다.
그 결과 납자들은 반드시 올바른 지혜의 안목을 지닌 종사에게 참문하
려는 행위 소위 유행遊行 내지 편참遍參의 문화를 창출하였다. 이것은
납자에게 있어서 올바른 지혜를 터득한 선지식의 가르침을 수용하려
는 교육과 교화의 측면에서 지혜의 습득과 아울러 정법안장正法眼藏을
주지하고 계승하려는 법맥에 대한 이해의 필요성을 창출하였다. 그것

---

16 『六祖大師法寶壇經』(大正藏 48, p.352下)

이 소위 전법의 행위인 사법嗣法의 중요성을 강조하는 전통으로 전개
되었다.

이와 같이 선에서 지혜는 한편으로는 궁극적인 깨달음의 성격을
지니고 있는가 하면, 또 한편으로는 올바른 수행으로 깨달음을 성취하
는 수단의 성격을 지니고 있으며,[17] 나아가서 견성한 선지식의 입장에
서 납자를 교육하는 수완(錊錘)의 행위, 그리고 사회에 불법을 전법하
는 보살행의 실천이기도 하다. 선에서 논의하는 지혜가 인도의 선법과
중국 조사선의 선법에서 각각 다르게 양면적인 성격을 지니고 있을지
라도, 지혜와 깨달음과 교화의 관계에서 지혜는 수행과 깨달음과
교화의 각 측면에서 언제나 수반되지 않으면 안 되었다. 이 경우에
지혜는 단순히 수행이라는 수단의 기능만도 아니고, 단순히 깨달음이
라는 궁극적인 면모만도 아니며, 단순히 전법이라는 보살행의 교화만
도 아니다.

선종에서 말하는 지혜의 면모는 소위 일체삼신一體三身의 속성을
지니고 있다. 이것은 일체一體가 삼신三身과 다르지 않고 삼신이 일체
와 다르지 않다는 이치를 말해 준 것이다. 『단경』에서는 이 일체삼신에
대하여 색신에 갖추어져 있는 자성불自性佛의 개념으로 파악하여
설명하고 있다. 혜능은 일체삼신불에 대하여 다음과 같이 말한다.

청정법신불이란 무엇을 말하는가. 세상 사람들의 성품이 본래청

---

17 선수행은 깨달음을 목표로 삼는데, 그것은 곧 지혜를 성취하는 것이다. 따라서
총림의 선원에서 승당에는 지혜를 상징하는 文殊聖像을 모셔두고 坐禪辨道에
힘쓴다.

188

정하여 만법은 자성에서 발생한다. ⋯ 천백억화신이란 무엇을
말하는가. 만약 만법을 사려분별하지 않으면 자성이 본래의 공과
같지만, 만약 일념이라도 사려분별하면 그것을 변화라고 말한다.
⋯ 원만보신이란 무엇을 말하는가. ⋯ 다름이 없는 본성을 실성이
라 말한다. 실성의 입장에서는 선과 악에 물들지 않는데 이것을
원만보신불이라고 말한다. ⋯ 선지식들이여, 법신의 입장으로부
터 사량분별을 하면 그것이 곧 화신불이고, 염념에 자성이 스스로
드러나면 그것이 곧 보신불이며, 자성의 공덕을 스스로 깨닫고
스스로 닦으면 그것이 곧 진실한 귀의이다.[18]

여기에서 색신에 들어 있는 법신에 대해서는 만법으로 존재하는
본래의 자기, 색신에 들어 있는 화신에 대해서는 선과 악으로 변화하는
자기, 색신에 들어 있는 보신에 대해서는 선법을 실천함으로써 악법이
소멸되는 자기에 대하여 말한다. 이것이 곧 일반적인 법신·보신·화신
의 순서로부터 법신·화신·보신의 순서로 배열되는 이유이다. 이것은
법신·화신·보신이 궁극적으로 일체一體라는 입장으로, 선사상의 근
저에 성기사상性起思想이 함유되어 있음을 보여준다. 자성은 청정한
것이므로 어떤 변화도 없음을 자각하는 것이다. 이것을 짐짓 삼신의
사상으로 나누어 파악한 것이 바로『단경』에서 추구하는 깨달음의
궁극이다.
　이처럼 선종에서 지혜가 지니고 있는 속성은 일체삼신의 경우처럼
보신불의 측면은 수행납자의 입장에서 깨달음을 성취하려는 수단의

18 『六祖大師法寶壇經』(大正藏 48, p.354中-下) 참조.

속성으로 활용되었고, 법신불의 측면에서는 깨달음을 성취한 견성자
의 입장에서 일상의 행위가 깨달음의 행위로 발휘되었으며, 화신불의
측면에서는 교육하는 선지식의 입장에서 납자를 교육하여 정법안장
을 주지하고 계승시키려는 교화의 보살행으로 전개되었다. 이로써
선종에서 지혜는 최초의 발심으로부터 수행을 쌓고 깨달음을 획득하
고 그것을 사회에 회향하는 데 있어서 각각 도구적인 수단과 궁극적인
목적과 보살도를 실천하는 데 있어 언제나 불가결한 요소였다.

2) 지혜와 발보리심

선종은 불교의 선수행을 근거로 형성된 종파 내지 교단을 일컫는
말이다. 그런 만큼 선종에서는 선수행을 기초로 하여 항상 불법의
실천이라는 덕목에 해당하는 수행을 강조하지 않을 수 없었다. 수행은
가까이로는 자신에 대한 행위이면서 멀리 타인에게 이르는 교화를
아우르는 말이기도 하다. 그러나 여기에서는 우선 깨달음을 지향하려
는 일체의 행위 가운데 좌선의 수행을 중심으로 간주한다.

선수행에서는 깨달음을 궁극의 목표로 삼는다. 그러나 깨달음 자체
만이 아니라 그 깨달음을 보다 더 온전하게 완성하려는 점에서 깨달음
이후에도 몇 가지 개념을 고안하여 강조하였다. 이에 몸과 마음과
인격의 완성을 통한 불법의 행위로서 선수행의 지난한 과정을 단순화
하면 우선 발심發心으로부터 출발한다. 발심은 발보리심發菩提心인
데, 더욱 구체적으로는 발아뇩다라삼먁삼보리심發阿耨多羅三藐三菩
提心이다.[19]

발심은 불법에 본격적으로 발을 들여놓는 행위로서 가장 거룩한

행위다. 그런데 이러한 발심은 저절로 성취되는 것은 아니다. 만약 저절로 성취되는 발심이라면 일체중생은 모두 발심한 중생이어야 한다. 그래서 장차 발심하는 경우에도 먼저 열 가지 뛰어난 덕을 갖추고 세 가지 묘관妙觀을 일으키지 않으면 안 된다. 열 가지 뛰어난 덕은 다음과 같다.

첫째는 선우를 가까이하는 것이고, 둘째는 제불에게 공양하는 것이며, 셋째는 선근을 모아서 닦는 것이고, 넷째는 마음으로 뛰어난 법을 추구하는 것이며, 다섯째는 마음을 항상 유화柔和하게 지니는 것이고, 여섯째는 괴로움을 마주해도 참는 것이며, 일곱째는 자비심으로 순후淳厚하게 하는 것이고, 여덟째는 심심深心으로 평등하게 하는 것이며, 아홉째는 대승법을 믿고 좋아하는 것이고, 열째는 부처님의 지혜를 추구하는 것이다. 그리고 세 가지 묘관妙觀이란, 첫째는 유위를 멀리하는 것이고, 둘째는 보리를 추구하는 것이며, 셋째는 중생을 잊지 않는 것이다.[20]

이처럼 발심의 경우에 처음부터 일종의 수행과 같은 지혜로운 행위가 요구된다. 이에 발심 자체를 수행의 행위로 간주하기도 한다. 그래서 『화엄경』에서 "처음 발심하는 경우가 바로 정각을 성취하는

---

19 대승불교에서 발심하여 불교에 처음으로 입문하는 사람으로 일체중생을 건지겠다고 서원하는 사람을 新發意菩薩, 初發心菩薩, 大心衆生, 初學菩薩이라고 하였다. 이들에게는 먼저 제법의 실상 및 隨喜를 가르쳐서 그들이 점차 방편력을 얻으면 이에 無相에 대해서도 수희할 수가 있다. 『大智度論』 卷61(大正藏 25, p.489下)

20 『金剛般若經贊述』 卷上(大正藏 33, p.130中-下)

것이다"[21]라고 했다. 신신을 강조하는 것만큼이나 발심은 보편적인 개념이다. 이로써 발심은 수행 특히 선수행의 중요한 덕목으로 제시되어 있다. 왜냐하면 초발심이야말로 가장 순수하고 가장 청정하며 가장 솔직한 마음인 까닭에 궁극적으로 깨달음을 성취하려는 행위와 제대로 부합하기 때문이다. 이런 점에서 수행은 깨달음과 무관하지 않다. 여기에서 무관하지 않다는 것은 수행 자체가 깨달음과 동일한 의미를 지닌다는 말이다.

그래서 수행은 반드시 깨달음을 목표로 하고 궁극에는 깨달음이 이루어진다는 바탕에서 시작되고 끝나는 것으로 생각하는 경향이 있다. 그러나 이 경우에 수행이 깨달음의 이전 단계로만 이해되는 수행은 올바른 수행이 아니다. 그것은 수행은 깨달음의 이전 단계가 아니라 수행이 곧 깨달음이기 때문이다.[22] 그래서 본래자기를 터득하는 기술이 필요하다. 그 기술이 좌선으로서의 자각이다. 좌선을 통한 자각, 다시 말해 본래자기를 심신深信하는 것이 곧 수행이다. 따라서 좌선을 통한 자각의 수행은 본래불本來佛을 찾는 것이 아니라 애초부터 구비하고 있는 본래불인 자기를 닮아가는 행위이다. 곧 부처를 닮아가는 것이다. 아니 자신의 행위가 부처를 닮아가는 행위임을 분명하게 자각하는 것이다.

---

21 『大方廣佛華嚴經』卷8(大正藏 9, p.449下)
22 『단경』에서 수행과 깨달음의 관계는 수행(定)과 깨달음(慧)을 一體로 설명하고 있다. 소위 혜능의 수증관은 수행을 통한 그 결과로서 깨닫는다는 경우가 아니라 수행은 깨달음과 다르지 않다는 견해를 보여준다. 이런 점에서 중국 조사선에서 수행과 깨달음의 관계는 修證一如에 속한다.

선종에서는 이와 같은 본래불의 도리를 믿는 행위에 대하여 예로부터 원오극근(圜悟克勤, 1063~1135)은 "깨달음(佛法)에는 본래 번뇌가 없는데, 그것은 모든 사람에게 갖추어지지 않은 바가 없다"[23]라고 말한다. 이것으로 보자면 원오는 본래부터 중생 누구나 본래자기라는 깨달음을 갖추고 있다는 본각문本覺門에 입각해 있다. 또한 연명연수(永明延壽, 904~975)는 다음과 같이 말한다.

> 본각문에 두 문이 있다. 하나는 청정본각문이고, 둘은 염정본각문이다. 시각문에 두 문이 있다. 하나는 청정시각문이고, 둘은 염정시각문이다. 어째서 청정본각문이라고 말하는가. 본유의 법신은 무시이래로 항사를 능가하는 덕을 원만하게 구족하여 항상 명정하기 때문이다. 어째서 염정본각문이라고 말하는가. 자성청정심이 무명의 훈습을 받아 생사에 유전하여 단절이 없기 때문이다. 어째서 청정시각문이라고 말하는가. 무루의 성지는 일체의 무량한 무명을 벗어나 있어 일체무명의 훈습을 받지 않기 때문이다. 어째서 염정시각문이라고 말하는가. 반야가 무명의 훈습을 받아 벗어나지 못하기 때문이다.[24]

이것은 중생 누구나 본래청정한 자기임에도 불구하고 온갖 번뇌와 어리석음으로 인하여 본래청정한 자기라는 사실조차도 인식하지 못함을 말한 것이다. 따라서 처음부터 갖추고 있던 본래자기를 회복해야

---

23 『佛果克勤禪師心要』 卷上(卍新續藏 69, p.460下)

24 『宗鏡錄』 卷6(大正藏 48, p.445下)

하는 과제가 대두되는데, 이것이 수행의 필요성으로 도출된다. 그래서 대혜종고(大慧宗杲, 1089~1163)는 "시각이 근본에 합치되는 것을 부처라고 말한다"[25]라고 말한다.

이처럼 본래청정한 자기라는 인식이 필요하다는 것이 곧 대혜종고가 언급한 시각문始覺門의 입장이었다. 여기에는 궁극적으로는 본래청정한 자기에 대한 체험의 확신에 해당하는 심신深信이 반드시 필요하다. 본각에 근거하고 있음을 깊이 믿는 경험으로 반드시 발심이 필요하다는 것인데, 이와 같은 심신이야말로 지혜로운 발심에 해당한다. 이 발심의 근원에는 일체중생이 부처와 다름이 없다는 본래성불의 사상이 근거하지 않으면 안 된다. 바로 그와 같은 관념은 일찍이 보리달마의 법어에서 엿보인다. 보리달마는 「이종입二種入」에서 "이입이란 소위 불법의 가르침에 의해 불교의 근본적인 취지를 깨닫는 것이다. 중생은 성인과 동일한 진성을 지니고 있음을 심신하는 것이다"[26]라고 말한다.

여기에서 이입理入은 깨달음에 들어가는 이론이라든가 수행의 과정이 아니다. 곧 불교의 근본적인 취지를 깨닫는 것으로 '중생은 성인과 동일한 진성을 지니고 있음을 심신하는 것이다'는 것을 가리킨다. 이것이 바로 달마가 제시한 수행의 방식으로서 발심의 도리이고 발심을 완성하는 수행의 이치다.

여기에서 달마의 수행은 무엇을 새롭게 성취하기 위한 점수의 수행이 아니었다. 궁극적으로는 달마 자신의 수행이 아니라 달마

---

25 『大慧普覺禪師語錄』 卷16(大正藏 47, p.878中-下)

26 『少室六門』(大正藏 48, p.369下)

자신의 제자들에게 가르친 수행의 방식일 뿐이다. 이와 같이 달마가 말하는 깨달음의 내용은 구체적으로 중생은 부처(聖人)와 동일한 진성을 지니고 있다는 것이다. 중생과 부처가 다르지 않다는 것은 중생에게나 그리고 부처에게나 모두 불법이 본래부터 갖추어져 있음을 말한다. 본래부터 갖추어져 있는 불법을 심신深信하는 것이 이입이었다.

　이처럼 선수행에서 발심의 중요성을 강조한 안목이야말로 선종의 출발점으로서 일착자一著子였다. 그와 같은 면모는 선종의 초조인 보리달마에게서 발견되듯이, 결국 올바른 발심에 근거하여 필연적으로 수행으로 전개되고, 그 수행은 깨달음으로 나아가며, 깨달음은 선종이 본격적으로 전개되면서 더욱이 선지식의 인가印可라는 제도를 창출하였다. 인가야말로 깨달음에 대한 선지식의 보증으로서 조사의 지위를 계승하는 근거였다. 나아가서 인가는 불법을 전승하는 전법傳法의 행위로 귀착되었다. 이에 전법을 실천하는 출발점을 출세出世라고 하였다. 이 출세는 대중교화를 위해 세간에 나오는 모습을 가리킨 말이다. 따라서 출세는 발심으로부터 그 궁극에 이르는 행위로서 선종이 궁극에 보살도를 실천하는 종파임을 유감없이 보여준 장치이기도 하였다.

3. 수증관의 변용과 기관

선의 시작은 인도불교에서 기원하여 초기불교, 부파불교, 대승불교를 거치면서 참으로 다양한 방식으로 전개되었다. 선은 선(禪 dhyāna)뿐

만 아니라 달리 정(定, adhicitta)으로 번역되기도 한다. 정은 동요動搖
나 산란散亂을 떠나 마음이 안정되는 것을 말한다. 그리고 정은 종종
삼매(三昧, samādhi)의 번역어로도 간주된다. 삼매는 마음을 한곳에
집중한다, 내지 한곳에 둔다는 뜻이다. 그래서 이것을 등지等持라고
번역하기도 한다. 이것은 마음을 평등하게 유지하는 것을 말한다.
평등하게 유지한다는 것은 마음이 지나치게 축 늘어져 가라앉는다든
가 들떠 산란하다든가 하지 않고 균형이 잡힌 작용을 하는 것이다.
그래서 삼매는 원래 심일경성心一境性을 그 본질로 삼는다. 심일경성
이란 마음을 하나의 대상에 전주專注하는 것이다.

그러나 선과 정은 그 범위를 엄밀하게 규정하기는 어렵다. 오히려
동의어로 사용되는 경우도 자주 나온다. 그러나 6세기 초에 보리달마
菩提達摩가 중국에 도래하면서부터 선이 독립적인 한 계통을 형성하게
되는 선종의 초석이 되자, 그에 따라서 선이 의미하는 내용도 적지
않은 변화를 초래하였다. 교종敎宗을 불어종佛語宗이라고 부르는 것
에 상대하여 선종禪宗은 불심종佛心宗이라고 불린다. 여기에서 불심
은 불성佛性이고 진성眞性이며 본래면목本來面目이다. 그리고 불성은
불佛의 본질로서 성불의 선천적인 근거이다. 달마선達磨禪[27]에서는
중생에게 본래부터 갖추어져 있는 이 본각진성本覺眞性을 그대로
선이라고도 하고, 또한 그 본각진성을 오수悟修하는 것을 선이라고도
한다. 그리하여 여기 달마선에서 선은 인도적인 사유수思惟修나 정려
靜慮에 포함되어 있지 않은 파생적인 내용을 지니게 된 것이다. 중생에

---

27 達磨禪은 達磨宗으로 보리달마의 선풍을 지칭하는 용어인데, 초기선종 시대의
  선종을 지칭하는 용어이다.

게 본래부터 구족되어 있는 진성을 깨닫는 것을 혜慧라 하고, 이것을 수修로 드러내는 깃을 정定이라 한다. 이와 같은 정과 혜를 통칭하여 선이라고 하였다.[28] 그리고 오悟라고 해도 진성을 대상으로 하여 그것을 각지覺知하는 것에 그치는 것이 아니라, 진성 그 자체에 계합하여 자신이 불성 전체를 드러내는 것이다. 그래서 오悟는 깨닫는 마음(心)과 깨달은 진성眞性이 일체一體가 되는 체험이다.

그런데 좌선이라는 행위를 통하여 궁극에 깨달음에 도달하는 행위를 통틀어 수修라고 정의하고, 그 결과를 오悟 내지 증證이라고 말할 경우에는 작수作修 내지 훈수熏修라고 말한다. 마찬가지로 깨달은 이후에도 반드시 깨달음의 작용이라고 말할 경우에는 본수本修 내지 묘수妙修라고 말한다. 그래서 본수 곧 묘수가 없는 깨달음은 어설픈 깨달음이고, 독각의 깨달음이며, 성문의 깨달음이다. 본수 곧 묘수가 없는 깨달음은 찰나적이고 편협적이며 부분적이다. 그래서 지속적이고 보편적이며 지속적인 깨달음이 아니면 안 된다.

이에 작수 내지 훈수는 지혜가 수단으로 역할을 하는 경우에 해당하고, 본수 내지 묘수는 지혜가 궁극적인 깨달음으로 역할을 하는 경우에 해당한다. 따라서 지혜가 작수 내지 훈수로 작용하는 경우에 대하여 어떻게 작용하고 전개되는지 살펴보고자 한다.

1) 점수의 차제정에서 돈오의 견성으로

일찍이 인도의 선법 가운데 붓다 선정의 특징에 대하여 일본의 불교학

---

28 이런 점에서 중국의 선종에서 선은 좌선의 수행만이 아니라 깨달음의 용어로 그 의미가 확장되었다.

자 마쓰나가(增永) 교수는 다음과 같이 여섯 가지로 정리하였다.

① 불타의 선정은 이상理想으로서 전체와 개개가 일체一體된 인격 완성인 열반을 체현하는 데 있어서 가장 필요한 방법으로서 두 선인仙人의 수정주의자修正主義者처럼 그것을 결코 목적으로 삼은 것이 아니다.

② 불타의 선정은 현세에 있어서 열반의 체현을 목적으로 하는 것으로서 두 선인의 수정주의자와 같이 사후에 거기에 상응하는 천天에 태어나는 것을 기대하지 않는다. 이것이 곧 불타가 사선四禪을 채용하고, 그 밖의 사후의 논論에 대해서는 문제 삼지 않았던 까닭이다.

③ 불타의 선정은 외부 학파의 제일원리第一原理로부터 일체가 전변유출轉變流出된다는 전변설轉變說 등의 독단적인 형이상학과 완전히 분리되어 행해진 것이다. 하물며 생천生天과 같은 것을 결코 중요시하지 않았다.

④ 불타의 선정은 물심일원론物心一元論에 기초하여 이원론적 대립을 인정하지도 않았다. 불교는 제법무아諸法無我의 법인法印으로 그러한 사상을 배척하고 무아설에 기초한 선정을 역설하였다.

⑤ 불타에게 선정의 목적은 현세에 욕망을 소멸하는 누진漏盡을 통해 인격을 완성하는 데 있어서 외부 학파와 같이 신통을 얻는 것이 목적은 아니었다. 불타는 누진통漏盡通과 교계敎誡하는 신변神變을 제외한 다른 초자연적인 힘을 극력 배척하였다.

⑥ 불타의 선정은 무아에 철저하여 대비를 기반으로 삼고 있어서 외부 학파와 같은 착미著味·사견邪見·아만我慢의 삼과환三過患을 떠난 근원적인 실천이다.[29]

이것은 선의 시작점이 어떤 성격을 지니고 있었는가 하는 점을 잘 보여주고 있다. 소위 선수행에서 선정 자체가 목적은 아니었다는 것이다. 이것은 열반을 위한 수단으로서 선정을 정의한 것이다. 그리고 선정은 형이상학도 아니고, 천상세계에 태어나려는 것이 아니라 신심일여身心—如의 입장이고, 신통력을 획득하는 것이 아니라 인격을 완성하려는 것이며, 궁극에는 무아를 실현하는 수단이었음을 말해주고 있다.

이와 같은 붓다 선정을 실현하기 위하여 인도불교, 특히 아비달마阿毗達磨 교학에서는 사선四禪·사무색정四無色定·멸진정滅盡定·삼등지三等持·삼삼매三三昧·삼중삼매三重三昧 그리고 이것들에 기초한 사무량심四無量心·팔해탈八解脫·팔승처八勝處·십변처十遍處 등의 공덕을 논의하였다. 기타 십수념十隨念·십부정관十不淨觀·식염관食厭觀·계차별관界差別觀·오정심관五停心觀 등 소위 관법이 크게 논의되었다. 그런데 이와 같은 선정의 다양한 방식들은 한결같이 깨달음을 체득하려는 수단으로 출현한 까닭에 어디까지나 점수漸修의 차제적次第的인 수행의 성격을 지닌 작법들이었다.

그러나 6세기 초부터 연원하는 중국의 선종, 소위 조사선祖師禪에서는 기존의 인도적인 점수의 방식으로부터 크게 일변하였다. 중국의 조사선에서는 근본적으로 일체의 중생은 본래부터 부처라는 본래성불本來成佛의 사상에 근거하여 형성되었고 전개하였다. 이러한 전통은 보리달마로부터 혜능의 남종선南宗禪을 거쳐 이후로 선종의 역사에서 큰 흐름을 형성해 왔다.

---

29 增永靈鳳,『禪宗史要』, 東京: 鴻盟社, 1963, pp.18~20.

가령 보리달마의 심신深信의 가르침, 이조 혜가의 선심禪心의 가르침, 삼조 승찬의 신심信心의 가르침, 사조 도신의 수일불이守一不移의 가르침, 오조 홍인의 수본진심守本眞心의 가르침, 육조 혜능의 단용차심但用此心의 가르침, 남악회양의 단막염오但莫染汚의 가르침, 마조도일의 도불용수道不用修의 가르침 등은 모두 본래청정한 마음을 인정한 가르침인 까닭에, 조사선의 수증관에서 말하는 것처럼 소위 범부가 부처가 되는 것이 아니라 애초의 부처가 그대로 부처가 되는 도리를 설파한 선리였다.

이러한 용어들은 소위 본래성불에 근거한 선리로서 거의 모든 선어록의 법어에 수용되었다. 이것은 인도선법의 차제적인 점수의 수행방식과 판이하게 다른 개념인데, 소위 중국적인 조사선의 돈오견성을 주창하는 이념들이었다. 이 돈오견성의 선리는 달마로부터 혜능에 이르는 초기선종의 시대, 특히 혜능의 법어집인『단경』에 이르면 명백하게 다져지고 정착되었다. 혜능은 다음과 같이 말한다.

선지식들이여, 후대에 내 법을 터득하는 자는 이 돈교법문을 가지고 돈교법문 그대로 보고 돈교법문 그대로 닦아야 한다. 그리고 발원하고 수지해서 종신토록 부처님을 섬기듯이 하여 물러나지 않으면 반드시 부처님 지위에 들어간다.[30]

여기에서 말하는 돈교법문을 풀이하자면 '만약 돈교법문 그대로

---

30 『六祖大師法寶壇經』(大正藏 48, p.351中) 참조.

bo고 돈교법문 그대로 닦지 않고 대신 다른 법문을 보고 닦아서 종상이래로 묵전된 분부를 진수하지 못한다면 그것은 저 종전의 역대 조사들을 훼손시키는 것으로 구경에 아무런 이익도 없다'는 의미가 된다. 그 때문에 정법안장正法眼藏을 전승하는 최고의 방법은 돈오견성을 하지 않고는 불가능하다는 말이다.

따라서 혜능은 근원적으로는 자신이 붓다로부터 전승되어 내려온 정법안장의 충실한 계승자로서 긍지를 보여주고 있을 뿐만 아니라, 중국 선종의 달마종지를 돈오견성으로 정의하고 그 전승을 강조할 수가 있었다. 이런 점에서 혜능의 위상에 대하여 기존의 차제적인 점수와 달리 돈오적인 견성을 통하여 중국 선종에서 출현하고 전개되었던 조사선풍이라는 새로운 이정표를 세울 수가 있었던 인물로 평가할 수가 있다.

그러면 조사선의 역사에서 이처럼 차제적인 점수를 지양하고 돈오를 강조하게 된 연유는 무엇인가. 일반적으로 모든 중생이 실유불성悉有佛性[31]이라고 해도 중생의 깜냥만으로는 결코 성불할 수가 없다. 성불은커녕 자신의 구제도 불가능하다. 그 때문에 반드시 불보살의 가피가 절대적으로 필요했다. 이런 분위기에서 강조되었던 불교운동

---

31 悉有佛性의 개념은 중국의 조사선이 형성되는 근거이기도 하였다. 그 실유불성의 의미가 첫째는 佛의 지혜가 유정들 가운데에 작용하고 있기 때문에 여래법신이 편만하다는 것이고, 둘째는 본성으로서 무구無垢인 저 진여가 불이평등하기 때문에 여래진여가 무차별하다는 것이며, 셋째는 佛의 종성에는 그 과果 곧 佛이 가설되어 있기 때문에 일체중생에게 여래종성이 존재한다는 것이다. 小川一乘, 『佛性思想』, 東京: 文榮堂書店, 1982, pp.32~45.

이 불법에 대한 정법正法·상법像法·말법末法의 삼시三時 사상이었다.

진陳 남악혜사南岳慧思의 「입서원문立誓願文」을 비롯하여 북위北魏 담란曇鸞과 수隋 도작道綽, 당唐 선도善導 등에 의한 미타정토의 신앙도 말법사상에 근거한 것이었다. 한편 수대隋代의 신행(信行, 540~594)은 불법을 제1계인 일승, 제2계인 삼승, 제3계인 보법이라는 삼단계로 분류하고, 시時는 말법시대, 처處는 예토穢土, 인人은 파계사견破戒邪 見이라고 하여, 당시는 말법시대에 해당하므로 보법의 불법에 의해서 만 구제된다고 주창한 것도 그 일례였다.[32]

더구나 상대적으로 자력수행을 강조했던 선종에서도 마찬가지로 중생이 깨달을 수 있는 근거로서 애초에 부처가 아니고서는 전혀 불가능하다는 견해가 지배적이었는데, 그것이 바로 본각本覺의 사상 이었다. 본각인 까닭에 돈오에 의거하여 자각하는 것이 요구되었다. 이것은 중생 누구나 본각의 자기임에도 불구하고 온갖 번뇌와 어리석 음으로 인하여 본각의 자기라는 사실조차도 인식하지 못한다는 것이 다. 따라서 처음부터 갖추고 있던 본각의 자기를 회복해야 하는 과제가 대두되었는데. 그것이 수행의 필요성을 끌어낸 것이다.

이러한 분위기는 일반적으로 선종의 수행이 사회의 사람과 떨어져 서 초연하게 깊은 산속에서 홀로 정진하는 이미지가 강하게 부각되어 있다. 이와 같은 핸디캡을 극복하고자 일찍이 보리달마를 관음보살觀 音菩薩의 화현으로 설정함으로써 선종의 수행이 소승적인 자리행에 머물지 않고 대승의 이타행을 지향하고 있음을 보여주었다. 이에

32 권기종 역, 『중국불교사』, 동국역경원, 1985, pp.89~90.

대하여 후대의 문헌에서는 양 무제가 달마를 추방한 이후에 부대사(傅大士, 497~569) 곧 선혜대사善慧大士가 황궁을 찾아가서 황제가 추방한 달마야말로 바로 관음보살의 화현이라고 황제에게 직언하는 모습을 기록하고 있다.

> 달마가 마침내 강을 건너갔다. 무제가 이후에 지공에게 묻자, 지공이 말했다. "폐하께서는 그 사람을 모르십니까?" 무제가 말했다. "모릅니다." 지공이 말했다. "그는 바로 관음보살로서 부처님의 심인을 전승한 사람입니다." 무제가 사신을 보내 달마를 불러오려고 하자, 지공이 말했다. "온 백성이 가더라도 그는 돌아오지 않습니다."[33]

여기에서 보리달마를 관음보살의 화현으로 등장시킨 것은 수행을 강조해 왔던 선종이 깨달음만 지향하는 것이 아니라 중생의 구제를 우선시하는 관음보살의 대자비의 정신도 아울러 지향하고 있음을 보여준 일화이다. 따라서 지혜를 추구하는 입장에서 수행을 앞세우는 선종이라고 해도 반드시 자비를 수반한 수행임을 강조함으로써 대승의 보살도를 지향하고 있음을 노정시켜 주고 있다.

이러한 분위기에서 선종의 수행은 본래성불의 존재인 중생이 수행을 통하여 궁극의 목표에 도달한다는 장치로서 점수보다는 돈오가 단연 각광을 받는 개념으로 등장하였다. 중생은 어떤 말을 해도 중생의 말을 벗어나지 못하고, 어떤 생각을 해도 중생의 생각을 벗어나지

---

33 『佛祖統紀』 卷29(大正藏 49, p.291上)

못하며, 어떤 행동을 해도 중생의 행동을 벗어나지 못한다. 그럼에도 불구하고 궁극에 깨달음을 성취하는 존재라면 애초부터 믿음 곧 발심을 전제로 가능한 것이었다. 모든 사람은 중생이 아니라 부처라는 본각이 필요한 이유였고, 나아가서 그것을 자각하는 근거로서 수행의 당위성을 설정한 것이었다. 이 점이야말로 일체중생이 돈오의 수행법을 통한 견성성불에 나아갈 수 있는 최소한도의 안전장치였다.

2) 다양한 기관의 창출

선종에서 지혜를 추구하는 수단의 기능은 무궁무진하다. 경론에 보이는 교화의 다양한 방식을 활용하는 데 그치지 않고 선수행이라는 특수한 상황을 고려하여 일종의 선리禪理에 해당하는 장치를 개발함으로써 경론에서는 볼 수가 없었던 다양한 기관을 창출하였다. 그것은 선종에서 지혜를 발휘하는 가장 보편적 측면으로 선지식이 납자를 길러내는 교육수단의 고안, 그리고 깨달음을 사회에 실천하는 방식으로 보살행을 추구하는 이타의 추구 등 양면으로 나타났다.

우선 전자의 경우와 관련하여 선종에서 개발하여 활용하고 있는 교육의 방편은 천차만별이다. 왜냐하면 선종에서는 깨달음을 향해 수행하는 사람, 이를테면 납자에게도 상근기부터 하근기까지 다종다양하기 때문이다. 수백 명에 달하는 대중을 거느리고 있는 선종의 종합적인 수행도량인 총림叢林에서 획일적인 교육으로는 각자가 만족하는 교육을 제공해 줄 수가 없었다. 그와 같은 상황에서 납자가 나름대로 추구하고 있는 방향에서 납자의 고민을 가장 효율적으로 대처하는 방식이 오랜 역사에 걸쳐 다양한 선지식들의 혜안으로 창출

204

되고 다져지며 전승된 일체의 장치를 기관機關이라고 한다. 이러한
기관의 출현은 수행도량이라면 어디에서나 누구에게서나 독특한 방
식으로 제시되었는데, 그러한 선수행의 지도방식을 소위 기관선機關
禪이라고 한다.

　가령 향엄香嚴의 삼조三照, 임제臨濟의 사요간四料揀・사조용四照用
・사빈주四賓主・삼현삼요三玄三要・사할四喝, 동산洞山의 정편오위正
偏五位・삼삼루三三漏・삼로三路, 조산曹山의 군신오위君臣五位・삼종
타三種墮・사이류四異類・삼연등三燃燈, 현사玄沙의 오기불성五機佛性
・삼구三句, 운문雲門의 삼구三句와 일자관一字關, 파릉巴陵의 삼구三
句, 대양大陽의 삼구三句, 천태덕소天台德韶의 사요간四料揀이다. 앙산
仰山의 원상圓相, 법안法眼의 육상의六相義도 기관선으로 볼 수가 있
다.[34] 후대에 출현한 묵조선默照禪과 간화선看話禪의 지도방식에서
현성공안現成公案과 화두話頭 등도 마찬가지의 경우에 속한다. 이뿐만
아니라 가장 보편적으로 납자를 교육하는 수단으로서 활용된 선문답
禪問答도 기관의 일종이다.

　이와 같은 기관선의 유행은 당대唐代의 자유롭고 활달한 선풍으로
선의 교육이라는 틀을 형성하였는데, 그것은 교종의 쇠퇴라는 현상과

---

34 이러한 선종의 수행기관에 대하여 총 집대성한 총서로는 法眼文益의 『宗門十規
　論』, 송대 晦巖智昭가 찬술하고 物初大觀이 편찬한 『人天眼目』, 송대 希叟紹曇
　의 『五家正宗贊』, 명대 漢月法藏의 『五宗原』, 청대 白巖淨符가 짓고 雲門淨深
　이 교열한 『法門鋤宄』, 청대 三山燈來가 찬술하고 別庵性統이 편찬한 『五家宗
　旨纂要』, 고려 천책의 『禪門綱要集』, 조선 喚醒志安의 『禪門五宗綱要』, 일본의
　東嶺圓慈이 찬술하고 大觀文殊가 교열한 『五家參詳要路門』 기타 등이 널리
　알려져 있다.

무관한 것이 아니다. 파불破佛로 인하여 수많은 경론을 상실한 교종은 큰 타격을 받았다. 이에 경론에 의거하는 것보다는 실천을 종지로 삼는 선종이 유독 번영하였다. 교종의 측에서 선종으로 유입한 인물도 많았다. 그 무렵에 조의祖意와 교의教意가 같은가 다른가 하는 문제가 종종 있었던 것도 알 수가 있다.

그러나 선종에서는 조의와 교의를 기본적으로 다른 것으로 간주하지 않는다. 다만 교종이 쇠퇴해 가는 과정에서 기관선으로서 선의 이론이 다수 창출된 것은 시대적인 흐름이었다.[35] 고착화가 되고 형해화가 되며 범주화가 되는 것을 가장 싫어하는 선종의 교육에서 부득이하게 방편으로서 그런 범주화를 내세우지 않으면 안 되었던 것이 바로 기관선의 출현으로 이어졌다. 그것은 총림의 교육수단이기도 하고, 또한 교종의 교의에 대한 대응작용이었다고 간주할 수가 있다.

대중의 근기가 다양해지는 상황에서 조사의 경우에도 또한 다양한 개성을 지닌 인격으로 부각되었다. 당연히 거기에는 조사가 납자를 제접하고 교화하는 수단의 차이도 생겨날 수밖에 없었다. 예를 들면 임제와 덕산이 방棒과 할喝을 사용하여 엄격하게 납자를 접화한 것에 상대하여, 동산은 한 번도 방과 할을 사용하지 않고 철저하게 도리를 설하는 방식으로 납자를 응대한 것이었다. 그와 같은 접화 수단의 차이로부터 오가五家가 발생하였다. 오가란 선풍의 차이를 말한다. 그러나 가풍에는 차이가 나더라도 거기에는 공통하는 부분이 있었다.

---

35 이러한 선풍은 唐 및 五代 선종의 결과물에 해당하는 다수의 禪語錄이 송대에 계승되어 그들 어록에 대한 교조적인 문화의 발전으로 公案禪, 文字禪, 默照禪, 看話禪 등의 수행법이 출현하는 것에 맥락이 닿아 있다.

그러므로 다양한 '마음의 작용'을 냉철하게 보게끔 하기 위해서
밑바닥으로부터 발생한 불성의 작용을 자각시켜 주는 수단으로서
문답問答과 설법說法과 방棒과 할喝, 기타의 방식이 사용되었다. 문답
과 고칙古則의 비평에 해당하는 염제拈提 혹은 깨달음의 경지에 대한
언어문자의 표출은 일상의 상식적인 표현방식으로는 제대로 표현되
지 않는다. 그래서 자연히 기발한 그리고 난삽한 표현이 된다. 또한
교육의 측면에서도 납자를 갈등으로 몰아넣어 일상의 인식작용에
대한 타파를 추구한다. 그리고 고뇌하는 가운데서 영성의 발현을
취하도록 만든다.[36]

이처럼 선종이 기機를 중시하면서 지도자로서 조사와 피교육자로
서 납자의 관계에서 설해져 갔다. 그것은 분명히 영원한 현재를 중시하
는 선종의 특징이기도 했다. 선에서 기의 의미가 교종과 차이를 보인
것은 부처와 중생의 관계로부터 조사와 납자의 관계로 변화해 간
점에 가장 큰 이유가 있다. 선종은 증오證悟를 추구한다. 현재의
이 생生에서 어떻게 해서라도 자기의 깨달음을 도모하지 않으면 안
되기 때문이다. 여래선如來禪으로부터 조사선祖師禪[37]으로 변화해 가
는 추이는 이 기의 문제를 버무려서 생각해 보면 이해하기 쉬울 것이다.

교육敎育이라는 말과 비슷한 의미로 사용되는 말에 도야陶冶라는
용어가 있다. 도陶는 점토를 반죽하여 어떤 형태의 그릇을 만드는

---

36 鈴木哲雄, 『唐五代禪宗史』, 山喜房佛書林, 1997, pp.528~529.
37 여기에서 언급하고 있는 여래선과 조사선은 선지식이 납자를 교육하는 방식에
   따른 용어로, 여래선은 경론 기타의 敎義에 의거하여 지시하는 방식이고,
   조사선은 단도직입으로 납자의 자성을 直指人心토록 해주는 방식이다.

것이고, 야冶는 금속을 주조하여 강철로 단련하는 것이다. 이로부터 전의되어 인간을 육성한다는 의미로 쓰이고 있다. 선종에서 교육이야 말로 도야가 보여주고 있듯이 선지식이 납자를 단련하여 원하는 인물로 만들어 가는 도제식 교육의 장이었다. 물론 선종의 교육은 재가자 중심이 아니라 출가자 중심으로 전개되었다는 한계는 있지만, 그것을 제도가 아니라 개개인의 덕목을 향상해 간다는 점에서 접근해 보면 굳이 출가와 재가의 구분이 필요가 없다.

선종에서 교육의 주체와 객체의 관계에 대하여 첫째는 명령·지도, 둘째는 설득, 셋째는 감화의 세 가지 유형이 있다. 첫째의 명령과 지도는 대부분 경우에 행위의 내용과 동기를 묻지 않고 외적인 행동에 그 관심을 둔다. 구체적으로는 교육자와 피교육자의 나이와 신분상의 차이 등에 기초한 외적인 권위에 의한 것을 말한다. 둘째의 설득은 명령과 지도와 약간 다르다. 단순히 외적인 권위에 의하는 것이 아니라 그 행위와 행위의 결과를 보여주어 교육의 객체가 스스로 알아서 행동하는 경우에 성립한다. 셋째의 감화는 인간 형성에 의해 영속적인 힘을 얻는 경우이다. 교육적인 의도의 실현을 위하여 교육의 주체는 다만 자신의 행위를 해나가면서 교육의 객체를 교육적인 배려 위에서 지켜보는 것만으로 충분하다.

4. 선문답의 지혜

1) 선문답과 침묵

선종에서 선지식이 납자를 지도하는 기관의 일종으로 가장 보편적인

208

방식에 선문답禪問答이 있다. 선문답은 납자가 아닌 일반인의 눈으로 보면 일상의 상식이면서 가장 비상식적인 면모를 지니고 있다. 그것은 선문답의 속성이 바로 일반의 상식을 초월한 까닭이다. 그래서 흔히 역설적인 표현으로 무분별無分別의 분별分別 내지 무지無知의 지知라고 표현한다.[38] 이것은 지식을 추구하면서도 그 지식을 초월하여 자유로운 삶을 구가하는 자유인自由人 곧 한인閑人의 면모를 일컫는 말인데, 무지의 지 및 무분별의 분별이라는 행위, 소위 선적인 지혜를 가리키는 특징으로 파악한 것이다.

이처럼 선자들이 궁극의 경지를 추구했던 방식은 일견 모순으로 가득하다. 진정으로 지혜를 추구하려면 그 지혜마저 버리지 않으면 안 되는 까닭을 일찍부터 터득하고 있었다. 그러한 목표를 성취하기 위하여 활용한 방법이 곧 선문답이었다. 이에 선문답은 가장 단출하고 간결하며 직절直截하고 명쾌明快하다.

선의 특징이기도 하고 선을 특징짓게도 하며 선을 체험하고 선을 체험하게 하며 선을 하나의 문화현상으로 유지시키고 선에 생명을 불어넣는 것 가운데 하나가 선문답이다. 그래서 선이 있는 곳에 선문답이 있다고 말하기보다도 오히려 선문답이 있는 곳에 선이 있다고 말하는 것이 더욱 적절하다. 왜냐하면 선문답이 활발하게 논의되고 활용된 시대에는 언제나 선이 활발하게 발달하였을 뿐만 아니라, 선문답이 사라지고 논의되지 못했던 시대에는 언제나 선이 쇠퇴의 길을 걸었던 역사를 지니고 있기 때문이다. 그래서 선문답은 선의

---

38 鈴木大拙, 『禪の思想』, 東京: 春秋社, 1980, p.9.

발달과 특징을 동시에 보여주는 하나의 표준이 되기도 한다.

이런 점에서 선문답은 선에 대한 문답이 아니라 선의 문답이다.[39] 나아가서 이것은 선을 체험한 선지식과 납자가 주체가 되어 선의 입장에서 선에 대하여 문답하는 것이지, 선을 사이에 두고 선을 주제로 문답하는 것이 아니라는 말이다. 이것은 선이 곧 선문답이고 선문답이 선이기 때문에, 달리 선을 가지고 문답을 한다든가 문답을 통해서 선을 발견해 낸다는 그런 뜻이 아니라는 말이다. 그러므로 선을 내용의 측면에서뿐만 아니라 형식적인 측면에서 간주할 때 양자 모두의 조건이 충족된 것이 바로 선문답이다.

선문답은 형식적으로는 선지식과 납자 사이에 일어나는 행위로서 선지식이 납자를 상대하여 접화하는 방식이기도 하다. 그러나 그 내용의 측면에서 보면 선문답이 지니고 있는 내용은 선지식이 납자에게 내려주는 가르침의 내용이기도 하고, 선지식 자신의 깨달음의 경지를 문답 형식으로 표현하고 있는 것이기도 하며, 납자가 수행과 깨달음에 대하여 지니고 있는 의문과 자신의 심경을 토로하는 것이기도 하고, 납자 자신이 수행하는 역정이기도 하다. 그래서 이 문답은 자신의 심증을 토로한 것이기도 하면서 동시에 선지식이 납자로 하여금 새로운 사고의 틀이 형성되도록 고무시키는 역할을 하기도 한다.[40]

---

39 '선에 대한 문답이 아니라 선의 문답이다'는 것은 선에 참여한 경험조차 없는 사람이 선을 가지고 이러쿵저러쿵 문답하는 경우가 아니라, 직접 선에 참여한 선지식과 납자가 선에 대하여 진지하게 문답하는 경우를 가리킨다. 이것이 선문답이 형성되는 기본조건이다.

40 이런 이유 때문에 선문답의 경우 대부분은 납자가 선지식에게 자기의 물음을

또한 선문답은 기존 방식의 답습을 초월하는 성격을 지니고 있다. 같은 사람이 같은 선문답을 거양한다고 하더라도 그것은 전혀 별개의 선문답이다. 왜냐하면 조사서래의祖師西來意에 대하여 그 누가 활용해도 당사자에게 동일한 내용은 아니기 때문이다. 설령 언설로서 동일한 답변이 나온다손 치더라도 벌써 그 선문답은 상황이 달라져 있어 전혀 다른 선문답으로 작용하기 때문이다.

　승이 조주에게 물었다. "조사가 서쪽에서 온 의미는 무엇입니까?"
　조주가 말했다. "앞 이빨에 터럭이 난 것이다."[41]

'조사가 서쪽에서 온 의미가 무엇인가'라는 말은 가장 보편적인 공안으로 전승되어 왔다. 조사는 중국 선종의 초조인 보리달마를 가리킨다. 중국을 기준으로 볼 경우에 달마의 출신국인 인도는 서방에 해당하기 때문이다. 그래서 달마가 중국에 도래한 근본적인 의의가 무엇인가 하는 문제는 불교가 내세우고 있는 궁극적인 의미를 질문하

제기하고 그에 대한 선지식의 답변 형식으로 이루어져 있는 것이 많다. 그러나 문답이라고 해도 선지식이 스스로 제자에게 묻고 선지식 자신이 답하는 경우, 제자가 선지식에게 묻고 선지식이 답변하지 않은 경우, 납자가 물으면 스승이 그에 대하여 답해 주는 경우, 납자가 선지식에게 묻고 납자 자신이 답하는 경우 등 다양하다. 이것을 모두 문답이라는 형식으로 취하는 것을 선문답이라 한다. 그래서 꼭 문답의 형식은 아닐지라도 선지식이 제자에 대한 선의 깊은 의미를 전달한다든가 자신의 경험을 통하여 토로한 것이 선문답의 범주에 두루 포함된다.

41 『空谷集』 卷3(卍新續藏 67, p.292下)

는 것이다. 따라서 '조사서래의'라는 말 대신에 '어떤 것이 불법의 궁극적인 의미인가(如何是佛法的的大意)'라는 말로 제시되기도 한다.[42]

이로부터 조사서래의는 중국의 조사선 가풍에서 가장 궁극적이고 보편적으로 조사선을 지향하는 물음으로 정착되었다. 이 질문은 궁극적으로 자기에 대한 자각을 촉구하고 있다. 그 때문에 조주는 "앞 이빨에 터럭이 난 것이다(板齒生毛)"라고 말했다. 여기에서 판치는 사람의 이빨 가운데서 흔히 대문니라고 부르는 앞 이빨을 가리킨다. 이빨에 터럭이 났다는 말은 비상식적인 현상이다. 따라서 일반의 사람에게는 비상식적인 내용일지라도 진정 그것을 자각하고 있는 사람에게는 지극히 상식적인 내용으로 다가온다. 그래서 판치에 터럭이 난다는 것이 전혀 이상할 것도 없고 특이할 것도 없으며 자연스럽게 드러나는 현상이 된다.

달마가 바로 이 공안의 중심에 놓여 있다. 달마가 인도에서 중국에 도래하여 단적으로 제시한 가르침은 바로 좌선이었다. 이 경우에 좌선은 몸과 마음이 하나가 되는 체험으로서, 몸은 똑바른 자세로 앉고 마음은 오롯하게 공안에 집중하며 입은 묵묵하게 침묵을 고수하는 수행으로서 분별을 초월한 행위이다. 따라서 오랫동안 침묵하며 수행하느라고 입을 열지 않았다. 이에 말을 하지 않은 것이다. 그 결과 입을 다물고 있었던 까닭에 그 모습을 이빨에 이끼가 나고 곰팡이가 피었다는 말로 나타냈다. 그것을 가리켜 판치에 터럭이 생겨났다고

---

42 조사서래의에 대한 최초의 문답은 탄연坦然과 회양懷讓 두 사람이 숭악혜안嵩嶽 慧安 국사를 방문하여 질문한 것에서 찾아볼 수가 있다. 『景德傳燈錄』 卷4(大正 藏 51, p.231下)

212

말한다. 이것이 달마에게 나아가서 침묵이라는 무분별로 수행하는
납자에게는 지극히 당연하고 자연스러운 현상으로 다가온다.

조주에게 조사서래의에 대하여 질문한 승은 조주의 판치생모라는
답변을 결코 이해할 수가 없었을 것이다. 더욱이 엉뚱하게 수수께끼와
도 같은 답변에 대하여 적이 놀랐을지도 모른다. 그러나 조주의 경우에
는 지극히 자비로운 답변으로 승을 일깨워 준 것이었다. 그것은 질문한
승에게 골탕을 먹이려고 그러한 답변을 제시한 것이 아니었다. 나아가
서 언어유희로 얼버무리려는 행위도 아니었다. 조주는 이미 침묵의
공능을 잘 알고 있었다. 침묵이란 바로 달마가 보여준 특유의 가르침이
기도 하다.[43]

이러한 점이 바로 선문답이 지니고 있는 또 하나의 매력이면서
특징이다. 그 이유는 선문답은 그 형식 그대로 영원하지만 그대로
부단히 새로운 맛을 뿜어내기 때문이다. 더 이상 이전에 제기된 선배들
의 문답이 아니라 지금 현장에서 이루어지고 있는 선지식과 납자
사이의 팽팽한 긴장에서 이루어지는 살아있는 문답이기 때문이다.[44]

---

43 달마가 九年面壁하며 지냈던 판치생모와 같은 행위에 대하여 두 가지로 평가를
내리기도 한다. 하나는 면벽구년의 모습이야말로 오롯하게 오뚝이처럼 앉아서
수행하는 시각적인 이미지로 다가오기도 한다. 晝夜長川 앉아 있는 모습으로
수행에 열중하는 이미지는 그대로 선종이 왜 좌선종인지 보여주는 것이기도
하다. 다른 하나는 면벽구년의 모습은 고요하게 침묵으로 일관하는 것으로부터
아무런 언설도 내뱉지 않는 청각적인 이미지로 부각되기도 한다. 그 침묵이란
입을 벌리지 않고 혀를 놀리지 않음으로써 묵언수행을 보여주는 것이다. 묵언은
궁극적으로 침묵으로 말하는 것이기도 하다. 그것은 바로 설법이 굳이 입을
벌려서 혀를 놀림으로써만 가능한 것은 아니라는 것을 이야기해 준다.

바로 이와 같은 선문답은 모든 상황의 가르침에서 이루어지는 것이지만, 정작 선문답이 전수되는 형식은 철저하게 일대일 상황에서 이루어진다. 선지식이 게송을 설하여 많은 제자를 상대로 하고 있을지라도, 그것을 자신의 문답으로 삼아 깨닫는 데 있어서 철저하게 선지식과 자신만의 교감일 수밖에 없기 때문이다.

한편 침묵은 선문답의 특수한 상황에 속한다. 침묵은 분별의 초월을 상징할 뿐만 아니라 가장 강력한 긍정의 메시지였다. 따라서 침묵의 긍정은 선문답에서 가장 아이러니한 상황이면서 동시에 가장 세련된 의기투합의 전형이었다.

경전에 의하면 붓다는 니련선하尼連禪河 주변에 있는 보리수菩提樹 아래서 명상을 통하여 깨달음을 얻고, 다시 명상에 들어 해탈의 즐거움을 누리고 있었다고 한다. 마침내 브라흐만신을 향하여 귀 있는 자에게 불사不死의 문인 감로법은 열려 있다고 말하며 설법하려는 결심을 말하였다.[45]

---

44 여기에는 반드시 전달이라는 것이 필요하다. 그것이 마음이건 언어문자이건 간에 무언가가 역할을 한다. 그 역할이 굳이 선문답이라 하여 문답의 형식일 필요는 없다. 그래서 世尊의 拈華와 迦葉의 微笑는 어떤 것 이상으로 훌륭한 선문답일 수 있는 것이다. 그 때문에 복잡한 인간의 개성을 무시하고 획일적으로 단순한 知的인 주입으로만 기울게 되면 선문답의 기능은 종종 본질적인 측면에서 결함을 초래하고 만다. 하물며 선의 가르침과 같이 단순한 지성의 만족에 의해서만 달성되는 것이 아니라, 생에 대한 욕구의 恣意를 초월하고 아울러 이성적인 의미영역까지도 초월하는 것이어서 항상 인간의 본원적인 것이 자연스럽게 발로되고 행동화되어 형성되는 경우는 더욱 그렇다.

45 求那跋陀羅 譯, 『過去現在因果經』 卷3(大正藏 3, p.643上) 내용 요약.

214

또한 달마가 숭산 소림사에서 구년면벽九年面壁한 것도 침묵과
통한다. 여기에서 면벽面壁은 달리 면장面牆이라고 말하기도 한다.
달마가 인도에서 중국으로 온 것은 이미 150세라는 노년의 나이였다.[46]
달마는 인도에서 이미 깨달음을 얻고 대승의 교학에도 통달하였다.
그럼에도 불구하고 그것과 상관없이 소림사 동굴에서 면벽수행面壁修
行을 계속하였다.

달마의 면벽수행은 깨달음을 얻으려 하거나 설법을 하지 못해서
그런 것이 아니라 붓다로부터 전승된 정법안장을 단절됨이 없이 이어
갈 제자가 나타나는 시절인연을 기다리는 행위였다. 따라서 면벽수행
을 통하여 그 결과로써 깨달음을 얻으려는 행위인 점수돈오漸修頓悟가
아니다. 그래서 달마는 인적이 드문 깊은 산에서 홀로 수행한 것이
아니었다. 항상 사람들이 드나드는 소림사의 경내에 있는 동굴에서
면벽수행을 하였다. 계속 면벽하고 있는 뒷모습을 소림사의 승려들과
그곳을 다녀간 많은 사람은 항상 보고 있었다. 바로 이것이 달마의
묵언설법이다.

달마가 벽을 대면하여 좌선하여 안심의 경지에 이르렀다는 것은
부동하게 앉아 있는 시각적인 의미이다. 그러나 면벽하고 있는 것은
고요히 앉아 진리를 자각하는 청각적인 의미이기도 하다. 벽관壁觀이
중요한 수행이 된 것은 시각과 더불어 벽과 함께 침묵을 지키는 묵언수
행을 수반하고 있기 때문이다. 묵언이란 곧 분별심이 없는 행위를
의미한다. 따라서 달마의 구년면벽은 구년묵언九年默言으로 통한다.

---

46 『續高僧傳』卷16(大正藏 50, p.551下)

모든 비밀과 그에 대한 해답은 침묵에 들어 있다. 묵언수행을 통하여 깊은 침묵을 맛보면서 내면의 세계와 만날 때 비로소 그 내면은 자기와 벽과 하나가 된다. 그 끄나풀이 곧 침묵이다.

또한 『굉지송고』에는 침묵을 통한 설법의 전형으로 세존승좌世尊陞座의 공안이 있다.

세존이 어느 날 설법을 하기 위해 법좌에 올랐다. 그리고는 한참 동안 아무런 말씀이 없자, 이에 문수가 추槌를 치고 말했다. "법왕의 법을 자세히 들어보았습니다. 법왕의 법은 역시 그러했습니다." 그러자 세존은 그만 법좌에서 내려왔다.[47]

이것은 붓다의 일거수일투족 모두가 침묵이면서 동시에 설법임을 말하는 것이다. 붓다가 법좌에 올라가는 것도 침묵이면서 설법이고, 문수가 추槌를 치는 것도 침묵이면서 설법이고 문수가 '법왕의 법을 자세히 들어보았습니다. 법왕의 법은 역시 그러했습니다'라고 말하기 이전은 침묵이고 말한 이후는 설법이다. 이처럼 붓다의 침묵은 침묵으로서 설법 이상의 설법이면서 진리를 드러내는 행위로 통한다. 그리하여 언어는 침묵을 통하여 진정한 진리의 언어가 된다. 그리고 침묵의 의미는 다시 언어를 통하여 세간에 드러난다. 이러한 경우에 침묵과 언어는 벌써 단순한 침묵을 벗어나 언어가 수반된 침묵이고 침묵이 근거가 되는 언어가 된다.

---

47 『宏智禪師語錄』 卷2(大正藏 48, p.18中-下)

216

여기에서 침묵과 언어는 첫째, 유마의 일묵—默처럼 침묵으로 설법
한다는 의미가 있다. 곧 침묵의 세계로 들어가는 것이다. 또한 둘째,
석존의 침묵처럼 침묵으로 설법한다는 의미가 있다. 곧 침묵으로부터
깨어나는 것이다. 셋째, 침묵을 설한다는 의미이다. 곧 침묵의 공능을
말하는 것이다. 넷째, 달마처럼 침묵하면서 설법한다는 의미이다.
따라서 여기에서는 무정설법無情說法처럼 침묵과 설법이 별개이면서
동시에 침묵이 설법이 되고 설법이 침묵이 되는 도리이다.

침묵은 묵언으로서 썩 훌륭한 선문답이다. 그럼에도 불구하고 언설
을 통하지 않는 선문답이라는 특수성 때문에 이법인법以法印法과
이심전심以心傳心하는 방식으로는 일반적인 형식의 선지식과 납자
사이에 형성되는 선문답으로 설정하는 데 한계가 있는 것도 사실이다.
다만 문답을 전개하는 양자에게 의기투합하는 경우는 선문답으로서
충분한 가치를 지니고 있다.

2) 견성의 방식

선종에서 지혜는 달리 깨달음을 상징한다. 그런 만큼 지혜는 선종에서
다양한 스펙트럼을 지니고 있다. 그 때문에 지혜의 안목을 터득하지
못하는 것은 일찍부터 시주의 은혜를 저버리는 것으로 간주되었다.
그것은 선종에서 지혜의 추구 곧 깨달음의 획득을 얼마만큼 중요시하
고 있는지 말해 주고 있다. 『전등록』에는 어떤 비구가 깨달음의 안목
(道眼)을 해명하지 못하여 헛되게 신시信施를 받은 결과가 되었기
때문에 보답하려고 버섯(木菌)이 되었다는 기록이 전한다.[48]

이처럼 선종에서 지혜를 터득한다는 것은 시주의 은혜를 갚는

것일 뿐만 아니라, 나아가서 불조의 정법안장을 계승하는 것으로
출가인의 본분사로 간주되었다. 그런데 이미 깨달음을 터득한 명안종
사明眼宗師의 입장에서도 아직 남은 과제가 있다. 이미 견성성불見性成
佛한 선지식으로서 아직 견성하지 못한 납자들을 견성의 차원으로
이끌어주는 임무가 있다. 이에 종사들에게는 나름대로 수많은 기관機
關을 개발하여 다양하게 활용함으로써 출가 본분사를 완수하려는
지혜를 발휘하였다. 출가인의 본분사에 대하여 원오극근은 다음과
같이 말한다.

> 만약 본분사에 대하여 논하자면, 대인大人이 대견大見을 갖추고,
> 대지大智로 대용大用을 얻는 것이다. 그러면 설사 끝이 없는 향수해
> 를 다하고 불가설 불가설 세계를 넘어도 모두가 그것이 바로
> 자기의 안거처이다.[49]

이것은 명안종사가 갖추어야 할 조건이면서, 나아가서 명안종사가
반드시 완수하지 않으면 안 되는 불조혜명佛祖慧命의 계승을 위한
책무로 대승인의 자격을 가지고 대승의 견해를 갖추고 대지혜를 터득
하여 대용을 발휘하는 것이 바로 본분사임을 보여준다. 이로써 이미
견성한 명안종사가 제시한 기관으로서 선문답의 활용법에 대하여
어떤 방편을 활용하고 있는지, 그리고 그 효용으로서 깨달음을 성취한
납자에게는 모종의 인가印可를 통하여 전법傳法의 상징으로 의발衣鉢

48 『景德傳燈錄』卷2(大正藏 51, p.211中)
49 『圓悟佛果禪師語錄』卷4(大正藏 47, p.728中)

을 전수함으로써 법맥을 상승하는 자격을 주어 또 다른 납자를 교화하는 임무를 부여함으로써 부처와 보살의 은혜에 보답하도록 하였다. 이제 조사선에서 선지식이 납자의 깜냥을 점검하고 평가하여 그것을 근거로 삼아 근기에 맞게 적절하게 지도하여 이끌어주고, 견성의 체험을 한 납자에게 인가를 해주며, 궁극에 정법안장을 전승하여 불법을 펼치는 방식에서 발휘했던 일련의 지혜로운 기관으로서 선문답을 활용한 일례를 살펴보기로 한다.

선문답은 선의 질문과 선의 답변이다. 첫째로 문답의 주체는 선지식과 납자가 해당하고, 둘째로 객체는 공안이 해당한다. 따라서 이와 같은 선문답이 성립하기 위해서는 반드시 문답을 주고받는 주체가 없어서는 안 된다. 주체에 해당하는 선지식과 납자의 경우에 일정한 요건이 필요하다. 그래서 직접 문답에 참여하는 선지식과 납자가 행하는 문답이 필요조건이 된다.[50] 이 경우에 일상의 분별번뇌에 살고 있는 미혹의 세계를 상징하는 납자(A)가 필요하다.[51] 나아가서 이미 수행의 과정을 마치고 견성을 체험하여 깨달음이 실현된 세계를 상징하는 선지식(B)이 필요하다.[52] 또한 견성의 체험이 더욱 철저화되어

---

50 선지식 자신이 홀로 행하는 代語 내지 沈默도 선문답에 포함되지만, 이 경우에도 단지 답변이라는 형식의 말이 없다는 것이지 거기에 문답의 상대자인 납자가 없다는 것은 아니다.

51 일상의 잡사에 번민하지만, 그 근본 원인은 만물을 대상화하고 분절화해서 이해하는 분별작용이다. 스스로 분별의 그물을 뒤집어쓰고 그 속에서 자유를 상실한 상태로 살아가는 모습이다.

52 이것은 중국 선종의 제4조 도신과 제5조 홍인의 선풍을 지칭하는 소위 東山法門 이래로 선종의 기본적인 입장이었다.

이전에는 부정의 대상으로 간주되었던 일상이 이제는 깨달음 자체가
되어 긍정되기에 이른 상황(C)이 필요하다.[53]

　이들 세 가지 경우에서 선문답의 성립은 B나 C의 경우처럼 반드시
견성체험을 하거나, 견성체험을 한 연후에 일상에서 자유로운 삶이
이루어지는 선지식이 필요하다. 따라서 선문답이 성립하기 위해서는
최소한도 A와 B의 문답, B와 B의 문답, A와 C의 문답, C와 C의
문답 등 네 가지 경우에만 가능하다. 왜냐하면 선문답에는 반드시
견성체험을 한 선지식이 포함되지 않으면 안 되기 때문이다. 그래서
견성체험의 선지식이 포함되지 않은 A와 A의 문답은 선문답이 성립하
지 못한다. 왜냐하면 이들 경우에는 점검해 줄 수 있는 견성체험의
선지식이 포함되어 있지 않기 때문이다. 이런 경우에는 진정한 선문답
이 아니라 어중이떠중이들이 문답하는 것으로 선문답을 모방한 동문
서답에 불과하다.

　또한 둘째와 관련하여 공안에도 소정의 요건이 필요하다. 공안
자체는 아무런 분별이 없을지라도 공안이 진정한 공안으로 성립하기
위해서는 일찍이 선자들에 의하여 문답으로 다져진 공안이지 않으면
안 된다. 그렇지 않은 경우의 공안이라면 단순히 항간에 떠도는 가담항

53　이와 같은 전환을 초래하는 견성이란 다름이 아니라 자기 자신이 깨달음
　　자체임을 알아차리는 것이다. 여기에서 알아차린다는 것은 주객의 대립을
　　전제로 하는 일반의 인식과 달리 모든 분별이 탈락된 세계에 몰입하는 것이다.
　　이와 같은 세 가지 필요조건에서 A와 A의 경우 및 A와 C의 경우는 일상의
　　생활이라는 점은 같은데, A와 C의 경우는 반드시 견성체험으로 入格을 통한
　　出格이라는 경험의 有無에 차이가 있을 뿐이다.

설에 불과하기 때문이다. 따라서 공안의 근본적인 요건이 경론에서 취급된 주세의 문답, 그리고 수많은 선문헌 가운데서 어록語錄과 전등사서傳燈史書에 선자들에 의해서 염롱拈弄된 주제이지 않으면 안 되었기 때문이다.[54]

이제 선문답 가운데는 ①견성체험을 한 선지식과 일상의 분별번뇌에 살고 있는 미혹한 납자에 대한 것이 있고, 또한 ②견성체험을 한 선지식의 지도를 받아 미혹한 납자가 견성체험으로 깨달음이 실현된 세계가 있으며, 또한 ③견성체험을 한 선지식이 더욱 철저화되어 이전에 부정의 대상으로 간주되던 일상의 삶이 깨달음으로 긍정되기에 이른 세계가 있다.

여기 선문답에는 반드시 문답하는 주체 사이에 전달이라는 행위가 필요하다. 그것이 마음이건 언어문자이건 간에 무언가가 역할을 한다. 그 역할이 굳이 선문답이라고 해서 언설로 이루어진 문답의 형식일 필요는 없다. 그래서 세존염화世尊拈華와 가섭미소迦葉微笑[55]는 어떤 것 이상으로 훌륭한 선문답일 수 있다.

이제 견성체험을 지닌 선지식이 아직 미혹한 납자를 깨달음으로 안내하는 기관으로 활용한 선문답의 사례를 들어서 직접적으로 공안

---

54 이런 까닭에 공안의 출현은 선종의 발전과 밀접한 상관관계에 놓여 있다. 선종이 크게 발전했던 당 및 오대에는 공안의 출현이 빈번하게 출현한 시대였지만, 원대 및 명대 이후로는 새로운 공안의 출현이 그다지 보이지 않은 것도 예외가 아니었다. 이것은 중국 조사선이 형성되고 전개되며 발전되어 온 역사에서 공안을 염롱하는 것을 가지고 수행의 방편으로 삼았고, 깨달음을 점검하는 수단으로 활용하였으며, 교화하는 지침으로 응용했음을 보여주고 있다.

55 『大梵天王問佛決疑經』 卷上(卍新續藏 1, p.420中-下)

의 역할이 어떤 것이었는지 보기로 한다. 일반적으로 납자들에게 공안을 활용하여 깨달음으로 이끌어준 선지식의 지혜는 일정한 원칙이 없다. 정해진 원칙이 있다면 그것은 벌써 공안이 공안의 기능을 상실해버린 것이다. 왜냐하면 공안의 속성은 항상 유동적이고 가변적이며, 상식적이면서도 상식에 빠지지 않고 그것을 초월해 작용하기 때문에 언뜻 모순의 논리처럼 비춰기도 한다.

우선 ①의 경우처럼 견성체험을 한 선지식이 아직 미혹한 납자를 상대하여 제시한 문답의 유형인데, 여기에서는 흔히 문답의 내용 내지 그 형식에서 상식을 초월한 문답이 제기된다. 다음과 같은 공안이 있다.

파초가 시중설법을 하였다. "그대에게 주장자가 있으면 내가 그대에게 주장자를 주겠다. 그러나 그대에게 주장자가 없으면 내가 그대의 주장자를 빼앗아버릴 것이다."[56]

파초는 가르침을 청하러 찾아온 납자들에 대하여 수행의 첫걸음으로 분별심의 탈락을 강조하였다. 먼저 수행을 한답시고 찾아온 그 마음부터 버려야 하고, 나아가서 깨달음을 얻으려는 조바심을 버려야 하며, 깨달음을 얻은 후에 무엇을 어찌해야 하겠다는 마음을 갖지 말라고 가르쳤다.

여기에서 설법한 내용은 그에 대한 근본적인 가르침이다. 무엇이

---

56 『宏智禪師廣錄』 卷3(大正藏 48, p.31上)

있다는 유에 대한 상견과 아무것도 없다는 무에 대한 단견을 모두 초월하지 않으면 끝내 분별심을 벗어나지 못한다는 것을 제시하고 있다. 그에 대한 가르침이 여기에서는 납자들이 항상 활용하고 있는 주장자에 비유되어 있다.

여기에서 주장자는 각자가 지니고 있는 마음을 상징한다. 주장자를 지니고 있다면 주장자를 준다는 것은 납자가 지니고 있는 무언가에 대한 유견有見을 벗어나게 해주려는 것이다. 곧 주장자가 있다는 자체가 무엇이 있다는 분별심이기 때문에 그 분별심을 타파하기 위하여 분별심으로는 얼토당토않은 문제를 제시한 것이다. 또한 주장자가 없는 납자에게서 주장자를 빼앗는 것은 무언가에 대한 무견無見을 벗어나게 해주려는 것이다. 곧 주장자가 없다는 생각도 역시 분별심이기 때문이다.

그래서 유견에 사로잡혀 있는 납자에게는 오히려 유견을 더해줌으로써 평소에 생각하던 것과는 정반대의 안목을 지니도록 하여 기존의 고정관념을 타파해 주는 것이다. 그리고 무견에 사로잡혀 있는 납자에게는 갈 데까지 끝까지 밀어붙여 옴짝달싹도 못하게 함으로써 납자 자신의 현재 상태를 반성하도록 해주는 것이다.

이것은 유견을 무견으로 쳐부수고 무견을 유견으로 쳐부수는 중도의 논법과 방식은 다를지라도 목적은 다르지 않다. 그러나 여기에서 중요한 것은 정작 무엇이 있다든가 없다든가 하는 것이 아니다. 유무에 대한 그와 같은 분별의 사량을 초월한 곳에서부터 수행을 시작하고 깨달음을 추구하며 교화를 겨냥하려는 것이다. 그 때문에 주장자를 주고 빼앗는 행위보다는 더욱 근본적으로 자신과 주장자라는 것에 대하여 철저하게 반성의 행위가 먼저 작용하지 않으면 안 된다.

이에 대하여 천동정각(天童正覺, 1091~1157)은 "그대가 있은즉 일체도 있고, 그대가 없은즉 일체도 없다. 있고 없음은 사람에게 달려 있고, 주고 빼앗음은 파초의 역량에 달려 있다. 바로 이러한 상황에서 어떤 것이 그대들의 본래 주장자인가"[57]라고 말했다.

이것은 주장자의 있고 없음의 상황이 설정되기 이전의 더욱 근본적인 주체를 자각하지 않으면 안 되는 점을 피력하고 있다. 그 때문에 만송행수(萬松行秀, 1166~1246)는 "달마조사가 서천으로부터 중국에 오지 않았더라면 소림에서 전승된 묘결妙訣이야말로 어찌 달마의 직지인심直指人心으로 전승되는 것이 가능했겠는가. 설령 보리달마가 인도에서 가지고 온 것이 아무것도 없었을지라도 그 아무것도 없다는 것조차 버리지 않으면 안 된다"[58]고 말했다.

이처럼 근원적인 입장만 추구해 가면 현실을 무시하기 십상이다. 선자는 결코 현실을 무시하고서는 아무것도 할 수가 없다. 그 때문에 언제나 현실을 초월할지언정 그것을 부정하지는 말 것을 강조한다. 이 주장자의 경우에 대해서도 마찬가지이다. 위의 파초의 설법은 지知와 행行의 관계를 생각하게 한다. 당대唐代에 형성되고 발전되어 선가의 일상생활에 걸쳐 두루 파고든 조사선의 가풍에서는 수행과 깨달음에 대한 인식보다는 그 철저한 행위를 강조하였다.

협산선회(夾山善會, 805~881)가 어느 날 한 잔의 차를 마시고 몸소 차를 내어 시자에게 내밀었다. 시자가 차를 받으려고 하자, 협산은

---

57 『請益錄』 卷1(卍新續藏 67, pp.482下~483上)
58 위와 같음.

224

내민 찻잔을 거두면서 말했다. '이것이 뭐냐?' 그러자 시자는 아무런 말도 하지 못했다.[59]

차를 건네주면 받는다는 것은 지극히 자연스러운 일상적인 행위이다. 협산은 시자에게 찻잔을 건네주다가 돌연히 중단하여 시자에게 협산 자신의 행위에 대한 반성을 촉구하고 있다. 협산의 의도는 본인은 자연스럽지만 실은 시자에게 분별을 초월한 세계를 만들어 내고 있다는 것을 알아차리게끔 하려는 것이었다. 백장회해(百丈懷海, 749~814)와 마조도일(馬祖道一, 709~788)의 문답이 있다.

들오리가 날아가는 것을 보고 마조가 물었다. "저것은 무엇인가?" 백장이 답했다. "들오리입니다." "어디로 날아가고 있지?" "벌써 날아가 버렸습니다." 그러자 마조는 백장의 코를 잡고 하늘을 향해 비틀어댔다. 백장이 "아이고 아파라!" 하고 고통스러워했다. 이에 마조가 말했다. "아까 날아가 버렸다고 말하지 않았더냐."[60]

마조가 들오리를 가리키며 저것은 무엇이냐고 질문한 것은 새의 이름을 물은 것은 결코 아니다. 들오리를 계기로 삼아 우리가 살아있다는 그 분별이 끊긴 생의 당체를 깨닫도록 하려는 것이다. 그러나 제자 백장은 그와 같은 마조의 의도를 전혀 알아차리지 못하였다. 그래서 할 수 없이 마조는 다시 그 도리를 일깨워 주려고 백장의 코를 잡아 비틀었다. 이것이 마조가 제시한 분별지分別知를 초월한

59 『景德傳燈錄』 卷15(大正藏 51, p.324中)

60 『汾陽無德禪師語錄』 卷中(大正藏 47, p.609上-中)

본지本知의 행위였다.

곧 이와 같은 당대의 행을 중시하는 풍조가 시대가 지나고, 송대의 선가에서는 행行보다는 지知를 숭상하는 풍조로 전향되어 갔다. 여기 제시된 파초의 주장자에 대한 비상식적인 비유는 유무에 대한 지해知解를 초월한 주장자의 본래 역할이 무엇인가를 돌아보게끔 해주는 문답이다.

② 견성체험을 한 선지식의 지도를 받아 미혹한 납자가 견성체험으로 깨달음이 실현된 세계의 경우이다. 이 경우는 선지식과 납자가 모두 견성체험이라는 점은 동일하다. 그러나 선지식의 경우는 견성체험을 초월하여 일상의 한가운데서 깨달음을 실현하는 평상심시도平常心是道[61]의 경지까지 도달해 있음에 비하여, 납자의 경우는 견성체험은 했어도 아직 견성체험에 집착하여 그것을 초월하지 못한다는 점에서 차이가 있다. 이로써 ②의 경우는 견성체험에 대한 집착을 얼만큼 철저하게 버리는가에 대한 것이다. 또한 스스로 견성체험의 경지를 강조하는 납자에 대하여 고의적으로 무능하다는 것을 지적하여 상대방으로 하여금 반성토록 촉구하는 것이다. 다음에 언급하는 삼성혜연三聖慧然과 설봉의존(雪峯義存, 822~908)의 문답이 그렇다.

삼성이 설봉에게 물었다. "투망을 벗어난 금빛 잉어는 무엇을

---

61 平常心是道는 범부의 입장이 아니라 깨달음을 경험한 선자의 면모에서 하는 말이다. 이에 평상심은 조작이 없고, 시비가 없으며, 취사가 없고, 단상이 없으며, 범부가 없고 부처가 없는 상황을 가리킨다. 『景德傳燈錄』卷28(大正藏 51, p.440上)

먹고 삽니까?" 설봉이 말했다. "그대가 투망을 벗어나면 말해
주지." 삼성이 말했다. "명색이 천오백 명을 거느리고 있는 선지식
이 무슨 말인지도 모른다는 겁니까?" 설봉이 말했다. "내가 주지
노릇 하기가 귀찮아서 그래."[62]

삼성은 임제의 제자이고, 설봉은 운문문언(雲門文偃, 864~949)의
스승이다. 금빛 잉어는 항상 진리를 그대로 드러내고 있는 본래무사本
來無事의 한가한 도인을 말한다. 금빛 잉어와 같은 경지에 오른 사람은
온갖 교의와 논쟁과 언설의 번거로움을 초월해 살아간다. 바로 이와
같이 적멸무위寂滅無爲의 경지에 이른 선자는 무엇을 어떻게 하면서
살고 있느냐고 삼성이 묻는다. 이에 대하여 설봉은 벌써 그것을 논하는
것부터가 언설의 논쟁거리에 휘말리는 것임을 알고 있다.

따라서 설봉은 언설의 논쟁으로 물어오는 삼성에 대하여 대번에
언설의 부정으로 상대해 주는 선지식으로서의 면모를 유감없이 발휘
하고 있다. 그래서 아주 점잖게 그대 삼성은 아직 금빛 잉어의 경지에
오르지 않았다는 것을 암시하고 있다. 이에 삼성은 설봉의 본래의도를
아는지 모르는지 직접으로 대꾸한다. 소위 천오백 명을 거느리고
있는 대선지식이면서 왜 자신 곧 삼성의 물음에 직접 답해 주지 않는지
그 이유를 모르겠다는 투로 말한다. 그러자 설봉은 그 물음에 대해서도
마찬가지로 휘말리지 않는다. 그래서 극단적이고 직접적인 삼성의
행위에 대하여 원만하고 느긋한 태도로 응수하고 있다.

---

62 『宏智禪師語錄』 卷2(大正藏 48, p.21中)

이처럼 삼성은 모든 분별을 초월한 자기의 경지를 어망을 벗어난 금색 잉어에 비유하여 설봉을 도발시키고 있다. 설봉은 '진정으로 그대가 어망을 벗어났다면 그와 같은 질문이 필요조차 없었을 것이다'라고 응수한다. 이에 삼성은 설봉을 자신이 견성했다는 경지로 끌어들이려고 다시 도전적인 말을 꺼낸다. 그러나 설봉은 그와 같은 꼼수에 응하지 않고 '바쁘다 보니 만족할 만한 답변을 해줄 수 없는 것이 미안하다'고 변명한다. 이 문답의 묘妙는 젊은 삼성의 고만高慢한 태도와 그것과 대조적인 노화상 설봉의 저자세에 있다. 삼성의 위세 등등한 태도에는 확실히 장래를 기대해도 좋을 점이 있다. 그러나 적어도 이 시점에서는 설봉의 말에 대하여 어떤 반응도 보이지 못했던 삼성의 경지는 설봉에게 아득히 미치지 못하고 있다는 점은 분명하다.

또한 ③ 견성체험을 한 선지식이 더욱 철저해져 이전에 부정의 대상으로 간주되던 일상의 삶이 깨달음으로 긍정되기에 이른 세계의 경우에 대해서는 이미 스승과 제자가 견성체험을 거쳐 이미 평상심시도平常心是道의 경지에 도달해 있다. 그 때문에 서로 번개를 휘어잡는 선기(掣電之機)가 번뜩이는 문답으로서 용의주도한 관찰이 필요한 문답이다.

앙산이 꿈을 꾸었는데, 미륵의 처소에서 제2좌가 되었다. 꿈속에서 한 존자가 말했다. "오늘은 제2좌가 설법할 것이다." 앙산이 일어나서 종을 치고 말했다. "삼가 아룁니다. 마하연법이란 사구를 떠나 있고 백비가 끊긴 것입니다."[63]

앙산혜적(仰山慧寂, 803~887)은 위앙종의 개조이다. 미륵은 마이뜨
레야(梅怛麗耶)로서 자씨慈氏라고 번역된다. 남천축국 바라문의 아들
로서 현재 도솔천에 있으면서 다음 생에 이 땅에 하생하여 석가모니불
의 교화를 돕는 보살로서 현재현겁現在賢劫의 천불 가운데 제5불이
될 것이라 한다. 마하연은 마하연나摩訶衍那로서 보살의 교법 또는
대승법을 말한다. 사구四句와 백비百非는 모두 분별을 상징한다.

앙산혜적이 일곱 살의 나이에 선정에 들었다. 거기에서 부처님과
가섭과 27조사와 함께 같은 정사에 모여 있었다. 그 장소는 허공으로서
기둥도 없고 땅은 유리처럼 투명했다. 앙산이 자신의 모습을 보니
여러 조사와 마찬가지로 범상梵相을 갖추고, 부처님의 가사(金襴袈裟)
를 걸치고 있었으며, 신발을 벗고 여덟 번째의 자리에 앉아 있었다.
그때 한 존자가 앙산을 향해 '구담이여, 오늘은 법사法事를 봉행할
차례입니다'라고 말했다. 이에 앙산이 자리에서 일어나 종을 치고
말했다. '대중이여, 마음을 맑혀야 합니다. 대승의 보살법은 사구를
떠나 있고 백비가 끊겨 있습니다.' 그리고는 제자리로 돌아가자 대중이
그 의미를 헤아렸다.

앙산은 소석가小釋迦라고 불릴 정도로 선기가 번뜩이는 선자였다.
미륵과 어깨를 나란히 하고 선정과 꿈과 현실이 둘이 아닌 도리를
보여주고 있다. 여기에서 제2좌란 순서를 나타내는 두 번째라는 의미
가 아니라 하나에 대한 또 다른 하나라는 의미이다. 그 둘은 결국
현실과 꿈처럼 개별적이면서 개별적인 것이 아니다. 사구四句와 백비

---

63 『宏智禪師語錄』 卷2(大正藏 48, p.26下)

百非는 모든 분별을 상징한다.

앙산은 대승의 보살법이란 착의끽반著衣喫飯·일거수일투족一擧手
一投足·입식출식入息出息에 대하여 사구를 떠나 있고, 일·이·유·무
의 백비가 단절된 것임을 말한다. 곧 동북쪽의 나라에서는 항상 깨어
있어 꿈이 없고, 중앙의 나라에서는 꿈과 현실이 반반이고, 서남쪽의
나라는 항상 꿈을 꾸는데 어쩌다 깨어나서는 꿈을 진실이라 하고
깨어서 한 일을 진실이라 말한다. 그러니 어느 것이 허상의 꿈이고
어느 것이 진실의 현실인가. 마치 장주莊周의 호접몽蝴蝶夢과 같다.
앙산은 여기에서 일체의 언설과 사려와 분별의 전도몽상을 탈락한
이사구절백비離四句絶百非의 몽교일여夢覺一如야말로 대승의 진실한
법륜이고 깨달음의 본질임을 말하고 있다.

또한 질문자와 답변자가 더불어 무분별의 상태에서 노닐고 있음을
보여주는 문답으로 앙산과 삼성의 경우가 있다.

삼성이 앙산을 방문하자, 앙산이 물었다. "그대의 이름은 무엇인
가?" 삼성이 말했다. "혜적입니다." 앙산이 말했다. "그것은 내
이름인데." 삼성이 말했다. "그렇습니까? 그러면 제 이름은 혜연입
니다." 그 말을 듣고 앙산이 크게 웃었다.[64]

여기에서는 문답하고 있는 두 사람은 분별을 끊은 견성의 세계와
다시 그 견성까지도 초월한 평상심平常心의 세계 사이를 자재하게

---

64 『袁州仰山慧寂禪師語錄』(大正藏 47, p.584中)

왕래함으로써 서로의 경지를 확인해 가는 과정을 나타내고 있다.

5. 인가와 전법의 메커니즘

1) 인가와 증명

선종에서는 오랜 세월에 걸쳐서 많은 선지식이 독특하고 효율적인 수많은 방편과 구체적인 기관을 구사하여 납자의 심성을 개발하여 깨달음으로 이끌어주었다. 그 가운데서도 가장 특이한 장치 가운데 하나는 인가印可와 전법傳法이라는 전통을 확립한 점이다.

선의 궁극적인 목적인 깨달음을 온전하게 보증 받는 것은 바로 인가를 통해서 가능하다. 그런 까닭에 선지식의 인가를 통하는 경우에만 비로소 불조정전佛祖正傳의 정법안장正法眼藏을 전법하는 자격을 갖추게 된다. 따라서 무엇보다 중요한 의의는 인가와 전법을 통하여 정법안장의 법맥을 상승하고, 전법을 통하여 납자는 물론이고 일반의 중생을 교화할 수 있는 자격을 확보한다는 점이다.[65]

중국의 불교역사에서 탄생한 선종이 여타의 종파보다 오랫동안 지속하여 오늘날까지 유지되고 세력을 구가할 수 있었던 이면에는

---

[65] 이와 관련한 선문헌을 傳燈史書라고 한다. 중국의 선종사에서 본격적인 전등사서의 출현은 8세기 후반의 『壇經』에서 그 연원을 찾는다. 『단경』에는 처음으로 과거칠불, 인도의 28대 조사, 중국의 6대 조사의 명칭이 확립되었다. 그리고 이후 9세기 초 801년에 출현한 『寶林傳』에서는 이들 과거칠불, 인도의 28대 조사, 중국의 6대 조사에 대한 법어가 수록되어 佛祖의 명칭뿐만 아니라 종합적인 행위가 수록됨으로써 명실상부하게 전등사서가 확립되었다는 평가를 한다.

정법안장에 대한 법맥法脈의 상승이 중요한 역할을 하였다. 그런데 여기에는 반드시 필요조건이 있다. 곧 정법안장을 실질적으로 확보하고 계승하는 근간은 납자의 수행과 깨달음에 대한 선지식의 확실한 보증이 있어야 가능했다. 그 보증은 납자의 수행에 대한 선지식의 점검으로서 깨달음을 증명證明하고, 깨달음을 획득한 납자에게는 인가印可를 해주며, 인가를 바탕으로 하여 전법傳法을 인정하는 선종의 독특한 문화의 전통으로 전개되었다.

이처럼 납자의 깨달음과 그에 대한 선지식의 증명과 인가와 전법에 대하여 원류遠流를 살펴보자면, 일찍이 경전에서 그와 동일한 유형을 찾아볼 수가 있다. 『과거현재인과경』에서는 붓다의 사성제四聖諦 설법에 다섯 비구가 깨달음(法眼淨)[66]을 성취하자, 그들이 진정으로 알아들었는지 아닌지를 확인하는 장면이 보인다. 그리고 붓다는 그들의 깨달음을 인정하였다.[67]

여기에는 붓다의 설법 내용인 사성제의 법문에 대하여 다섯 명의 비구가 깨달은 내용이 있고, 그것에 대한 붓다의 설법說法과 지신地神의 증명과 허공신虛空神의 찬탄이 있다. 또한 다섯 비구의 깨달음에 대하여 붓다의 점검이 있고, 해탈을 인가하는 내용이 있다. 이것이야말로 후대에 중국의 선종에서 형성되고 전개되며 전승되었던 장치로서 납자의 깨달음에 대한 증명과 인가와 전법의 원형이 되었다.

---

66 法眼淨에서 법안은 제법의 도리를 조견하는 안목, 곧 진실을 철견하는 지혜의 안목을 말한다. 이에 法眼淨은 아비달마 교학에서는 初果에서 사성제의 도리를 깨닫는 것이고, 대승교학에서는 初地에 無生法忍을 터득한 경지를 말한다.

67 『過去現在因果經』卷3(大正藏 3, pp.644上~645上) 참조.

인가와 전법에 대한 그 전통은 중국 선종사에서 달마의 법어인
『이종입二種人』에 달마가 혜가에게 그 수행의 경지에 대하여 깨달음을
증명하고 인가하며 전법하는 대목에 등장한다.

　　이조가 달마에게 물었다. "바라건대, 스승께서 저를 안심시켜
　　주십시오." 달마가 말했다. "마음을 가져오라. 그대한테 안심시켜
　　주겠다." 이조가 말했다. "마음을 찾아보았는데 없습니다." 달마가
　　말했다. "그대의 마음을 안심시켜 주었다."[68]

　　여기에서 달마의 '그대의 마음을 안심시켜 주었다'는 말은 혜가의
깨달음에 대한 보증이었다. 혜가는 비로소 달마로부터 인가를 받은
것이다. 누가 미혹하게 만든 것도 아니고 대신 깨달아 주지도 않는다.
혜가 스스로 미혹하였고 스스로 깨닫는 것이다. 깨달음은 각자의
몫이다. 그것을 스승으로부터 확인하는 것뿐이다. 혜가가 스스로
불안한 마음이란 존재하지도 않는다는 것을 터득한 마음의 비밀이야
말로 혜가에게는 진정한 환희였다. 불안한 마음을 찾지 못했다는
절망의 소리는 결코 아니었다.
　　위의 문답에는 혜가의 수행에 대한 달마의 점검이 잘 드러나 있다.
불안심에 대한 달마의 증명은 '이제 그대의 마음은 완전하게 안심을
얻었다'는 것이었다. 한편 달마의 이 말은 바로 혜가를 인가印可해
주는 말이기도 하였다. 인가는 스승이 제자의 마음과 의기투합意氣

68 『汾陽無德禪師語錄』 卷中(大正藏 47, p.607下)

投合이 되는 경지를 확인해 주는 것이다. 달마는 혜가가 이미 불안심
의 실체에 대한 속성은 깨쳤다고 자각했음을 확인시켜 주는 행위로
서 '그대는 이에 완전하게 깨달았다'고 일러주었다. 혜가는 달마에게
질문하는 그 자리에서 깨달음을 증명받고 아울러 인가까지 해결하
였다.

2) 교화와 전법

위에서 설명한 증명과 인가의 전통에서 인가와 증명이 그대로 전법은
아니기 때문에 혜가는 아직 달마로부터 전법을 받지 못하고 있었다.
전법은 선지식이 인가한 납자에 대하여 출세할 것을 담보해 주는
것이고 보증해 주는 것이다. 전법으로 인하여 제자는 비로소 온전한
홀로서기를 할 수가 있다. 이와 같은 방식을 통하여 인가를 받은
납자는 반드시 선지식으로부터 전법의 의식을 경험하지 않으면 안
된다. 왜냐하면 전법의식을 통해야만 비로소 정법안장의 자격이 주어
지고 출세할 수가 있기 때문이다. 이에 달마는 혜가를 비롯한 제자들과
의 피皮·육肉·골骨·수髓의 상징적인 문답을 통하여 혜가에게 정법안
장을 전수하였다.[69]

　여기에는 달마가 혜가에게 정법안장을 부촉하고, 가사를 전수하며,
전법과 가사의 의미를 일러주는 장면이 나타나 있다. 이처럼 전법의
의식을 통해서 달마의 정법안장은 온전하게 혜가에게로 전승되었다.
이 전법傳法이야말로 붓다 정법안장正法眼藏의 정전正傳이었다.[70] 그

---

69 『景德傳燈錄』 卷3(大正藏 51, p.219中·下)

70 이 皮肉骨髓의 문답은 후대에 선종 내에서 北宗·牛頭宗·洪州宗·荷澤宗의

것이 지금까지 불조정전의 선법으로 전해온 것은 사자상승師資相承의 상면수수相面授受라는 방법에 토대를 두었기 때문이다.

선종의 이심전심의 방식인 심심상인心心相印은 염화미소拈花微笑로 대표되는 『대범천왕문불결의경』에서 그 연원을 찾아볼 수 있다. 여기에서 부처님이 가섭에게 "나에게 정법안장正法眼藏 열반묘심涅槃妙心 실상무상實相無相 미묘법문微妙法門이 있다. 불립문자 교외별전으로 지혜가 있는 사람이나 또 지혜가 없는 사람이나 모두 인연을 만나 증득하게 한다. 이제 오늘 이것을 마하가섭에게 부촉하니, 마하가섭은 미래세에 제불을 받들어 장차 성불할 것이다"[71]라고 말한 대목이 가섭에 대한 깨달음의 증명이고 인가이며 전법에 해당한다.

선종의 역사에서 이처럼 선지식이 납자에게 깨달음을 증명하고 인가한 연후에 전법한 역사는 다양한 모습으로 전개되었다. 우선 납자의 경우에 깨달음의 경험에 대한 모습은 감각기관을 통한 기연으로 보면 색·성·향·미·촉 가운데 어떤 유형으로도 나타난다.

영운지근(靈雲志勤, ?~820)이 깨닫게 된 계기는 복사꽃을 상대하는 눈의 시각적인 자극을 통한 것으로 색상과 관련한 것이었다. 이에 위산영우가 영운의 깨달음을 점검해 보고, "인연을 따라 깨달은 것을 영원히 잃지 말고 잘 호지하라"[72]로 인가하였다.

향엄지한(香嚴智閑, ?~898)은 귀가 소리를 상대하는 청각적인 계기

종지에 대한 우열의 논쟁에서 전개된 것으로부터 유래하였다. 石井修道 지음, 김호귀 옮김, 『송대선종사연구』, 민족사, 2018. pp.141~164.

71 『大梵天王問佛決疑經』(卍新續藏 1, p.442上)

72 『景德傳燈錄』 卷11(大正藏 51, p.285上)

를 통하여 깨달음을 얻었다.[73]

산곡도인 황정견(黃庭堅, 1045~1105)은 코가 향기를 맡는 인연을 통하여 깨달음을 얻을 수가 있었다. 황정견은 임제종 황룡파의 제2세 회당조심(晦堂祖心, 1025~1100)에게 입실入室한 제자로 기록되어 있다. 어느 날 산행을 하는데, 그때 계수나무 꽃이 무성하게 피어 있었다. 회당이 "계수나무 꽃의 향기를 맡을 수 있습니까"라고 묻자, 황산곡이 "예, 맡고 있습니다." 회당이 "저는 감추고 있는 것이 없습니다"라고 말하자, 황산곡이 확연하게 깨달았다.[74]

현사사비(玄沙師備, 835~908)가 위장군(韋監軍)에게 과자를 먹다가 문답을 나누는 과정에서 맛을 통하여 위장군을 일깨워 주는 내용이 있다.[75]

『능엄경』에서 발타바라跋陀婆羅 등 16명은 목욕을 하는 가운데 몸으로 물의 촉감을 통하여 깨달음을 얻을 수가 있었다.[76]

이처럼 색상과 소리와 향기와 맛과 촉감의 감각을 통하여 깨달음을 얻은 이야기는 깨달음의 기연이 언제든지 어디서든지, 어떻게든지, 누구에게서든지 상황에 따라서 드러나는 모습을 보여주고 있다. 이것은 단지 감각만의 문제가 아니다. 선종에서는 납자의 경우에 이미 그와 같은 기연이 성숙해 있다면 그 기연이 어떤 계기로든지 깨달음으로 다가온다는 것을 의미한다. 이것은 바로 스승에 해당하는 선지식만

73 『景德傳燈錄』 卷11(大正藏 51, pp.283下~284上)
74 『五燈會元』 卷17(卍新續藏 80, p.362下)
75 『玄沙師備禪師語錄』 卷中(卍新續藏 73, p.39中)
76 『首楞嚴經』 卷5(大正藏 19, p.126上)

이 아니라 일체의 무정물 내지 유정물과 닿는 인연의 상황이 선지식으로 작용할 수가 있음을 보여주는 것이다. 따라서 선시식이 납자를 일깨워 주는 것만이 아니라 자연스럽게 납자가 구도행각으로 선지식을 찾아 제방을 유행遊行하는 전통이 형성되었다.

이처럼 깨달음을 얻는 데에는 정해둔 선지식이 따로 없고, 틀에 박힌 도그마가 없으며, 그 경지가 어떤 것인지 제삼자가 알 수도 없다. 그런 까닭에 반드시 깨달음의 경지를 점검해 주는 선지식을 필요로 하면서 인가의 전통을 형성해 갔다. 선종의 인가는 경전에서 붓다가 제자에게 주는 수기授記에 비견된다. 따라서 인가의 형성은 정법안장에 대한 보증의 속성을 지니고 있다. 이에 깨달았다고 해도 설령 인가를 받지 못한 경우에는 전법의 자격을 부여하지 않았다. 인가를 받지 않고서도 전법하는 경우는 없었다. 만약 있었다면 그것은 외도로 취급되었기 때문에 참다운 불법과 거리를 두었다. 그런 까닭에 납자의 경우에 깨달음을 터득한 연후에는 반드시 선지식을 찾아가 인가를 받지 않으면 천연외도天然外道로 간주되었다. 『단경』에는 이와 관련한 문답이 보인다.

현책이 말했다. "그대가 어떤 스승한테 불법을 배웠는가?" 현각이 말했다. "나는 여러 스승을 참문하여 방등의 경론을 들었다네. 그러나 후에 『유마경』을 통하여 불심의 종지를 깨쳤지만 아직까지 증명을 받지 못했다네." 현책이 말했다. "위음왕불 이전에는 그럴 수 있었겠지만 위음왕불 이후에는 스승이 없이 홀로 깨쳤다는 자는 모두 곧 천연외도라네." 현각이 말했다. "그렇다면 그대가

내 깨달음을 증명해 주길 바라네." 현책이 말했다. "내 말은 아직
미진하다네. 그러나 조계에는 육조대사가 있는데 사방에서 몰려
들어 거기에서 법을 받는 자들이 많다네. 만약 조계로 가겠다면
나와 함께 가지 않겠는가?" 현각은 마침내 현책과 함께 조계한테
참문하였다.[77]

　영가현각(永嘉玄覺, 647~713)은 처음에 천태종의 승려이면서 『유
마경』을 통하여 깨달음을 얻었다. 그러나 아직 선지식에게 인가를
받지 않은 상태였기 때문에 절차탁마했던 현책의 도움으로 혜능을
참문하여 인가를 받고 출세하여 전법할 수가 있었다. 이로써 납자의
깨달음이 인가와 전법의 과정이 없으면 그것은 불완전한 깨달음으로
간주될 뿐만 아니라, 심지어 외도로 간주되어 스승에게 입실한 제자로
등재되지 못하였다. 다만 산성散聖[78]으로 기록되어 그나마 전등사서에
흔적을 남길 수 있었을 뿐이었다.
　선종에서 고안해 낸 인가와 전법의 필요조건은 어디까지나 깨달음
이 전제되어 있다. 깨달음은 지혜를 터득하는 경험이다. 그 지혜는
올바른 지혜로서 분별을 초월하고 집착을 벗어나며 일체의 대상에
평등하고 모든 상황에 청정을 획득한 것을 가리킨다. 그래서 선종에서
지혜의 경험은 바로 깨달음일 수가 있다. 그러나 선종의 지혜는 점차

77 『六祖大師法寶壇經』(大正藏 48, p.357下)
78 散聖은 정통의 법맥을 계승하지 못하여 어느 법맥에도 속하지 못한 경우를
　가리킨다. 그것은 師承의 관계가 애매모호한 경우뿐만 아니라 선지식으로부터
　정식으로 깨달음을 인가를 받지 못한 경우에 속하였다.

238

본체의 측면으로부터 작용의 측면으로 강조되어 갔다. 그것이 바로 깨달은 선자들에게 일상의 생활에서 보살도의 실천을 요구한 보살행의 조건으로 전법이 필요한 까닭이었다. 전법은 깨달음을 삶의 현장에서 실천함으로써 자타불이의 관념을 구현하는 자비행을 가리킨다. 그 전법의 행위는 대사회적인 역량을 도모하는 것이었기 때문에 참으로 다양한 교육적인 수완이 발휘되었을 뿐만 아니라, 나아가서 비유와 상징으로 가득한 선문답의 공안이 필요했다.

6. 상징과 비유의 풍모

1) 무지無知의 지知

선종에서 지향하고 있는 지혜의 완성인 깨달음은 참으로 단순함과 절제와 상징성으로 가득차 있는데, 그 까닭은 소위 무지無知의 지知이고 무분별無分別의 분별分別로 간주되기도 한다.[79] 이와 같은 면모는 선지식과 납자가 상량하는 선문답의 공안에 가장 두드러지게 나타나 있다. 그런 까닭에 선문답의 공안은 오히려 역설적이고 비상식적인 은유로 넘쳐 있다.

마치 원오극근(圓悟克勤, 1063~1135)의 "자주 소옥을 부르지만 소옥에겐 일이 없다네. 다만 낭군이 목소리를 알아듣기 바랄 뿐이네"[80]라는 소염시小艶詩의 법문과 같다. 당 현종이 총애한 양귀비에게 연인 안록산安祿山이 있었다. 현종이 황궁을 비우면 양귀비는 자기 몸종인

79 鈴木大拙, 『禪の思想』, 東京: 春秋社, 1980, p.9.
80 『圓悟佛果禪師語錄』 卷13(大正藏 47, p.775中)

소옥이를 자꾸 부른다. 양귀비가 소옥을 부른 진짜 이유는 몸종 소옥에게 시킬 일이 있어서가 아니라 연인 안록산에게 현종이 없음을 알리는 소리에 불과하다. 이에 담장 밖에 있던 안록산이 그 소리를 듣고 바로 응답해 주기를 간절히 바라는 신호였다. 두 연인 사이에 '소옥'이라는 말이 그 상징을 보여준다. 이것은 원오가 자기를 찾아와 가르침을 구하는 관원을 일깨워 준 법문으로 활용한 것이다.

그러나 이와 달리 어떤 의도적인 행위를 초월한 자연스러운 행위는 가장 선적인 행위이고, 무엇을 위한 전제가 아니라 산이 있으니까 그저 올라간다는 경우처럼 한도인閑道人의 경지에서 살아가는 면모를 설파한 말이다. 그도 그럴 수밖에 없는 까닭은 아직은 일상의 중생심을 벗어나지 못하고 살아가는 납자에게는 특단의 조치와 같은 극약처방이 필요하기 때문이다. 그래서 때로는 동문서답처럼 보이는 공안이 전개되는가 하면, 이현령비현령과 같이 줏대가 없어 보이는 공안이 제기되기도 하며, 누구나 다 알고 있는 지극히 상식적인 공안을 들어 납자의 본분을 확인시켜 주기도 한다.

한 승이 조주趙州에게 물었다. "강아지한테 불성이 있습니까?" 조주가 답했다. "유有." 그러자 그 승이 다시 물었다. "불성이 있다면 어째서 저 짐승의 가죽을 둘러쓰고 있는 겁니까?" 조주가 말했다. "강아지는 그런 줄을 알면서도 일부러 그런 것이지." 또 한 승이 물었다. "강아지한테 불성이 있습니까?" 조주가 답했다. "무無." 그 승이 다시 물었다. "모든 중생에게 불성이 있다는데 어째서 강아지한테는 없는 겁니까?" 조주가 말했다. "그놈의 업식 때문이니라."[81]

이 선문답은 두 승의 똑같은 질문에 대하여 어떤 경우는 긍정으로 대답하고 어떤 경우는 부정으로 대답을 하고 있다. 왜냐하면 언제나 상황은 다르기 때문이다. 선지식은 납자를 깨달음으로 이끌어주기 위하여 경우에 적합한 방편을 구사한다. 다만 제자는 그것이 방편인 줄을 아느냐 모르느냐 하는 것이 중요하다. 조주는 모든 중생에게 불성이 있다는 유有의 상견常見에 빠져 있는 승에게는 불성이 없다는 무無의 부정적인 말을 통해서 그 상견을 없애준다. 그리고 다시 어째서 불성이 없다고 했는가 하는 무無의 단견斷見에 빠져 있는 승에게는 불성이 있다는 유有의 긍정적인 말을 통해서 그 단견을 없애주는 것이다.

이와 같은 공안의 속성으로 인하여 공안에는 특정된 정답定答이 없다. 그러나 그 가운데는 분명히 선지식이 의도하고 있는 정답正答마저 없는 것은 아니다. 자각하지 못하고 있는 상황에서는 눈앞에 들이밀어도 보지 못하지만, 자각한 상황에서는 이심전심以心傳心으로 깊이 의기투합하는 것이 또한 공안을 통한 선문답이기도 하다. 그래서 선지식은 항상 공안을 가지고 납자를 교육하고, 나아가서 공안을 가지고 납자의 경지를 점검하며, 공안으로 가지고 교화의 방식으로 대중에게 활용하기도 한다.

가령 이와 같은 선지식의 교화방식에서 동산양개(洞山良价, 807~869)가 제시한 공안으로 삼로三路가 있는데, 불법을 수행하는

---

81 『宏智禪師廣錄』 卷2(大正藏 48, p.20上)

모습을 교묘하게 제시한 동산의 작략이다. 동산은 시중하여 "나는 삼로로 납자를 교화하는데, 조도鳥道와 현로玄路와 전수展手다"[82]라고 말했다. 이처럼 공안은 지극히 단순함을 특징으로 하면서도, 미혹한 마음으로 함부로 접근할 수 없는 절제된 경지를 함유하고 있으며, 문답에 참여하는 당사자가 아니라면 도저히 이해할 수 없는 상징적인 면모를 지니고 있다.

여기에서 조도鳥道는 상응하는 곳에서 종적이 없어서 털끝만큼도 장애가 없는 몸으로, 일체의 번뇌에 물들지 않는 불염오不染汚의 수행을 비유한 것이다. 곧 어떤 흔적도 남겨두지 않는 자유무애한 납자의 행위로 몰종적沒蹤迹이고 단소식斷消息이라고 한다. 마치 새가 허공을 날아가도 그 종적이 전혀 남아 있지 않은 모습이다. 현로玄路는 태허처럼 원만하여 모자람도 없고 남음도 없는 것으로, 납자의 수행이 그윽하고 현묘한 길에 나아가는 것을 의미한다. 곧 유와 무, 미혹과 깨달음 등 일체의 분별견해를 초월한 공적한 모습이다. 전수展手는 납자를 응대함에 적적的的하게 작용하는 것이고, 적적한 작용으로 납자를 응대하는 것이다. 곧 선지식이 갖가지 방편을 활용하여 납자를 유인하여 선지식이 원하는 방식대로 교화해 주는 모습을 가리킨다.

단순함의 면모로 말하자면 우선 선의 행위는 단순하고 명료하며 현실적이고 직접적이다. 선의 모습은 투명하고 명쾌하며 간결하고 직절直截하다. 선의 본체는 특수적이면서 보편적이고 근본적이면서 궁극적이다. 이 모든 것을 하나로 갈무리하여 실천하는 선자에게서는

---

82 『筠州洞山悟本禪師語錄』(大正藏 47, p.511上)

무언가 다른 점이 우러난다. 그것은 바로 자신의 본래의 모습대로 살아가기 때문에 가장 자연스러운 곳에서 나오는 일종의 예술적인 아름다움을 풍기는 것이다.

일찍이 이런 모습을 가리켜 운문문언(雲門文偃, 864~949)은 체로금풍體露金風이라고 하였다.[83] 가을바람에 나뭇잎을 떨구어버리고 본체를 그대로 드러내고 있다는 말이다. 하나의 알몸으로 세상에 태어나서 6척 남짓 되는 육신만 남기고 달랑 떠나가는 선사들의 죽음은 바로 이것을 가리킨다. 그 때문에 다비茶毘를 하고 때로는 조촐하게 부도만 하나 남겨두기도 한다. 이 부도마저도 번거롭기 짝이 없다.

당나라 시대에 진주보화鎭州普化는 가장 기이한 행적을 남긴 승려로 유명하다. 그는 방울을 흔들면서 자신의 시신을 담을 관을 끌고 다녔다. 그러다가 어느 날에 죽겠다고 호언장담을 하였다. 사람들이 그 모습을 지켜보기 위하여 그림처럼 모여들었을 때 오늘은 시절운수가 좋지 않으니 다음날 죽겠다고 하였다. 사람들은 실망하고 돌아갔다. 그러나 다음날도 마찬가지의 이유로 해서 그 다음날로 미루었다. 그러자 사람들은 더욱더 실망하고 말았다. 그래서 몇 사람 남지 않게 되었는데도 같은 이유로 해서 또 그 다음날로 죽음을 미루었다. 마침내 아무도 구경나온 사람이 없는 줄을 알게 된 진주보화는 스스로 그때야 비로소 입적하였다. 입적해서는 딸랑딸랑 방울소리만 남긴 채 하늘로 올라가 버렸다.[84]

죽음은 거추장스럽게 남에게 보일 필요가 없다. 남과 함께 죽을

---

83 『雲門匡眞禪師廣錄』 卷上(大正藏 47, p.550下)

84 『鎭州臨濟慧照禪師語錄』(大正藏 47, p.504中)

필요도 없다. 그런데도 사람들은 죽음에 이르러서 마치 자신이 무언가 대단한 일이라도 하는 것처럼 떠벌린다. 진주보화처럼 인생은 홀로 와서 홀로 가는 것임을 구경하러 온 사람들은 전혀 그 의미를 몰랐다. 이것이 곧 선의 인생이다. 가슴이 시릴 정도로 냉정하고 침착하며 단순한 선사의 죽음 그 자체가 참으로 아름답다.

이처럼 단순하고 자연스러운 모습은 특히 선문답에 잘 나타나 있다. 가장 단순하고 가장 자연스러운 선문답 가운데 하나가 불교의 궁극적인 의미를 묻는 불법佛法의 적적대의的的大意다.[85] 불교의 근본적인 가르침 내지 궁극적인 지향점이 무엇인지를 묻는 것이다. 이처럼 단순하기 때문에 누구에게나 어느 시대나 어디에서나 제기되었던 질문이다.

달마의 시대에도 지사문의指事問義라고 했다.[86] 스승이 제자에게 하나의 사물을 가리켜 '이것이 무엇인가'라고 질문을 한다. 그러면 제자는 그것에 갖가지로 답변을 하는 것이다. 이러한 달마의 가르침은 궁극적으로 가장 단순했던 혜가慧可가 그 뒤를 이었다. 단순미의 전형을 보여주고 있다. 육조六祖의 경우도 그랬다. 밤새도록 바람이 움직이는가, 또는 깃발이 움직이는가에 대한 논쟁에서 그것은 바람이 움직이는 것도 아니고 깃발이 움직이는 것이 아니라 단지 그대들의 분별하는 마음이 움직일 뿐이라는 한마디로 끝내버렸다.[87] 한국의 선종계에서도 그랬다. 이뭣고!(是甚麼)라는 말이 모든 화두에 적용되

85 『鎭州臨濟慧照禪師語錄』(大正藏 47, p.496下)
86 『楞伽師資記』(大正藏 85, p.1285中)
87 『六祖大師法寶壇經』(大正藏 48, p.349下)

는 방식이었다. 어떠어떠한 질문과 무슨무슨 답변에 대하여 이뭣고!
라는 말로 깨끗하게 가르마를 긋는 것이다.

　대매법상大梅法常은 오랫동안 깊은 산골에서 수행을 계속하여 계절
을 잊고 단지 산이 푸르렀다가 누레졌다 하는 모습만 보았을 뿐이라고
했다.[88] 그렇게 천진스러운 행위는 자연을 닮아 있다. 계절로 말하자면
봄과 여름과 가을과 겨울을 벗어나지 않는다. 단순한 도리이다. 인생
으로 말하자면 나고 살고 죽는다.

　그러나 또한 선문답의 공안은 아무렇게나 출현한 것이 아니라
다져지고 다져진 절제의 면모를 지니고 있다. 그 까닭은 반드시 체험을
바탕으로 하는 선의 풍모는 그 이면에 철저한 자기 내면의 각성이
뒤따르지 않으면 안 되기 때문이다. 그 각성이란 자각의 형태를 유지하
면서 자기의 절제성을 필요로 한다. 일종의 중생성을 극기克己하는
것이지 않으면 안 된다. 선이 절제성을 그 특징으로 하고 있는 것은
바로 이러한 이유 때문이다.

　그래서 절제는 체험을 수반한 바탕에서 나타나지 않으면 일종의
억제일 뿐이다. 억제가 타율적이고 조작적이라면 절제는 자율적이고
자연적이다. 그래서 오랫동안 지속적으로 유지될 수 있을 뿐만 아니라
자신만의 고유한 색깔을 지닐 수 있다.

　이 절제의 덕목은 선자의 모습에 가장 잘 나타나 있다. 수수하게
차려입은 납의衲衣가 바로 그것이다. 납의는 선자의 옷일 뿐만 아니라
선자의 마음이기도 하다. 매일 일어나서 공양을 하고 청소하며 좌선을

---

88 『景德傳燈錄』 卷7(大正藏 51, pp.254下~上255) 참조.

하고 노동을 하며 마음을 한곳에 모아 자신을 색깔이 없는 납의처럼 만들어 가는 것이다. 색깔이 없는 그것은 잡념을 없애고 분별심을 없애며 애착을 없애고 탐욕을 없애는 것이다.

절제의 덕목은 가을바람에 나뭇잎을 떨구고 가지만 남은 나무처럼 분명하고 단순하며 확실하게 드러나 있다. 좌선실의 공간구조는 바로 이에 따라 이루어졌다. 거추장스러운 가구나 알록달록한 탱화나 번거로운 일상의 프로그램이 아예 배제되어 있다. 단순하게 문수보살의 성상聖象 또는 탑이나 담묵화의 그림을 걸어두는 것이 고작이다. 이것은 청산靑山과 백운白雲이 어울리는 것처럼 단순하기 짝이 없으면서도 무한한 상상과 끝없는 자연의 아취를 풍겨내기에 부족함이 없다.

그와 같이 선문답의 공안은 데면데면한 자세로는 결코 접근해볼 수도 없는 상징적인 면모를 지니고 있다. 그러나 제아무리 그렇다고 해도 여전히 선은 그냥 선이다. 선이 가장 선적인 것이 되기 위해서는 선 이외의 아무것도 아닐 경우이다. 전적으로 선 자신이 되는 선이 바로 선이다. 달리 무엇을 필요로 하지 않는다. 무엇이 필요하게끔 하지도 않는다. 그리하여 올곧게 선이 될 경우야말로 가장 선적이다. 그래서 선은 선 이외에 달리 그 어떤 장식이나 가식도 필요하지 않다.

어떤 행위와 결과가 상징을 지니기 위해서는 가장 구체적인 구상을 함께 지니지 않으면 안 된다. 그래서 선에서 상징성이 결여된 구상은 단순한 허접쓰레기와 같이 무의미하고, 또한 구상성이 결여된 상징성은 단지 관념과 자의식에 빠진 허깨비일 뿐이다. 상징과 구상이 아울러 구비된 선이어야 비로소 선이 되고 선적인 것이 되며 선의 정체성을 지니게 된다.

그와 같은 선 가운데에서도 특히 선문답은 비유와 상징으로 가득차 있다. 그 비유와 상징은 어디까지나 수행과 깨달음을 향해 있다는 점에서 가장 구체적이고 현실적인 자신의 문제와 직결되어 있다.

이런 점에서 선은 궁극적으로 자신에게 의미가 있어야 한다. 선이 항상 타인에게만 그리고 일종의 언어의 형태로만 남아 있어서는 아무런 선도 될 수가 없다. 진정한 선이란 자신이 직접 참여하여 맛보고 실천하며 자기의 것으로 만들어 나아가는 경우에만 가능하다.

아름다운 배꽃이 피었다가 꽃이 지면 그 자리에서 배라는 과일이 열린다. 배꽃은 꽃 자체로 아름답고 배는 열매 자체로 충분하다. 배꽃은 굳이 배라는 열매를 위한 이전 단계만은 아니고, 배라는 열매는 굳이 배꽃이라는 꽃이 지고 난 이후의 결과만은 아니다. 꽃은 꽃 그대로 완성이고, 열매는 열매 그대로 완성이다. 꽃의 가치에 대하여 열매를 맺기 위한 수단이나 도구로만 바라보는 것은 결코 꽃에 대한 올바른 평가도 아니고 열매에 대한 온전한 이해도 아니다. 꽃은 꽃으로, 그리고 열매는 열매로 최고의 가치를 부여하는 지혜야말로, 선이 언제나 지금 (Now)·여기(Here)·이것(This)을 강조하는 까닭이 여기에 있다.

그래서 선은 언어적으로는 명사가 아니라 동사이고, 사상적으로는 철학이 아니라 종교이며, 행위적으로는 모방이 아니라 실천이고, 현실적으로는 수단이 아니라 목적이다. 그것은 반드시 선이 의미와 내용이 풍부한 비유와 상징성뿐만 아니라 아울러 직접적이고 구체적이며 능동적인 행위를 수반하는 구체성을 띠고 있기 때문이다.

이것이 선종에서 후대에 하나의 공안으로 정착되었다. 가령 달마조사가 서쪽에서 온 까닭은 무엇인가의 말처럼 일종의 수수께끼와도 같아서 씨알도 먹히지 않는 이야기가 곧 선문답이라고도 한다. 선문답은 이처럼 내용과 뜻이 통하지 않아야만 제맛이 나고 내용과 뜻이 통하면 더 이상 선문답이 아니란 말인가. 전혀 그렇지가 않다. 왜냐하면 선문답은 상징으로 파악해야 하기 때문이다.

가령 전백장前百丈은 제자가 "깨달은 사람도 인과의 도리에 해당됩니까"라는 물음에 대하여 "인과의 도리에 해당되지 않는다"라고 대답하였다. 그 결과 오백생 동안 짐승의 업보를 받고 여우의 몸으로 생사를 반복하였다. 그러나 후백장後百丈은 같은 질문에 대하여 "인과의 도리에 얽매이지 않는다"는 대답을 하여 짐승의 업보를 받은 전백장을 제도하였다.[89] 내뱉은 말로만 보자면 아무런 차이도 없다. 인과의 도리에 지배를 받지 않는다든가 얽매이지 않는다든가 하는 것은 그냥 그렇게 형식적으로 만들어 낸 소리에 지나지 않는다. 그럼에도 불구하고 그 결과는 천지만큼이나 벌어졌다.

여기에서 의미가 없는 말이란 오히려 의미 이상의 어떤 상징성을 띠고 있기 때문이다. 그 상황에서 그 당사자들끼리 그 절실한 문제에 당면하여, 그 대화는 비로소 말이 말을 초월해버린 것이다. 그 결과 단순한 말 한마디로 인하여 두 사람의 입장은 어리석은 짐승과 깨달은 인간의 존재가 되어버렸다. 그러나 다시 어디까지나 말은 말에 불과하다. 말이 사람에 따라서 일시적으로 초월적인 어떤 역할을 했다고 해서 말이 날개를 다는 것은 아니다. 그것은 말이 그렇게 만든 것이 아니다. 전적으로 그 말을 활용하는 전백장과 후백장의 마음에 달려

---

89 『無門關』(大正藏 48, p.293上-中) 참조.

있었다.

그런데 이와 같은 선문답의 상징성은 반드시 구체적으로 드러나는 것이지 않으면 안 된다. 어디까지나 발을 땅에다 굳건히 디딘 상태에서 하늘을 바라보는 눈이어야지, 발을 허공에 내딛고 하늘로 올라가는 상태에서의 선문답이라면 한낱 심심풀이 수수께끼이고 농담이며 언어유희일 뿐이다. 이것이 바로 상징적인 선문답이 일종의 관념으로 흐르지도 않고 철학과도 구별되는 까닭이다. 이것이 곧 선의 풍모에서 조작이 없는 무공용無功用의 매력이다. 그 매력에는 분별없는 비유와 상징으로 채워져 있는가 하면 직접적이고 현실적인 생동감으로 넘쳐 있다. 이것이야말로 선을 다른 무엇이 아니라 그냥 그대로 선이게끔 하는 선문답이 지닌 상징성이다.

2) 무공용無功用의 행위

선종에서 깨달음은 직접으로 언급하거나 작용하거나 보여주는 것이 용이하지 않다. 그것은 선종에서 깨달음이 지혜와 같은 추상적인 속성을 지니고 있기 때문이기도 하고, 지혜의 자각은 당사자가 직접 체험을 담보해야 하는 까닭이기도 하며, 체험했다고 해도 선지식으로부터 확실하게 보증을 받아야 하고, 상대방에게 물건처럼 분명하게 손에다 쥐어줄 수가 없는 까닭이기도 하다. 그래서 일찍부터 무공용無功用의 행위에 해당하는 무작無作의 작作으로 언급되었기 때문에[90] 부득이하게 다양한 방편이 개발되었는데, 그 경우에 상대방을 확실하

---

90 鈴木大拙, 『禪の思想』, 東京: 春秋社, 1980, p.91.

게 일깨워 줄 수 있는 방식으로 상징과 비유를 담아서 활용하는 지혜를
고안하였다.

이처럼 비유와 절제와 상징으로 무장된 선문답의 공안에는 지혜의
인물로 설정되는 개념에 도적盜賊이 자주 등장한다.[91] 도적은 남을
속이거나 남의 물건 내지 마음을 훔치는 속성으로 인하여 언제나
상대보다 날렵하고 기민하며 주도면밀하고 용의주도하다는 것으로
설정한다. 그리고 납자를 그 도적에 빗대어 선지식과 문답에서 썩
뛰어난 행위의 소유자로 비유한다. 이에 선종에서는 소위 사람들에게
붙잡히지 않는 도적을 선지식이 쳐놓은 그물에 걸려들지 않는 납자의
훌륭한 면모로 간주하여 상징과 비유로 충분히 활용하고 있다.

가령 백염적白拈賊은 손에 아무것도 지니지 않고 남의 물건을 훔치
고도 자취를 남기지 않는 교묘한 수완을 지닌 도적을 가리킨 말이다.
이처럼 도적은 꽤 영리한 수완을 지닌 납자를 비유적으로 표현한
내용이다. 가령 『임제록』과 관련해서 보면, 한 납자와 임제의 문답에
대하여 설봉의존(雪峯義存, 822~908)의 비평(著語)이 있다.

임제가 어느 날 상당하여 말했다. "그대들이여, 모든 사람에게는
육신에 한 무위진인無位眞人이 있는데, 항상 그대들 대중의 눈앞에
서 출입합니다. 그런데 그대들이 만약 알아차리지 못했으면 무릇
노승에게 물어보시오." 그때 어떤 승이 물었다. "무위진인이란
무엇입니까?" 임제가 갑자기 때려주고 말했다. "무위진인이라니,

---

91 달리 지혜를 비유하는 사물로는 吹毛劍·般若劍·鎭鋣劍의 칼, 慧日·日光의
태양, 老古錐·閑古錐의 송곳 등이 자주 언급된다.

그 무슨 똥 묻은 막대기(乾屎橛)와 같으니라구."(후에 설봉이 그
말을 듣고 이에 말했다. '임제는 마치 날치기〔白拈賊〕 같다.')⁹²

무위진인無位眞人이란 임제가 가장 힘주어 강조한 개념으로 본래인
을 가리킨다. 곧 범부와 부처, 빈한과 부귀, 미혹과 깨달음 등의
모든 분별을 초월하여 어떤 것에도 구속되지 않는 진정한 해탈인을
가리킨다. 진인이란 『장자』에 근거한 말인데, 도교의 이상으로 자유
인을 가리키는 말이다. 임제는 한 승의 질문에 대하여 질문부터 깡그리
부정해버리는 선기를 보여주는 답변으로 '똥 묻은 막대기'라고 매섭게
몰아붙이고 있다. 이와 같은 임제의 선기에 대하여 설봉의존은 날강도
와 같은 놈이라고 도적에 비유하여 찬탄하고 있다.

그런가 하면 임제와 황벽의 문답에 대하여 위산과 앙산이 비평하고
있는 내용은 다음과 같다.

임제가 보청으로 땅을 파다가 황벽이 오는 것을 보고 괭이를
기대고 서 있었다. 황벽이 말했다. "그대는 고단한가?" 임제가
말했다. "아직 괭이도 들지 않았는데 뭐가 고단하겠습니까." 황벽
이 곧장 때려주자, 임제가 주장자를 빼앗고 탁 밀어 넘어뜨렸다.
황벽이 소리쳤다. "유나여, 유나여, 나를 부축해 일으켜 다오."
유나가 다가와서 부축해 일으키며 말했다. "화상께서는 어찌 저
미치광이(風顚漢)의 무례를 용인하십니까?" 황벽이 일어나자마자
곧장 유나를 때려주었다. 그러자 임제가 괭이로 땅을 파며 말했다.

92 『祖庭事苑』 卷2(卍新續藏 64, pp.339下~340上)

"제방에서는 다비를 하는데, 나는 여기에다 일시에 산 채로 묻어버립니다." 이후에 위산이 앙산에게 물었다. "황벽이 유나를 때려준 것은 무슨 뜻인가?" 앙산이 말했다. "진짜 도적은 달아나고, 뒤쫓던 포졸이 주장자를 맞은 꼴입니다."[93]

여기에서 진짜 도적은 임제를 가리키고, 뒤쫓던 포졸이란 유나를 가리킨다. 임제는 날쌔게 치고 빠진 연후에 애먼 유나維那가 황벽에게 얻어맞은 것을 앙산이 비평한 것이다. 여기에서도 도적은 임제의 민첩한 선기禪機를 상징하는데, 누구에게도 뒤지지 않는 총명한 행위에 해당한다.

어느 날 보청하러 가는데 임제가 맨 뒤에서 걷고 있었다. 황벽이 고개를 돌려 임제가 빈손인 것을 보고 이에 물었다. "괭이는 어디 있는가?" 임제가 말했다. "어떤 사람이 갖고 가버렸습니다." 황벽이 말했다. "가까이 오라. 그대와 함께 그것(箇事)에 대하여 상량해 보자꾸나." 임제가 다가가자, 황벽이 괭이를 치켜들고 말했다. "오직 이것(祇這箇)만은 천하의 사람도 집어 들지 못한다." 임제가 괭이를 빼앗아 치켜들고 말했다. "그렇다면 어떻게 괭이가 제 손안에 있는 것입니까?" 황벽이 말했다. "오늘은 큰일 할 사람이 있구나." 그리고는 곧장 선원으로 돌아가 버렸다. 후에 위산이 앙산에게 물었다. "괭이가 황벽의 손안에 있었는데, 어째서 외려 임제한테 빼앗긴 것인가?" 앙산이 말했다. "도적은 소인인데 그

---

[93] 『鎭州臨濟慧照禪師語錄』(大正藏 47, p.505上)

252

지혜는 군자를 능가합니다."⁹⁴

　여기에서 그것(箇事) 내지 이것(祗這箇)은 분명하게 무엇이라고 특정할 수 없는 깨달음의 속성 내지 그 성격을 지칭한 것인데 참으로 애매모호한 까닭에 짐짓 '거시기' 정도로 이해하면 좋다. 여기에서도 임제는 역시 영리한 납자로서 스승인 황벽의 안목을 알아채고, 황벽의 손아귀에 있던 괭이를 빼앗아 버렸다. 그러자 황벽은 임제의 선기를 인정할 수밖에 없다는 듯이 아무런 말도 하지 않고 선원으로 돌아가 버렸다. 여기에서 어떤 사람이란 곧 대오大悟한 사람 내지 무위진인無位眞人을 가리킨다. 임제가 황벽에게 어떤 사람이 자기의 괭이를 가져갔다고 말한 것은 잠시 후에 그 괭이를 다시 회수한다는 의미로 말씀드려 놓고, 마침내 황벽의 손안에 있던 괭이를 빼앗아서라도 궁극에 그 의도를 성취한 것을 보여주었다. 황벽은 바로 그와 같은 제자 임제의 선기와 의기투합이 되었기 때문에 임제로부터 다시 괭이를 빼앗을 필요성을 느끼지 않았다.

　이에 대한 앙산의 비평은, 일반적으로 남의 물건을 빼앗는 도적은 소인의 취급을 받는데 지금 임제의 경우는 그 지혜가 군자를 능가한다고 찬탄한 것이다. 이로써 임제의 지혜는 스승인 황벽에게 인정을 받았을 뿐만 아니라 위산과 앙산의 사제로부터도 그 선기를 인정받은 셈이 되었다. 이처럼 도적이란 선어록에서 대단히 영리한 납자로 빈번하게 등장한다. 이것은 도적의 속성을 비유한 것이지만, 가장

---

94 『鎭州臨濟慧照禪師語錄』(大正藏 47, p.505中)

용의주도用意周到하고 행지면밀行持綿密한 선자가 향유하고 있는 한 가로운 선행위禪行爲의 단면을 보여준 것이다.

선종에서 선지식이 납자를 교화하는 데 사용하는 방법의 유형을 그 성격에 의거하여 두 가지로 분류한다. 하나는 있는 그대로를 긍정하면서 본래의 성품을 부추겨 일으키는 방식이 있는데 이것을 방행放行이라고 한다. 다른 하나는 모든 사실을 부정하면서 끝까지 몰아붙여 더 이상 나아갈 곳이 없는 곳에서 본래의 자신을 발견하게 하는 방식이 있는데 이것을 파주把住라고 한다. 그런가 하면 그 두 가지를 경우에 따라서 적절하게 변화시켜 나아가면서 활용하는 선교방편의 방식이 있다. 모두 훌륭한 방법이다.

이와 같은 선종의 지혜가 가장 잘 구현되던 시기가 있었다. 그것은 깨달음의 지혜를 궁극으로 간주하고 발전시켜 가장 활발하게 작용하던 시기와 일치한다. 그것은 선종이 하나의 종교적인 사상이나 실천의 특징으로서만 남아 있는 것이 아니라 일상의 현실에서 직접 모든 사람에게 작용하고 소용이 되는 것임을 말해 주는 근거이다.

그래서 깨달음의 지혜는 반드시 인간세계에서 이루어지고 작용하며 도움이 되는 것이어야 한다. 그래서 깨달음의 지혜는 무엇보다도 자신의 자각이 우선시되어야 하겠지만 그렇지 못한 사람에게도 동일하게 열려 있어야 한다. 그것이 깨달음의 지혜의 실현이고 자기의 실현이다. 이와 같은 모습은 당나라 시대부터 크게 전개되었다. 마조 도일은 그의 어록에서 다음과 같이 말하고 있다.

깨달음은 새삼스럽게 따로 구할 필요가 없다. 다만 물들지 않으면

되는 것이다. 염오란 무엇인가. 생사심으로 조작하고 취향하는
그것이 모두 염오이다. 만약 그 도를 알고자 하면 평소에 살아가는
자신의 생활방식이 곧 진리 그대로이다. 평소에 살아가는 방식이
란 조작이 없고 시비가 없으며 취사가 없고 단상이 없으며 범성이
없다.[95]

여기에는 기존의 의미와는 다르게 무엇보다도 평이하게 새롭게
생활의 실천에 의하여 일관되어 있다. 그것은 일찍이 그 어떤 종파나
사상과도 다른 생활불교를 말하고 있다. 깨달음의 지혜는 지금 새삼스
럽게 배워서 얻는다든가 내지 수행하여 얻는다든가 하는 것이 아니라
이미 사람들의 생활에 자명한 것으로 깃들어 있다. 여기에는 우리의
마음이 가능성으로서 미오迷悟를 내포한 본지本知를 초월하여 더욱
구체적인 평상시의 마음이 주체적으로 일상화되어 있다. 그것은 본래
적인 자각이라든가 절대적인 깨달음의 지혜와 같은 전통적인 사유를
철저하게 주체화하고 행동화시킨 것이다.

7. 기사구명의 본지풍광

소위 선에 대하여 나름대로 이해하고 있는 사람도 '선은 철저하게
무신론의 입장으로 종교행위와 어떤 상관이 없다, 선은 타력과 전혀
별개다, 선에는 윤리가 없다, 선은 깨달음에 치중하는 까닭에 이타의
행위와 거리가 멀다'고 말하는 경우가 종종 있다. 이러한 견해는 나름대

---

95 『景德傳燈錄』 卷28(大正藏 51, p.440上)

로 그럴듯한 이유가 있고, 또한 전적으로 부정할 수는 없다. 왜냐하면
선은 철저하게 자신을 깨닫는 행위에 근거하고, 또한 깨달음을 중심으
로 발생했고 전개하였으며, 전승되어 왔기 때문이다. 그래서 선은
어디까지나 철학이지 종교가 아니라고 말하는 사람도 간혹 있다.

　이런 점에서 본다면 선은 어느 대상을 인정하여 그것을 철저하게
믿고 따르는 종교행위의 입장과 정반대의 모습으로 인식되는 것도
무리가 아니다. 이처럼 선이 종교행위의 입장과 달리 선 자체적인
특징만을 강조하는 것으로 일관한다면 선은 종교가 아닐지도 모른다.
그러나 선은 철저하게 종교적이고 윤리적이며 이타적이고 미래지향
적이다. 그러면 그 종교행위적인 측면은 어떤가.

　종교행위라는 말은 종교학에서 종교의 요소 가운데 하나의 개념으
로 절대자에 대한 흠모와 그에 대한 찬양 내지 숭배라는 뜻이 강하다.
그래서 혹자는 불교의 경우 굳이 신행信行이라는 용어를 사용하기도
한다. 딴은 그렇다. 그러나 종교행위가 진정으로 자신의 마음에서
우러나오는 경우라면 그것은 대상에 대한 지향을 넘어서 자신의 존재
를 진실하게 표출하는 것이기 때문에 결국 자기를 향한 지향이 된다.

　이 경우에 종교행위는 자신에 대한 믿음과 확신과 표출로 거듭난다.
이것이 불교라는 포장을 통하여 수행의 행위로 나타나는 경우 신행이
되고, 선이라는 자각을 거쳐 그것이 자기에게서 실현되는 기사구명己
事究明[96]의 경우에는 종교행위라고 말하건 그 밖의 뭐라고 말하건
간에 정녕 본래자기의 투영이지 않을 수가 없다. 그래서 종교행위는

---

[96] 己事究明은 선이 본질로 삼고 있는 지혜의 성취인 깨달음인데, 곧 生死一大事에
　해당하는 생사윤회의 문제를 해결하는 것이다.

어디까지나 진지하고 헌신적이며 초월적인 행위를 수반하여 자신의 안에 감추어진 평소와 다른 자신이 된다. 이런 점에서 진정한 선은 종교행위일 수 있고, 또한 철저한 종교행위이기도 하며, 종교행위는 선일 수 있고, 또한 자신에 철저한 선이기도 하다.

우리의 눈앞에 전개되고 있으며 우리의 환경을 둘러싸고 있는 현재의 이 자연과 세계와 인생이라는 것은 과연 그 전체가 보이는 그대로의 존재로서 달리 어떤 것도 잠재되어 있지 않다는 의미로 간주해도 좋은 것인가. 혹은 그 깊은 이면에 무엇인가 우리가 평소에는 생각하지도 못한 심심한 의미가 감추어져 있는 것은 아닌가. 이것은 우리가 선과 종교행위의 관계를 생각해볼 경우 마땅히 따져보지 않으면 안 되는 하나의 중요한 주제다.

예로부터 이와 같은 입장에 대한 답안으로써 이 자연과 세계와 인생에는 특별히 별다른 의미가 없다는 견해가 있었는가 하면, 거기에는 무언가 확실히 일종의 신비로운 의미가 담겨 있다는 견해가 있었다. 이에 갖가지 형체로써 철학과 종교에서 항상 논쟁이 반복되었다. 그렇지만 지금 여기에서는 그러한 논쟁의 결론을 요구하는 것이 아니다. 우리는 결국 이 자연과 세계와 인생, 나아가서 우주법계는 다만 감각에 투영된 존재일 뿐이고 더욱이 기계적이고 맹목적인 존재라고 보는 견해도 있는가 하면, 이에 반하여 거기에는 확실히 우리가 보고 들으면서 느끼는 감각을 초월한 어떤 작용 곧 이성理性이라든가 오성悟性이라든가 법안法眼의 능력을 통하여 사물의 핵심을 터득하는 예리하고 투철한 세계가 존재한다는 견해도 있다.

따라서 그것을 알고 또한 구명하기 위해서는 철학적인 연구의

필요성과 종교적인 체험의 필요성과 아울러 윤리적인 실천의 필요성
이 수반된다. 우선 종교행위와 결부시켜 종교적인 체험의 측면에
관해서 말하자면, 종교에도 갖가지가 있다. 종교에서 그 자연과 세계
와 인생에 대한 신비의 문을 여는 열쇠는 이른바 우리의 법안을 개발하
는 데 있다는 것은 말할 나위도 없다.

　이것은 자신의 철저한 종교행위를 통한 종교체험이기도 하다. 그
심안을 체험하는 방식이 확립되지 않으면 이 자연과 세계와 인생
그 본체가 어떤 것인지 생각할 수도 없고, 말할 수도 없으며, 그
자체의 진실한 모습을 이해할 수도 없다. 그러나 일단 지혜라는 깨달음
의 안목을 열어 자신의 철저한 종교행위를 확립하고 나면 비로소
우리는 부처를 알고 느끼며 진여를 깨닫고 누리며 자기의 마음 자체를
맛보고 볼 수가 있다. 그러나 자신에 대한 철저한 종교행위를 얻지
못한 사람은 자연과 세계와 인생에 담겨 있는 신비를 알 턱이 없고,
그 실상에 미혹하여 갖가지로 암중모색하고 있는 동안에도 부처를
등지고 진여의 이치에서 벗어나며 자기의 마음을 가눌 수조차 없을
것이다. 가령 임제는 "불법의 깨달음과 본질은 애써 힘써서 얻을
필요가 없다. 다만 평소에 아무런 탈이 없이 똥을 싸고 오줌을 누며,
옷을 입고 밥 먹으며, 피곤하면 잠을 자는 그뿐이다"[97]고 말한다.
무릇 온 힘을 기울여서 좌선하고, 온 마음을 바쳐서 물을 긷고 나무를
하며, 정신을 하나로 집중하여 경전을 독송하지 않는다면 그것은
결코 이와 같은 행위라고 말할 수가 없다. 동물도 사람과 마찬가지로

---

[97] 『鎭州臨濟慧照禪師語錄』(大正藏 47, p.498上)

배가 고프면 밥을 먹고 피곤하면 잠을 잔다. 그러나 동물과 사람의 근본적인 차이는 바로 그와 같은 상황을 자명하게 인식하느냐 못하느냐에 달려 있다.

그래서 자신이 스스로 익숙해지고 자신을 믿으면서 살아가고 있는 이 우주에 어떤 특별한 의미가 있는가 혹은 없는가 하는 견해보다 그것을 스스로 자신의 것으로 만들어 가는 종교행위적인 깨달음을 터득하는 것이 필요하다. 이 경우에 그 사람에게 자연은 더없이 아름다운 찬미의 대상이 되고, 세계는 꼭 진실하게 누려보고 싶은 진실한 터전이 되며, 인생은 그토록 환희에 넘치는 선의지善意志로 가득 넘쳐날 것이다.

자신에게 투철한 깨달음의 안목을 확립한 자신만의 종교행위가 우리에게 중요한 까닭이다. 그 종교행위가 자신을 향해 내면화될 경우 선이라는 옷을 걸치게 된다. 그리하여 단순한 종교행위의 경우에 타력적이었던 수행이 이제는 자력적인 신행 내지 본원적本源的인 자기구제인 기사구명으로 향하게 된다. 그것은 자기 수행의 노력에 의하지 않고서는 불가능한 경지로서, 각자覺者의 경지에 도달하는 이상적인 생활에 들어가는 길이기도 하다. 외부를 향하던 종교행위를 내부로 돌이켜서 자기 확신으로 승화되어 심신深信을 획득하는 것이다. 이것이 선에서 생사를 초탈하는 기사구명의 깨달음으로 나타나게 된 이유이다.

이 기사구명에는 반드시 여실한 견해를 추구하는 안목이 필요하다. 그 안목이란 소위 깨달음일 뿐만 아니라 발심으로부터 수행과 견성과 증명과 인가와 전법의 전 과정에서 선지식의 필수적인 요소이다.

선지식은 이런 점에서 납자의 길잡이 역할을 할 뿐만 아니라 궁극에는 납자가 선지식 자신과 동등한 경지에 도달하는 것을 목표로 삼는다. 그래서 선지식으로부터 지혜가 개발되어 심신을 터득한 납자는 자신의 생사의 문제로 번민하지는 않는다. 생사의 문제로 번민하는 것은 아직 생사에 대한 종교행위에 머물러 있는 자의 입장이다. 심신으로 다져져 있는 자는 죽음이 두려울 수가 없다. 왜냐하면 죽음에 대한 자신만의 고유한 확신에 살고 있기 때문이다. 죽음에 대한 자신의 확신이라는 것은 죽음을 더 이상 배척해야 할 대상으로 간주하지 않는다. 그리고 영원히 삶을 연장하려고도 않는다. 또한 삶과 죽음을 애써 부정하려고도 하지 않는다.

예로부터 선종에서 가장 중요한 문제 가운데 하나는 죽음의 극복이었다. 죽음을 극복한다는 것은 가장 선적禪的인 행위에 속한다. 가령 죽음의 극복을 위하여 혹자는 죽지 않고 영원히 사는 방법을 모색하기도 하였다. 그러나 아직까지 영원히 살았다는 사람에 대해서는 들어본 적도 없다. 그런가 하면 죽음을 죽음으로 인정하지 않고 자손을 통하여 끝없이 존속하려는 유전적인 삶을 추구하려는 자도 있다. 그러나 죽음의 문제는 개체의 문제이기 때문에 어불성설이다. 한편 미라(木乃伊)가 되어 후에 부활을 꿈꾸는 것으로 죽음을 극복하려는 경우도 있다. 이것은 죽음에 대한 부정이다. 죽음을 부정한다고 해서 생사가 극복되는 것은 아니다. 설령 죽음이 부정되었다손 치더라도 그것은 자신에 대한 것이 아니라 후대를 살아가는 사람들에게 기억되는 것에 불과하다. 또한 죽음의 현상을 회피하려는 자가 있다. 죽음으로부터 도망치려고 깊은 바다에 숨기도 하고, 수많은 사람 가운데 숨기도

260

하며, 험난한 산골에 은신한다 해도 결국은 죽음을 모면할 수가 없다.

그러나 심신에 철저한 자는 이와 같은 죽음의 극복을 초월한다. 그것은 요컨대 다만 죽음을 그대로 인정하고서 죽음에 대한 두려움과 공포로부터 초연하기 위해 충분한 연습을 하는 것이다. 죽음을 극복하고자 하는 가장 선적인 방식이다. 이에 선에서 추구하는 죽음을 극복하는 방법은 가아假我가 죽음으로써 진아眞我를 터득하는 것을 말한다. 가아의 죽음이란 번뇌의 극복이고 진아의 터득이란 천상천하유아독존天上天下唯我獨尊이 되는 것이다. 소위 천상과 천하는 모두 중생의 세간을 가리키므로 가아의 세계이지만, 유아독존은 가아를 깨트리고 터득한 진아의 세계로서 대아(我)이고, 깨달음(道)이며, 불법(法)이고 일심(心)이다.[98]

그리하여 진아를 터득한 사람이라면 본래면목의 소식을 자신이 체험하고 언설로 다듬어서 남이 알아들을 수 있도록 정리하여 전할 줄 아는 자는 곧 부처이고, 그것을 전하지 못하는 자는 중생이다. 그러나 여전히 본래면목의 모습은 그것을 남에게 전하고 전하지 못하는 것과는 상관이 없다. 석가세존께서 한 손으로 하늘을 가리키고 한 손으로 땅을 가리키면서 천상천하유아독존이라 말했건, 혹은 두 손을 모두 들고 말했건, 혹은 들지 않고 말했건 간에 상관이 없다. 여전히 물은 낮은 곳으로 흐르고 꽃은 피었다가는 진다. 그 때문에 제아무리 부처라 할지라도 결국은 본래면목의 소식을 전하는 기사구명의 풍광이 아니고 무엇이겠는가.

---

98 『佛祖歷代通載』 卷22(大正藏 49, pp.720下~上)

이것은 굳이 선의 지혜라는 용어를 동원하지 않더라도 자신이 그렇게 익숙해지고 그렇게 자연스럽게 되어가는 면모를 가리킨다. 이리하여 죽음에 대한 공포와 두려움에서 벗어나게 되면 자연스럽고, 기꺼이 죽음을 받아들이고 향유할 수가 있다. 이것으로 이미 죽음은 극복되어 있다. 이것이 바로 죽음을 멀리하지 않고 직면하여 받아들이는 선의 보습이다.

매일매일 아늑하고 편안하게 잠을 받아들이는 것은 더 이상 잠에 대한 공포와 두려움이 없기 때문이다. 잠자리에 든 후에 내일 다시 눈을 뜰 수 있다는 심신深信에서 편안하게 잠자리에 드는 것처럼 죽음에 대한 심신을 통하여 그 공포와 두려움에서 초연할 수 있게 된다. 저 붓다의 죽음은 바로 이런 것이었다. 자연과 세계와 인생에 대한 철저한 지혜의 통찰을 통하여 그 과정의 하나로서 죽음도 맞이한 것이다. 이로써 붓다는 죽음을 받아들임으로써 비로소 죽음을 극복한 것이다.

이와 같은 선의 지혜는 진실로 생사일대사生死一大事를 해결하고 우주의 신비를 여는 열쇠를 쥐는 종교행위이다. 이러한 지혜야말로 비로소 자유자재하게 천지에 소요할 수 있는 행위이다. 따라서 자신에 철저한 종교행위는 곧 선의 지혜로 통한다. 그리고 선의 지혜는 심신을 통하여 비로소 자신에게서 나타나 결국 자신에게로 돌아간다. 그것이 종교행위를 통한 선의 지혜의 확립이다. 그리하여 종교행위의 궁극적인 경지는 자신의 문제해결을 향한 선으로 이어진다. 이로써 철저한 종교행위의 풍모는 심신深信이면서 궁극적으로는 선종에서 지향하는 기사구명의 본지풍광本地風光으로 통한다.

참고문헌

권기종 역, 『중국불교사』, 동국역경원, 1985
김호귀, 『선과 수행』, 석란.
小川一乘, 『佛性思想』, 東京: 文榮堂書店, 1982
鈴木哲雄, 『唐五代禪宗史』, 山喜房佛書林, 1997
鈴木大拙, 『禪の思想』, 東京: 春秋社, 1980
增永靈鳳, 『禪宗史要』, 東京: 鴻盟社, 1963

『景德傳燈錄』
『空谷集』
『過去現在因果經』
『宏智禪師廣錄』
『筠州洞山悟本禪師語錄』
『金剛般若經贊述』
『大般涅槃經』
『大方廣佛華嚴經』
『大梵天王問佛決疑經』
『大智度論』
『大慧普覺禪師語錄』
『六祖大師法寶壇經』
『妙經文句私志記』
『無門關』
『汾陽無德禪師語錄』
『佛果克勤禪師心要』
『佛祖歷代通載』

『佛祖統紀』

『少室六門』

『續高僧傳』

『首楞嚴經』

『五燈會元』

『雲門匡眞禪師廣錄』

『圓覺經類解』

『圓悟佛果禪師語錄』

『袁州仰山慧寂禪師語錄』

『維摩經略疏』

『寂志果經』

『祖庭事苑』

『宗鏡錄』

『中阿含經』

『鎭州臨濟慧照禪師語錄』

『請益錄』

『玄沙師備禪師語錄』

인공지능 시대의 지혜 사랑

이진우(포스텍 인문사회학부 명예교수)

◆　　◆　　◆

인공지능을 통해 '지식'이 지배하는 시대에 과연 '지혜'가 필요한가? 우리가 살아가면서 부딪히는 문제를 해결하기 위해 발전된 것이 지식이고 또 인공지능이 우리가 필요한 모든 지식을 제공한다면, 우리는 무엇 때문에 지혜가 필요한가? 이러한 물음은 인공지능이 과연 인간의 '좋은 삶'에 기여할 것인가라는 의심에서 비롯한다. 처음 탄생할 때부터 그 자체 '지혜에 대한 탐구'였던 철학은 '왜?' 그리고 '무엇 때문에?'라고 목적과 이유를 묻는다.

인공지능이 우리의 세계 이해를 근본적으로 바꾼다면, 세계를 이해할 때 사용하는 용어의 의미도 자연스럽게 변화한다. 우리가 세계를 경험하고 이해하면서 '데이터'에서 '정보'와 '지식'을 거쳐 '지혜'로 진행하는 지식 계층 구조에서 지혜는 여전히 최고의 자리를 차지하고 있지만, 인공지능을 구성하는 데이터와 정보가 강조될수록 지식은 절대화되고 지혜는 점점 더 사라진다. 많이 안다고 반드시 지혜로운 것은 아니라는 '지혜의 격차'는 새로운 문제를 제기한다. 정보의 축적이 자동으로 지식으로 이어지지 않듯이 지식의 증대가 자동으로 지혜를 낳지 않는다. 인공지능은 우리에게 도움이 되는 정보와 지식을 전달하지만, 결코 어떻게 살아야 하는지 또 인공지능을 어떻게 현명하게 다룰지에 관한 지혜를 제공하지 않는다.

  고대 그리스인들이 '지혜에 대한 사랑'으로 생각한 철학은 우리에게 좋은 것과 유용한 것을 숙고하고, 무엇이 좋은 삶에 기여하는지를 숙고하는 것이다. 인공지능을 발전시킨 과학 혁명 이후 이러한 성찰과 숙고는 쓸모없는 것으로 배제되었다. 지식의 시대에 유일하게 가치 있는 것은 무언가를 효율적으로 만들어 내는 지식뿐이다. 소크라테스의 무지의 지, 플라톤의 정의로서의 지혜, 그리고 아리스토텔레스의 실천적 지혜는 그 차이에도 불구하고 모두 삶과 행위의 목적과 관련하여 적합한 수단을 선택하라고 권고한다. 목적에 대한 성찰 없이 합리적 선택은 불가능하다. 지혜를 시대착오적인 과거의 유물로 평가 절하할 뿐만 아니라 지혜 탐구를 불가능하게 만드는 인공지능 시대는 이제 '새로운 지혜'를 요청한다. 이는 우리에게 매우 도전적인 질문을 제기한다. "인공지능 시대의 지적 도전에 비추어 객관적인 선과 정의에 대한 지혜를 어떻게 추구할 수 있는가?"

1. 왜 인공지능 시대에 '지혜'가 필요한가?

지식이 지배하는 인공지능 시대에 과연 지혜가 필요한가? 인공지능은 오늘날 우리의 삶 깊숙이 그리고 광범위하게 스며들어 오고 있다. 냉장고, TV, 자동차, 온도 조절기 등 삶의 수단은 이미 사물 인터넷을 통해 서로 연결되어 우리의 요구와 필요를 효율적으로 충족시킨다. 우리의 일상생활을 지배하고 있는 디지털 네트워킹은 우리의 행동과 욕망을 정확하게 분석하는 인공지능으로 작동한다. 우리가 서로 대화하거나 소통할 때 사용하는 소셜 미디어 플랫폼의 핵심에도 인공지능이 있다. 어느 시대나 첨단 과학과 기술은 항상 무기의 형태로 나타난다는 역사적 경험처럼 인공지능과 머신 러닝은 기존 무기와 전쟁의 패턴을 근본적으로 바꿔놓을 것이다. 우리는 인공지능이 질병의 극복, 전염병의 예방, 산업재해나 환경재해의 예측, 기후 변화의 문제를 해결하는 데 도움을 줄 것으로 기대하면서도, 다른 한편으로는 인간 지능을 훨씬 뛰어넘는 일반 인공지능이 출현하면 터미네이터 같은 킬러 로봇이 만들어질 수 있다고 두려워한다.

인공지능은 인간이 발전시킨 지식의 정점이다. 우리의 뇌가 진화과정에서 미래를 예측해야 할 필요성 때문에 발생하였다면, 우리는 지금 뇌를 인식하고 모방하고 설계함으로써 우리의 생물학적 한계를 뛰어넘으려 한다. 인공지능으로 대변되는 현대 과학과 기술은 "인간의 뇌가 어떻게 작동하는지 정확하게 이해하고, 그다음 이렇게 밝혀진 사실을 바탕으로 우리 자신에 대해 더 잘 이해하고, 필요한 경우 뇌를 수리하고, 마지막으로 더 뛰어난 지능 기계를 만들 것"[1]을 목표로 한다. 현대 과학은 인간의 인식을 세계에 대한 정보를 처리하는 과정으로 파악한다. 오늘날 인간의 뇌를 리모델링한 인공지능은 엄청난 양의 데이터를 처리하여 우리가 활용할 수 있는 정보로 전환하고, 우리가 이해할 수 있는 지식을 축적한다. 인공지능은 인류가 이제까지 발전시킨 모든 지식을 통합하고 재조직하여 지식의 새로운 지평을

---

1 레이 커즈와일, 『알파고는 어떻게 인간의 마음을 훔쳤는가?』, 크레센도, 2016, p20. 우리에게 인공지능의 존재와 의미를 각인시킨 알파고와 이세돌의 바둑 대결을 계기로 번역된 이 책의 원제는 본래 "마음을 창조하는 법"이다. Ray Kurzweil, *How To Create A Mind, The Secret of Human Thought Revealed* (London: Viking, 2012).

개척한다.

　인공지능을 통해 '지식'이 지배하는 시대에 과연 '지혜'가 필요한가? 우리가 살아가면서 부딪히는 문제를 해결하기 위해 발전된 것이 지식이고 또 인공지능이 우리가 필요한 모든 지식을 제공한다면, 우리는 무엇 때문에 지혜가 필요한가? 만약 인공지능 시대가 오히려 지혜를 강력하게 요청한다면, 지혜가 해결해야 할 인공지능 시대의 새로운 문제는 무엇인가? 이러한 질문들은 모두 인공지능의 혁명적 성격에서 비롯한다. 인간처럼 생각하고 말하고, 인간과 대화하고, 인간과 유사한 텍스트를 만들어 내는 생성형 인공지능 챗GPT의 출현은 많은 사람을 놀라게 만들었다. 빌 게이츠는 AI의 발전이 마이크로프로세서, 개인용 컴퓨터, 인터넷, 휴대폰의 탄생만큼이나 혁명적이라고 단언하면서 "인공지능 시대가 시작됐다"[2]고 선언한다. 생성형 인공지능은 사람들이 일하고, 배우고, 여행하고, 건강관리를 받고, 서로 소통하는 방식을 바꿀 것이며, 전체 산업은 이를 중심으로 방향을 바꿀 것이다. 구글의 CEO 순다르 피차이는 한 걸음 더 나아가 "인공지능이 불이나 전기보다 훨씬 더 심오하다"[3]고 말한다. 이러한 주장이 과장으로 들리기도 하지만, 그것을 최첨단 기술과 기업의 단순한 마케팅으로 치부하기에는 인공지능의 영향이 너무 큰 것은 사실이다.

---

2 Bill Gates, "The Age of AI has begun. Artificial intelligence is as revolutionary as mobile phones and the Internet", *GatesNotes. The Blog of Bill Gates*, March 21, 2023. https://www.gatesnotes.com/The-Age-of-AI-Has-Begun.

3 "Google CEO: AI is a bigger deal than fire or electricity", *Fast Company*, January 19, 2018.

인공지능이 혁명적인 것은 그것이 단지 미래의 삶과 사회의 모습을 바꿔놓기 때문만은 아니다. 인공지능의 발전 속도가 너무 빨라 우리에게 미래를 예측할 시간조차 허용하지 않기 때문에 두렵기도 하지만, 우리는 인공지능으로 인해 이제까지 익숙한 사고방식이 근본적으로 변화할까 두려워한다. 구텐베르크 혁명 이후 오랫동안 흔들린 적 없었던 인간의 인지 과정이 바뀔 수도 있다. 인간의 어떤 질문에도 척척 대답하는 "챗GPT는 지성 혁명을 예고한다."[4] 우리가 세계를 경험하고 이해하는 방식이 근본적으로 변화하기 때문이다. 인공지능 혁명은 이런 점에서 철학적이다. "그 변화의 중심에는 인간이 현실을 이해하는 방식, 그리고 그 안에서 자신이 맡은 역할을 이해하는 방식을 바꿔놓는 철학적 전환이 있을 것이다."[5] 만약 인공지능이 인간 경험의 모든 영역에서 변화를 예고한다면, 우리가 이제까지 이해했던 지식과 지혜의 성격도 바뀔 것이다.

인공지능이 초래하는 철학적 전환은 새로운 지혜를 요청한다. 엄청난 데이터를 기반으로 우리에게 유용한 정보와 지식을 산출하는 인공지능은 그 자체가 동시에 무시무시한 데이터와 정보를 쏟아낸다. 현대 과학은 새로운 지식을 생산하기 위해 더 많은 데이터와 정보를 얻으려 하고, 현대 기업은 새로운 욕구를 창출하여 더 많은 이익을 얻기 위해 더욱더 데이터 마이닝에 열중한다. 정보는 우리가 익사할

---

4 Henry Kissinger, Eric Schmidt and Daniel Huttenlocher, "ChatGPT Herald an Intellectual Revolution", *The Wall Street Journal*, February 26, 2023.

5 헨리 A. 키신저, 에릭 슈밋, 대니얼 허튼로커, 『AI 이후의 세계』, 윌북, 2023, p.53.

정도로 흘러넘치지만, 우리는 진정한 지식에 굶주린다. 오늘날 과학적으로 산출되는 지식은 너무나 전문화되어 우리에게 삶과 우주 전체에 관한 지혜를 제공하지 않는다. 현대인이 겪는 지극히 현대적인 질병인 '비대증'이 이곳에서도 발현된다. 정보의 과잉과 지식의 비대증이 지혜의 궁핍을 유발하는 것이다.

인공지능 시대에 우리가 경험하는 현상은 정치 철학자 레오 슈트라우스가 원자폭탄으로 끝난 2차 세계 대전 직후 관찰한 것과 유사하다. "과학이 이전 사람들이 꿈도 꾸지 못했던 방식으로 인간의 힘을 증대시켰음에도 불구하고 그것을 사용하는 방법을 인간에게 말해 줄 수는 없다."[6] 현대 과학은 17세기 과학 혁명부터 지금까지 약속한 것을 지키지 않았다. 과학이 우주의 진정한 성격과 삶의 진리를 밝혀줄 것이라는 약속은 이행되지 않았다. 인공지능이 우주를 정복하고 인간의 뇌를 재설계할 수 있을지 모르지만, 우리는 여전히 어떻게 해야 잘 살 수 있는지 알지 못한다. 과학과 기술의 힘이 나날이 증대하는 것은 사실이지만, 그 힘을 현명하고 유익하게 사용하는 것이 더 현명한지, 아니면 어리석고 악마적으로 사용하는 것이 더 현명한지 말해 줄 수 없다. 과학은 그 자체의 의미를 확립할 수 없으며, 과학이 어떤 의미에서 인간의 삶에 좋은지에 대한 질문도 대답할 수 없다.

---

6 Leo Strauss, "Existentialism", *interpretation*, Spring 1995, Vol. 22, No. 3, pp.303~320 중에서 p.308. 이 글은 다음의 책에 재수록되었다. Leo Strauss, "An Introduction to Heideggerian Existentialism," in *The Rebirth of Classical Political Rationalism: An Introduction to the Thought of Leo Strauss* (Chicago: University of Chicago Press, 1989), pp.27~46.

과학이 산출하는 지식은 '윤리적 지식'이 아니다.

과학은 부분을 탐구하고, 철학은 전체를 성찰한다. 모든 지식은 아무리 객관적이고 과학적이라 할지라도 준거 틀을 전제한다. 그러나 이러한 준거 틀은 언제나 세계를 바라보는 특정한 지평 안에서 일어난다. 이러한 포괄적 세계관만이 모든 관찰과 탐구, 그리고 방향 설정을 가능하게 만든다. 이러한 포괄적 세계관은 모든 추론의 기초이기 때문에 추론으로 검증될 수 없다. 이러한 포괄적인 비전은 물론 시대적으로 그리고 문화적으로 다양하며, 그 자체로 동등하게 정당하다. 우리는 아무런 합리적 지침 없이 이러한 포괄적 관점을 선택해야 한다. 이러한 실존적 선택은 의미 있는 삶을 살기 위해서는 절대적으로 필요하다.[7] 왜냐하면 그것이 없으면 어떤 목적과 의미도, 그리고 어떤 이해와 방향 설정도 가능하지 않기 때문이다. 과학은 이러한 포괄적 관점을 제공하지 못한다. 우리의 삶과 세계에 의미를 부여하는 포괄적 관점과 관련된 지식이 바로 지혜이다. 지혜는 과학적 지식과는 달리 우리에게 살아갈 방향에 관한 윤리적 지식을 제공한다. 전문화된 과학적 지식은 "점점 더 적은 것에 대해 더 많이 알게 되면서 인간 전체가 의존하는 아주 소수의 본질적인 것들에 집중하는 것이 실질적으로 불가능해졌다."[8] 우리가 더 많이 알면 알수록 더 잘 알지 못하게

---

7 이에 관해서는 Leo Strauss, *Natural Right and History* (Chicago: University of Chicago Press, 1999)의 두 번째 강의 "자연권과 사실과 가치의 구별"을 참조할 것.

8 Leo Strauss, "Existentialism", *interpretation*, Spring 1995, Vol. 22, No. 3, p.307. 레오 슈트라우스는 현대 과학의 전문화를 매우 인상적으로 표현한다. "we

272

되는 것은 두말할 나위 없이 '어떻게 살아야 하는가?'에 관한 지혜이다.

인공지능 시대는 소크라테스의 지혜를 강력하게 요청한다. 지혜는 '왜?' 그리고 '무엇 때문에?'라고 목적과 이유를 묻는 기술이다. 미래에는 인공지능과의 공동 진화가 불가피하다면 인공지능과의 관계에서 제한, 협력, 추종의 선택은 필연적이다. 어떤 것을 선택하든 우리는 '인공지능이 왜 필요한가?'의 질문을 던지지 않을 수 없다. 그것은 우리의 삶과 사회에 대해 가지는 인공지능의 목적과 의미에 관한 질문이다. 인공지능은 과연 인간의 '좋은 삶'에 기여할 것인가? 인공지능은 인간의 위상을 높일 것인가? 이 물음은 결국 우리가 인공지능을 어떻게 사용할 것인가에 달려 있다. 우리는 어떤 방식으로든 인공지능을 통제하거나, 협력하거나, 따를 것이기 때문이다. 이 방식은 결국 '왜 우리는 인공지능을 발전시키는가?'라는 물음에 답할 수 있을 때만 의미 있게 결정된다. 인공지능의 목적과 의미에 관한 성찰이 없다면, 우리는 점점 더 인공지능에 의존하고 예속되게 될 것이다.

인공지능 시대에 그 어느 때보다 강력하게 요청되는 것은 '좋은 삶'에 관한 포괄적인 지식이다. 소크라테스는 참으로 선한 것이 무엇인지 이해하면 자연스럽게 지혜롭게 행동할 것이라는 의미에서 '덕은 지식이다'라는 유명한 명제를 남겼다. 이 명제의 출처로 종종 언급되는 플라톤의 대화편 『프로타고라스』에서 소크라테스는 소피스트 프로타고라스와 대화를 나누며 이렇게 말한다. "무엇이 두렵고 무엇이 두렵지 않은지 아는 지혜는 용기이다."⁹ 지혜는 물론 무엇이 우리를

know more and more about less and less."

9 Platon, *Protagoras*, 360d, Sämtliche Werke, Bd. 1 (Reinbek bei Hamburg:

두렵게 하는지에 관한 지식을 전제한다. 소크라테스는 두려운 것이 무엇인지에 관한 무지는 비겁함이라고 말한다. 인공지능 시대에 우리가 처해 있는 상황은 '전도된 소크라테스의 상황'이라고 해도 과언이 아니다. 우리는 인공지능이 마치 모든 물음과 문제를 해결해 줄 것이라고 착각하면서 삶에 관한 본질적 질문은 던지지 않기 때문이다. 세계에 관한 과학적 지식은 증대하는데도 우리는 정작 무엇이 두렵고 무엇이 두렵지 않은지에 관해선 무지한 것이다.

잘 알려진 것처럼 소크라테스는 "나는 내가 아무것도 모른다는 것을 안다"는 무지로부터 출발한다. 우리는 가장 중요한 것을 모른다는 것을 알고 있지만, 가장 중요한 것이 무엇인지 알 수 없다고는 말할 수 없다. 이는 우리가 완전한 지식을 가질 수 없다는 것을 알고 있어도 이해의 발전에는 제한이 없다는 것을 의미한다. 간단히 말해 '좋은 삶'이 어떤 것인지에 관한 완전한 지식은 없어도, 우리 인간은 그것에 관한 이해를 끊임없이 추구한다. 포괄적인 관점에 관한 무지가 우리를 가장 중요한 것에 관한 끊임없는 지식을 추구하도록 만드는 것이다. 이것이 지혜 사랑으로 불리는 철학의 본질이다. 그런데 우리는 오늘날 인공지능이 인간의 모든 질문에 대답할 수 있다고 믿으면서 본질적인 질문을 하지 않는다. 어쩌면 인공지능으로 사라질지도 모르는 인간의 근본적인 역량은 질문하는 것인지도 모른다. 우리는 이러한 전제로부터 출발하여 인공지능 시대에 왜 지혜가 필요한지, 그리고 지혜를 탐구한 고대 그리스의 철학이 오늘날 우리에게 어떤 의미와

Rowohlt, 2004), p.333.

274

시사점을 가지는지 알아보고자 한다. 인간이 어떻게 살아야 하는지, 즉 무엇이 제일 좋은 사회를 구성하는지의 질문에 대한 소크라테스적 대답은 오늘날에도 왜 여전히 쓸모가 있는지 검토해 보고자 한다.

2. 지식에서 지혜로

1) 정보, 지식, 그리고 지혜

인공지능이 우리의 세계 이해를 근본적으로 바꾼다면, 세계를 이해할 때 사용하는 용어의 의미도 자연스럽게 변화한다. 오늘날 인간의 인식 과정을 설명하는 데 가장 많이 사용하는 데이터, 정보, 지식과 지혜의 용어는 그 의미와 상호 관계가 근본적으로 바뀌고 있다. 우리가 세계를 경험하고 이해하면서 데이터에서 정보와 지식을 거쳐 지혜로 진행하는 과정은 통상 'DIKW 피라미드'라는 계층 구조로 설명된다.[10]

---

10 DIKW 계층 구조, 지혜 계층 구조, 지식 계층 구조, 정보 계층 구조, 정보 피라미드 및 데이터 피라미드라고도 하는 DIKW 피라미드는 데이터, 정보, 지식과 지혜 사이의 구조적, 기능적 관계를 나타내는 모델로서 인지과학에서 널리 받아들여지는 기본적 모델 중 하나이다. DIKW 약어는 데이터, 정보, 지식, 지혜의 영어 낱말 머리글자(Data, Information, Knowledge, Wisdom)로 구성되어 있다. 이에 관해서는 다음의 논문을 참조할 것. Chaim Zins, "Conceptual Approaches for Defining Data, Information, and Knowledge", *Journal of the American Society for Information Science and Technology*, 58 (4), 2007, pp.479~493. Jennifer Rowley, "The wisdom hierarchy: representations of the DIKW hierarchy", *Journal of Information and Communication Science*, Vol.33, Issue 2(2007), 163-180. Heather J. Van Meter, "Revising the DIKW Pyramid and the Real Relationship Between Data, Information,

데이터는 정보의 원자료가 되지만 모든 데이터가 정보가 되는 것은 아니다. 정보 역시 지식이 될 수 있지만, 정보가 반드시 유용한 지식이 되는 것은 아니다. 지식과 지혜도 밀접한 관련이 있지만, 모든 지식이 지혜로 전환되는 것은 아니다. 지혜는 일반적으로 광범위한 지식에 기반을 두고 있지만, 지혜에는 지식이 가지지 못한 질적 특성이 함축되어 있다. DIKW 계층 구조를 표현하는 피라미드에서 알 수 있는 것처럼 데이터, 정보, 지식과 지혜 사이에는 질적인 차이가 존재한다. 이런 관점에서 보면 피라미드의 정점을 이루는 지혜는 지식보다 더 높은 수준의 세계 이해이다.

지혜는 모든 지식이 궁극적으로 도달하고자 하는 목적이다. 이러한 관점에 기반한 지식의 피라미드가 오늘날에도 여전히 유지되고 있음에도 우리는 데이터, 정보, 지식과 지혜의 관계가 근본적으로 변하고 있음을 알 수 있다. 오늘날 데이터와 정보에 관한 지식 담론은 폭발적으로 증대하는 것과는 반대로 지혜라는 용어는 덜 빈번하게 사용되고 있다. 어떤 용어의 사용 빈도는 종종 그것의 의미와 중요성을 말해 준다. 지혜가 최고의 지식으로 이해되면서도 가장 적게 거론되는 까닭은 도대체 무엇인가? 일반적으로 정보는 데이터로, 지식은 정보로, 그리고 지혜는 지식으로 정의되어 우리는 데이터에서 정보와 지식을 거쳐 지혜에 이르는 과정을 순차적으로 이해하는 경향이 있다. 그러나 지식과 지혜 사이에는 지식의 진행 과정이 본질적으로 변하는 변곡점이 있는 것처럼 보인다. 데이터에서 정보를 거쳐 지식에 이르는

Knowledge, and Wisdom", *Law, Technology and Humans*, Vol.2 (2020), pp.69~80.

과정은 하위 요소를 상위 요소로 변환하는 프로세스가 비교적 명확하게 설명되지만, 지식에서 지혜로 전환되는 과정은 여전히 모호한 채로 남아 있다.

오늘날 사람들은 왜 지혜에 관해 덜 말하는가? 인공지능 시대에 지식이 지혜보다 오히려 높이 평가되고 있는 것은 아닌가? 무엇이 지혜에 관한 담론을 축소하였는가? 이 물음에 답하려면 우리는 우선 16, 17세기 과학 혁명을 전후로 지식에 관한 담론이 바뀌었음을 인정해야 한다. 고대 그리스에서 르네상스 시대에 이르는 시대의 지식 담론과 과학 혁명 이후의 지식 담론 사이에는 근본적인 차이가 있다. 낱말의 의미가 사용 맥락에 따라 달라지는 것처럼 똑같이 '지식'이라는 말을 하더라도 말하고자 하는 의미는 달랐다. 고대 그리스인들이 말하는 지식은 근본적으로 '철학적 지식'이었고, 과학 혁명 이후에 주로 논의되는 지식은 '과학적 지식'이었다.

아리스토텔레스는 『형이상학』에서 인식에 관한 가장 고전적인 모델을 보여준다. "모든 인간은 본성적으로 앎을 추구한다"는 유명한 명제로 시작하면서 아리스토텔레스는 인식 과정을 지각, 기억, 경험, 기술 그리고 지식의 다섯 단계로 설명한다.[11] 우리가 외부 세계를 감각적으로 지각하는 것을 좋아한다는 사실은 모든 지식의 출발점이다. 모든 생명체는 본성적으로 감각적으로 지각하지만, 그렇다고 모두가 지각을 기억으로 전환하지는 않는다. 자신이 보고, 듣고,

---

11 Aristoteles, *Metaphysik*, 980a21~981a7, Übersetzung von Hermann Bonitz, Neu bearbeitet mit Einleitung und Kommentar hersg.v. Horst Seidl (Hamburg: Felix Meiner, 1982), pp.2~5.

느낀 것을 기억하는 생명체는 그렇지 못한 생명체보다 더 이해력이 높다. 그렇다고 기억과 상상의 능력이 있다고 모두 경험을 하는 것은 아니다. 인간에게서는 기억이 경험을 산출한다. 동일한 대상에 대한 많은 기억이 비로소 경험을 가능하게 만들기 때문이다. 그리고 인간은 경험으로부터 학문과 기술을 발전시킨다. 우리가 경험으로 얻은 많은 생각들을 기반으로 유사한 것에 대한 일반적인 가설을 형성할 때 기술이 생겨난다. 그러나 기술은 일반적인 원리를 실용적인 목적에 적용하지만, 지식은 일반적 원인과 보편적 원리 자체를 추구한다. 지식을 습득하려면 경험과 기술이 필수적이지만, 일반적인 원인과 원리에 초점을 맞춘 과학적 지식이 우월한 지위를 차지한다.

아리스토텔레스는 지식의 진행 과정을 동시에 지혜가 증대되는 과정으로 파악한다. "경험이 있는 사람은 감각적 지각을 가진 사람보다 더 현명하고, 기술자는 경험이 있는 사람보다 더 현명하며, 이론적 지식은 생산하는 지식보다 다 현명하다고 간주된다. 그러므로 지혜는 특정한 원리와 원인에 관한 지식이라는 것이 분명하다."[12] 아리스토텔레스에 따르면 세계의 원리에 관한 지식을 가지고 있는 사람이 지혜로운 사람이다. 여기서 말하는 지식은 오늘날의 과학적 지식과는 다르게 목적과 의미를 전제한다. 세계의 원리와 원인은 동시에 세계의 목적이라는 철학적 전제가 없이는 그의 인식론을 이해할 수 없다.

여기서 우리는 현대적 지식의 계층 구조와 아리스토텔레스의 인식론을 비교할 필요가 있다. 표면적으로는 감각적 지각이 데이터를

12 Aristoteles, *Metaphysik*, 981b29-982a3, 같은 책, p.9.

제공하고, 기억은 정보에 해당하고, 경험과 기술은 지식에 상응하고, 지혜는 철학적 지식에 대응하는 것처럼 보인다. 아리스토텔레스는 어디에서도 현대적 의미의 데이터와 정보를 얘기하지 않는다. 이런 용어는 존재하지도 않았다. 감각적 지각에서 시작하여 철학적 지식에 이르는 과정은 세계의 원리와 목적을 알아가는 점진적 과정이었으며, 지혜는 최고의 지식으로 파악되었다. 세계는 왜 존재하는가? 우리는 무엇을 위해 사는가? 이런 질문은 인식의 모든 과정을 수반한다.

만약 인식 과정에서 목적에 관한 질문을 배제한다면, 지식의 증대는 도대체 무엇을 의미하는가? 우리의 인식 중에서 감각적 지각은 가장 구체적이다. 아리스토텔레스의 인지 모델도 개별적이고 구체적인 것에서 점점 더 보편적이고 추상적인 것으로 나아간다. 원인과 원리, 그리고 목적을 안다는 것은 도대체 무엇을 의미하는가? 아리스토텔레스에 따르면 지혜로운 사람은 가능한 한 모든 것을 알고 있지만, 그렇다고 그 각각에 대해 개별적으로 모두 알고 있는 것은 아니다. 지혜로운 통치자는 국가의 모든 분야에 대한 전문적 지식을 알고 있어서 통치를 잘하는 것은 아니다. 그는 좋은 삶이 가능한 좋은 사회라는 목적에 대한 통찰을 바탕으로 각 분야 전문가들의 지식을 통합할 수 있다. 이런 목적에 대한 지식은 얻기가 쉽지 않으며 가르치기도 어렵다. 감각적 지각은 모든 사람이 할 수 있는 공통적 능력이므로 쉽고, 어떤 지혜의 흔적도 없다. 사물의 원인과 원리를 더 정확하게 알고 가르칠 수 있는 지혜는 훨씬 더 어렵다. 이러한 보편적 원리는 인간이 알기 가장 어려운 것이다. "왜냐하면 그것들은 감각에서 가장 멀리 떨어져 있기 때문이다."[13] 우리가 궁극적으로 추구하는 목적과 원리에 대한 지식은 가장 보편적이기에 가장 추상적이다.

우리는 원리와 원인에 대한 지식이 가장 추상적이기 때문에 현대의 과학적 지식과 닮아 있다고 착각하는 경향이 있다. 그러나 목적에 관한 보편적 지식으로서의 지혜는 언제나 감각적 지각과 경험으로부터 출발한다. 이에 반해 오늘날 과학적 지식의 기초와 자원인 데이터와 정보는 지각하는 주체를 배제한다는 점에서 그 자체 추상적이다. 정의상 데이터는 가공되지 않은 원시적 사실을 의미한다. 그 자체로는 맥락과 의미가 부족한 개별적 정보 조각에 불과하다. 예컨대 지금의 온도는 섭씨 25도라는 온도 측정값은 단순한 데이터이다. 데이터가 우리에게 의미 있는 정보가 되려면 특정한 맥락에서 해석되어 유용한 형식으로 변환되어야 한다. 다시 말해 데이터에 맥락을 더한 것이 정보이다. 예를 들면 섭씨 25도라는 온도 데이터를 '쾌적한 날씨'로 해석하면 야외 활동을 계획하는 데 의미 있는 정보가 된다. 우리 뇌의 정보 처리에는 지각, 주의력, 기억, 추론과 같은 인지 과정을 사용하여 입력 데이터를 변환하고 조작하는 작업이 포함된다. 이 정보 처리 과정은 데이터를 필터링하고 해석하여 의미 있는 패턴이나 구조를 추출하는 것이다.

	성격	질문	효과	목적
데이터	원시 사실	그것은 사실인가?	혼돈	Know-Nothing
정보	구조화된 패턴	무엇이 그런가?	맥락	Know-What
지식	인과 관계	어떻게 그런가?	결과	Know-How
지혜	목적과 의미	왜 그런가?	이해	Know-Why

---

13 Aristoteles, *Metaphysik*, 982a25, 같은 책, p.11.

아리스토텔레스의 전통적인 인지 모델도 물론 감각적 지각을 기억이나 경험으로 전환하는 과정을 정보 처리로 이해한다고 볼 수 있다.[14] 현대의 인지과학은 물론 뇌에 입력되는 데이터를 정보 처리 시스템의 원재료로 그리고 정보는 이 시스템의 출력으로 파악하여 그 과정을 훨씬 더 정확하게 이해한다. 하지만 전통적 인지 모델과 현대의 과학적 인지 모델 사이에는 결정적인 차이가 있다. 전통적 인지 모델에서는 지각하고 경험하는 주체로서의 개인이 중심이지만, 뇌를 리모델링한 인공지능에서는 입력된 데이터를 정보로 전환하는 정보 처리 시스템 자체가 중심이 된다. 디지털 정보기술은 경험 주체와 정보의 분리를 더욱 가속한다. 디지털 정보 사회의 정보는 무한한 복제와 축적과 유통 가능성을 특징으로 한다. 우리 인간은 기억할 뿐만 아니라 망각한다는 점에서 이미 정보 처리에서 한계가 있지만, 디지털 정보 기술은 이러한 한계를 뛰어넘는다. 우리가 입력한 정보는 무한히 축적할 수 있을 뿐만 아니라 우리가 원하면 언제 어디서든지 출력할 수 있다. 그러기 위해서는 우리의 세계 경험과 소통, 그리고 우리의 행위는 모두 정량화 가능한 데이터로 전환될 수 있어야 한다.[15] 사회를 디지털화한다는 것은 곧 사회를 계량화한다는 것을 의미한다. 이러한 과정에

---

14 G. Sucharitha, A. Matta, K. Dwarakamai, B. Tannmayee, "Theory and Implications of Information Processing", In: S.N. Mohanty (eds), *Emotion and Information Processing* (Springer, 2020), pp.39~54. R.C. Atkinson and R.M. Shiffrin, "Human Memory: A Proposed System And Its Control Processes", *Psychology of Learning and Motivation*, Vol.2, pp.89~195.

15 Roberto Simanowski, *Data Love* (Berlin: Matthes & Seitz, 2014), p.50.

서 우리 인간의 경험을 수반하는 질적인 성격은 모두 제거될 뿐만 아니라 디지털 시대에 유통되는 정보는 그 자체 현실로 인식된다.[16]

우리가 지각과 경험 대신에 데이터와 정보를 훨씬 더 많이 말한다는 것은 인공지능 시대에 지식의 위상이 변하였다는 것을 말해 준다. 오늘날 지식은 정보를 분석하고 해석하여 얻은 명확한 인식으로 이해된다. 예컨대 온도와 기후 변화의 패턴을 분석하여 이산화탄소 배출과 온실 효과의 인과적 관계에 관한 인식은 새로운 지식을 산출한다. 이렇게 현대의 과학적 지식은 데이터와 정보의 분석으로 얻어지며 동시에 정보량으로 번역될 수 있을 때만 지식으로 정당화되고 활용된다. 달리 표현하면 "지식은 팔리기 위해 생산되며, 또한 새로운 생산에서 더 높은 가치를 부여받기 위해 소비된다. 이 두 경우에서 지식은 교환되기 위해 생산되고 소비되는 것이다. 지식은 자기 고유의 목적을 포기하고 '사용 가치'를 상실하고 있다."[17] 지식은 이제 인격의 도야와 연관 있는 지혜와는 완전히 분리된다. 지혜는 통상 어떤 사태에 대한 깊은 이해를 바탕으로 인간다운 삶에 기여할 수 있도록 효과적인 결정을 내리는 능력이다. 날씨 패턴에 따라 언제 우산을 들고 나가야 하는지 아는 것도 지혜이지만, 기후 변화에 대처하기 위해 과학적

---

16 이에 관해서는 Albert Borgmann, *Holding On to Reality: The Nature of Information at the Turn of the Millennium* (Chicago: University of Chicago Press, 1999)와 이진우, 『테크노 인문학』, 책세상, 2013, pp.180~182를 참조할 것.
17 장-프랑수아 리오타르, 『포스트모던적 조건. 정보 사회에서의 지식의 위상』, 서광사, 1992, p.21.

지식을 어떻게 활용할 것인가를 아는 것도 지혜이다. 우리가 왜 과학적 지식이 필요한가에 관한, 즉 목적에 관한 성찰이 없이 지식을 추구한다면, 이러한 지식은 결코 지혜로 전환되지 않는다.

2) 지식과 지혜의 격차

21세기는 그야말로 지식기반 사회이다. 언제 어디서나 지식을 얘기하면서도 지혜는 별로 입에 올리지 않는다는 것이 그 방증이다. 한동안 지식의 피라미드에서 꼭대기를 차지하였던 지혜는 이미 사라졌다. 오늘날 지식은 힘이고 자본이다.[18] '지식 자본'(Knowledge Capital)이라는 신조어가 말해 주는 것처럼 지식의 증대는 곧 권력의 증대로 이어진다. 지식과 권력이 동일시되는 인공지능 시대에 지식은 이제 경쟁의 대상이 되었다. "국가들이 영토의 지배, 원자재와 저렴한 노동력의 사용과 착취를 위해 전쟁을 했듯이 앞으로는 정보의 지배를 위해 서로 경쟁하리라는 것은 충분히 짐작할 수 있다."[19] 세상에는 다양한 종류의 지식이 있지만, 이제는 인간의 힘을 증대시키는 지식만이 지식으로 정당화된다. 지식이 무엇인지를 누가 결정하는가? 그리고 무엇을 결정해야 하는지를 누가 알고 있는가? 인공지능 시대에 지식에 관한 물음은 그 어느 때보다도 지배에 관한 물음이다.

과학 혁명이 이후 지난 5백 년간 인간의 힘은 경이적으로 커졌다.

---

18 OECD, *Supporting Investment in Knowledge Capital, Growth and Innovation*, OECD Publishing, 2013.

19 장-프랑수아 리오타르, 『포스트모던적 조건. 정보 사회에서의 지식의 위상』, 같은 책, p.22.

1500년에 지구 전체에 살고 있던 인간의 수는 5억 명이었는데, 오늘날에는 81억 명이 산다. 인구수만 증가한 것이 아니라 인간의 평균 수명도 늘어났다. 인간의 수명은 1000년 전 23년에서, 200년 전 37년으로, 지금은 80년까지 늘어났다. 이 모든 것이 과학적 지식의 증대 덕이라는 것은 의심의 여지가 없다. 역사상 대부분 인간은 지구상에 있는 생명체 중 약 99.99퍼센트에 대해 아무것도 몰랐다고 한다.[20] 미생물의 이야기다. 우리가 눈으로 미생물을 처음 본 것은 1647년이었고, 그 후 3백 년간 인류는 현미경으로만 보이는 엄청난 숫자의 생물 종을 알게 되었다. 우리는 이러한 지식을 전염병을 퇴치하는 데 사용하였고, 의료와 산업에 이용할 수 있게 되었다. 이렇게 과학적 지식은 인류의 삶을 향상시켰다.

인공지능이 출현하면서 인간의 지식은 엄청난 속도로 늘어나고 있다. 벅민스터 펄러(Buckminster Fuller)는 1982년 "지식 배가 곡선"(Knowledge Doubling Curve)을 만들어서, 20세기 이전에는 인간의 지식이 100년마다 두 배로 늘어나고 제2차 세계 대전이 끝날 무렵 지식은 25년마다 두 배로 늘어난다는 사실을 발견했다. 전문가들은 가까운 미래에 지식이 12시간마다 두 배로 증대할 것이라고 예측한다.[21] 물론 지식의 종류에 따라 성장 속도가 달라서 지식 증대를 정확하게 예측하는 것은 간단하지 않다. 그러나 인간의 지식의 양이 기하급수적으로 증가하고 있다는 사실은 의심의 여지가 없다. 20세기 이전에는

---

20 이에 관해서는 유발 하라리, 『사피엔스』, 김영사, 2015, p.353.

21 David Russell Schilling, "Knowledge Doubling Every 12 Months, Soon to be Every 12 Hours", *industry tap into news*, April 19th, 2013.

지식 축적이 상대적으로 느려서 지식이 지혜로 연결될 수 있는 여유가 있있는지도 모른다. 지식이 두 배로 증가하는 속도가 빨라진다는 것은 혁신과 발전이 점점 더 빠른 속도로 일어난다는 것을 의미한다. 지식의 기하급수적인 성장은 기술 진보를 촉진하고, 이는 다시 지식의 증대로 이어진다. 이는 전체 산업이나 심지어 사회 전체를 재편하는 혁신적인 발전으로 이어질 수 있어서 우리가 세상을 이해하는 방식의 근본적인 변화를 가져올 수 있다. 기술 발전으로 인간의 힘이 증대하면 할수록 이러한 기술 권력을 통제할 수 있는 윤리적 성찰과 규제가 필요해진다.

지혜는 지식의 사용을 통제하는 힘이다. 지식과 지혜의 격차는 이렇게 묻는다. 세계에 대한 과학적 지식이 삶의 의미에 관한 질문을 필요 없게 만드는가?[22] 지식의 발전이 느렸던 고대에는 사물의 존재 방식에 대한 지식은 삶의 방식의 지혜로 이어졌다. 고대 철학에서 지식은 지혜와 동일시되었으며, 적어도 지식과 지혜를 통합하려고 하였다. 현대사회에서는 과학적 지식의 비범한 발전으로 인해 이러한 통일성이 깨졌다. 현대 과학은 세계를 이해하기보다는 지식의 증대 자체를 목적으로 하는 것처럼 보인다. 전통 사회에서 경쟁의 대상이었던 원재료와 에너지는 고갈되지만, 지식은 사용하면 할수록 늘어나는 자원이다. 지식의 총량을 늘리면 우리는 더 많은 원재료와 에너지를 얻게 된다. 이렇게 사회를 구성하고 유지하고 성장시키는 핵심 자원이

---

22 Simon Critchley, *Continental Philosophy. A Very Short Introduction* (Oxford/New York: Oxford University Press, 2001), "Chapter 1: The Gap between Knowledge and Wisdom".

지식인 까닭에 우리는 지식에 매몰된다. 유발 하라리가 예리하게 지적한 것처럼 어쩌면 "인간은 힘을 가지는 대가로 의미를 포기하는 데 동의하였는지도"[23] 모른다.

인간보다 더 똑똑한 인공지능이 더 많은 지식을 만들어 내는 오늘날 지식과 지혜 사이에는 쉽게 메울 수 없는 간극이 존재한다. 이러한 지혜 격차는 영국 시인 토머스 엘리엇의 야외극 『바위』의 "합창"의 두 줄로 가장 잘 표현된다. "우리가 지식 속에서 잃어버린 지혜는 어디에 있습니까? 우리가 정보 속에서 잃어버린 지식은 어디에 있습니까?" 이 두 질문은 앞선 다음의 질문으로 압축된다. "우리가 살아가면서 잃어버린 삶은 어디에 있습니까?"[24] 정보의 축적이 자동으로 지식으로 이어지지 않듯이 지식의 증대가 자동으로 지혜를 낳지 않는다. 지식이 개별 대상에 대한 것이라면, 지혜는 삶에 관한 것이다. 지혜는 삶의 목적을 제공하고, 삶의 의미를 해명한다.

지식은 궁극적으로 삶의 질을 향상하는 데 도움이 되어야 한다. 21세기 지식기반 사회에도 우리의 삶과 현실은 여러 가지 문제로 고통을 받고 있다. 전쟁과 전염병, 빈곤과 고통, 천연재해와 죽음, 기후 변화와 인공지능 등의 문제로 위협받고 있다. 현대의 과학적 지식은 이러한 문제들을 해결하는 데 도움을 주고 있는 것은 부인할

---

23 유발 하라리, 『호모 데우스. 미래의 역사』, 김영사, 2017, p.277.

24 T.S. Eliot, *The Rock*(1934) (New York: Harcourt, 2014), "Choruses I". 이 구절은 종종 지혜 격차의 기원으로 제시된다. Robert W. Lucky, *Silicon Dreams: Information, Man, and Machine* (New York: St. Martin's Press, 1989), pp.20~21.

수 없다. 현대의 과학적 탐구는 세계의 다양한 측면에 대한 지식을 증대함으로써 인류의 복지 증진에 도움이 되도록 노력한다. 여기서 지식과 지혜의 격차가 문제가 된다. 어떤 지식이 우리가 더 인간적이고, 더 정의롭고, 더 행복하고, 더 건강하고, 더 협력적인 세상을 개발하도록 도와주는가? 만약 과학적 지식의 궁극적 목적이 인간다운 삶에 기여하는 것이라면, 우리는 무엇보다 우선적으로 삶의 문제를 분명히 밝히고 가능한 해결책을 제안하고 실행해야 한다. 이렇게 삶의 관점에서 문제를 해결하는 실천이 중요하다면, 우리는 지식을 지혜로 전환해야 한다.

지식의 증대는 삶의 질을 향상하기 위해서이다. 지식은 언제나 더 근본적인 삶의 문제에 합리적으로 종속되어야 한다. 만약 지식의 증대가 지혜의 성장으로 이어지지 않는다면, 단지 과학적 지식을 향상하는 데 우선권을 부여하는 것은 대단히 비이성적인 일이다. 그것은 마치 무엇을 위해 지식이 필요한지도 모르면서 단지 지식 축적 자체를 목표로 삼는 것과 같기 때문이다. 어쩌면 우리의 삶을 위협하는 여러 문제에 대한 더 나은 해결책을 개발하기 위해 우리에게 필요한 것은 '새로운 지식'이 아니라 '새로운 이성적 방식'으로 행동하는 것인지도 모른다.[25] 인공지능처럼 우리에게 엄청난 힘을 부여하는 새로운 지식과 기술은 그것으로 해결하려던 문제보다 더 심각한 문제를 산출하여 우리는 종종 무엇 때문에 이 지식과 기술을 발전시켰는지 잊을 수도 있다. 목적을 상실한 "지식 탐구는 이성을

---

25 Nicholas Maxwell, *From Knowledge to Wisdom, A Revolution for Science and the Humanities* (London: Pentire Press, 2007), p.14.

배반하고, 결과적으로 인간성을 배반한다."[26] 따라서 우리가 과학적 지식을 인간의 삶을 향상하는 데 이성적으로 사용하기 위해 필요한 것은 바로 지혜이다.

과학적 지식이 표면적으로는 인류 복지 증진을 목표로 한다고 표명하더라도, 과학적 탐구에는 이러한 목표를 망각하게 만드는 구조적 요인이 있다. 과학적 탐구의 구체적인 목표는 진리에 대한 객관적 지식을 생산하는 것이며 기술적인 방법과 설명을 제공하는 것이다. 객관적 지식의 주장들이 엄격한 합리적 평가의 대상이 될 수 있도록 과학적 탐구는 공동체적 사회생활의 목표, 가치, 신념으로부터 결정적으로 분리되어야만 진정한 지식을 축적할 수 있고, 따라서 궁극적으로 인간에게 유익하다. "현대 과학의 이성적 탐구는 그러한 욕구를 충족시키기 위해 인간의 욕구를 무시해야 한다. 이성적 탐구의 핵심적인 지적 관심사는 인간적으로 바람직한 것이 아니라 진리여야 한다."[27] 이렇게 사실과 가치의 분리를 전제하는 과학적 탐구는 발전하면 할수록 그만큼 가치로부터 멀어진다.

둘째로 과학적 탐구의 결과는 가장 중립적이고 형식적인 언어인 수학으로 표현된다. 수학, 통계학, 논리학은 형식적 선험적 또는 분석적 진리에 대한 지식을 향상하는 데 관심이 있다. 따라서 수학적 언어가 지배하면 할수록 우리 사회에서 가치는 더욱 증발해버린다.

---

26 Nicholas Maxwell, "How Universites Have Betrayed Reason and Humanity — And Whta's to Be Done About It", *Frontiers in Sustainability*, Vol.2, Article 631631, April 2021. doi: 10.3389/frsus.2021.631631.

27 Nicholas Maxwell, *From Knowledge to Wisdom*, 같은 책, p.21.

과학적 탐구의 영역이 우리의 삶과 사회에 영향을 미치는 모든 종류의 요인으로부터 영향을 받지 않도록 분리하는 것은 절대적으로 필수적이다. 사실, 진실, 논리, 증거, 실험적, 관찰의 신뢰성 및 성공에 관한 질문만 고려된다. 현대과학자들이 아무리 '과학 외적인 문제들을 배제하려고 노력해도, 그들의 연구가 과학 외적인 요인들에 의해 영향을 받는다는 것은 부인할 수 없다. 그들의 연구목표는 사실 "(a) 어떤 문제를 조사하려고 하는지, 어떤 연구 목표를 추구하는지에 대한 개별 과학자 및 학계의 결정, (b) 어떤 유형의 연구가 수행되어야 하는지에 대한 다양한 연구기관의 결정, (c) 어떤 과학자, 기관 및 연구 프로젝트가 재정 지원을 받아야 하는지에 대한 기금 기관의 결정, (d) 어떤 유형의 연구가 재정 지원을 받아야 하는지에 대한 보다 일반적인 정책 결정"[28]의 산물이다. 그들은 사실 연구에서 가치를 배제해야 한다고 하면서 사실은 자신들의 목표 자체를 사회적 가치로 만들려고 하는 것이다.

끝으로, 과학적 탐구는 오늘날 사실과 진리의 질문들에 관한 권위 있는 판단 기준을 제공해야 한다. 과학적 탐구는 무엇이 진리이고 지식인가를 결정하는 규칙과 절차를 정한다. 어떤 진술이 '과학적'이라고 평가되기 위해서는 반드시 '과학적' 규칙을 따라야 한다. 간단히 말해 과학은 내부적으로 정당화된다. 과학적 담론을 다루는 과학자 집단은 어떤 진술이 이 담론의 일부를 이루고 또 과학적 집단에 의해 논의될 수 있는지 판단할 조건들을 규정한다. 과학자들은 자신들의

---

28 Nicholas Maxwell, *From Knowledge to Wisdom*, 같은 책, p.29.

활동을 정당화하기 위해 결코 과학 바깥의 사회를 필요로 하지 않는 것이다. 과학자들은 과학에서 무엇이 받아들여지고 거부되는지는 증거만으로 결정해야 한다는 경험주의적인 생각에 집착하는데, 이는 다른 요소들이 과학의 내용에 영향력을 행사하도록 허용하면 수문이 열려서 형이상학적이고 철학적인 교리, 가치관, 정치적인 신조들이 밀려 들어와 과학적 지식의 객관성이 부패하게 될 것을 우려하기 때문이다. 이것이 과학적 지식이 지혜로의 전환을 거부하는 가장 커다란 이유이다. 이렇게 과학은 본성상 사회의 영향에 저항하면서 거꾸로 사회에 엄청난 영향을 미치고 있다.

그렇다면 왜 우리는 지식을 다시 지혜와 접목해야 하는가? 선천적으로 가치를 배제하는 과학적 지식은 삶에서 가치 있는 것이 무엇인지 깨달으려 하지 않는다. 과학적 지식은 근본적으로 지혜를 부정한다. 오늘날 우리는 데이터 사이언스와 인공지능 덕택으로 우리의 욕망과 욕구에 대한 광범위한 지식을 갖고 있지만, 우리가 왜 그런 욕구를 가졌는지 그리고 어떻게 통제할 수 있는지에 관한 지혜의 역량은 점점 더 줄어들고 있다. 사회에 대한 지식이 증대한다고, 우리 사회가 더욱 계몽되는 건 아니다. 문명의 목적을 알지 못하면서 우리는 문명화의 방법을 배울 수 없다.[29] 목적과 가치 그리고 의미를 성찰하지 않는 지식 증대는 잘못된 목표이다. 지식이 증대하면 자연스럽게 문명이 발전한다는 것은 우리 과학 문명의 자기기만이다. "자신이 잘못 표현한 목표를 더욱 '합리적으로' 추구할수록, 우리는 실제 목표를 달성한

---

[29] N. Maxwell, "Can Humanity Learn to become Civilized? The Crisis of Science without Civilization, *Journal of Applied Philosophy*, 17(2000), pp.29~44.

다는 관점에서는 더욱 불리해진다."³⁰

　앞으로도 과학적 지식은 자신의 결함을 스스로 해결하면서 더욱 진보할 것이다. 그러나 우리는 과학의 진보가 가치의 퇴보일 수 있다는 근본적 결함을 인식해야 한다. 인류는 이제까지 언제나 두 가지 커다란 문제를 해결해야 했다. 하나는 우리의 세계와 우주에 대해 배우는 것이고, 다른 하나는 인간이 인간답게 살 수 있는 문명을 건설하는 것이다. 첫 번째 문제는 과학적 지식의 발전으로 해결되고 있지만, 두 번째 문제는 여전히 해결되지 않고 있다. 전자는 지식의 문제고, 후자는 지혜의 문제다. 지혜보다 지식에 우선권을 부여하는 현대 과학이 우리를 큰 위험에 빠뜨릴 수 있다면, 이제 지식과 지혜를 연결할 수 있는 새로운 방법이 모색되어야 한다. 이 과정에서 지식을 중시하면서도 지혜로의 전환을 추구하였던 고대 그리스의 철학은 우리에게 통찰과 영감을 준다. 고대 그리스에서 철학이 본래 '지혜 사랑'이었다는 점에서 알 수 있듯이 소크라테스에서 플라톤을 거쳐 아리스토텔레스로 이어지는 그리스 철학은 왜 지혜가 필요한지를 역설한다.

30 Nicholas Maxwell, "How Universites Have Betrayed Reason and Humanity —And What's to Be Done About It", *Frontiers in Sustainability*, Vol.2, Article 631631, April 2021.

3. 미덕으로서의 지혜

1) 소크라테스: 무지의 지혜

오늘날 세계를 지배하고 있는 자연과학적 세계관으로 고대 그리스의 철학을 이해하는 것은 어렵다. 우리는 세계를 이해하기 위해 여전히 고대 그리스 철학에서 유래하는 많은 용어를 사용하고 있지만, 그 의미는 고대 그리스인들이 이해하였던 것과 근본적으로 다르다. 현대의 세계 이해가 '지식' 개념을 중심으로 이루어진다면, 고대 그리스의 세계 이해의 중심에는 '지혜'가 있다. 고대 그리스인들이 지혜를 일종의 지식으로 추구하였던 것처럼, 우리 현대인들도 지식을 지혜롭게 사용하기를 바란다. 그러나 똑같은 낱말을 사용하여도 지칭하는 의미는 똑같지 않다. 어쩌면 고대 그리스인들의 지혜를 이해하는 데 필요한 콘텍스트가 상실되고, 아마 돌이킬 수 없을 정도로 소실되었기 때문인지도 모른다.[31] 만약 인공지능 시대에 지식의 증대가 지혜로 이어지지 않는다면, 우리는 지식의 진보로 상실된 실천적 이해력과 도덕성을 회복하기 위해서도 지혜의 철학적 맥락을 복원할 필요가 있다.

소크라테스, 플라톤, 아리스토텔레스라는 세 명의 철학자는 고대 그리스 철학을 대변할 뿐만 아니라 철학 자체를 상징한다. 그들의 목표는 현대 철학의 목표와는 매우 달랐다. 그들은 각각 자신의 고유한

---

31 Alasdair MacIntyre, *After Virtue*, Third Edition (Notrte Dame: University Notre Dame Press, 2007), p.1. 이에 관해서는 알레스데어 매킨타이어, 이진우 옮김(개정판), 『덕의 상실』, 문예출판사, 2021, "제1장: 우리를 불안하게 하는 실험적 사유"를 참조할 것.

철학을 발전시켰지만, 그들은 모두 '지혜 사랑'이라는 철학의 어원이 말해 주고 있는 것처럼 사신들의 지적 활동의 목표를 실천적으로 이해했다. 그들의 철학적 질문의 중심에는 언제나 삶과 지혜가 있었다. 우리는 어떻게 잘 살 수 있는가? 행복이란 무엇인가? 그들은 이 두 물음에 대한 답으로 언제나 '지혜'를 제시했다. 그러므로 그들의 철학을 이해하려면, 우리는 그들이 지혜를 어떻게 생각했는지 그리고 지혜와 '좋은 삶'의 관계는 무엇인지 알아야 한다.

소크라테스는 수많은 질문을 통해 지혜 탐구의 철학적 방향을 제시했다. 소크라테스 이전의 철학자들도 신화에서 영감을 받아 '좋은 삶'이라는 주제를 성찰하였다. 행복을 뜻하는 고대 그리스 낱말 '에우다이모니아'(eudaimonia)는 본래 '신의 은총을 받은 것'을 의미했다. 신들이 우리 인간의 행복과 번영을 통제한다는 생각이 밑바탕에 깔려 있었다. 신화의 시대가 저물면서 철학자들은 자연에서 삶의 원리를 얻으려고 하였지만, 소크라테스 이전의 자연 철학은 펠로폰네소스 전쟁과 같은 정치적 사회적 갈등으로 한계에 도달하여 쇠퇴하기 시작했다. 바로 이러한 전환기에 소크라테스는 '좋은 삶'에 대한 질문을 철학적 탐구의 중심에 두기 시작했다. 신의 은총으로서가 아니라 인간이 스스로 행복을 실현하려면 어떻게 살아야 하는가가 철학의 중심 문제가 된 것이다.

소크라테스는 자신이 현명하다고 생각하지 않았음에도 불구하고 오늘날까지 지혜의 귀감이 되고 있다. 플라톤의 대화편 『변명』에서 소크라테스의 동료인 카이레폰이 델피의 신탁에게 소크라테스보다 더 지혜로운 사람이 있는지 묻는다. 신탁은 "소크라테스보다 지혜로운 사람은 아무도 없다"고 대답했다.[32] 소크라테스는 광범위한 지식을 자랑하는 소피스트들이 많이 있다는 것을 익히 알고 있어서 이 대답에 곤혹스러워한다. 소크라테스는 신의 수수께끼 같은 이 말이 무슨 뜻일까 궁금해하며 철학적 질문의 동기로 삼는다. 소크라테스는 지혜롭다고 여겨지는 정치인, 시인, 장인을 심문하여 지식을 가지고 있다고 주장하는 사람들이 자신들이 안다고 주장하는 것 중 실제로는 아무것도 모르거나, 안다고 주장하는 것보다 아는 것이 훨씬 적음을 보여준다. "나는 모른다"(ouk oida)라는 문장으로 시작하여 "신만이 안다"는 문장으로 끝나는 『변명』은 무지의 인정이 지혜에 이르는 길임을 인상적으로 보여준다.

우리 인간이 절대적 지식을 주장할 수 없으며 오직 신만이 알고 있다고 추정되는 질문은 도대체 어떤 종류의 것인가? 『변명』의 마지막 문장은 이 물음에 대한 단서를 제공한다. "우리 중 어느 쪽이 더 좋은 일을 향해 가고 있는지는 신 말고는 그 누구에게도 분명치 않다."[33] 소크라테스가 추구하는 지혜는 결코 절대적이지 않다. '어떻게 하면 잘 살 수 있는가?' '좋은 삶은 무엇인가?' 이런 질문에는 절대적인 대답이 있을 수 없다. 지혜롭다는 이유로 고발당한 소크라테스는 자신이 추구하는 지혜는 "인간적인 지혜"[34]라고 말한다. 이에 반해 소피스트들은 인간에게 속하는 것보다 더 큰 지식을 가지고 있다고 주장한다. 오늘날 인공지능은 고대의 소피스트를 닮았다. 현대의

---

32 플라톤, 강철웅 옮김, 『소크라테스의 변명』, 21a, 이제이북스, 2014, p.59.
33 플라톤, 『소크라테스의 변명』, 42a, 같은 책, p.115.
34 플라톤, 『소크라테스의 변명』, 20d, 같은 책, p.58.

294

과학적 지식이 인간에게 행복과 번영을 가져온다고 약속하지만, 그것이 행복일지 아니면 재앙일지는 오직 신만이 안다. 오늘날 우리는 광범위한 분야에서 엄청난 전문 지식을 가지고 있지만, 종종 이러한 범위를 훨씬 넘어서 삶 자체를 알고 수정할 수 있다고 오만한 주장을 한다. 소크라테스는 자신이 모르는 것을 안다고 주장하는 악덕에 빠지지 않는다. 지혜가 없는데도 지혜가 있다고 주장하거나 지식을 지혜로 착각하는 오류도 저지르지 않는다. 소크라테스는 자신이 가장 지혜로운 사람이라는 신탁의 수수께끼를 검토하여 인간적인 지혜는 무지의 인정에서 얻어진다는 결론에 도달한다.

소크라테스의 지혜는 인간의 행복과 관련되기 때문에 '인간적 지혜'이다. 인간적 지혜는 일차적으로 실천적 이해이다. 모든 사람이 행복하게 살고 싶다는 것은 어린아이도 알 만큼 보편적인 지식이다. 행복은 삶의 목표이다. 우리가 행복하기 위해서는 우리에게 좋은, 유익한 것들이 필요하다. 소크라테스는 부, 건강, 아름다움 등 우리에게 유익한 가치와 재화를 검토하면서 행복에 필수적인 수단이 무엇인지를 알아낸다. 소득과 재산이 아무리 많아도, 육체적으로 건강하고 아름다움을 자랑해도 반드시 행복하지 않다는 것은 익히 알려진 사실이다. 행복에는 우리에게 유용한 가치와 재화들을 올바로 사용하는 것이 필수적이다. "부와 건강과 아름다움을 사용할 때 이 모든 것을 올바로 사용할 수 있도록 다루는 방법을 이끌고 지도하는 것은 지식이다."[35] 지혜는 인간에게 유용한 재화와 가치를 올바로 다루는 방법에

35 Platon, *Euthydemos*, 281a-b, in *Sämtliche Werke*, Bd.1 (Reinbek bei Hamburg: Rowohlt, 1994), p.556.

관한 지식으로서 행복의 원인이다. "그러므로 지혜는 사람들에게 모든 일에 행복을 가져다준다. 지혜는 무슨 일이든지 실패하지 않고 항상 올바르게 행하여 그것을 성취할 것이기 때문이다."[36]

지혜는 사람을 행복하게 하는 유일한 덕으로서 인간에게 좋은 삶에 대한 지식을 전제한다. 덕이 개인의 행복을 낳는다는 공리주의적 관점을 택하든 아니면 덕이 행복의 근본적인 기초이기 때문에 선택할 가치가 있다는 행복주의적 관점을 택하든, 좋은 삶에 관한 지식은 필요하다. 덕은 무엇이 좋은지, 그것이 왜 좋은지 명확하게 이해하는 것이다. 소크라테스에 의하면 "덕은 선을 실행하는 능력이다."[37] 따라서 지혜의 덕은 선에 관한 지식을 전제한다. 여기서 우리는 "덕은 지식이다"라는 소크라테스의 명제를 둘러싼 해석의 충돌에 주목할 필요가 있다.[38] 『프로타고라스』에서 소크라테스는 "무엇이 두렵고 무엇이 두렵지 않은지 아는 지혜(σοϋια)는 용기이다"라고 말하면서 이 용기는 지식에 뿌리를 두고 있음을 강조한다. "무엇이 두렵고 무엇이 두렵지 않은지 아는 지혜는 그것에 대한 무지에 반대되기 때문이다."[39]

---

36 Platon, *Euthydemos*, 280a, 같은 책, p.555.

37 Platon, *Menon*, 78c, in *Sämtliche Werke*, Bd.1 (Reinbek bei Hamburg: Rowohlt, 1994), p.468.

38 이에 관해서는 다음의 책을 참조할 것. Lorraine Smith Pangle, *Virtue is Knowledge: The Moral Foundations of Socratic Political Philosophy* (Chicago/London: University of Chicago Press, 2014).

39 Platon, *Protagoras*, 360d, in *Sämtliche Werke*, Bd. 1 (Reinbek bei Hamburg: Rowohlt, 1994), p.333.

　덕으로서의 지혜는 분명 선에 관한 지식이지만, 이 도덕적 지식은 과학적 인식과는 근본적으로 구별된다. 소크라테스는 지혜라는 덕이 어떤 종류의 지식인가를 강조하기 위해 흥미로운 검증을 한다. 만약 덕이 지식이라면, 우리는 덕을 가르칠 수 있다는 것이다. 그렇다면 지혜는 가르침을 통해 얻을 수 있는 것인가? 이 물음에 직접적으로 답하는 대신에 소크라테스는 만약 덕이 가르칠 수 있는 것이라면 당연히 교사와 학생이 있어야 한다고 전제하면서 이 문제를 검토한다. 좋은 의술을 배우기 위해선 의사에게 가고, 플루트 연주를 배우려면 좋은 연주자를 찾는 것처럼 사람들은 덕을 배울 수 있는 좋은 덕의 교사가 있다고 생각한다. 그러나 소크라테스는 덕을 가르칠 수 있다고 자처하는 소피스트들을 검토한 뒤에 덕의 교사는 있을 수 없다고 단언한다.

　지혜는 물론 선과 좋은 삶에 관한 지식이지만 선을 이루는 실천인 까닭에 가르칠 수 없다. "누군가가 어떤 게 길인지에 대한 올바른 생각만 가지고 있었어도 그 길을 걸어가 보지 않았거나 실제로 알지 못했다면 어떻게 여전히 올바로 길을 이끌 수 있겠는가?"[40] 선과 좋은 삶에 관한 올바른 인식과 지식이 우리를 올바른 행동으로 인도하는 것은 사실이지만, 실천에 있어서는 올바른 생각이 진정한 통찰에 못지않은 안내자라는 것이다. 그러나 올바른 생각은 지속적이지 않다. "올바른 생각은 그것이 지속되고 모든 좋은 결과를 가져오는 한 좋은 것이다. 그러나 그들은 오래 머물지 않고 인간의 영혼을

---

40 Platon, *Menon*, 97b, 같은 책, p.496.

떠나기 때문에 이성적 사고의 끈으로 고정되기 전까지는 그다지 가치가 없다."[41] 지혜는 결국 자신의 생각이 올바른 것인지 끊임없이 검토함으로써 선을 이루는 능력이다.

여기서 소크라테스의 역설이 진정한 가치를 발한다. "나는 아무것도 모른다는 것을 안다"는 문장으로 간략하게 의역되어 우리에게 알려진 이 자기 지시적 역설은 소크라테스 사상의 핵심으로 여겨진다. 소크라테스는 모든 지혜가 자신의 무지를 인정하는 것에서 시작한다고 주장한다. 자신이 가장 지혜로운 사람이라는 델피의 수수께끼를 검토하는 과정에서 소크라테스는 자신과 소피스트들을 비교한다. 소피스트는 실제로는 아무것도 모르면서 지혜를 가지고 있다고 주장하는 사람들이라면, 소크라테스는 지혜를 얻기 위해 끊임없이 자신의 의견과 통찰을 검토하는 철학자이다. 이 문장의 출처에서 이 점이 더 분명히 드러난다. "이 사람은 어떤 것을 알지 못하면서도 안다고 생각하는 반면에 나는 내가 실제로 알지 못하니까 바로 그렇게 알지 못한다고 생각한다."[42] 소크라테스는 자신이 무지를 인정한다는 점에서, 즉 내가 알지 못하는 것들을 알지 못한다고 생각한다는 점에서 더 지혜로운 것 같다고 말한다.

물론 소크라테스 자신도 무지에 관한 설명에서 일관적이지 않을 뿐만 아니라 역설에 대한 설명 역시 다양하다. 소크라테스는 대화 상대가 철학적 질문에 대한 미리 정해진 대답으로 안내하기보다는 스스로 생각하도록 하는 것을 목표로 한다. 소크라테스의 겸손과

---

41 Platon, *Menon*, 98a, 같은 책, p.497.
42 플라톤, 강철웅 옮김, 『소크라테스의 변명』, 21d, 이제이북스, 2014, p.61.

아이러니는 이러한 교육적 목적을 가진다. 지식이 진정한 통찰이라는 깅한 의미와 올바른 생각이라는 약한 의미의 두 가지로 이해될 수 있는 것처럼, 무지가 모든 종류의 지식을 배제하는 것은 아니다. 소크라테스는 한편으로 윤리적 주제에 대한 특정한 이해가 지배하는 것을 거부한다는 점에서 무지를 주장하지만, 다른 한편으로 자신이 소유하고 있다고 받아들일 수 있는 낮은 수준의 지식은 인정한다. 어쨌든 소크라테스는 자신의 지식 부족을 인정하는 것이 지혜를 향한 첫 번째 단계라는 점을 인정한다.

　우리는 여기서 지혜에 관한 겸손 이론을 재평가할 필요가 있다. 지혜에 관한 소크라테스의 관점은 종종 "겸손 이론"[43]으로 해석된다. 이 이론은 지혜를 이렇게 규정한다. "어떤 사람이 자신이 현명하지 않다고 믿는다면, 그는 현명하다." 그러나 자신이 현명하지 않다는 믿음은 지혜의 충분조건이 아니다. 지혜로운 사람은 자신이 지혜롭다는 것을 깨달을 만큼 현명할 수 있다고 생각하는 것이 오히려 합리적이다. 지나친 겸손은 올바른 결정을 내리고, 자신의 현명한 생각을 공유하는 데 방해가 된다. 물론 소크라테스는 자신이 현명하지 않다고 주장하는 것이 아니라 아무것도 모른다는 것을 안다고 주장한다.

---

43 이에 관해서는 다음의 글을 참조할 것. Sharon Ryan, "What is Wisdom?" *Philosophical Studies*, 93(2), 1999, pp.119~139. Sharon Ryan, "Wisdom", *Stanford Encyclopedia of Philosophy*, Fall 2017 Edition. https://plato.stanford.edu/entries/wisdom/ Dennis Whitcomb, "Wisdom," in Sven Bernecker and Duncan Pritchard(eds.), *Routledge Companion to Epistemology* (London: Routledge, 2010).

여기서 무지는 윤리적 주제에 관해 오류를 저지를 수 있다는 점을 인정한다. 문제는 어떤 문제에 대해 지식이 있다고 주장하는 것이 아니라 그의 지식이 전문분야를 넘어 윤리적 문제까지 포괄한다고 주장하는 것이다.

윤리적 문제에 있어서 올바른 생각만으로도 정당한 행위를 할 수 있다. 이 경우 어떤 윤리적 문제(p)에 대한 어떤 사람(s)의 믿음이 매우 정당한 경우에만 그는 자신이 그 문제를 알고 있다고 말할 수 있다. 지혜를 무지의 관점에서 부정적으로 규정하는 대신 지식의 관점에서 긍정적으로 규정하면, 지혜는 해당 문제에 대해 정당한 지식을 갖고 올바로 행동하는 능력이다. 소크라테스가 대화 상대자들을 논리적 궁지에 빠뜨리는 것은 그들이 지식이 부족하다는 것을 폭로하기 위해서가 아니라 자신들이 알고 있다고 공언하는 견해를 고수하는 것이 정당하지 않다는 것을 보여주기 위해서이다. 그렇다면 윤리적 문제에 대한 지식은 언제 정당화되는가? 그 지식은 선을 이루고 올바른 행위로 인도할 때만 정당화된다. 여기서 지혜의 필수 조건은 좋은 삶에 대한 올바른 생각이고 동시에 이러한 생각이 정당하다고 생각할 수 있도록 끊임없이 검토하는 것이다. 소크라테스는 미덕이 지식과 분리된 것이 아니라 지식의 필수적인 부분이라고 믿었다. 선한 것이 무엇인지 이해하면 윤리적 삶을 살 수 있고, 무지하면 도덕적으로 행동하는 능력이 방해를 받는다. "검토 없이 사는 삶은 인간에게 살 가치가 없다."[44] 소크라테스의 이 유산은 우리에게 지혜를

---

[44] 플라톤, 『소크라테스의 변명』, 38a, 같은 책, p.104.

구하고 지식과 미덕에 뿌리를 둔 의미 있는 삶을 추구하도록 일깨워
준다.

2) 플라톤: 정의로서의 지혜

소크라테스의 지혜가 우리를 행복한 삶, 좋은 삶으로 인도하는 덕이라
면 플라톤의 지혜는 이러한 삶이 이루어지는 국가와 관련이 있다.
시민들 개개인의 좋은 삶은 통치자의 지혜에 달려 있다. 플라톤의
지혜 이론은 실제로 '철인 통치'에 관한 설명에 함축적으로 들어 있다.
"국가에서 철학자가 왕이 되거나, 아니면 왕 또는 최고 권력자로
불리는 이들이 진실로 그리고 철저하게 철학을 하게 되어 정치 권력과
철학 양자가 일치하지 않는 한, … 국가에서 그리고 내가 생각하기에는
인류에게서도 악으로부터의 회복은 없을 것이다."[45] 이 유명한 말로
플라톤은 철인 통치를 좋은 국가를 실현할 수 있는 전제조건으로
설정한다. 철학을 한다는 것이 지혜를 사랑한다는 것이라면, 국가의
정의를 실현하려면 지혜를 사랑하는 사람이 통치하거나 아니면 왕이
진실로 지혜를 사랑해야 한다는 것이다.

　지혜를 사랑하는 철인이 지배해야 한다는 것은 근본적으로 지혜라
는 덕이 지배해야 한다는 뜻이다. 그렇다면 철학자는 지혜를 어떻게
얻는가? 지혜는 우리가 윤리적으로 행동할 수 있게 만드는 역량으로서
덕인가? 이러한 질문은 철인 통치의 전제조건인 지혜가 마치 세계에
대한 절대적인 지식으로 제시될 때 더욱 우리를 괴롭힌다. 소크라테스

---

[45] Platon, *Politeia*, 473c-d, in *Sämtliche Werke*, Bd. 2 (Reinbek bei Hamburg: Rowohlt, 1994), p.378. 플라톤, 박종현 역주, 『국가』, 서광사, 1997, p.473.

를 따라서 플라톤도 철학자가 절대적 지식을 가지고 있다고 생각하지 않는다. 자신이 가장 지혜로운 사람이라는 신탁에 대해 소크라테스는 "신이야말로 진짜 지혜로우며, 인간적인 지혜는 거의 혹은 아예 가치가 없다"[46]고 말하는 것이라고 해석한다. 오직 신들만이 진정한 지혜를 가지고 있다면, 죽을 수밖에 없는 사멸의 존재인 우리 인간은 살아있는 동안 이 지혜에 도달할 수 없다. 대화편 『파이돈』에서 플라톤은 오직 사후의 세계에서만 진정한 지혜를 얻을 수 있다고 말한다. "진실로 지혜를 사랑하고 명계가 아닌 다른 곳에서는 지혜를 원하는 대로 얻지 못할 것이라는 소망을 굳게 붙잡고 있는 사람은 죽는 것을 꺼리지 않고 기쁜 마음으로 그곳에 가지 않을까요?"[47]

국가의 통치자가 되어야 할 철학자는 결코 신적인 지혜를 추구하지 않는다. 그는 폴리스에서 다른 사람들과 더불어 살면서 실현할 수 있는 인간적 지혜를 추구한다. 철학자가 통치해야 한다는 철인 정치는 결코 절대적 지식과 진리를 보유한 자가 지배해야 한다는 것을 의미하지 않는다. 지혜를 사랑하는 사람은 모든 것에 대한 인식을 추구한다. 지식과 진리의 소유가 지혜로운 자를 결정하는 것이 아니다. "모든 지식을 선뜻 맛보는 습관을 갖고 배움을 즐기고 만족할 줄 모르는 사람을 우리는 지혜를 사랑하는 사람이라고 부르는 게 마땅하다."[48]

---

46 플라톤, 『소크라테스의 변명』, 23b, 같은 책, p.64.

47 Platon, *Phaidon*, 68b, in *Sämtliche Werke*, Bd. 2 (Reinbek bei Hamburg: Rowohlt, 1994), p.122.

48 Platon, *Politeia*, 475c, 같은 책, p.380. 플라톤, 박종현 역주, 『국가』, 같은 책, p.369.

철학자(philosophos)는 지혜를 보유한 자가 아니라 지혜를 사랑하는 사람이다. 철학자는 진리를 보유한 것이 아니라 "진리를 구경하기 좋아하는 사람"[49]이다.

그렇다면 지혜를 좋아한다는 것은 무엇을 말하는가? 듣기를 좋아하거나 보기를 좋아하는 사람들은 아름다운 소리나 빛깔을 듣고 보면서 좋아하지만 아름다움이 무엇인지 인식하려 하지 않는다. 좋음과 나쁨, 올바름과 올바르지 못함, 유용함과 유용하지 않음에 관한 의견을 가지고 있으면서도 그 판단의 기준이 무엇인지 생각하지 않는 사람은 지혜로운 것이 아니다. 그는 어떤 것이 옳다고 여겨지면 옳은 것과 비슷하다고 생각하지 않고 그것 자체를 옳은 것으로 간주한다. 반면에 지혜를 사랑하는 사람은 옳은 것을 바라보면서 무엇이 옳음인지 옳음의 기준은 무엇인지를 인식하려 한다. 플라톤은 여기서 '깨어 있는 상태'(hypar)와 '꿈꾸는 상태'(onar)를 구별한다. 어떤 것에 '의견'(doxa)을 갖되 인식하지 못하면 꿈꾸는 상태로 사는 것이고, 의견을 가지면서도 동시에 그 의견의 대상에 대한 '인식'(episteme)을 얻고자 하면 깨어 있는 상태로 사는 것이다.[50]

의견은 우리를 어떤 대상으로 이끈다는 점에서 무지는 아니다. 그러나 사람들 대부분은 의견에 머물러 있으면서 그 대상에 대한 인식을 추구하지 않는다. 그들은 오히려 자신의 의견을 진리로 착각하거나 위장한다. "많은 아름다운 것을 보지만 아직 아름다움 자체를

---

49 플라톤, 박종현 역주, 『국가』, 475e, 같은 책, p.370.
50 이에 관해서는 플라톤, 박종현 역주, 『국가』, 476c~e, 같은 책, pp.371~373을 참조할 것.

보지 못하고 그곳으로 인도하는 어떤 사람도 따르지 못하는 사람들, 그리고 많은 정의를 보면서도 정의 자체를 보지 못하는 사람들이 있다. 그런 사람들은 모든 것에 대해 의견은 갖지만, 자기들이 의견을 갖는 것에 대해 아무것도 인식하지 못한다."[51] 현실 세계에서 살아가는 사람들은 대부분 "의견을 사랑하는 사람들(philodoxoi)"이다. 고대 그리스뿐만 아니라 현대사회에서도 다양한 의견을 조정하여 합의에 이르게 하는 것이 정치적 리더의 과제이다. 모든 사람이 어떤 사태에 대해 다양한 의견을 갖고 있다는 사실을 인정하면서 궁극적으로는 이 사태에 대한 인식을 추구한다면, 우리는 이성적 합의와 조화에 다다를 수 있다. 철학자가 의견을 사랑하는 사람들이 아니라 지혜를 사랑하는 사람들로 불리는 이유이다.

　다양한 의견들이 충돌하면서 갈등이나 융화를 이루는 곳은 두말할 나위도 없이 국가이다. 플라톤은 개인이 지혜를 추구하는 것처럼 국가도 역시 지혜에 기반해야 한다고 말한다. 개인의 지혜가 있다면 국가의 지혜도 있다. 플라톤은 "국가가 올바르게 수립되었다면 완벽하게 좋은 국가"일 것이라고 말하면서 국가의 지혜를 언급한다. "이 국가(polis)가 지혜롭다고 생각되는 것은 조언을 잘 받기(euboulia) 때문이다." 그렇다면 조언을 잘 받는다는 것은 무엇을 말하는가? 플라톤은 조언을 잘 받는다는 것도 일종의 지식이라고 말한다. "사람들은 무지에 의해서가 아니라 지식을 통해 조언을 잘 받는다."[52] 좋은

---

51 Platon, *Politeia*, 479e, 같은 책, p.385. 플라톤, 박종현 역주, 『국가』, 같은 책, p.381.

52 Platon, *Politeia*, 428b, 같은 책, p.327. 플라톤, 박종현 역주, 『국가』, 같은

국가에 관한 플라톤의 주장은 다음과 같이 요약될 수 있다. (1) 좋은 국가는 올바로 수립된 국가이다. (2) 국가의 지혜는 조언을 잘 받는 것이다. (3) 조언을 잘 받는 것은 지식에 기반한다. (4) 이 지식은 국가의 질서에 관한 것이다.

다양한 사람들로 구성된 국가에는 물론 온갖 종류의 지식과 의견이 존재한다. 플라톤은 좋은 국가에 관한 정치적 지식이 어떤 것인가를 설명하기 위해 국가와 개인이 같은 구조를 가지고 있다고 전제한다. 지혜가 올바른 정의(dikaiosyne)가 어디에 있으며 또 어디에 올바르지 못한 불의가 있는지에 관한 지식이라면, 이러한 지식은 한 개인에 관한 것도 있고 한 국가 전체에 관한 것도 있다. 한 사람이 어떻게 지혜를 얻을 수 있는지를 검토하는 것은 어렵지만, 한 국가가 어떻게 올바로 수립되고 지혜로울 수 있는지를 검토하는 건 비교적 쉽다. 국가는 비유적으로 표현하면 큰 글씨로 쓴 개인이라고 할 수 있다. 그러므로 개인의 영혼이라는 '작은 텍스트'보다는 국가라는 '더 큰 텍스트'를 연구하는 것이 지혜를 탐구하는 현명한 방법이다.

국가는 다양한 계급으로 구성되어 있다. 국가는 시민들의 다양한 욕구를 충족하는 생활 공동체이기 때문이다. 국가가 존립하는 것은 우리가 누구도 자급자족할 수 없기 때문이다. "사람들에겐 많은 것이 필요하니까 많은 사람이 동반자와 협력자로서 한 거주지에 모여 살아가는 생활 공동체가 국가라 불린다."[53] 국가가 처음 설립될 때 욕구는

책, p.274.

[53] Platon, *Politeia*, 369c, 같은 책, p.260. 플라톤, 박종현 역주, 『국가』, 같은 책, pp.146~147.

일차적으로 경제적인 것으로 보이지만, 이 국가가 올바로 통치되고 유지되려면 다른 계급이 필요하다. 그뿐만 아니라 우리 각자는 본성과 성향상 다르게 태어나서 저마다 적합한 일이 다를 수밖에 없다. 국가가 아무리 커지더라도 하나의 질서로 유지되기 위해서는 시민들 모두 자신에게 적합한 일을 수행해야 한다. "각자가 자신의 한 가지 일에 종사함으로써 각자가 여럿 아닌 한 사람으로 되도록 하고, 또한 바로 이런 식으로 해서 나라 전체가 자연적으로 여럿 아닌 '한 나라'가 되어야 한다."[54]

플라톤에 의하면 국가를 구성하는 다양한 기능들은 대체로 세 가지 계급으로 압축된다. 통치자 계급, 수호자 계급, 그리고 생산자 계급이 그것이다. 국가가 올바로 수립된다는 것은 다양한 계급이 각각 자신의 역할을 올바로 수행한다는 것을 의미한다. 이 기능을 담당하는 집단들이 자신들의 고유한 기능을 잘 수행하여 조화를 이룰 때 정의로운 국가가 된다. 왜냐하면 국가의 목표는 "한 집단이 특히 행복하게 되도록 하는 게 아니라 시민 전체가 최대한 행복해지도록 하는 것"[55]이기 때문이다. 국가가 모든 시민을 행복하게 만드는 지혜로운 국가가 되려면 국가를 구성하는 계급들이 고유한 역량을 발전시켜야 한다. 플라톤은 이러한 덕으로 지혜, 용기, 절제, 정의를 제시한다.

통치자 계급은 무엇보다 지혜의 덕이 필요하다. 그렇지만 통치자는

54 Platon, *Politeia*, 423d, 같은 책, p.322. 플라톤, 박종현 역주, 『국가』, 같은 책, p.265.
55 Platon, *Politeia*, 420b, 같은 책, p.317. 플라톤, 박종현 역주, 『국가』, 같은 책, p.258.

국가 전체에 관한 지식을 가져야 하므로 다른 계급들이 개별적으로 필요로 하는 지혜, 용기, 절제의 모든 덕을 갖춰야 한다. 수호자 계급은 국가를 지키기 위해 적들에 맞서 용감히 싸울 수 있는 용기의 덕이 요구된다. 용기는 우리가 무엇을 두려워해야 하고 두려워하지 않아도 되는지에 관한 올바른 판단이다. 농민이나 상인과 같은 생산자 계급은 공동체가 필요로 하는 물건을 생산하는 데 필요한 절제의 덕이 요구된다. 우리 인간에게 가장 많은 것이 욕구와 욕망이기 때문에 절제는 쾌락과 욕망의 억제를 통해 질서를 이루는 덕이다.

국가와 영혼이 구조적으로 같다면, 영혼은 국가의 세 계층에 해당하는 세 부분으로 구성되어 있다고 추론할 수 있다. 영혼은 '이성적인 부분'(logistikon), '욕구적인 부분'(epithymetikon), 그리고 '격정적인 부분'(thymoeides)의 힘들로 이루어져 있다. 플라톤에 의하면 이 세 가지 중에서 제일 두드러진 것은 우리가 목마름이나 굶주림이라고 일컫는 욕구이다. 우리의 영혼에는 먹고 마시도록 하는 것이 있는가 하면 반대로 이를 막는 힘이 존재한다. 옳고 그름을 판단하고 헤아리는 것은 이성적인 부분이고, 욕구와 관련하여 흥분한 상태에서 쾌락을 추구하는 것은 욕구적인 부분이다. 플라톤에 의하면 두 힘 사이에 '격정적인 부분'이 위치한다. 올바로 생각하는 사람은 불의를 당하거나 고통을 겪을 때 분노하는 게 당연하다. 이런 점에서 격정은 영혼의 내부에 갈등이 일어날 때 이성적인 부분을 위해 일한다. 이처럼 이성적인 부분은 통치자의 지혜로 나타나고, 격정적인 부분은 수호자의 용기로 나타나고, 욕구를 담당하는 생산자는 절제의 덕이 필요하다.

여기서 우리는 플라톤이 제시한 네 가지 덕 중에서 '정의'에 해당하는

계급이 없음을 알 수 있다. 플라톤의 지혜가 어떤 종류의 덕과 역량인가
를 알기 위해서는 지혜와 정의의 관계를 정확하게 파악해야 한다.
정의는 어떤 덕인가? 플라톤은 정의를 영혼을 전체적으로 통합하는
포괄적 덕으로 규정한다.[56] "정의란 자기 일을 하는 것이다."[57] 정의로
운 사람은 외적으로 자신의 것이 아닌 것에 간섭하지 않을 뿐만 아니라
영혼의 세 부분을 내부적으로 조화시키기 때문이다. 정의는 질서이
고, 불의는 무질서이다. 지혜가 영혼과 국가 전체에 관한 지식이라면,
정의로운 자는 곧 지혜로운 사람이다. 국가나 영혼의 한 부분이 다른
부분에 간섭하거나 충돌하면 이성적인 부분이 지배하지 않고, 오히려
열등한 부분이 부적절하게 통치하게 된다. 이런 의미에서 영혼의
정의와 불의는 육체의 건강과 질병과 유사하다. 정의는 그것을 소유한
사람을 행복하게 만드는 영혼의 질서이고, 불의는 분명 그 반대이다.
올바른 정신을 가진 사람이라면 망가진 육체로 살고 싶지 않듯이
누구도 병든 영혼으로 살고 싶지 않다.

　플라톤에 의하면 지혜로운 사람은 지혜, 용기, 절제, 정의의 네
가지 덕성을 모두 갖추고 있다. 지혜가 이 전체에 관한 지식이라면,
정의는 모든 덕을 하나로 통합할 수 있는 실천적 역량이다. "지혜로운
사람이라 부르게 되는 것은 그 작은 부분, 즉 각자 안에서 지배하며
이것들을 지시한 부분에 의해서이니, 이 부분은 그 나름으로 이들

56　이에 관해서는 Reinhart Maurer, *Platons 'Staat' Und Die Demokratie* (Berlin: de Gruyter, 1970). p.68.

57　Platon, *Politeia*, 433b, 같은 책, p.333. 플라톤, 박종현 역주, 『국가』, 같은 책, p.286.

308

세 부분의 각각을 위해서 뿐만 아니라 이들 셋으로 이루어진 공동체 전체를 위해서 유익한 것에 대한 지식을 그 자신 속에 지니고 있다."[58] 전체에 대한 지식을 가진 지혜로운 사람은 우리의 영혼이나 국가에서 무엇이 지배해야 하는지를 알고 있다. 플라톤이 절제의 덕에 관해 말하는 것은 지혜에도 적용된다. "지배하는 쪽과 지배를 받는 쪽 모두 이성적인 부분이 지배해야 한다는 데 대해 의견의 일치를 보고 반목하지 않는 것"[59]이 좋은 영혼과 좋은 국가의 핵심적 전제조건이다. 지혜로운 자는 결국 이성이 기개와 욕망을 지배하여 영혼의 질서를 이루고 있는 사람이다.

그러나 국가를 구성하는 힘들의 관계가 어떻게 되느냐에 따라서 다양한 정체가 생겨나는 것처럼 영혼의 힘들이 어떻게 결합하느냐에 따라서 다양한 유형의 삶이 이루어진다. 이성이 지배하기보다는 오히려 욕망이 지배하는 것처럼 보이는 우리의 현실이 말해 주는 것처럼, 구체적 상황에서 이성적으로 판단하고 행동하는 것은 그렇게 간단하지 않다. 전체에 관한 지식만으로는 지혜를 실천하지 못한다. 플라톤의 지혜론이 종종 이상주의적이라는 평가를 받는 것은 오직 철학자만이 홀로 지혜를 인식한다는 오해 때문이다. "지혜는 홀로 있다. 우리는 그것을 예행 연습하거나 실천할 수 없다."[60] 지혜를 개념적으로 파악하

---

58 Platon, *Politeia*, 442c, 같은 책, p.344. 플라톤, 박종현 역주, 『국가』, 같은 책, p.306.

59 Platon, *Politeia*, 442d, 같은 책, p.344. 플라톤, 박종현 역주, 『국가』, 같은 책, p.306.

60 Stanley Godlovitch, "On Wisdom," Canadian Journal of Philosophy, 11(1),

는 것도 중요하지만, 우리는 실천할 수 있는 지혜가 필요하다. 플라톤의 철인 정치가 보여준 지혜의 모델이 구체적 현실에서 어떻게 실현될 수 있는가를 검토하려면, 우리는 지혜의 실천적 측면에 주목해야 한다.

4. 이론적 지혜와 실천적 지혜

1) 실천적 숙고의 두 유형: 제작과 실천

플라톤이 조언을 잘 받는 국가를 '지혜로운 국가'로 규정하였다면, 아리스토텔레스는 조언을 잘 받는 사람이 실천적 지혜를 가지고 있다고 말한다. '조언을 잘 받다'를 뜻하는 고대 그리스어 '유불리아'(euboulia)는 '좋은' 또는 '잘'을 의미하는 접두사 'eu'와 '조언', '상담' 또는 '심의'를 뜻하는 'boulia'가 결합하여 만들어졌다. '유불리아'는 문자 그대로 '좋은 조언' 또는 '좋은 숙고'를 의미한다.[61] 플라톤은 종종 '유불리아'를 선과 덕에 대한 포괄적인 철학적 이해를 바탕으로 윤리적 행동으로 이어지는 결정을 내리는 능력으로 규정한다. 플라톤은 이상적인 국가를 논하면서 국가를 구성하는 개별적인 요소들뿐만 아니라 국가 전체에 대해 숙고할 수 있는 지혜를 강조한다. 다양한 의견들을

(1981): 137-55, reprinted in Christina Hoff Sommers and Fred Sommers(eds.), *Vice and Virtue in Everyday Life*, 2nd ed. (San Diego: Harcourt Brace Jovanovich, 1989), p.279. https://doi.org/10.1080/00455091.1981.107162 97.

61 이 용어에 관해서는 다음의 글을 참조할 것. Malcolm Schofield, "Euboulia in the Iliad", *The Classical Quarterly*, Vol. 36 (1986), pp.6~31.

310

국가의 본래 목적을 위해 조정하고 융합하는 것이 바로 조언을 잘
받는 국가이다. 지혜로운 통치자는 조언을 받아 숙고하여 올바른
판단을 내리기 때문이다.

아리스토텔레스는 정치적 행위를 하는 개인에 초점을 맞춰 '유불리
아'를 실용적이고 실천적인 관점에서 접근한다. 플라톤에게서도 국가
의 중요한 결정을 내리기 위해 국가 전체에 관한 지식을 바탕으로
조언을 받는 통치자의 행위는 개인의 영혼 내부에서 이루어지는 지혜
의 행위와 닮아 있다. 아리스토텔레스는 개인이 좋은 삶이라는 목적을
달성하기 위해 거치는 과정에 더욱 집중한다. 아리스토텔레스에게
'유불리아'는 좋은 목적을 달성하기 위한 수단에 대한 숙고 판단이다.
"실천적 지혜(phronesis)에 대해서는 우리가 어떤 사람들을 실천적
지혜를 가진 사람이라고 부르는지 살펴봄으로써 파악해 보려고 한다.
자신에게 좋은 것, 유익한 것들과 관련해서 잘 숙고할 수 있다는
것이 실천적 지혜를 가진 사람의 특징으로 보인다."[62] 아리스토텔레스
는 이상국가라는 추상적인 목적보다는 구체적이고 실용적인 결과에
초점을 맞춰 자신과 공동체에 무엇이 좋고 유익한지에 대해 잘 숙고하
는 것을 실천적 지혜로 본 것이다.

---

[62] Aristotle, *Nicomachean Ethics*, Book VI, 5, 1140a24-26, in *The Complete Works of Aristotle*, edited by Jonathan Barnes, Vol. 2 (Princeton: Princeton University Press, 1984), p.1800. 아리스토텔레스, 강상진·김재홍·이창우 옮김, 『니코마코스 윤리학』, 도서출판 길, 2011, p.210. 영어판에서는 euboulia를 deliberation으로 번역하고 있다. 한국어 번역본에서는 곰곰이 잘 생각하는 뜻의 '숙고'가 많이 사용된다.

물론 우리는 숙고하여 합리적 선택을 하고 윤리적으로 좋은 행동을 하려면 지식이 있어야 하고 이성을 사용해야 한다. 실천적인 측면에서도 지혜로운 사람은 좋은 삶에 관한 지식을 가지고 이성적으로 행동하는 사람이다. 우리는 아무리 학문적 지식이 출중해도 반드시 지혜로운 것은 아니라는 점을 잘 알고 있다. 세계의 궁극적 원인과 진리를 탐구하는 사람도 지식과 이성을 사용하는데 왜 학문적 지식이 실천의 지혜로 이어지지 않는 것일까? 이 질문에서 우리는 이미 실천적 지식와 학문적 지식, 실천적 지혜와 이론적 지혜가 다르다는 것을 알고 있다. 우리는 종종 고대 그리스 윤리가 앎과 지식을 지나치게 강조하는 '지성주의'에 기반한다고 생각한다. 덕은 지식이라는 소크라테스의 역설적인 공식은 윤리적 행위를 그에 대한 지식으로 전환한 것처럼 보인다. 지혜의 덕이 있는 사람이라면 그것이 무엇인지 알고 말할 수 있어야 한다는 것이다. 그러나 소크라테스의 무지의 지혜는 지식과 현실의 불일치는 풀리지 않는 관계라는 점을 보여준다. '덕은 지식이다'라는 소크라테스의 방정식에서 지식이라는 것이 무엇인지는 실천이 이루어지는 현실과의 관계에서 결정되어야 한다.[63]

그렇다면 우리가 올바른 실천을 위해 필요한 지식과 지혜는 어떤 것인가? 실천적 지혜가 학문적 인식이 아니라는 점은 분명하다. 아리스토텔레스는 지식의 대상이 두 가지라고 본다. 하나는 "그 원리가 다르게 있을 수 없는 존재자들"이고, 다른 하나는 "그 원리가 다르게도

있을 수 있는 존재자들"이다.[64] 학문적 인식은 보편적이고 필연적인 것과 관련한 판단이다. 따라서 학문적 인식은 구체적인 상황과 우연적인 변수를 고려하지 않는다. 오늘날 유행하고 있는 채식과 관련하여 다음과 같은 주장이 있다고 가정하자. (1) 모든 가벼운 음식은 건강하다. (2) 모든 채식은 가벼운 음식이다. (3) 그러므로 모든 채식은 건강하다. 이 경우 대전제와 소전제 모두 참이라면 이로부터 정당하게 추론된 결론도 역시 참이다. 이러한 학문적 인식은 음식을 먹는 사람의 개별적인 상태와 습관과 취향을 전혀 고려하지 않는다.

아리스토텔레스는 이러한 학문적 인식 중에서 모든 것의 원인과 원리에 관한 지식을 "이론적 지혜"라고 부른다. "지혜로운 사람은 원리들로부터 도출된 것을 알아야 할 뿐만 아니라 원리들 자체에 대해서도 참되게 알아야 할 것이다. 그렇기에 지혜는 직관적 지성과 학문적 인식, 즉 가장 영예로운 것들에 대한 최정점의 학문적 인식과 합쳐진 것이다."[65] 아리스토텔레스는 이러한 이론적 지혜에 '소피아'라는 이름을 부여하면서 '실천적 지혜'(phronesis)와 구별한다. 학문적 인식과 이론적 지혜가 제일원리로부터 출발한다면, 실천적 지식과 지혜는 구체적인 사례로부터 출발하여 제일원리로 나아간다. 실천적 지식의 대상은 다르게 있을 수 있는 것들이다.

아리스토텔레스는 다르게 있을 수 있는 영역에서 이루어지는 인간

---

64 아리스토텔레스, 『니코마코스 윤리학』, 제6권, 제1장, 1139 b6-11, 같은 책, p.204.

65 아리스토텔레스, 『니코마코스 윤리학』, 제6권, 제7장, 1141 a16-19, 같은 책, p.214.

활동을 '제작'(poiesis)과 '실천'(praxis)으로 나눈다. 제작과 행위는 모두 목적을 가진 행동이지만, 그 성격은 다르다. 예컨대 건축술은 무엇인가를 생산할 수 있는 능력이다. 훌륭한 건축가는 건축물이 완성되었을 때의 모습을 미리 그리며 그러한 건축물을 만들기 위해서는 어떤 수단이 필요하고, 어떻게 만들 것인지 방법에 관한 지식을 갖고 있다. 이런 면에서 건축술도 이성을 사용해야 한다. 그런데 아리스토텔레스는 제작과 행위는 근본적으로 다르다고 강조한다. "제작은 제작과는 다른 목적을 갖지만, 실천은 그렇지 않기 때문이다. 실천의 목적은 바로 잘 실천하는 것(eupraxia) 자체이다."[66] 예컨대 건축술과 같은 제작은 건축물이라는 독립적인 목적을 가진다. 우리는 여기서 '독립적'이라는 말과 '목적'이라는 말에 주목해야 한다. 건축가의 목적은 한편으로는 건축물이며, 다른 한편으로는 그 건축물을 훌륭하게 제작하는 것이다.

반면에 실천은 그 자체가 행위의 목적이다. 만약 실천적 지혜가 자신에게 유익한 것들과 관련해 숙고할 수 있는 능력이라고 한다면, 우리는 좋은 실천을 위해 유익한 것이 무엇인가를 판단해야 한다. 실천적 지혜는 좋은 실천이라는 목적을 위해 필요한 수단이 무엇인가를 합리적으로 판단한다. 이 점에서 실천은 제작과 많이 닮아 있다. 목적을 지향한다는 점에서 그렇지만, 목적의 성격이 다르다는 점에서 구별된다. "지성 그 자체는 아무것도 움직이지 못하지만, 목적을 지향하는 실천적 지성은 그렇지 않다. 사실 이런 실천적 지성은 제작적

---

[66] 아리스토텔레스, 『니코마코스 윤리학』, 제6권, 제2장, 1140 b6-7, 같은 책, p.211.

지성까지도 지배한다. 제작하는 사람은 누구든 어떤 목적을 위해 제작하며, 제작되는 것은 그 자체가 무조건적인 목적은 아니다. 그것은 어떤 것을 향한 것이며 또 다른 목적을 위한 것이다. 실천으로 실현될 수 있는 것만이 무조건적 목적이다. 잘 실천한다는 것이 목적이며, 욕구는 이 목적을 향하기 때문이다."[67]

아리스토텔레스의 윤리학에서 '실천'은 '제작'과 '이론' 사이에 있다. 목적을 숙고한다는 점에서 실천은 제작과 닮아 있지만, 좋은 삶의 전체적 의미와 궁극적 원인을 성찰한다는 점에서 이론에 가깝다. 그러나 오늘날처럼 지식이 절대화된 시대에 지혜의 의미를 헤아리려면, 우리는 오히려 제작과 실천의 차이에 주목할 필요가 있다.[68] "행위는 제작이 아니며, 제작도 행위가 아니다."[69] 행위의 목적이 실천 그 자체로서 궁극적 목적이라면, 제작과 기술의 목적은 엄밀한 의미에서 상대적이다. 무엇인가를 제작하고 생산하는 장인이 숙고하는 목적은 장인이 성찰하기 전에 그 목적이 실현될 때 어떤 모습일지 미리 아는 것과 같다고 우리는 쉽게 추측할 수 있다. 그러나 윤리적 숙고를 통해 추구하는 목적이 무조건적 최선이라면, 우리가 탐구하기 전에 그것이 어떤 모습일지 어떻게 알 수 있는가? 장인이 생산과 제작의 결과를 쉽게 예견할 수 있는 것은 그 목적이 외부적으로 주어져 있기

67 아리스토텔레스, 『니코마코스 윤리학』, 제6권, 제2장, 1139 a35-b5, 같은 책, p.206.

68 Anselm W. Müller, *Produktion oder Praxis? Philosphie des Handelns am Beispiel der Erziehung* (Heusenstamm: ontos, 2008).

69 아리스토텔레스, 『니코마코스 윤리학』, 제6권, 제4장, 1140 a5, 같은 책, p.209.

때문이다. 장인은 목적을 숙고하는 것이 아니라 목적을 실현할 수단을 숙고한다고 보는 것이 더 옳다. 반면에 실천적 숙고는 좋은 행위라는 목적 자체를 성찰한다. 그렇다면 목적 자체를 숙고한다는 것은 무엇을 의미하는가? 지식기반 사회에서는 수단에 대한 숙고 자체가 실천의 목적이 된 것은 아닌가? 이 물음에 답하려면 우리는 실천적 지혜와 합리적 선택의 과정을 좀 더 깊이 들여다봐야 한다.

2) 올바른 이성과 합리적 선택

아리스토텔레스는 이론적 지혜와 실천적 지혜를 구별한다. 두 지혜 모두 인간의 이성을 사용한다면, 두 지혜와 관련하여 이성이 사용되는 방식도 다를 것이다. 아리스토텔레스는 우리의 영혼이 이성을 가진 부분과 비이성적인 부분으로 나뉘어 있다고 하면서 "이성을 가진 부분도 동일한 방식으로 나누어야 할 것"[70]이라고 말한다. 칸트식으로 말하자면, 이론 이성은 실천 이성과 구별된다. 우리가 좋은 삶을 사는 데 필요한 탁월성으로서의 덕도 '지적 덕'과 '도덕적 덕' 또는 '사유의 탁월성'과 '성격의 탁월성'으로 구분된다.

　실천적 지혜와 관련 있는 도덕적 탁월성은 인간 영혼의 비합리적인 측면과 연관되어 있다. 아리스토텔레스에 의하면 우리의 영혼 안에는 행위와 진리를 지배하는 세 가지, 즉 감각(aisthesis)과 지성(nous)과 욕구(orexis)가 있다. 여기서 감각은 어떤 행위의 원리도 아니기 때문에 행위에 참여하지 않는다. 우리의 행위를 이끌고 지배하는 것은

---

70 아리스토텔레스, 『니코마코스 윤리학』, 제6권, 제1장, 1139 a5, 같은 책, p.204.

지성과 욕구이다. 실천과 관련하여 우리의 이성을 사용하려면 언제나 욕구를 고려해야 한다. 이론 이성이 우리의 욕망과 욕구를 배제한다면, 실천 이성은 이러한 욕망과 욕구가 실천에 기여할 수 있도록 활용해야 한다. 우리의 욕구와 욕망은 맹목적인 충동이 아니라 선과 가치에 반응하는 동기를 부여하는 인식 방식이다.

실천적 지혜를 가진 사람은 어떤 것이 좋은 실천에 도움이 되는지를 숙고한다. 이론적 이성에 따른 사유에 있어서 우리가 어떤 사태를 긍정하거나 부정하는 것처럼, 욕구에 있어서는 어떤 것을 추구하거나 회피한다. 그러므로 실천적 지혜는 어떤 행위가 좋은 삶과 행복에 기여하는지를 합리적으로 선택한다. "합리적 선택은 숙고적 욕구이다. 그러므로 선택이 좋아야 한다면 이성도 참이고 욕구도 올바른 것이어야만 한다. 이성이 긍정하는 것을 욕구는 추구해야만 한다. 이것이 바로 실천적 사유이며 실천적 진리이다."[71] 실천적 지혜는 결국 욕구가 좋은 실천이라는 목적을 추구하도록 만드는 수단을 합리적으로 선택하는 것이다. "합리적 선택(prohairesis)의 원리는 욕구 및 어떤 목적을 지향하는 이성이다."[72] 우리는 어떤 것을 선택하지 않고서는 행위를 할 수 없으며, 욕구가 없다면 그런 행위를 할 동기도 없다.

이렇게 좋은 삶과 좋은 실천이라는 목적과 관련하여 적합한 수단을

---

[71] 아리스토텔레스, 『니코마코스 윤리학』, 제6권, 제2장, 1139 a23-26, 같은 책, p.205.
[72] 아리스토텔레스, 『니코마코스 윤리학』, 제6권, 제2장, 1139 a23-26, 같은 책, p.205.

선택하는 것은 바로 '올바른 이성'(orthos logos)이다. 그렇다면 올바른 이성에 따른 합리적 선택과 행위는 어떤 것인가? 실천적 지혜를 집중적으로 다룬 『니코마코스 윤리학』 제6권의 첫 문장은 이 물음에 대한 실마리를 제공한다. "우리는 앞에서 지나침이나 모자람이 아니라 중간을 선택해야 한다고 말하면서 그 중간이란 올바른 이성이 이야기하는 바라고 했으므로, 이제 이것에 대해 고찰해 보자. 우리가 지금까지 다뤄 온 모든 품성 상태들 안에는, 다른 경우들에서도 그렇듯이, 어떤 과녁이 있어서 이성을 가지고 있는 사람은 이것을 바라보면서 죄거나 푼다. 즉 올바른 이성을 따르고 있기에 우리가 지나침과 모자람의 중간이라고 주장하는 중용의 상태들에 일종의 기준이 있다는 것이다."[73] 실천적 지혜가 우리에게 유용한 것을 잘 숙고하는 것이라면, 그것은 행위의 기반이 되는 합리적 선택과 이 선택에 이르는 숙고의 과정으로 이루어진다.

아리스토텔레스는 이러한 숙고의 과정을 마치 과녁을 겨냥하는 활시위에 비유한다. 행위가 잘 이루어지려면 일종의 기준이 있어야 하고, 동시에 행위의 목표가 분명해야 한다. 실천적 지혜는 이렇게 실천을 통해 달성할 목표를 숙고할 뿐만 아니라 동시에 좋은 실천이 이루어질 수 있는 기준을 스스로 만들어야 한다. 이러한 기준은 결코 실천의 밖에서 주어지는 것이다. 합리적 선택은 오직 숙고를 통해서만 이루어진다면, 숙고는 필연적으로 목표를 달성할 수단을 고려해야 한다. "바름은 목적에 더욱 관계하지만, 합리적 선택은 목적에 이바지

---

[73] 아리스토텔레스, 『니코마코스 윤리학』, 제6권, 제1장, 1138 b18-25, 같은 책, p.203.

하는 것들에 관계한다. 예를 들어 우리는 건강하기를 바라지만, 그것을 통해서 우리가 건강하게 되는 것을 합리적으로 선택하는 것이다."[74] 우리는 모두 행복을 바란다고 말한다. 행복은 삶의 목표이다. 그러나 이 경우 우리는 행복을 합리적으로 선택한다고 말하지는 않는다. 우리가 합리적으로 선택할 수 있는 것은 행복을 이룰 수 있는 수단과 관계한다. 마찬가지로 올바른 이성의 합리적 선택은 좋은 실천을 할 수 있는 수단을 선택하는 것이다.

우리는 아리스토텔레스의 합리적 선택을 다음과 같은 공식으로 서술할 수 있다. S는 Y를 위하여 X를 선택한다. 여기서 Y는 실천을 통해 실현하고 싶은 목적이고, X는 올바른 이성에 따라 합리적으로 선택한 수단이다. 합리적 선택은 목적과 수단을 동시에 고려하기 때문에 이중적이다. 목적 Y는 적합한 것이거나 부적합한 것일 수도 있고, 또한 수단 X도 적합하거나 부적합한 것일 수 있다. 이 구조에 따르면 행위자 S는 Y가 목적이라고 말하면서 X의 선택을 설명한다. '나의 행위는 Y를 위해서이다'라는 진술은 그가 X를 선택한 이유이다.

이론 이성과는 달리 실천 이성은 행위자, 목적, 수단의 삼항 관계를 고려하여 숙고해야 한다.[75] 행위자는 언제나 무엇인가를 선택하는데, 그것은 동시에 무엇인가 다른 목적을 위한 것이기 때문이다. 우리는

74 아리스토텔레스, 『니코마코스 윤리학』, 제3권, 제2장, 1111 b25-30, 같은 책, p.87.

75 이에 관해서는 다음의 글을 참조할 것. Sarah Brodie, *Ethics with Aristotle* (New York/Oxford: Oxford University Press, 1991), "Chapter 4: Practical Wisdom", p.180.

어떤 사람의 행위를 보고 이렇게 물을 수 있다. '왜 그런 일을 하는 것입니까?' 그는 합리적 선택의 공식에 따라 이렇게 말한다. '나는 Y를 위해서 그 일을 한 것입니다'. 물론 사람들은 일반적으로 이렇게 대답할 것이다. '나는 Y를 원하기 때문입니다.' 그렇지만 바람과 의도를 제시하는 것이 합리적 선택의 충분한 이유가 되지는 않는다. 실천적 숙고의 문제점은 여기서 발생한다. 제작과 생산의 경우에는 X와 Y, 수단과 목적의 관계가 인과적으로 설명될 수 있지만, 실천 자체와 좋은 삶을 추구하는 실천의 경우에는 목적을 제시하는 것이 간단치 않다.

그렇다면 우리는 어떻게 합리적 선택에 이를 수 있는가? 삶과 행위의 목적과 관련하여 적합한 수단을 선택하려면, 우리는 목적 자체에 관해 성찰할 수 있어야 한다. 우리는 앞서 이론적 지식이 보편적인 것을 추구한다면 실천적 지식은 구체적이고 개별적인 것으로부터 출발한다는 점을 언급했다. 실천적 지식이 형성되는 삼단논법의 예를 들어보자. (1) 채식은 건강하다. (2) 이것은 채식이다. (3) 그러므로 이것은 건강하다. 이 경우 행위자는 고기나 채소를 먹어야 하는 구체적인 상황에 있다. 그는 일단 채식이 좋다는 의견으로부터 출발하여 지금 두부 음식을 선택하는 것으로 숙고 과정이 끝난다.

여기서 대전제는 행위자의 소망이나 욕망과 관련이 있다. 건강이 행위의 목적이다. 실천적 삼단논법의 소전제는 결정과 처방과 연관된다. 아리스토텔레스가 결정이라고 부르는 소전제는 지각만을 사용하여 더 숙고할 필요 없이 실행될 수 있도록 하는 일종의 용어로 표현된 것이다. 그것은 숙고 끝에 도달한 마지막 일이고, 따라서 실행에

320

옮겨야 할 일이다. 이 마지막 일과 혼동되지 않는 논증의 결론은 더 이상의 명제가 아니라 그 결정을 참으로 만드는 행동이다. 따라서 실천적 논증은 다음과 같이 서술될 수 있다.[76] (1) 대전제: 행복의 정의, (2) 소전제: 결정(처방), (3) 결론: 행위. 우리가 앞의 예에서 추정할 수 있는 것처럼 행위자는 건강한 음식이 행복을 증진하는 좋은 것이라고 믿는다. 그래서 그는 채식하는 것이 자신의 행복에 도움이 된다고 결론을 내린다. 그가 처한 구체적 상황에서 제공된 음식이 채식이라고 지각하는 순간 그는 주저하지 않고 그 음식을 먹는다.

실천적 지혜의 어려움은 실천적 지식이 곧바로 행위와 실천으로 실행된다는 데서 기인한다. 행위자에게는 절제의 미덕이 부족하여 스테이크를 먹고 싶은 욕망이 건강한 채식에 대한 소망을 압도할 수도 있다. 실천적 지혜는 욕망을 제어할 수 있어야 한다. 아리스토텔레스는 오늘날에도 여전히 문제인 흥미로운 예를 든다. 사람들은 대부분 단것을 좋아한다. 단것이 있으면 맛보고 싶은 욕망이 저절로 생긴다. 여기 앞에 놓여 있는 것은 맛있어 보이는 딸기 케이크이다. 이 경우 "만일 단것은 모두 맛보아야만 하는데, 이것이 개별적인 것들 중 하나로서의 단것이라면, 맛볼 수 있는 능력을 갖고 있으면서 방해받지 않는 자는 동시에 이를 행하는 것이 필연적이다. 그러므로 만일 한편으로 맛보는 것을 말리는 보편적인 의견이 있지만, 다른

76 C.D.C. Reeve, "Introduction", in *Aristotle on Pracitical Wisdom. Nicomachean Ethics VI*, Translated with an Introduction, Analysis, and Commented by C.D.C. Reeve (Cambridge/London: Harvard University Press, 2013), pp.6~10.

한편으로는 단것은 모두 즐거움을 주는데 이것도 단것이라는 의견이 있다면, 또 마침 욕망이 존재한다면, 한편에서 의견은 이것을 회피하라고 말하지만, 다른 편에서 욕망은 이것을 행하는 것이다."[77] 사람이 믿는 것은 영혼의 숙고하는 부분에서 주장하는 것이지만, 행동을 결정하는 실천적인 방식으로 믿는 것은 그곳에서 주장하고 욕망하는 부분에서 효과적으로 추구하는 것이다. 실천은 이렇게 이성과 욕망이 결합해야 한다. "사람은 아는 것만으로 실천적 지혜가 있는 사람이 될 수는 없고, 자신이 아는 바를 실행에 옮겨야만 실천적 지혜를 얻는다."[78]

아리스토텔레스의 실천적 지혜의 핵심은 지식만으로 지혜를 얻을 수 없다는 것이다. 세계의 원리와 우주의 섭리에 관해 아무리 높은 직관적 지식을 가지고 있는 사람도 지혜로운 사람이 아니다. 사람들은 특정 영역에서뿐만 아니라 역사, 철학, 문학, 과학, 음악, 예술 등에 대한 폭넓은 사실적 지식을 가지고 있으면 현명한 사람이라고 생각하는 경향이 있다. 종종 발견되는 전문가의 어리석음에 비교하면 광범위한 지식은 지혜의 조건인 것처럼 보이기도 한다. 아리스토텔레스도 "지혜로운 사람 중 어떤 이들은 어떤 특수한 분야에서 지혜롭거나 다른 어떤 특정한 관점에서만 지혜로운 것이 아니라 전체적으로 지혜롭다고 생각한다."[79] 여기서 전체적으로 지혜롭다는 것은 결코 양적으

77 아리스토텔레스, 『니코마코스 윤리학』, 제7권, 제3장, 1147 a25-31, 같은 책, p.243.
78 아리스토텔레스, 『니코마코스 윤리학』, 제7권, 제10장, 1152 a8-90, 같은 책, p.263.

로 광범위하다는 뜻이 아니다. 광범위한 사실적 지식만으로는 현명한 사람이 되지 않는다. 로버트 노직이 지적했듯이 "지혜는 삶의 지침이나 그 의미에 대한 관점과 관련이 없는 근본적인 진리를 아는 것만이 아닙니다."[80]

어떤 사람이 전체적으로 지혜롭다는 것은 삶 전체와 관련되어 있다는 것을 의미한다. 지혜로운 사람은 '잘 사는 방법을 알고 있는 사람'이다. 이 경우 지식은 좋은 삶에 관한 포괄적 지식을 의미한다. 그것은 삶의 가장 중요한 목표와 가치에 관한 지식이다. 만약 우리가 '좋은 삶'과 행복이라는 목표를 갖고 있다면, 우리는 어떻게 이 목표를 달성할 수 있는가? 지혜로운 사람은 그 실천적 방법을 알고 있을 뿐만 아니라 동시에 잘 사는 데 성공한 사람이다. 지혜의 소유는 한편으로 신뢰할 수 있고 건전하며 합리적인 판단으로 나타나지만, 다른 한편으로 지혜는 "그것을 가진 사람에게서도 나타나야 한다."[81] 지혜로운 사람은 지혜롭게 산 사람이기에 우리는 그의 삶을 보면서 지혜가 무엇인지를 알게 된다. 지혜로운 사람들은 개별적이고 다양하다. 행복은 모든 사람이 원하고 추구하는 보편적 목적이지만, 행복이 무엇인지는 모두 자신들의 삶에서 알게 된다. 그들이 삶의 매 순간

---

79 아리스토텔레스, 『니코마코스 윤리학』, 제6권, 제7장, 1141 a12-14, 같은 책, p.214.

80 Robert Nozick, "What is Wisdom and Why Do Philosophers Love it So?" in *The Examined Life* (New York: Touchstone Press, 1989), pp.267~278.

81 J. Kekes, "Wisdom," *American Philosophical Quarterly*, 20(3), 1983, pp.277~286 중에서 p.281.

자신들의 행복에 유용한 것이 무엇인지를 숙고하고 실천에 옮기는 습관에 따라 개별적 행복이 결정된다. "실천적인 문제들에 있어 진실은 실제의 삶으로부터 판단된다. 중요한 것은 이것 안에 들어 있기 때문이다. 따라서 앞서 이야기된 것들을 실제의 삶에 적용하면서 살펴보아야만 한다. 실제와 부합하는 것은 받아들여야 하지만, 일치하지 않는 것은 말에 불과한 것으로 간주해야 할 것이다."[82] 이렇게 아리스토텔레스는 '검토하지 않는 삶은 살만한 가치가 없다'는 소크라테스에게로 되돌아간다.

5. 삶의 의미와 지혜 사랑

고대 그리스가 지혜의 시대였다면, 21세기는 지식의 시대다. 인간이 묻는 모든 질문에 대답하는 것처럼 보이는 인공지능의 출현은 지식이 지혜를 몰아내고 지식 피라미드의 정점을 차지했음을 말해 준다. 왜 우리는 정보를 얻고 지식을 쌓는가? 우리가 지식을 확대하면 할수록 우리가 알지 못하는 미지의 영역도 그만큼 더 늘어나지만, 지식이 권력이라는 사실은 변하지 않는다. 지식의 시대에 우리는 세계를 인식할 수 있을 뿐만 아니라 세계 자체를 변화시킬 수 있다고 믿는다. 이러한 과학적 지식의 덕택에 우리는 생물학적 한계와 구속에서 벗어나 삶 자체를 구성하려 한다. 여기서 우리에게 결정적인 물음이 제기된다. 우리 인간은 도대체 '어떤 삶'을 원하는가? 고대의 철학이

---

82 아리스토텔레스, 『니코마코스 윤리학』, 제10권, 제8장, 1179 a16-21, 같은 책, p.377.

삶의 궁극적 목적이 자연적으로 주어져 있냐는 전제 아래 이 목적을 '해명'하려고 노력하였다면, 우리는 이제 삶의 새로운 목적이 무엇인지를 스스로 '규정'해야 한다. 우리가 추구해야 할 목적이 주어진 것이든 아니면 창조해야 할 것이든, 우리는 지식의 의미와 가치를 규명하려면 목적을 성찰하지 않을 수 없다.

지혜는 좋은 삶이라는 목적을 성찰하는 능력이다. 아리스토텔레스에 의하면 지혜는 우리에게 좋은 것과 유용한 것을 숙고하고, 무엇이 좋은 삶에 기여하는지를 숙고하는 것이다. 인공지능을 발전시킨 과학혁명 이후 이러한 성찰과 숙고는 쓸모없는 것으로 배제되었다. 지식의 시대에 유일하게 가치 있는 것은 무언가를 효율적으로 만들어 내는 지식뿐이다. 우리가 경탄해 마지않는 과학적 성과들은 모두 실용적인 목적을 위한 것들이다. 초당 1마일의 속도로 표적을 공격하는 무기, 전쟁의 계산에서 인간과 위험을 제거하는 조종사 없는 무인 항공기, 빛의 속도로 움직이는 사이버 공격을 가능하게 만든 과학적 지식도 모두 특정한 목적에 종사한다. 물론 이러한 목적들은 외부적인 목적들이다. 현대 과학은 해결하는 것보다 더 많은 문제를 만들어 낸다. 따라서 과학적 지식은 끊임없이 이어지는 문제 해결의 사슬에서 벗어나지 못하기 때문에 외부적인 목적에 매달린다. 지식과 지혜의 연결고리가 사라진 것이다.

과학적 지식의 힘이 세계뿐만 아니라 우리 자신마저 바꿀 정도로 커졌다는 점을 인정한다면, 우리는 좋은 삶이라는 궁극적 목적을 성찰할 지혜를 발전시켜야 한다. 여기서 "지혜는 자신과 다른 사람들 모두를 위해 삶에서 바람직하고 가치 있는 것을 발견하고 성취하는

욕구, 능동적인 노력 및 능력으로 이해된다."[83] 고대 그리스 철학에서
보았던 것처럼 지혜는 지식과 이해를 포함하지만, 가치 있는 것을
사랑하고 그것을 얻고자 적극적으로 노력한다는 점에서 지식을 넘어
선다. 우리가 처한 구체적인 상황에서 무엇이 가치 있는 것인지를
실제로 그리고 잠재적으로 볼 수 있는 능력, 단순한 사실과 이해관계를
넘어서 가치를 경험할 수 있는 능력, 자신과 다른 사람이 가치 있는
것을 실현하도록 돕는 능력, 가치의 실현을 위해 필요한 지식과 기술을
발전시키는 능력. 그것이 바로 지혜이다. 플라톤이 영혼과 국가의
비유를 통해 보여준 것처럼 지혜는 개인뿐만 아니라 사회의 제도에도
적용된다. 우리가 지혜롭게 살려면 지혜로운 국가와 사회가 필요하기
때문이다. 그러므로 21세기 과학과 기술의 가공할 힘에 부합하는
현명한 제도와 사회를 만드는 것이 우리의 과제이다.

그렇다면 우리는 어떻게 지식만능 시대에 지혜를 키울 수 있을까?
무엇보다 두 가지가 필요하다. 하나는 목적 지향적 합리성이고 다른
하나는 성찰적 개방성이다. 목적 지향적 합리주의는 21세기에도 여전
히 타당한 소크라테스의 유산이다.[84] 좋은 삶이란 무엇인가? 우리는
어떻게 살아야 하는가? 삶에서 진정으로 가치 있는 것은 무엇인가?
이런 실존적 문제는 소크라테스에게 우주론이나 자연 철학의 문제보
다 더 근본적이고 중요했다. 우주에 대해서는 어떤 사람이 더 많은
지식을 갖고 있을지 모르지만, 좋은 삶에 대해서는 어느 누구도 절대적

83 Nicholas Maxwell, *From Knowledge to Wisdom*, 같은 책, p.79.
84 이에 관해서는 Nicholas Maxwell, *From Knowledge to Wisdom*, 같은 책,
"Chapter Five: Aim-oriented Rationalism", pp.105~132를 참조할 것.

지식을 갖고 있지 않다. 삶에 대해서는 다양한 의견이 존재하기 때문에 무지를 인정해야지만 좋은 삶이 어떤 것인지를 찾아갈 수 있다. 그것이 합리적인 수단을 통해 삶의 지혜를 증진하는 길이다.

지혜의 전제조건인 성찰은 물론 학문적 인식이 아니다. 그것은 인식보다는 오히려 삶의 이야기와 연관이 있다. 지혜로운 사람은 자신의 삶과 행위를 통해 지혜가 무엇인가를 보여주기 때문이다. 지혜에 관한 훌륭한 이야기는 이야기되기 전에 이미 삶을 통해 실현된다. 성찰은 언제나 실천의 관점을 고려한다. 우리가 무엇이 우리의 삶과 행복에 좋은지를 성찰할 때, 우리는 이미 '좋은 삶'에 관한 대략적인 의견을 갖고 있다. 우리는 살아가면서 다양한 책무를 수행하기 때문에 '좋은 삶'에 관한 개념은 서로 연관 관계에 있는 다양한 책무들을 질서 있게 결합한다. 인공지능을 개발하는 과학자의 경우 그는 실험실에서는 연구자, 가정에서는 아버지, 사회에서는 시민으로서의 책무를 수행한다. 그가 연구하고 개발하는 새로운 기술이 미래 세대의 좋은 삶에 기여하는 것인지, 시민으로서 누리는 자유와 권리에 도움이 되는 것인지 고려해야 한다. 성찰한다는 것은 이렇게 다양한 책무와 연결된 관점들을 질서 있게 연결하면서 그것이 과연 정당한가를 검토한다.

물론 성찰하는 우리의 관점은 무에서 선택되지 않는다. 우리의 삶과 행위를 성찰하기 위해 현실로부터 분리된 객관적 관점이 필요한 것이 아니기 때문이다. 우리가 행하는 일과 책무에 대한 성찰적 관점을 가지기 위해서는 먼저 그 일과 책무를 수행해야 하기 때문이다. 우리는 대개 우리가 수행하는 일에 아무런 성찰 없이 몰두하는 까닭에 적절한 경우에만 성찰의 관점을 취하는 것이 중요하다는 것을 깨닫는다. 여기서 관점은 우리가 가진 가치의 특정한 하위 집합이 두드러지도록 강조하고 그것과 관련된 신념과 감정을 전면에 불러오는 관심의 패턴이다. 만약 내가 인공지능 연구자로서의 성공에만 관심이 있다면, 나의 관점은 인과율에 지배된다. 그것은 사랑과 유대를 보여주는 아버지의 역할에는 적절하지 않다. 이러한 관점의 변화는 지식이 증대한다고 직접적으로 일어나는 것이 아니다. "우리의 관점을 언제 어떻게 전환해야 하는지를 알기 위해서는 우리가 특정한 실천적 관점을 가짐으로써 보여주는 성격이나 가치에 대해 상당히 지역적인 판단을 내릴 수 있는 능력이 필요하다."[85] 따라서 지혜로운 사람은 자신이 가진 '좋은 삶'에 대한 개념에 직접적으로 호소하지 않고서도 특정한 관점을 가질 때 표현되는 신념과 가치를 판단한다. 따라서 지혜로운 사람은 '좋은 삶'에 관한 지적이고 추상적인 개념에 빠지지 않고서도 삶을 만족스럽게 만드는 다양한 관점들을 숙고한다. 실천적 지혜는 이렇게 이중적이다. 지혜를 가진 사람은 한편으로 성찰을 위해 '좋은 삶'에 관한 대략적 개념을 가지고 있어야 하며, 다른 한편으로 이 개념은 현실 경험의 다양한 실천적 관점들을 통해 구체적 모습을 갖춘다.

　지식의 시대에는 지식의 관점이 지배하여 다양한 실천적 관점들이 식민지화된다. 우리가 좋은 삶을 구성하는 다양한 측면과 관점들을 보지 못한다는 것은 과학과 기술이 우리를 삶의 경험으로부터 분리하

---

85 Valerie Tiberius, *The Reflective Life. Living Wisely With Our Limits* (Oxford/New York: Oxford University Press, 2010), p.69.

328

기 때문이다. 과학과 기술이 해결해야 하는 문제는 우리가 실천적으로 해결해야 하는 실천적 문제와 다르다. 고대부터 현대에 이르기까지 지혜는 삶의 문제와 어려움으로부터 나온다고 하였다. 삶의 경험이 많을수록 지혜가 높아진다는 관점에서 지혜의 자원은 종종 "MORE"로 불리기도 한다. 그것은 '더 많은 삶'을 의미하는 이 자원들은 삶에 대한 '통제력'(Mastery), 새로운 아이디어와 경험을 탐구하려는 의지(Openness), 경험을 통해 배우는 성찰 능력(Reflectivity), 그리고 감정을 관리하고 다른 사람을 이해하는 공감 능력(Empathy)의 머리글자를 딴 약어이다.[86] 이 모델에 따르면 지혜의 자원은 사람들이 어떤 삶의 경험을 접하는지, 그러한 경험을 어떻게 평가하는지, 그리고 삶의 이야기에 어떻게 통합하는지에 영향을 미친다.[87]

그렇다면 인공지능 시대에 광범위한 지식은 우리에게 더 많은 삶을 약속하는가? 우리는 첨단 과학과 기술이 약속하는 수많은 기회에 기만되어 현재의 삶을 잃어버린 것은 아닌가? 지식이 많아질수록 삶은 더 적어지는 것은 아닌가? 이러한 질문이 제기되면 우리는 삶을 평가하는 실천적 관점을 바꿔야 한다. 우리는 좋은 삶을 원하며 좋은 삶이 무엇인지를 판단하는 성찰적 존재이다. 좋은 삶에 관한

86 Judith Glück & Susan Bluck, "The MORE Life Experience Model: A Theory of the Development of Personal Wisdom, inIn: M. Ferrari, N. Weststrate(eds.), *The Scientific Study of Personal Wisdom. From Contemplative Traditions to Neuroscience* (Heidelberg, New York, London: Springer, 2013), pp.75~97.
87 Jerome Bruner, "Life as narrative", Social Research, 54(1987), pp.1~17. Jerome Bruner, *Actual minds, possible worlds* (Cambridge, MA: Harvard University Press, 1986).

관심은 언제나 '더 좋은 것'과 '더 나쁜 것', 옳음과 그름을 판단한다는 점에서 규범적이다. 그런데 우리가 좋은 삶을 판단할 수 있는 기준은 언제나 구체적인 삶에서 얻는다. 지혜는 삶에서 얻은 관점으로 좋은 삶을 판단한다는 점에서 성찰적이다. 지식의 시대가 요청한다는 것은 지식이 삶으로부터 소외되어서 삶을 판단할 기준을 제공하지 못하기 때문이다. "의미 상실에 대해 한탄하는 것은 지식이 더 이상 이야기 중심적이지 못함을 유감스러워하는 것"[88]이라고 한다. 언제부터인지 과학적 지식은 삶의 이야기를 하지 않고 있다. 과학적 지식이 가치 있으려면, 그것이 어떤 삶에 도움이 되는지 이야기해야 하지 않을까? 그것이 지식만능 시대에 지혜를 사랑해야 하는 이유이다.

---

[88] 장-프랑수아 리오타르, 『포스트모던적 조건』, 같은 책, p.67.

330

참고문헌

레이 커즈와일, 『알파고는 어떻게 인간의 마음을 훔쳤는가?』, 크레센도, 2016.

아리스토텔레스, 강상진·김재홍·이창우 옮김, 『니코마코스 윤리학』, 도서출판 길, 2011.

알레스데어 매킨타이어, 이진우 옮김(개정판), 『덕의 상실』, 문예출판사, 2021.

유발 하라리, 『사피엔스』, 김영사, 2015.

유발 하라리, 『호모 데우스. 미래의 역사』, 김영사, 2017.

이진우, 『테크노 인문학』, 책세상, 2013.

장-프랑수아 리오타르, 『포스트모던적 조건. 정보 사회에서의 지식의 위상』, 서광사, 1992.

플라톤, 박종현 역주, 『국가』, 서광사, 1997.

플라톤, 강철웅 옮김, 『소크라테스의 변명』, 21a, 이제이북스, 2014.

헨리 A. 키신저, 에릭 슈밋, 대니얼 허튼로커, 『AI 이후의 세계』, 월북, 2023.

Aristoteles, *Metaphysik*, Übersetzung von Hermann Bonitz, Neu bearbeitet mit Einleitung und Kommentar hersg.v. Horst Seidl (Hamburg: Felix Meiner, 1982).

Aristotle, *Nicomachean Ethics*, in *The Complete Works of Aristotle*, edited by Jonathan Barnes, Vol.2 (Princeton: Princeton University Press, 1984).

Atkinson, R.C. and R.M. Shiffrin, "Human Memory: A Proposed System And Its Control Processes", *Psychology of Learning and Motivation*, Vol.2, pp.89~195.

Borgmann, Albert, *Holding On to Reality: The Nature of Information at the Turn of the Millennium* (Chicago: University of Chicago Press, 1999).

Brodie, Sarah, *Ethics with Aristotle* (New York/Oxford: Oxford University Press,

1991).

Bruner, Jerome, "Life as narrative", *Social Research*, 54(1987), pp.1~17.

Bruner, Jerome, *Actual minds, possible worlds* (Cambridge, MA: Harvard University Press, 1986).

Critchley, Simon, *Continental Philosophy. A Very Short Introduction* (Oxford/New York: Oxford University Press, 2001).

Eliot, T.S., *The Rock*(1934) (New York: Harcourt, 2014).

Gadamer, Hans-Georg, "Praktisches Wissen(1930)", in Gesammelte Werke, Bd. 5 (Tübingen: Mohr, 1985).

Gates, Bill, "The Age of AI has begun. Artificial intelligence is as revolutionary as mobile phones and the Internet", *GatesNotes. The Blog of Bill Gates*, March 21, 2023.

Glück, Judith & Susan Bluck, "The MORE Life Experience Model: A Theory of the Development of Personal Wisdom, inIn: M. Ferrari, N. Weststrate(eds.), *The Scientific Study of Personal Wisdom. From Contemplative Traditions to Neuroscience* (Heidelberg, New York, London: Springer, 2013), pp.75~97.

Godlovitch, Stanley, "On Wisdom," *Canadian Journal of Philosophy*, 11(1), (1981): 137-55, reprinted in Chrisтtina Hoff Sommers and Fred Sommers(eds.), *Vice and Virtue in Everyday Life*, 2nd ed. (San Diego: Harcourt Brace Jovanovich, 1989), p.279.

Kekes, J., "Wisdom," *American Philosophical Quarterly*, 20(3), 1983, pp.277~286.

Kissinger, Henry, Eric Schmidt and Daniel Huttenlocher, "ChatGPT Herald an Intellectual Revolution", *The Wall Street Journal*, February 26, 2023.

Kurzweil, Ray, *How To Create A Mind. The Secret of Human Thought Revealed* (London: Viking, 2012).

Lucky, Robert W., *Silicon Dreams: Information, Man, and Machine* (New York: St. Martin's Press, 1989) pp.20~21.

MacIntyre, Alasdair, *After Virtue*, Third Edition (Notrte Dame: University Notre Dame Press, 2007).

332

Maurer, Reinhart, *Platons 'Staat' Und Die Demokratie* (Berlin: de Gruyter, 1970).

Maxwell, Nicholas, "Can Humanity Learn to become Civilized? The Crisis of Science without Civilization, *Journal of Applied Philosophy*, 17(2000), pp.29~44.

Maxwell, Nicholas, "How Universites Have Betrayed Reason and Humanity—And Whta's to Be Done About It", *Frontiers in Sustainability*, Vol.2, Article 631631, April 2021.

Maxwell, Nicholas, *From Knowledge to Wisdom. A Revolution for Science and the Humanities* (London: Pentire Press, 2007).

Müller, Anselm W., *Produktion oder Praxis? Philosphie des Handelns am Beispiel der Erziehung* (Heusenstamm: ontos, 2008).

Nozick, Robert, "What is Wisdom and Why Do Philosophers Love it So?" in *The Examined Life* (New York: Touchstone Press, 1989), pp.267~278.

OECD, *Supporting Investment in Knowledge Capital, Growth and Innovation*, OECD Publishing, 2013.

Pangle, Lorraine Smith, *Virtue is Knowledge: The Moral Foundations of Socratic Political Philosophy* (Chicago/London: University of Chicago Press, 2014).

Platon, *Euthydemos*, in *Sämtliche Werke*, Bd.1 (Reinbek bei Hamburg: Rowohlt, 1994).

Platon, *Menon*, in *Sämtliche Werke*, Bd.1 (Reinbek bei Hamburg: Rowohlt, 1994).

Platon, *Phaidon*, in *Sämtliche Werke*, Bd. 2 (Reinbek bei Hamburg: Rowohlt, 1994).

Platon, *Politeia*, 473c~d, in *Sämtliche Werke*, Bd. 2 (Reinbek bei Hamburg: Rowohlt, 1994).

Platon, *Protagoras*, in *Sämtliche Werke*, Bd. 1 (Reinbek bei Hamburg: Rowohlt, 1994).

Platon, *Protagoras, Sämtliche Werke,* Bd. 1 (Reinbek bei Hamburg: Rowohlt, 2004).

Reeve, C.D.C., "Introduction", in *Aristotle on Pracitical Wisdom. Nicomachean Ethics VI*, Translated with an Introduction, Analysis, and Commented by C.D.C. Reeve (Cambridge/London: Harvard University Press, 2013), pp.6~10.

Rowley, Jennifer, "The wisdom hierarchy: representations of the DIKW hierarchy", *Journal of Information and Communication Science*, Vol.33, Issue 2(2007), 163-180.

Ryan, Sharon, "What is Wisdom?" *Philosophical Studies*, 93(2), 1999, pp.119~139.

Ryan, Ryan, "Wisdom", *Stanford Encylopedia of Philosophy*, Fall 2017 Edition.

Schilling, David Russell, "Knowledge Doubling Every 12 Months, Soon to be Every 12 Hours", *industry tap into news*,April 19th, 2013.

Schofield, Malcolm, "Euboulia in the Iliad", *The Classical Quarterly*, Vol. 36 (1986), pp.6~31.

Simanowski, Roberto, *Data Love* (Berlin: Matthes & Seitz, 2014).

Strauss, Leo, "An Introduction to Heideggerian Existentialism," in *The Rebirth of Classical Political Rationalism: An Introduction to the Thought of Leo Strauss* (Chicago: University of Chicago Press, 1989), pp.27~46.

Strauss, Leo, "Existentialism", *interpretation*, Spring 1995, Vol. 22, No. 3, pp.303~320.

Strauss, Leo, *Natural Right and History* (Chicago: University of Chicago Press, 1999).

Sucharitha, G., A. Matta, K. Dwarakamai, B. Tannmayee, "Theory and Implications of Information Processing", In: S.N. Mohanty (eds), *Emotion and Information Processing* (Springer, 2020), pp.39~54.

Tiberius, Valerie, *The Reflective Life. Living Wisely With Our Limits* (Oxford/New York: Oxford University Press, 2010).

Van Meter, Heather J.,"Revising the DIKW Pyramid and the Real Relationship Between Data, Information, Knowledge, and Wisdom", *Law, Technology and Humans*, Vol.2 (2020), pp.69~80.

Whitcomb, Dennis, "Wisdom," in Sven Bernecker and Duncan Pritchard(eds.),

Routledge Companion to Epistemology (London: Routledge, 2010).

Zins, Chaim, "Conceptual Approaches for Defining Data, Information, and Knowledge", *Journal of the American Society for Information Science and Technology.* 58 (4), 2007, pp.479~493.

지혜의 심리학

권석만(서울대학교 심리학과 명예교수)

◆   ◆   ◆

지혜는 딜레마, 즉 난제를 해결하는 심리적 능력으로서 동서고금을 막론하고 가장 중요한 덕목으로 여겨지고 있다. 20세기 후반부터 심리학자들은 지혜에 대한 실증적인 연구를 진행하고 있다. 지혜는 여러 유형으로 구분될 수 있지만 심리학자들은 전반적 지혜와 개인적 지혜의 구분에 동의하고 있다. 전반적 지혜는 인생 전반의 문제에 대해서 다른 사람에게 현명한 조언을 해주는 능력을 의미하며, 개인적 지혜는 개인이 자신의 삶을 원만하게 경영하는 능력을 뜻한다. 전반적 지혜를 설명하는 대표적 이론으로는 베를린 지혜 패러다임, 지혜의 균형 이론, 인지발달 이론이 있으며, 개인적 지혜를 설명하는 대표적 이론으로는 지혜의 3차원 모델, 균형적 통합 모델, 자기초월 지혜 이론, 브레멘 지혜 패러다임이 있다.

실증적 연구에 따르면, 지혜는 인생 경험을 바탕으로 발달하지만 나이와 함께 증가하는 것은 아니다. 지혜 수준이 높을수록 행복도가 높지만, 행복도가 높다고 해서 지혜 수준도 높은 것은 아니다. 지혜의 발달은 인지발달에 근거하고 있으며 정서발달이 수반되어야 잘 발휘될 수 있다. 또한 지혜는 부정적인 경험을 성찰하는 과정에서 발달하며 도덕성과 종교성의 발달과 함께 더욱 깊어진다.

불교는 실존적 문제를 해결하는 초월적 지혜를 추구하지만, 심리학은 현실적 문제를 해결하는 세속적 지혜를 탐구한다. 행복한 삶을 위해서는 세속적 지혜와 초월적 지혜의 조화가 중요하다. 여러 가지 지구적 위기에 직면하고 있는 21세기에는 개인의 행복과 인류의 생존을 위해서 지혜 연구와 지혜 교육이 절실히 필요하다.

---

1. 지혜에 대한 심리학자의 관심

삶은 매 순간 다가오는 문제를 해결하는 과정이다. 다양한 삶의 문제에 어떻게 대처하느냐에 따라 행복과 불행이 결정된다. 인간이 직면하는 문제에는 대처하기 쉬운 단순한 문제도 있지만, 해결하기 어려운 복잡한 문제도 많다. 특히 여러 요인이 복잡하게 얽혀 있거나 여러 사람의 이해관계가 첨예하게 얽힌 문제는 해결하기가 쉽지 않다. 이처럼 이러지도 저러지도 못하는 딜레마 상황에서 우리는 난처해하며 고민하게 된다.

삶에서 부딪히는 문제를 이해하고 해결하는 능력은 사람마다 다르다. 일반인이 잘 대처하지 못하는 어려운 문제를 탁월하게 잘 해결하거나 문제에 처한 사람에게 효과적인 대처방안을 제시해 주는 능력을 지닌 특별한 사람들이 있다. 우리는 이러한 사람들을 '지혜로운 사람'이라고 지칭한다. 지혜(智慧, wisdom)는 딜레마, 즉 난제難題를 해결하는 심리적 능력으로서 동서고금을 막론하고 가장 중요한 덕목으로 여겨지고 있다.

1) 심리학자가 지혜를 연구하는 이유

지혜는 철학과 종교의 주제였다. 지혜는 복잡한 인생사를 종합적으로 바라보는 철학적 안목과 종교적 통찰이 필수적인 인격적 덕목으로 여겨졌기 때문이다. 지혜는 20세기 중반까지 심리학자의 관심을 끌지 못했다. 경험과학인 현대 심리학은 지혜와 같이 정의하기 어려운 모호한 심리적 특성을 연구 대상으로 여기지 않았다.

지혜에 관해서 최초로 언급한 심리학자는 미국의 심리학자인 스탠리 홀(Stanley Hall)로 알려져 있다. 그는 1922년에 발표한 책[1]에서 지혜를 성인기 후기에 나타나는 심리적 특성으로서 인생에 대한 깊은 이해와 통찰, 명상적 평온, 공정성, 도덕 지향성의 복합체라고 주장했다. 또한 그는 지혜를 인간발달의 이상적인 목표이자 종착점으로 여겼다.

정신분석학자인 에릭 에릭슨(Eric Erickson)도 지혜를 노년기의 주된 발달과제로 여겼다. 그는 개인이 인생의 발달단계마다 직면하는 심리적 과제와 그 대처 결과로 나타나는 심리적 특성을 제시하는 인간발달의 심리사회적 이론을 제시했다. 에릭슨[2]에 따르면, 지혜는 인생 후기의 성숙과 심리적 발달을 이해하는 데 중요한 개념으로서 노화의 긍정적 결과물이다. 인생의 마지막 단계에서 부딪히는 과제들을 잘 해결한 결과로 자아통합을 이루게 되는데, 이로 인해서 나타나는 절정의 덕목이 바로 지혜다. 지혜로운 사람은 현실적인 삶의 문제에

---

1 Hall, G. S. (1922). *Senescence: The last half of life*. Appleton.

2 Erikson, E. H. (1959). *Identity and the life cycle*. International University Press.

대한 경험과 해결 능력을 지닐 뿐만 아니라 초월적인 개인적 자질과 사회적 지식을 지닌 사람이다. 그러나 에릭슨은 지혜를 구체적으로 정의하거나 실증적인 연구를 시행하지 않았다.

지혜에 대한 실증적인 연구가 시작된 것은 1970년대부터다.[3] 지혜에 대한 초기 연구는 ①지혜에 대한 일반인들의 생각, ②지혜의 정의와 측정도구의 개발, ③지혜의 발달 과정, ④지혜의 상황적 유연성, ⑤지혜에 관한 심리학적 지식의 활용에 초점을 맞추었다. 1980년대에는 지혜에 관한 28편의 심리학 논문이 발표되었는데, 대부분 일반인이 지혜에 대해서 어떤 생각을 하는지에 관한 것이었다. 1990년에야 비로소 지혜에 관한 공식적인 정의와 측정도구를 보고하는 논문이 발표되었다. 1990년대에 73편의 논문이 발표되었고, 2000년대에 375편의 논문이, 그리고 2010년대에는 720편의 논문이 발표되었으며 21세기에 접어들면서 지혜에 대한 심리학 연구가 급증하였다.[4]

이처럼 심리학자들이 지혜의 연구에 깊은 관심을 기울이게 된 두 가지의 배경이 있다. 그 하나는 성공적 노화에 대한 현대인의 관심과 관련되어 있다.[5] 현대인의 수명이 연장되면서 노년기의 삶

3 Clayton, V. P. (1975). Erikson's theory of human development as it applies to the aged: Wisdom as contradictory cognition. *Human Development, 18*, 119-128.

4 Grossmann, I., Weststrate, N. M., et al. (2020). The science of wisdom in a polarized world: Knowns and unknowns. *Psychological Inquiry, 31*(2), 103-133.

5 Csikszentmihalyi, M., & Rathunde, K. (1990). The psychology of wisdom: An evolutionary interpretation. In R. J. Sternberg (Ed.), *Wisdom: Its nature,*

또는 성공적 노화에 대한 관심이 증가했다. "나이를 먹으며 늘어나는
건 주름밖에 없다"는 말이 있지만, 심리학자들은 노년기에 발달하는
심리적 능력에 주목하기 시작했다. 노년기는 몸과 마음의 모든 기능이
쇠퇴하는 시기이지만, 노년기에 오히려 발달하는 심리적 기능은 없는
가? 노인의 강점은 무엇인가? 늙어감으로 인해서 긍정적으로 변화하
거나 성장하는 것은 무엇인가? 이러한 물음에 대해서 지혜는 노인들이
지니는 강점의 유력한 후보로 여겨졌다. 지혜로운 사람의 일반적인
이미지는 산전수전을 겪은 노인의 모습이다. 과연 노인은 젊은이보다
지혜로운가? 노인은 젊은이보다 인생의 복잡한 문제를 해결하는
능력이 우수한가? 그렇다면 노인이 젊은이보다 지혜로운 이유는
무엇인가? 이러한 물음에 답하려는 학문적 시도로 지혜에 대한 실증적
연구가 시작되었다.

　심리학자들이 지혜에 관심을 기울이는 또 다른 배경은 긍정심리학
의 발전이다. 긍정심리학(positive psychology)은 인간의 긍정적인 심
리적 측면을 과학적으로 연구하고 인간의 행복과 성장을 지원하는
심리학 분야로서 1990년대 후반에 태동되었다. 긍정심리학은 20세기
의 심리학이 심리적 결함, 부적응 행동, 정신장애와 같이 인간의
어두운 측면에만 관심을 기울여 왔다는 반성 속에서 시작되었다.
1996년에 미국의 임상심리학자인 마틴 셀리그만(Martin Seligman)을
비롯한 일군의 심리학자들은 심리학이 인간의 긍정적 변화와 성장을
돕는 학문이 되어야 한다는 확신 속에서 긍정심리학이라는 새로운

origins, and development (pp.25~51). Cambridge University Press.

340

분야를 제시하였다. 이들은 긍정심리학을 '인간이 나다낼 수 있는 최선의 기능 상태에 대한 과학적 연구'라고 정의하였다.[6]

긍정심리학은 인간의 긍정적 성품과 덕목을 연구하고 육성하는 일에 깊은 관심을 지닌다. 삶을 풍요롭고 행복하게 만드는 개인의 성격적 강점과 덕목에는 어떤 것들이 있는가? 혹독한 고난과 난관을 극복하고 성공적인 삶을 쟁취한 사람들은 어떤 심리적 특성을 지니는가? 탁월한 성취와 인격적 성숙을 이룬 사람들의 특성은 무엇인가? 이러한 물음에 답하기 위해 2004년에 피터슨과 셀리그만은 인간의 긍정적 성품에 대한 분류체계를 제시했다. 동서고금의 다양한 문화에서 공통적으로 긍정적 성품이라고 여겨지는 덕목들을 조사하고 10가지 기준에 근거하여 6개의 핵심 덕목을 추출했다. 6개의 핵심 덕목은 지혜(wisdom), 인간애(humanity), 용기(courage), 절제(temperance), 정의(justice), 초월(transcendence)이다. 이들은 6개의 핵심 덕목과 그 하위요소인 24개의 강점으로 구성된 〈성격강점과 덕목에 대한 VIA 분류체계(VIA Classification of Character Strengths and Virtues)〉를 제시했다. 특히 지혜는 가장 중요한 덕목, 즉 덕목의 왕으로 여겨지고 있으며 그 심리적 실체에 대해서 많은 심리학자의 관심을 끌게 되었다.

2) 지혜의 정의와 유형

지혜란 무엇인가? 네이버 국어사전[8]에 따르면, 지혜(智慧/知慧)는

6 권석만. 『긍정심리학: 행복의 과학적 탐구』, 2008, 학지사.

7 Peterson C., & Seligman, M. E. P. (2004). *Character strengths and virtues: A handbook and classification*. American Psychological Association.

"사물의 이치를 빨리 깨닫고 사물을 정확하게 처리하는 정신적 능력"이라고 정의되어 있다. 옥스퍼드 영어사전[9]에서는 지혜를 "삶과 행위와 관련된 문제에서 옳게 판단하는 능력; 수단과 목적의 선택에서 판단의 건전성"으로 정의하고 있다. 아메리칸 헤리티지 사전[10]에서는 "무엇이 진실이고, 올바르고, 지속되는지를 분별하거나 판단하는 능력; 상식, 좋은 판단"으로 정의하고 있다. 이러한 사전적 정의는 지혜의 속성을 구체적으로 파악하기에 너무 일반적이고 모호하다.

(1) 지혜에 대한 일반적 개념

지혜에 대한 개념은 사람마다 다를 뿐만 아니라 문화에 따라 다르다. 지혜에 관한 문헌을 조사한 연구[11]에 따르면, 지혜는 그리스, 히브리, 불교 전통에 따라 다르게 정의된다. 13명의 티베트 불교 승려를 대상으로 조사한 연구[12]에서 연구자들은 지혜를 '불교적 관념에 대한 이해'로

---

8 네이버 국어사전: https://ko.dict.naver.com/#/entry/koko/161bd22 e51954d7 c8d4d67c517ba904b

9 Oxford English Dictionary: https://www.oed.com/search/dictionary/?scope =Entries&q=wisdom

10 American Heritage Dictionary of The English Language: https://www.ahdic tionary.com/word/search.html?q=wisdom

11 Clayton, V. P., & Birren, J. E. (1980). The development of wisdom across the life span: a reexamination of an ancient topic. In P. B. Baltes & J. O. G. Brim (Eds.), *Life-span development and behavior* (pp.103~135). Academic.

12 Levitt, H. M. (1999). The development of wisdom: An analysis of Tibetan Buddhist experience. *Journal of Humanistic Psychology, 39*, 86-105.

정의했다. 다른 연구[13]에서는 미국, 호주, 인도, 일본에 거주하는 사람들의 지혜 개념을 비교했다. 미국인과 호주인들은 지혜를 '경험 많은', '지식이 많은'과 같은 특성에 가장 가까운 것으로 평정한 반면, '사리분별 있는'과 같은 특성과는 거리가 먼 것으로 평정했다. 이와 달리, 인도인과 일본인들은 지혜를 '사리분별 있는', '나이든', '경험 많은'의 속성에 가까운 것으로 평정했고 '지식이 많은'의 속성은 지혜와 가장 거리가 먼 것으로 평정했다. 이처럼 지혜의 개념은 시대와 문화의 배경에 의해서 영향을 받는다. 따라서 지혜는 문화적 맥락 안에서 이해되어야 하며, 지혜라는 용어가 사용되는 문화적 맥락의 고려 없이는 지혜 개념을 충분히 이해할 수 없다.

중국의 난징대학교 교수인 왕진동王震東과 동료들[14]은 지혜의 개념이 중국문화와 서양문화에서 어떻게 다른지를 분석했다. 이들에 따르면, 중국과 서양 모두에서 지혜는 지능과 미덕의 구성요소를 포함한다. 서양에서는 지혜의 개념에서 인지와 지식의 역할이 중요한 반면, 중국에서는 미덕의 측면이 강조되고 있다. 중국과 서양은 모두 현실적 삶의 문제를 해결하기 위해서 지혜를 중요하게 여긴다. 그러나 서양에서는 물질적인 세계에서의 현실적 문제, 즉 환경을 이해하고 변화시킴으로써 사람과 세상 간의 갈등을 해소하는 데 초점을 맞추는 반면,

---

13 Takahashi, M., & Bordia, P. (2000). The concept of wisdom: a cross-cultural comparison. *International Journal of Psychology, 35*, 1-9.

14 Wang, Z., Wang, Y., Li, K., Shi, J., & Wang F. (2022). The comparison of the wisdom view in Chinese and Western cultures. *Current Psychology, 41*, 8032-8043.

중국에서는 내면적인 영적 문제, 즉 개인 내면의 모순과 갈등을 해결함으로써 인격을 함양하는 데 초점을 맞추고 있다. 아울러 중국과 서양 모두 다면적 사고방식을 강조하고 있다. 서양에는 논리적, 분석적, 합리적 사고방식을 중시하는 반면, 중국에서는 변증법적, 총체적, 직관적 사고방식을 중시하는 경향이 있다.

일반인들은 어떤 사람을 지혜롭다고 여기는 것일까? 한 연구[15]에서는 미국과 캐나다에 거주하는 대학생 798명과 성인 351명을 대상으로 지혜로운 사람을 열거하라(가족이나 주변 사람은 제외하고 잘 알려진 사람 중에서)고 했을 때, 가장 지혜로운 사람으로 열거된 15명은 ① 간디, ② 공자, ③ 예수, ④ 마틴 루터 킹, ⑤ 소크라테스, ⑥ 테레사 수녀, ⑦ 솔로몬, ⑧ 석가모니, ⑨ 교황, ⑩ 오프라 윈프리, ⑪ 처칠, ⑫ 달라이 라마, ⑬ 앤 랜더스(미국의 유명한 상담가), ⑭ 넬슨 만델라, ⑮ 엘리자베스 여왕의 순으로 나타났다. 참가자들은 종교적·정신적 지도자이거나 평화적이고 박애적 방법으로 세상을 변화시킨 사람들을 지혜롭다고 여기는 동시에 나이가 많은 사람을 지혜로운 사람으로 여기는 경향이 있었다. 또한 참가자들은 지혜가 성별과 관련된다고 생각하지 않았지만 실제로 지혜로운 사람으로 지명된 다수가 남자였다. 다른 연구[16]에서 여자들은 지혜로운 사람으로 주로 가족구성원을 지명하는

---

15 Paulhus, D. L., Wehr, P., Harms, P. D., & Strasser, D. I. (2002). Use of exemplar surveys to reveal implicit types of intelligence. *Personality and Social Psychology Bulletin, 28,* 1051-1062.

16 Sowarka, D. (1989). Wisdom and wise persons: common-sense views from elderly people. *Zeitschrift für Entwicklungspsychologie und Pädagogische*

반면, 남자들은 직업 분야에서 접하는 사람들을 지명하는 경향이 있있다.

한국인을 대상으로 한 연구[17]에서는 성인 386명(남자 153명, 여자 232명: 청년 319명, 중·노년 66명)에게 자신이 잘 아는 사람 중에서 가장 지혜롭다고 생각하는 사람을 떠올리라고 요청했다. 그 결과, 청년집단은 지혜로운 사람으로 부모를 지명하는 경우가 가장 많았고 다음으로 스승, 친구, 동료의 순서로 지명했으며 남자와 여자가 비슷한 양상을 보였다. 그러나 중년집단은 성별에서 뚜렷한 차이를 보였는데, 남자는 친구와 동료, 선후배, 상사와 같이 직업과 관련된 사람을 많이 지명한 반면, 여자는 부모를 지명하는 경우가 가장 많았다.

(2) 지혜의 조작적 정의

심리학자들은, 철학자나 종교인과 달리, 지혜를 과학적으로 탐구한다. 과학적 탐구란 개인적인 주관적 견해를 주장하는 것이 아니라 누구나 확인 가능한 실증적인 자료에 근거하여 객관적인 사실을 밝혀내는 것이다. 과학적 탐구의 핵심적 특징은 연구의 반복 검증이 가능해야 한다는 점이다. 특정한 결과가 도출된 연구 방법과 과정을 명확하게 밝힘으로써 제3자가 같은 방법으로 연구할 경우에 동일한 결과가 도출될 수 있어야 한다.

지혜라는 용어는 구체적으로 정의하여 실증적인 연구를 하기가

Psychologie, 21, 87-109.

17 김민희, 「한국인의 지혜 개념 탐색과 중·노년기 삶에서 지혜의 의미」, 서울대학교 박사학위 논문, 2008.

어렵다. 사람마다 지혜에 대한 견해가 다르기 때문에 모든 사람이 동의하는 지혜의 정의를 도출하기는 불가능하다. 이런 경우에, 심리학자들은 연구대상에 대한 조작적 정의(operational definition)를 제시하고 그에 근거하여 연구대상을 평가할 수 있는 측정도구를 개발하고 실증적 자료를 수집하여 연구를 진행한다.

현대의 심리학자들은 지혜가 ①지능(intelligence)과는 다른 것으로서, ②뛰어난 수준의 지식과 판단 및 조언 능력을 의미하며, ③인생의 의미는 무엇이며 어떻게 살아야 하는가 하는 어렵고도 중요한 물음에 대해서 현명한 대답을 지니게 하고, ④자신 또는 다른 사람의 행복을 위해 유익하게 활용될 수 있는 덕목이라는 점에서 대부분 동의하고 있다.[18] 그러나 연구자마다 지혜에 대한 정의에 차이가 있다. 대표적인 연구자들이 제시한 지혜의 정의를 몇 가지 소개하면 다음과 같다.

- 모순적이고 역설적이며 지속적으로 변화하는 것으로 여겨지는 인간의 속성을 파악하는 능력[19]
- 인생사의 복잡하고 불확실한 문제에 대한 탁월한 통찰, 판단, 조언을 하도록 만드는 삶의 근본적인 운용술에 대한 전문적인 지식체계[20]

18 Peterson C., & Seligman, M. E. P. (2004). Ibid.

19 Clayton, V. P. (1982). Wisdom and intelligence: The nature and function of knowledge in the later years. *International Journal of Aging and Development, 15,* 315-323.

20 Baltes, P. B., & Smith, J. (1990). Toward a psychology of wisdom and its ontogenesis. In R. J. Sternberg (Ed.), *Wisdom: Its nature, origins, and*

- 고도의 인지능력, 삶에 대한 성찰적 태도, 인간에 대한 자비의 세 가지 요소를 통합하는 성격특성[21]

- 서로 연결된 5가지 요인(비판적 경험, 정서 조절, 성찰적 태도, 개방성, 유머)의 다차원적 융합체[22]

- 자신과 인생의 핵심적인 실존적 주제에 대한 깊고 정확한 통찰과 이해를 의미할 뿐만 아니라 노련한 호의적인 반응성[23]

- 여러 가지 구성요소(사회적 의사결정, 정서 조절, 친사회적 행동, 자기성찰, 불확실성의 수용, 결단성, 영성)로 이루어진 복합적인 인격적 특질[24]

- 외적이고 객관적이며 논리적인 로고스(logos)와 내적이고 주관적이며 유기체적인 미토스(mythos)의 균형[25]

- 인생 과제와 문제에 대한 반응으로 인간 능력의 정서적, 능동적,

development (pp.87~120). Cambridge University Press.

21 Ardelt, M. (2003). Empirical assessment of a Three-Dimensional Wisdom Scale. *Research on Aging, 25(3)*, 275-324.

22 Webster, J. D. (2003). An exploratory analysis of a self-assessed wisdom scale. *Journal of Adult Development, 10*(1), 13-22.

23 Walsh, R. (2015). What is wisdom? Cross-cultural and cross-disciplinary syntheses. *Review of General Psychology, 19*(3), 278-293.

24 Jeste, D. V., & Lee, E. E. (2019). The emerging empirical science of wisdom: Defintion, measurement, neurobiology, longevity, and interventions. *Harvard Review of Psychiatry, 27*(3), 127-140.

25 Labouvie-Vief, G. (1990). Wisdom as integrated thought: historical and developmental perspectives. In R. J. Sternberg (Ed.), *Wisdom: Its nature, origins, and development* (pp.52~83). Cambridge University Press.

인지적 측면의 통합체로서 강렬한 정서와 초연함, 행동과 행동하지 않음, 지식과 의심과 같이 반대되는 가치 사이의 균형을 이루는 것[26]

- 인지적, 정신적-종교적, 도덕적-윤리적, 관계적-사회적 요소의 균형적 통합을 통해서 삶의 장면에서 드러나는 문제해결 역량[27]

이처럼 지혜에 대한 정의와 측정도구의 차이로 인해서 지혜에 관한 일관성 있는 연구결과가 도출되지 못했다. 이러한 문제를 해결하기 위해서 일군의 지혜 연구자들은 2019년에 '지혜의 공통 모델'에 합의했다. 이 모델에 따르면, 지혜는 '다른 사람들에게 영향을 미칠 수 있는 여러 문제 상황에서 도덕에 기반하여 추론하고 문제를 해결하는 능력'이다.[28] [29] 이 모델에 따르면, 지혜로운 사람은 다양한 관점을 고려하고, 여러 관점의 균형을 취하며, 반대 의견을 통합하고, 반성과 성찰을 하며, 자신의 문제 해결책을 각각의 특수한 문제의 맥락에 적용하고, 지적인 겸손함을 보인다. 중요한 것은 이러한 지혜의 인지적 특성은 도덕성 추구에 기반하고 있다는 점이다. 지혜로운 사람의

26 Birren, J. E., & Fisher, L. M. (1990). The elements of wisdom: Overview and integration. In R. J. Sternberg (Ed.), *Wisdom: Its nature, origins, and development* (pp.317~332). Cambridge University Press.

27 김민희(2008), 위의 책.

28 Grossmann, I., Weststrate, N. M., et al. (2020). Ibid.

29 Jeste, D. V., Ardelt, M., Blazer, D., Kraemer, H. C., Valillant, G., & Meeks, T. W. (2010). Expert consensus on characteristics of wisdom: A Delphi method study. *The Gerontologist. 50*(5), 668-680.

348

사고와 결정은 자기 이익과 타인 이익의 균형을 취하고, 진실을 추구하며, 내집단과 외집단 구성원에 대한 공정한 인류애에 근거하고 있다.

(3) 지혜의 유형

사람마다 삶의 문제를 이해하고 해결하는 지혜의 정도는 다르다. 또한 사람마다 지혜를 발휘하는 문제영역도 다르다. 현대사회와 같이 지식과 기술이 전문화되고 분업화된 시대에는 한 사람이 모든 영역의 문제를 해결하는 지혜를 갖기 어렵다. 과거에는 세상의 모든 것에 대한 해박한 지식을 지닌 사람을 '박사博士'라고 지칭했지만, 현대사회에서 박사는 자신이 전공영역에 대해서 제한된 전문지식과 해결책을 지닐 뿐 다른 문제영역에 대해서는 무지한 경우가 대부분이다.

인간이 해결하고자 하는 문제의 영역에 따라 지혜는 다양한 유형으로 구분될 수 있다. 인간의 고통과 실존적 문제를 해결하고 고통으로부터 해방되는 구원의 길을 제시하는 종교적 또는 영적 지혜가 있으며 그러한 지혜의 대표적 인물은 석가모니, 예수, 무함마드 등이 있다. 인간사회의 정치·경제·사회적 갈등을 도덕성에 기반하여 해결하는 사회과학적 지혜도 있으며 대표적 인물로는 마하트마 간디, 만델라, 마틴 루터킹 등이 있다. 프로이트나 융과 같이 개인의 심리적 고통과 인간관계의 갈등을 깊이 이해하고 해결하는 심리치유적 지혜를 지닌 사람도 있고, 아인슈타인과 같이 물리적 세계의 오묘한 이치를 이해하고 설명하는 자연과학적 지혜를 지닌 사람도 있다.

불교를 비롯한 동양종교에 조예가 깊은 자아초월심리학자인 로저 월쉬[30]는 지혜를 네 가지 유형, 즉 실용적, 직관적, 개념적, 초개념적 지혜로 구분했다. 실용적 지혜(practical wisdom)는 구체적인 삶의 문제를 해결하는 행동적 능력과 기술을 의미한다. 직관적 지혜(intuitive wisdom)는 삶에 대한 암묵적 지식에 근거한 것으로서, 지혜로운 할머니의 경우처럼 교육도 받지 못하고 자신의 앎을 체계적으로 설명할 능력도 갖추지 못했지만 어려운 삶의 문제에 대해서 현명한 조언을 할 수 있는 지혜를 뜻한다. 개념적 지혜(conceptual wisdom)는 삶에 대한 통찰과 개념적 이해를 모두 갖춘 경우를 뜻하며, 언어로 지혜를 표현할 수 있는 능력을 지닌 철학자나 현자의 경우에 해당한다. 마지막으로, 초개념적 지혜(transconceptual wisdom)는 명상적 수행 전통에서 추구하는 지혜로서 자기와 현실에 대한 근본적인 변형적 통찰을 의미한다. 이러한 통찰은 개념과 논리를 넘어서는 초월적 지혜라고 할 수 있다.

스턴버그[31]는 지혜의 깊이와 넓이에 따라 네 가지 유형으로 구분했다. 첫째는 전반적 영역의 깊은 지혜(deep domain-general wisdom)로서 여러 영역의 복잡한 문제에 대해서 깊고 넓게 사유하고 매우 통찰력 있는 해결책을 제시할 수 있는 능력을 말한다. 대다수 사람이 가장 먼저 떠올리는 지혜의 개념이다. 둘째는 전반적 영역의 얕은 지혜(shallow domain-general wisdom)이며 여러 영역의 문제에 대해서 어느 정도의 이해력은 있지만 피상적인 조언을 제시하는 경우를 뜻한다.

---

30 Walsh, R. (2015). Ibid.

31 Sternberg, R. J. (2019). Four ways to conceive of wisdom: Wisdom as a function of person, situation, person/situation interaction, or action. *The Journal of Value Inquiry, 53*, 479-485.

350

셋째는 특수한 영역의 깊은 지혜(deep domain-specific wisdom)로서 한 영역의 복잡한 문제에 대해서 깊은 생각과 통찰력 있는 조언을 제시할 수 있는 능력을 의미한다. 예컨대, 직업과 관련된 문제는 지혜롭게 잘 해결하는 사람이 가정생활과 대인관계를 비롯한 다른 삶의 영역에서는 엉망일 수 있다. 넷째는 특수한 영역의 얕은 지혜 (shallow domain-specific wisdom)이며 하나의 영역 내에서 피상적 수준의 이해력과 조언 능력을 지닌 경우를 말한다.

현재 대다수의 지혜 연구자가 가장 널리 받아들이는 지혜의 유형은 개인적 지혜와 전반적 지혜의 구분이다.[32] 개인적 지혜(personal wisdom)는 개인이 자기 자신과 자신의 삶에 대해서 지니는 통찰력과 문제해결 능력을 뜻하는 반면, 전반적 지혜(general wisdom)는 관찰자의 관점에서, 즉 자신이 관여되지 않은 상황에서 바라보는 삶 전반과 타인의 문제에 대한 통찰력과 문제해결 능력을 의미한다. 개인적 지혜와 전반적 지혜는 연결되어 있지만 각자의 독특성을 지닌다. 예컨대, 다른 사람의 문제에는 지혜로운 조언을 할 수 있지만, 정작 자신의 문제는 잘 해결하지 못하는 사람이 드물지 않다. 삶 전반에 대한 이해와 문제해결 능력이 탁월해서 많은 사람이 조언을 구하는 지혜로운 사람이 반드시 자신의 삶에서도 지혜로운 것은 아니다. 바둑의 경우, "훈수꾼이 여덟 수 더 본다"는 속담이 있다. 바둑의 관전자는 냉정한 시각으로 국면을 보기 때문에 대국자가 미처 깨닫지

32 Staudinger, U. M., & Glück, J. (2011). Psychological wisdom research: Commonalities and difference in a growing field. *Annual Review of Psychology, 62*, 215-241.

못하는 여러 수를 보게 되며 보통 여덟 수 정도는 더 멀리 내다본다는 뜻이다. 심리학에서 이루어지는 지혜 연구는 크게 전반적 지혜 또는 개인적 지혜에 초점을 맞추는 연구로 구분할 수 있다.

2. 전반적 지혜에 대한 심리학 이론

현재 지혜 연구자들은 지혜의 여러 측면을 탐구하고 있다. 지혜는 어떤 심리적 구성요소로 이루어지는가? 지혜를 어떻게 측정할 것인가? 지혜로운 사람은 어떤 심리적 과정을 통해서 문제를 해결하는가? 지혜는 어떻게 발달하는가? 지혜는 어떤 긍정적 결과를 가져오는가? 이러한 물음에 답하기 위해서 지혜의 다양한 측면에 초점을 맞추는 많은 연구가 진행되고 있다.

지혜 연구자들은 자신의 관심사에 따라 다양한 방식으로 지혜를 정의하고 측정도구를 개발하여 사용하고 있다. 많은 연구가 다양한 방식으로 진행되고 있기 때문에 지혜 연구의 현황을 일목요연하게 소개하기 쉽지 않다. 이 글에서는 전반적 지혜와 개인적 지혜를 설명하는 주요한 심리학 이론을 중심으로 지혜의 연구 현황을 살펴볼 것이다.

전반적 지혜(general wisdom)는 인간과 세상 전반에 대한 깊은 이해의 바탕 위에서 다양한 문제 상황에 탁월한 해결책과 조언을 제시할 수 있는 능력을 의미한다. 스턴버그의 분류에 따르면, 전반적 영역의 깊은 지혜에 해당한다. 전반적 지혜는 여러 영역의 복잡한 문제에 대해서 깊고 넓게 사유하고 매우 통찰력 있는 해결책을 제시할 수 있는 능력을 말한다. 대다수의 사람은 다양한 문제를 해결할 수 있는 전반적 지혜를 지닌 사람을 지혜로운 사람으로 여긴다. 전반적 지혜를 설명하는 대표적인 이론으로는 베를린 지혜 패러다임, 스턴버그의 균형 이론, 라보비-비에프의 인지발달 이론이 있다.

1) 베를린 지혜 패러다임

전반적 지혜를 설명하는 가장 대표적인 이론은 파울 발테스(Paul Baltes)와 동료들[33][34][35]에 의해서 발전된 베를린 지혜 패러다임(Berlin wisdom paradigm)이다. 발테스는 노인발달에 깊은 관심을 지닌 독일의 심리학자로서 1980년대부터 지혜에 관한 연구를 시작했다. 그는 베를린에 있는 막스 프랑크 인간발달 연구소(Max Planck Institute for Human Development)를 중심으로 방대한 규모의 베를린 지혜 프로젝트를 진행하면서 지혜에 대한 과학적 연구에 크게 공헌했다. 발테스와 함께 베를린 지혜 프로젝트에 참여한 연구자들을 베를린 그룹이라고 지칭한다. 베를린 지혜 프로젝트의 목표는 전반적 지혜에 대한 통합적 이론을 제시하는 것이었으며 그 주된 결과물이 베를린 지혜 패러다임이다.

---

33 Baltes, P. B., & Smith, J. (1990). Ibid.

34 Baltes, P. B., & Staudinger, U. M. (1993). The search for a psychology of wisdom. *Current Directions in Psychological Science, 2*, 75-80.

35 Baltes, P. B., & Kunzmann, U. (2004). The two faces of wisdom: Wisdom as a general theory of knowledge and judgment about excellence in mind and virtue vs. wisdom as everyday realization in people and products. *Human Development, 47*(5), 290-299.

(1) 베를린 지혜 패러다임의 지혜 정의와 기준

베를린 그룹은 지혜를 중요하면서도 불확실한 삶의 문제들에 대한 훌륭한 판단과 조언 능력이라고 정의한다. 좀 더 이론적으로 정의하면, 지혜는 인생 설계, 인생 관리, 인생 회고와 같은 '근본적인 인생 경영(fundamental life pragmatics)'에서 발휘되는 전문적인 지식체계다. 이러한 전반적 지혜를 지닌 사람은 인간의 발달과 인생에 대한 비범한 통찰을 지니며 인생사의 복잡하고 불확실한 문제에 대한 탁월한 판단, 조언, 비평을 통해서 많은 사람에게 도움을 주는 긍정적인 기능을 제공한다.

베를린 그룹은 실증적인 연구결과에 근거하여 〈그림 1〉과 같이 전반적 지혜의 5가지 기준을 제시하고 있다.[36] 지혜의 첫 번째 기준은 인생 경영을 위한 풍부한 사실적 지식(factual knowledge)이다. 이는 인간의 본성, 행동, 발달 그리고 인생의 여정과 변화, 사회적 규범과 같은 다양한 주제에 대한 해박한 지식을 의미한다. 지혜로운 사람일수록 인간과 인생 그리고 사회의 규범에 대해서 더 넓고 깊은 사실적 지식을 지닌다.

두 번째 기준은 인생 경영에 대한 풍부한 절차적 지식(procedural knowledge)으로서, 의사결정과 문제해결을 위한 다양한 방법에 대한 풍부한 경험과 해박한 지식을 뜻한다. 지혜로운 사람은 방대한 사실적 지식을 지닐 뿐만 아니라 문제해결을 위한 절차에 대한 깊은 이해를 지니고 있다. 지혜로운 사람일수록 삶의 문제와 관련된 판단과 조언의

---

36 Baltes, P. B., & Smith, J. (2008). The fascination of wisdom: Its nature, ontogeny, and function. *Perspectives on Psychological Science, 3*(1), 56–64.

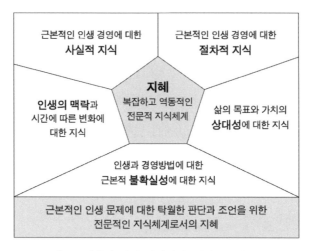

〈그림 1〉 베를린 지혜 패러다임: 지혜의 5가지 기준

전략에 대한 깊은 절차적 지식을 지니고 있어서 현재의 문제를 효과적
으로 해결하기 위해서 어떤 사람과 어떤 방식으로 논의하는 구체적인
절차가 필요한지를 잘 알고 있다. 사실적 지식과 절차적 지식은 모든
유형의 전반적 지혜의 특징적 요소들이며 지혜의 필수조건이지만
충분조건은 아니다.

　지혜의 세 번째 기준은 생애 맥락주의(lifespan contextualism)로서,
인생의 다양한 맥락을 자각하고 그것이 서로 어떻게 관련되어 있으며
전 생애를 통해서 어떻게 변화하는지를 이해하는 생애 맥락적 사고를
의미한다. 이러한 사고방식은 인생 단계마다 어떤 삶의 상황이 펼쳐지
고 그러한 상황들이 어떻게 서로 영향을 미치며 전 생애에 걸쳐서
어떻게 변화해 가는지에 대한 지식에 근거한다. 지혜로운 사람일수록
삶의 맥락(개인의 나이와 발달단계, 문제의 상황적 요인, 관련된 사람들
등)과 맥락의 시간적, 발달적 추이에 대한 지식을 지니고 있어서

사실적 지식과 절차적 지식을 삶의 맥락에 따라 달리 적용해야 한다는 점을 잘 인식하고 있다.

네 번째 기준은 상대주의(relativism)이며, 삶의 목표, 가치, 우선순위의 상대성에 대한 지식을 의미한다. 지혜로운 사람은 삶의 목표와 가치가 개인과 문화에 따라 다르다는 점을 인식하고 그러한 차이를 인정하는 상대주의적 사고를 지닌다. 지혜로운 사람일수록 절대적 가치와 목표를 고집하지 않는 유연성을 지니며 삶의 문제를 해결할 때 이러한 개인차와 문화차를 충분히 고려한다. 또한 지혜로운 사람은 상대주의적 사고를 통해서 자신과 다른 관점을 지닌 사람을 수용하고 존중하는 관용성을 지닌다.

지혜의 다섯 번째 기준은 불확실성의 인식과 관리(awareness and management of uncertainty)이며, 인생의 모든 것이 어느 정도의 불확실성을 내포하고 있으며 그럼에도 불구하고 결정을 내리며 살아가야 한다는 사실에 대한 이해를 의미한다. 지혜로운 사람일수록 인생에는 불확실성이 근본적으로 내재하고 있어서 어떤 결정의 효과나 예측이 어렵다는 점에 대한 깊은 이해와 지식을 지니고 있다.

마지막 세 가지의 기준, 즉 생애 맥락주의, 상대주의, 불확실성의 인식과 관리는 지혜와 관련된 지식에서만 발견되는 독특한 것이다. 이러한 지혜의 기준을 갖춘 사람은 지적 판단력과 긍정적 성품의 조화를 통해서 삶에서 직면하는 실제적 문제들을 효과적으로 해결한다. 그 결과, 지혜로운 사람들은 인생의 문제를 해결할 수 있는 전문적인 능력을 지니게 된다.

356

(2) 베를린 지혜 패러다임의 지혜 측정 방법

베를린 그룹은 실승적 연구를 수행하기 위해서 지혜의 개인차를 평가하는 독특한 측정 방법을 개발했다. 지혜 연구자들은 참여자에게 인생 계획, 인생 관리, 인생 회고에 관한 가설적인 문제 상황을 제시하고 어떻게 조언할 것인지를 생각하도록 요청한다. 20분간 생각할 시간을 준 후에, 조언에 대한 '생각을 소리 내어 말하기(think aloud)' 방법을 통해서 보고하도록 했다. 자발적으로 보고된 생각은 녹음을 통해 수집되고, 이후에 몇 가지 추가 질문을 통해서 참여자의 지식체계를 더 세밀히 조사한다. 참여자의 녹음된 보고 내용은 문장으로 전환되고, 별도의 훈련을 받은 다수의 평가자들이 지혜의 5가지 기준을 충족하는 증거를 찾아보고 내용을 채점한다.

베를린 지혜 패러다임에서는 연구 목적에 따라서 참여자에게 다양한 문제 상황의 과제가 제시된다. 참여자에게 제시되는 과제는 미래의 인생 설계, 현재의 인생 관리, 과거의 인생 회고로 구분된다. 문제 상황의 중심인물은 연구 목적에 따라 나이와 성별을 바꾸어 제시할 수 있다. 과제의 예를 소개하면 다음과 같다.

① 현재의 인생 관리와 관련된 과제의 예: Ⓐ절친한 친구가 전화를 해서 이렇게는 계속 살 수 없다고 호소하면서 자살을 결심했다고 말한다. 이러한 전화를 받은 사람은 무엇을 고려해야 하며 어떻게 해야 할까요? Ⓑ14세의 소녀가 임신을 했다. 이 소녀가 (그리고 다른 사람들이) 고려해야 할 점은 무엇이고, 또 해야 할 일은 무엇인가?

② 인생 설계와 관련된 과제의 예: 60세의 과부인 A씨는 최근에 경영학 학위를 받고 사업을 열었다. A씨는 그동안 이 새로운 도전을

고대해 왔다. 그런데 A씨의 아들이 혼자서 두 자녀를 돌봐야 하는 처지가 되었다는 소식을 방금 들려주었다. 그래서 A씨는 사업을 접고 이사를 가서 아들과 함께 살아야 할지, 아니면 아들의 자녀 양육비를 지원해 주어야 할지를 두고 고민 중이다. A씨는 자신의 미래를 설계하면서 무엇을 해야 하고 무엇을 고려해야 할까? 혹시 당신이 더 알고 싶은 정보는 없는가?

③ 인생 회고와 관련된 과제의 예: 나이가 지긋한 중년 여성인 B씨는 젊은 시절 직장생활을 하지 않고 그 대신 가정생활에 전념했다. 그녀의 장성한 자녀들은 몇 년 전에 고향을 떠났다. 그러던 어느 날, B씨는 오랫동안 만나지 못했던 친구를 만났다. 그 친구는 가정 대신에 직장에서 경력을 쌓은 친구였으며 몇 년 전에 퇴직했다. 이 친구와의 만남을 계기로, B씨는 자신의 인생을 되돌아보게 되었다. B씨는 과연 자신의 인생을 어떻게 회고할까? B씨는 자기 인생의 어떤 측면들을 살펴보게 될까? B씨는 자신의 인생을 어떻게 설명할 것이며 어떤 평가를 내리게 될까?

이러한 과제에 대한 참가자의 생각과 판단을 소리 내어 말하게 하고 그 응답을 녹음한다. 나중에 글로 옮겨진 응답 내용을 훈련된 평가자들이 지혜의 5가지 기준에 따라 7점 척도로 평정한다: ①사실적 지식(참여자가 파악하고 제공한 사실적 정보의 양과 내용), ②절차적 지식(해결책 도출 과정, 의사결정과 조언 방식에 대한 전략), ③생애 맥락주의(개인의 특성, 인생의 발달단계, 사회문화적 배경을 탐색하고 고려하는 정도), ④상대주의(삶의 가치와 목표에 대한 상대성과 우선순위를 인식하고 고려하는 정도), ⑤불확실성 고려(삶의 불확실성과 예측 불가능성 인식,

이익과 손실의 최적화 고려, 비상시의 대응책 제시 정도). 평가자들은 다양한 대상과 문제 상황에서 평가자들 간의 평정 점수가 일치되도록 충분한 훈련을 받는다. 연구에 따르면, 참여자의 반응 내용에 대한 평가자 간 상관계수는 0.8 수준으로 일치도가 높게 나타났다.

(3) 베를린 지혜 패러다임의 연구결과

베를린 지혜 패러다임을 통해서 지혜의 발달, 구조, 기능에 관한 여러 가지 사실이 밝혀졌다. 베를린 그룹의 연구결과를 요약하면 〈그림 2〉와 같다.[37] 지혜의 발달에는 환경 요인, 경험 요인, 개인 요인이 영향을 미친다. 환경 요인은 지혜의 발달을 촉진하는 교육적, 문화적, 종교적 환경을 의미한다. 경험 요인은 개인이 삶의 과정에서 겪은 나름대로의 인생 경험과 더불어 전문적인 훈련 경험을 포함한다. 개인 요인은 개인이 지닌 지능, 성격, 동기, 정서 조절 능력 등을

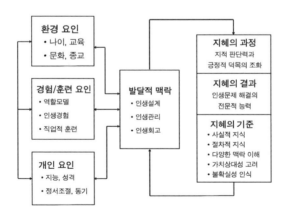

〈그림 2〉 지혜의 발달, 구조, 기능에 대한 베를린 지혜 패러다임

---

37 Baltes, P. B., & Smith, J. (2008). Ibid.

말한다. 이러한 세 유형의 요인들은 개인이 세상을 경험하는 방식을 결정하게 되며, 개인이 삶을 계획하고 관리하고 성찰함으로써 지혜 관련 지식을 발달시키는 데 영향을 미치게 된다.

베를린 그룹은 생애발달의 관점에서 지혜의 발달과 관련하여 중요한 특징들을 제시하고 있다. 첫째, 지혜는 다른 전문지식과 마찬가지로 장기간에 걸친 강도 높은 학습과 훈련을 통해 습득된다. 둘째, 지혜는 다른 긍정적인 특성과 달리 지성과 미덕의 조화를 포함하기 때문에 이를 개발하려면 지적인 능력뿐만 아니라 멘토의 도움, 중요한 인생문제의 해결, 새로운 경험에 대한 개방성, 봉사와 관용과 같은 다양한 요인이 필요하다. 셋째, 지혜에 이르는 길은 하나가 아니라 다양하다. 이는 지혜를 촉진하는 요인과 과정의 서로 다른 조합을 통해서 비슷한 수준의 지혜를 성취할 수 있음을 의미한다.

베를린 그룹이 지난 30여 년간 수행한 연구의 결과에 따르면, 지혜 관련 지식은 청소년기와 청년기에 급격하게 증가하며 성인기 동안에는 대부분의 경우 더 이상 증가하지 않는다.[38] 이러한 결과는 연령의 증가보다는 지혜와 관련된 지식을 습득하는 인생 경험이 중요함을 의미한다. 발테스와 동료들[39]은 지혜 관련 지식의 습득을 촉진하는

---

38 Pasupathi, M., Staudinger, U. M., & Baltes, P. B. (2001). Seeds of wisdom: Adolescents' knowledge and judgment about difficult life problems. Developmental Psychology, 37, 351-361.

39 Staudinger, U. M., Smith, J., & Baltes, P. B. (1992). Wisdom-related knowledge in a life review task: Age differences and the role of professional specialization. Psychology and Aging, 7, 271-281.

인생 경험에도 깊은 관심을 가졌다. 특히 그들은 어려운 삶의 문제들을
다루도록 훈련받고 현장에서 지속적으로 그러한 문제를 다루게 되는
전문인 집단인 임상심리학자들을 조사한 바 있다. 이 연구에서는
어려운 삶의 문제를 다루는 것과는 관련성이 적은 전문인 집단과
임상심리학자 집단을 비교했는데, 그 결과 임상심리학자의 지혜 수준
이 다른 전문인보다 더 높은 것으로 나타났다. 이러한 결과는 어려운
삶의 문제를 다루는 것에 관한 훈련과 경험이 지혜 관련 지식의 습득을
촉진한다는 것을 의미한다.

베를린 그룹은 통합 이론의 일부를 검증하기 위해 지혜와 세 가지
개인 요인(지능, 성격 특성, 사회적 인지스타일)의 관계를 살펴보았다.
연구결과,[40] 지혜는 지능(정보처리 속도)이나 성격 특성(신경과민성,
외향성, 우호성, 성실성)과 유의미한 상관을 나타내지 않았다. 그러나
사회적 인지스타일(다른 사람의 욕구나 감정에 대한 관심)은 지혜와 유의
미한 상관을 나타냈으며, 성격 특질 중에서는 경험에 대한 개방성이
유일하게 지혜와 유의미한 상관을 보였다. 이러한 연구결과는 지혜가
지능의 한 변형일 뿐이라는 견해에 대한 반증 자료를 제시하는 것이다.
지혜는 지능보다는 사회적 인지스타일과 일부의 성격 특질에 의해서
더 잘 설명될 수 있음을 의미한다.

이 밖에도 지혜와 관련된 다양한 연구결과가 발견되었다.[41] 첫째,

---

40 Staudinger, U. M., Lopez, D. F., & Baltes, P. B. (1997). The psychometric
location of wisdom-related performance: Intelligence, personality, and more?
Personality and Social Psychological Bulletin, 23, 1200-1214.

41 Kunzmann, U. & Baltes, P. B. (2003). Wisdom-related knowledge: Affective,

지혜로운 사람은 긍정적인 정서 구조를 보고했다. 즉 자기중심적이고
결과 위주의 평가보다는 과정과 더불어 타인과 환경을 중요하게 여기
는 경향이 있었다. 둘째, 지혜로운 사람은 쾌락적이고 안락한 삶보다
는 개인적인 성장과 통찰, 타인의 행복을 지향하는 가치체계를 나타냈
다. 셋째, 지혜로운 사람은 대인 간의 갈등을 해결할 때 지배적,
복종적, 회피적 태도보다 협력적인 태도를 취했다. 또한 지혜로운
사람들은 공감적인 경향이 나타났다. 이들은 사건이나 현상의 중요성
과 깊은 의미를 인식하기 때문에, 다른 사람의 심각한 삶의 문제를
접했을 때 무관심한 태도를 취하기보다 상당히 공감적인 정서적 반응
을 보이며 다른 사람들의 심경을 깊이 공감하는 경향이 있었다.

2) 지혜의 균형 이론

전반적 지혜를 설명하고 있는 또 다른 주요한 이론은 로버트 스턴버
그[42]가 제시하고 있는 지혜의 균형 이론(balance theory of wisdom)이다.
이 이론은 개인의 지혜로운 판단과정을 설명하기 위한 것이다. 스턴버
그에 따르면, 지혜는 공동선(common good)을 지향하며 다양한 사람
의 이익과 그 추구 방식을 균형적으로 고려하기 위해서 개인의 지식과
경험을 적용하는 능력을 의미한다. 그가 주장한 지혜의 균형 이론을
도식적으로 제시하면 〈그림 3〉과 같다.

motivational, and interpersonal correlates. *Personality and Social Psychology Bulletin, 29,* 1104-1119.

[42] Sternberg, R. J. (1998). A balance theory of wisdom. *Review of General Psychology, 2,* 347-365.

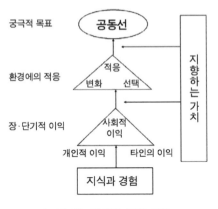

〈그림 3〉 지혜의 균형 이론

스턴버그는 지혜의 핵심적 특성이 균형(balance)이라고 주장한다. 지혜는 문제 상황에서 어떤 선택과 행동을 하기 위한 판단과 의사결정 과정으로서 공동선을 지향하며 관련된 요소를 균형적으로 고려할 수 있는 능력이라고 보았다. 지혜를 이해하기 위한 첫 번째 요인은 개인이 지향하는 가치다. 올바른 균형적 선택에는 개인의 가치체계가 개입하기 때문이다. 지혜로운 개인은 생명이나 공정성과 같이 핵심적인 인간적 가치와 더불어 공동선을 중시하는 가치체계를 지닌다. 두 번째 요인은 암묵적 지식(tacit knowledge)으로서 개인이 지닌 지식과 경험을 의미하며 지혜로운 의사결정에 중대한 영향을 미친다. 암묵적 지식은 정규교육이나 의식적 자각 없이 획득된 것으로서 특정한 목표의 성취를 위한 절차와 방법을 비롯한 도구적 지식을 뜻한다. 이러한 암묵적 지식은 언어나 공식화된 표현을 통해 제시되지 않는 문제 상황의 미묘한 속성을 감지하도록 한다.

　지혜로운 사람은 문제에 직면했을 때 자신의 가치와 지식에 근거하여 세 가지의 이익, 즉 개인 내적, 개인 간, 개인 외적 이익의 균형을 이룰 수 있는 해결책을 모색한다. 개인 내적 이익(intrapersonal interests)은 개인에게만 영향을 미치는 이익으로서 개인의 정체감과 관련된 재물, 명예, 권력, 쾌락 등을 포함할 수 있다. 개인 간 이익(interpersonal interests)은 문제 상황과 관련된 다른 사람의 이익과 더불어 다른 사람과의 바람직한 관계를 포함한다. 개인 외적 이익(extrapersonal interests)은 더 광범위한 조직, 공동체, 국가, 환경에 미치는 영향을 의미한다. 예를 들어, 흡연자는 담배가 자신에 미치는 개인 내적 영향과 더불어 주변 사람 또는 그들의 관계를 고려하는 개인 간 이익뿐만 아니라 담배연기가 환경을 오염시키는 개인 외적 영향을 고려할 수 있다. 지혜는 세 가지 측면의 단기적, 장기적 이익을 균형적으로 고려하여 해결책을 모색하는 과정이라고 할 수 있다.

　개인은 문제 상황에서 자신의 가치와 지식을 적용하여 다양한 이익과 결과를 고려함으로써 특정한 행동을 선택하게 된다. 환경에 대한 반응 방식은 크게 세 가지의 행동, 즉 적응, 조성, 그리고 선택이 있다. 적응(adaptation)은 주어진 환경에 맞도록 자신을 변화시키는 것을 말한다. 직장에서의 흡연 제한에 따라 금연하기로 결정하는 것이 그 예다. 그와 반대로, 조성(shaping)은 개인의 이익에 맞도록 환경의 일부를 변화시키는 것이다. 흡연자가 회사의 휴게실 내에 흡연 구역을 제공하도록 요구하는 것이 예가 될 수 있다. 현재의 환경에 적응하거나 그들의 욕구에 맞도록 환경을 변화시킬 수 없을 때, 사람들은 새로운 환경을 선택(selection)할 수 있다. 흡연자들은 금연지역을 떠나 흡연이 가능한 곳으로 갈 수 있다. 스턴버그의 균형 이론은 이러한 행동방식의 균형이 지혜에서 중요함을 제시하고 있다.

대부분의 문제 상황은 특정한 환경적 맥락에서 여러 가지 이익이 상충하는 상황으로서 다양한 행동반응이 가능하다. 지혜의 균형 이론은 의사결정 과정에 개입하는 중요한 요소들을 포함하고 있어 사람들의 결정과 행동을 이해하고 평가하는 좋은 지침이 될 수 있다. 예컨대, 흡연자가 금연지역을 피해 밖으로 나가 흡연하기로 한 결정은 개인 내적 이익과 개인 간 이익의 균형에서는 높은 점수를 얻을 수 있지만, 개인 내적 이익의 단기적, 장기적 결과에 대한 고려에서는 낮은 점수를 얻을 수 있다.

지혜의 균형 이론은 과거에 논의된 철학적, 심리학적 문헌에서 주장된 지혜의 개념에 근거하여 균형과 조화를 지혜의 핵심적 요인으로 제시하고 있다. 지혜의 균형 이론은 지혜로운 사고의 연구를 위한 의미 있는 출발점을 제공하고 있다. 스턴버그는 지혜의 실증적 연구를 위해서 베를린 지혜 패러다임과 유사한 방법을 사용하고 있다. 예를 들어, 연구 참가자에게 특정한 삶의 영역(예: 가정이나 직업 장면)에서 겪게 되는 어렵고 중요한 상황을 어떻게 헤쳐 나갔는지 면담을 통해 이야기하게 하고, 그 내용을 다양한 기준에 따라 전문가들이 평정함으로써 지혜를 평가한다. 이러한 유형의 평가방법은 특정한 문제 상황을 제시하고 참여자들이 어떤 심리적 과정을 통해서 문제해결을 추구하며 그 결과 어떤 해결책을 제시하는지를 평가함으로써 지혜의 과정과 결과를 측정한다.

3) 지혜의 인지발달 이론

지혜는 피아제의 인지발달 이론을 확장시킨 신-피아제 이론가들 (Neo-Piagetian theorists)에 의해서 새롭게 조명되고 있다. 피아제는 신생아의 미숙한 인지가 성인기의 성숙한 인지로 발달하는 과정을 탐구한 대표적인 발달심리학자다. 그는 인지발달이 감각-운동기 (0~2세)로 시작하여 전조작기(2~7세)와 구체적 조작기(7~12세)를 거쳐 청소년기에 형식적 조작기로 발달한다고 주장했다. 형식적 조작기는 추상적 개념을 통한 조작적 사고가 가능한 발달단계를 뜻한다. 이 시기에는 가설-연역적 사고가 발달하며 논리적인 사고를 통해 문제를 해결하는 능력이 발달한다. 피아제는 모든 사람이 성인기에도 형식적 사고가 지속된다고 주장했다.

신-피아제 이론가들은 피아제의 인지발달 이론을 비판하고 발전시키는 동시에 청소년기 이후에 발달하는 성인기 인지에 대해서 다양한 주장을 제시하였다. 그 대표적인 인물이 기셀라 라보비-비에프(Gisela Labouvie-Vief)[43]다. 그녀에 따르면, 피아제가 인지발달의 최종단계로 제시한 형식적 사고(formal thinking)를 넘어서 후형식적 사고(post-formal thinking)가 존재한다. 인지발달은 형식적-논리적 조작이 가능해지는 청소년기에 완결되지 않으며, 이러한 수준의 인지는 인간 경험의 복잡성을 다루기에는 충분하지 않다.

성인기에는 인지의 질적인 변화가 일어나는데 형식적 사고에서 실용적 사고(pragmatic thinking)로 전환된다. 실용적 사고는 생활 속에

---

43 Labouvie-Vief, G. (1990). Ibid.

서 발생하는 실제적이고 구체적인 문제 상황을 해결하기 위한 사고방식을 의미한다. 여러 가지의 진실이 존재할 수 있다는 인식, 논리와 현실의 통합, 이상과 현실의 괴리에 대한 인내 등은 성인기 사고에 질적인 변화를 유발한다. 라보비-비에프는 성인기에 나타나는 이러한 사고방식을 후형식적 사고라고 지칭했다.

형식적 사고에서는 하나의 보편적 진리를 가정하지만, 현실은 개인과 문화에 따라 여러 형태의 진리로 개념화될 수 있다. 대인관계 갈등과 사회정치적 문제는 이해관계자의 양립 불가능한 목표가 충돌할 뿐만 아니라 복잡하고 불확실한 요인들이 무수하게 관여한다. 이러한 현실적 문제는 논리적인 형식적 사고로는 이해하기 어려울 뿐만 아니라 해결하기 어렵다. 복잡하고 갈등적인 인생 경험을 통해서 일부의 사람들은 성인기에 후형식적 사고를 발달시킨다. 후형식적 사고의 핵심은 진리의 다중성과 상대성, 양립 불가능한 목표와 갈등, 현실의 불확실성과 예측 불가능성, 흑백논리와 이분법적 사고의 한계를 해결하는 것이다. 후형식적 사고를 하는 사람들은 이러한 사고를 발달시키지 못하는 사람들에 비해서 인지적 편향에서 더 자유로우며 더 높은 수준의 도덕성을 발달시키는 것으로 알려져 있다.

성인기에 일부 사람들에게서 발달하는 지혜는 이러한 후형식적 사고를 반영한다. 후형식적 사고의 개념에는 흑백논리를 통합하는 변증법적 사고와 더불어 인지와 정서의 통합이 포함된다. 라보비-비에프는 지혜를 '외적이고 객관적이며 논리적인 로고스(logos)와 내적이고 주관적이며 유기체적인 미토스(mythos)의 균형'이라고 주장했다. 달리 말하면, 지혜는 인생 문제를 해결하기 위해서 인간이 지닌 인지적 능력과 더불어 정서적·동기적 역량이 통합된 것이다. 지혜는 강렬한 정서와 초연함, 행동하는 것과 행동하지 않는 것, 신뢰하는 것과 의심하는 것처럼 상반되는 가치 사이의 균형을 이루는 것이라고 할 수 있다.

 이상에서 살펴본 전반적 지혜에 대한 심리학 이론은 인지 연구의 전통에서 시작되었다. 지혜의 핵심은 인생의 딜레마를 해결하는 인지적 능력이라는 것이다. 특히 인지 연구의 전통에서는 지혜라는 매우 모호하고 복잡한 심리적 능력을 자기보고에 의해 측정하지 않고 과제를 수행한 결과로 평가하는 수행(performance) 중심의 측정방법을 적용함으로써 지혜 연구의 기반을 더욱 확고하게 만들었다. 그러나 인지는 정서와 동기의 영향을 피할 수 없는 인간의 심리적 측면이기 때문에 인지에 초점을 맞추는 지혜의 연구는 정서와 동기를 비롯한 다양한 심리적 측면을 포함하는 방향으로 확장되고 있다.

3. 개인적 지혜에 대한 심리학 이론

개인적 지혜는 자신을 깊이 알고 자신의 삶을 조화롭게 잘 꾸려나가는 지혜를 말한다. 관찰자의 입장에서 조언하는 능력을 의미하는 전반적 지혜와 달리, 개인적 지혜는 자신과 밀접하게 관련된 문제를 해결하는 능력을 의미한다. 개인적 지혜와 전반적 지혜는 공통분모를 지니지만 서로 구별되는 독특성을 지니고 있다. 개인적 지혜를 설명하는 다양한 이론이 제시되고 있지만, 이 글에서는 지혜의 3차원 이론, 자기초월 지혜 이론, 균형적 통합 모델, 브레멘 지혜 패러다임을 중심으로 살펴볼 것이다.

1) 지혜의 3차원 이론

개인적 지혜의 구성요소에 깊은 관심을 보인 대표적인 연구자는 미국의 사회심리학자인 모니카 아델트(Monika Ardelt)다. 지혜를 전문적 지식체계로 여기는 베를린 그룹과 달리, 아델트는 지혜를 개인과 분리할 수 없는 성격 특질의 조합이라고 여겼다. 그녀는 가장 심오한 지혜서라 할지라도 그 안에 담긴 지혜가 개인에 의해 실천되지 않으면 지적이거나 이론적인 지식일 뿐이라고 주장한다. 아델트[44][45]는 지혜를 일종의 성격 특질로 여겼으며 소수의 사람들만이 지혜를 지닌다고 보았다. 그녀는 지혜의 3차원 모델(Three-dimensional Model)을 제시하며 지혜가 세 차원의 심리적 특성, 즉 인지적, 반성적, 정서적 특성으로 구성된다고 주장하였다.

　지혜의 인지적 차원은 인생에 대한 이해력과 진실을 알려는 욕구로서 특히 개인의 내면에서 일어나는 현상과 개인들 사이에서 벌어지는 사건의 깊은 의미를 통합적으로 이해하는 능력을 의미한다. 이 차원에는 상황이나 현상을 철저하게 이해하려는 의지와 능력, 인간 속성의 긍정적 측면과 부정적 측면의 이해, 지식의 본질적인 한계 인정, 삶의 불확실성과 모호성의 인식, 삶의 불확실성에도 불구하고 중요한

---

44 Ardelt, M. (1997). Wisdom and life satisfaction in old age. *Journal of Gerontology, 52*, 15-27.

45 Ardelt, M. (2003). Ibid.

결정을 할 수 있는 능력 등이 포함된다.

지혜의 반성적 차원은 어떤 경험이나 현상을 다양한 관점에서 바라보려는 성향으로서 이를 위해서는 자기인식, 자기비판, 자기통찰이 필요하다. 반성적 차원은 인지적 차원의 지혜가 발달하기 위한 선행조건으로서 자신에 대한 자각과 통찰을 증진하기 위해 다양한 관점에서 사건과 현상을 바라보려는 반성적 태도를 의미한다. 이 차원에는 삶의 경험을 다양한 관점에서 이해하려는 의지와 그럴 수 있는 능력, 그리고 주관성과 방어적 투사의 극복, 즉 자신의 이익과 자존심을 지키기 위해서 다른 사람이나 상황의 탓을 하지 않는 성향이 포함된다.

지혜의 정서적 차원은 다른 사람에 대한 공감적인 태도와 애정을 의미한다. 이 차원은 다른 사람이 처한 상황에 대해서 공감, 동정, 연민과 같은 긍정적 정서를 느끼고 그들에게 도움이 될 수 있는 긍정적인 행동을 하는 것과 더불어 다른 사람에 대해 냉담하고 부정적인 정서를 지니지 않는 것을 포함한다.

아델트는 개인적 지혜의 세 차원을 측정하는 3차원 지혜 척도 (3-Dimensional Wisdom Scale: 3D-WS)를 개발했다. 이 척도는 39개 문항으로 구성되어 있는 자기보고형 검사로서 피검사자는 두 가지 형태의 평가, 즉 문항 내용에 동의하는 정도와 문항 내용이 자신에게 해당되는 정도를 각각 5점 척도로 평정하게 된다. 좀 더 구체적으로 소개하면, 피검사자는 다음과 같은 세 차원의 문항에 대해서 동의 또는 반대하는 정도를 1점(매우 동의함)~5점(매우 반대함)으로 평가한다. 문항의 예로는 "변화시킬 수 없는 것에 대해서는 너무 많이 알지 않는 것이 더 낫다", "일을 하는 데는 오직 하나의 올바른 방식이 있다"(인지적 차원), "나의 잘못이 없어도 나에게 나쁜 일이 일어날 수 있다", "내가 처해 있는 현재 상황이 변하면 내가 더 나아질 것이라고 느낀다"(반성적 차원), "내가 아는 사람 중에는 내가 결코 좋아할 수 없는 사람이 있다", "나는 모든 종류의 사람과 편안하게 잘 지낼 수 있다"(정서적 차원) 등이 있다. 이와 더불어 다음과 같은 문항 내용이 자신에게 해당되는 정도를 1점(매우 해당됨)~5점(전혀 해당되지 않음)으로 평가한다. 문항의 예로는 "나는 해결책이 없는 문제에 대해서 거의 흥미를 느끼지 않는다", "나는 중요한 결정을 할 때 많은 생각을 한 후에도 망설이고 주저한다"(인지적 차원), "나는 어떤 결정을 하기 전에 여러 사람의 반대의견을 살펴보려고 한다", "누군가에게 화가 났을 때, 나는 잠시 동안 그 사람의 입장이 되어보려고 노력한다"(반성적 차원), "나는 다른 사람의 고통에 귀 기울이는 것을 좋아하지 않는다", "다른 사람이 내 의견에 반대하면 나는 금세 화가 난다"(정서적 차원) 등이 있다.

3차원 지혜 척도는 개인적 지혜를 평가하는 가장 대표적인 측정도구 중 하나다. 이 척도는 자기보고를 통해 평가하기 때문에 피검사자가 자신을 긍정적으로 나타내려는 편향성에 의해 왜곡될 가능성이 있으나 연구결과에 의하면 사회적 바람직성(social desirability)과의 상관계수(r)는 0.22로 비교적 낮게 나타났다. 아델트에 따르면, 3차원 지혜 척도로 측정된 개인적 지혜 점수가 높을수록 긍정적인 삶의 상태를 반영하는 지표들(주관적 안녕, 삶의 목적의식, 주관적 건강, 현실 통제감 등)도 높은 것으로 나타났다. 아울러 교육 정도와 직업적 지위가 높을수록 개인적 지혜가 높았다. 반면에, 개인적 지혜가 낮을수록 우울 증상, 죽음 회피, 죽음 공포, 경제적 압박감을 더 많이 경험하는 것으로 나타났다.

2) 자기초월 지혜 이론

자기초월을 지혜의 핵심적 측면으로 여기는 연구자들도 있다. 레빈슨과 동료들[46]은 자기초월을 중요하게 여겼던 여러 학자의 견해를 수렴하여 자기초월의 측면에서 지혜를 측정하는 척도를 개발하여 실증적 연구를 수행하였다.

철학자인 트레버 커나우[47]는 서양과 동양의 지혜 전통을 검토하고 지혜의 네 가지 핵심 특성, 즉 자기이해, 초연함, 통합성, 자기초월을 제시한 바 있다. 이러한 지혜의 네 가지 특성은 성인기에 지혜가 발달하는 일련의 단계로 이해될 수 있다. 자기초월에 이르기 위해서는 자기이해, 초연함, 통합성의 특성이 선행적으로 발달해야 한다.

자기이해는 자기감(the sense of self)의 근원에 대한 자각을 의미한다. 자기감은 역할, 성취, 관계, 신념의 맥락에서 생겨나며 자기와 타자라는 이분법적 인식이 지속되는 것이다. 초연함은 자기감을 만들고 유지하는 모든 것, 즉 관계, 역할, 성취의 일시성과 가변성에 대한 이해를 포함한다. 통합성은 자기가치의 위협에 대항하여 자아를

46 Levenson, M. R., Jennings, P. A., Aldwin, C. M., & Shiraishi, R. W. (2005). Self-transcendence: Conceptualization and measurement. *International Journal of Aging and Human Development, 60*(2), 127–143.

47 Curnow, T. (1999). *Wisdom, intuition, and ethics.* Ashgate.

방어하기 위해 분리되었던 내면적 자기가 와해되는 것을 의미한다. 자기를 외부적 조건에 의해서 규정하는 것에서 벗어나고 자기와 타자의 경직된 경계가 무너지면서 자기초월에 이르게 된다.

스웨덴의 사회학자인 톤스탐[48]은 노년기를 행복하게 보내는 노인들의 특성을 조사하여 그들의 심리적 특성을 노년초월(gero-transcendence)이라고 지칭했다. 노년초월은 많은 노인에게 자발적으로 나타나는 자기초월의 과정을 의미한다. 노년초월은 노년기에 나타나는 사회적 역할의 상실과 가족과 친구와의 관계 위축이 예상되는 노화에 대한 반응일 수 있지만, 현실에서 괴리되는 소외와는 다르다. 톤스탐은 노년초월을 구성하는 8가지의 특성을 다음과 같이 제시했다: ① 우주적 영혼과의 연결감, ② 시간, 공간, 사물에 대한 인식의 변화, ③ 삶과 죽음에 대한 인식 변화와 죽음 공포의 감소, ④ 과거와 미래 세대와의 친밀감 증가, ⑤ 피상적인 대인관계에 대한 관심 감소, ⑥ 물질적인 것에 대한 관심 감소, ⑦ 자기중심성의 감소, ⑧ 명상에 투자하는 시간의 증가.

자기초월의 지혜는 인생의 다양한 경험, 특히 상실 사건에 대처하는 과정에서 발달하기도 하지만 명상과 같은 자발적인 수련을 통해서 발달할 수 있다. 명상은 건강증진을 위해 수련하지만 그 핵심적 목표는 심리적 변화라고 할 수 있다. 마음을 고요하게 하는 과정은 개인이 생각하는 방식을 변화시킬 뿐만 아니라 정서를 안정시킨다. 내면적

---

48 Tornstam, L. (1994). Gero-transcendence: A theoretical and empirical exploration. In L. E. Thomas & S. A. Eisenhandler (Eds.), *Aging and the religious dimension* (pp.203~225). Auburn House.

평화는 자기초월의 핵심적 요소라고 할 수 있다.

레빈슨과 동료들은 이러한 주장에 근거하여 성인 자아초월 척도 (ASTI: Adult Self-Transcendence Inventory)를 개발했다. ASTI는 18문항으로 구성되어 있으며 문항의 예를 소개하면 아래와 같다.

- 내 마음의 평화는 쉽게 흔들리지 않는다.
- 나는 쉽게 화를 내지 않는다.
- 물질적인 것은 나에게 덜 중요하다.
- 나의 자기의식은 다른 사람과 사물에 덜 의존하고 있다.
- 나는 더 많은 자비심을 느낀다. 심지어 나의 적에게도.
- 나는 고요한 명상에 더 쉽게 빠져들 수 있다.
- 나의 개인적인 삶이 더 큰 전체의 일부라고 느낀다.

피검사자는 각 문항에 동의하는 정도를 1점(전혀 그렇지 않다)~4점 (매우 그렇다)로 평가한다. 레빈슨과 동료들에 따르면, ASTI로 측정된 개인적 지혜는 명상 수련을 하는 사람이 그렇지 않은 사람보다 더 높은 것으로 나타났다. 개인적 지혜는 성격의 5요인 중에서 경험에 대한 개방성, 성실성, 우호성과는 정적 상관을 보였으며 신경과민성과는 부적 상관을 나타냈다.

3) 지혜의 균형적 통합 모델

국내에서 이루어진 지혜 연구 중에서 가장 대표적인 것은 김민희[49]의

---

49 김민희(2008), 위의 책.

연구다. 그녀는 박사학위 논문에서 지혜에 관한 다양한 문헌을 고찰하고 지혜를 '인지적, 도덕직-윤리적, 관계석-사회적, 정신적-종교적 요소의 균형적 통합을 통해서 삶의 장면에서 드러나는 문제해결 역량' 이라고 정의했다.

인지적 능력은 지혜의 필수적인 핵심요소다. 그러나 비범한 인지적 역량만으로는 지혜가 될 수 없다. 지혜로운 사람은 자신의 가치뿐만 아니라 다른 사람들의 가치를 존중하고 자기중심성에서 벗어나 타인을 배려하여 공동선을 추구하려는 도덕적-윤리적 동기를 가져야 한다. 지혜는 다른 사람들의 감정을 알아차리고 그들에게 공감하며 긍정적인 관계를 맺을 수 있는 관계적이고 사회적인 자질을 필요로 한다. 인간과 인생에 대해 끊임없이 성찰함으로써 자신만의 정신적 또는 종교적 안목을 갖추게 된다. 이러한 성찰적 사고를 통해서 인간은 불완전하고 인생은 불확실하며 세상은 끊임없이 변화한다는 깨달음을 얻게 되었을 때, 인생과 세상을 긍정적으로 수용하면서 현재의 삶을 적극적으로 살아가게 된다.

이러한 지혜를 소유한 사람들은 자신과 다른 사람 간의 조화를 추구하고, 자기 이익과 타인 이익의 균형을 유지하며, 인생과 인간의 본질에 대한 이해를 바탕으로 배려와 공감에 기반하여 판단을 내린다. 이들은 인생 경영의 지혜를 갖추고 있기 때문에 인생 전반에서 적응적인 모습을 보이게 된다. 김민희는 이러한 논의에 근거하여 〈그림 4〉와 같이 지혜의 균형적 통합 모델을 제시하고 있다.[50]

50 김민희(2008), 위의 책.

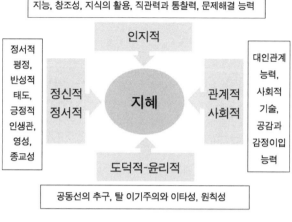

지능, 창조성, 지식의 활용, 직관력과 통찰력, 문제해결 능력

인지적

정서적 평정, 반성적 태도, 긍정적 인생관, 영성, 종교성

정신적 정서적

지혜

관계적 사회적

대인관계 능력, 사회적 기술, 공감과 감정이입 능력

도덕적-윤리적

공동선의 추구, 탈 이기주의와 이타성, 원칙성

〈그림 4〉 지혜의 균형적 통합 모델

김민희는 43개의 문항으로 구성된 한국판 지혜 척도(KMWS: Kim-Min Wisdom Scale)를 개발했다. 이 척도는 자기보고형 검사로서 네 개의 요인, 즉 인지적 역량, 절제와 균형, 긍정적 인생 태도, 공감적 대인관계로 구성되어 있다. 각 요인에 속하는 문항을 소개하면, 인지적 역량에는 "나는 다른 사람을 잘 설득한다", "나는 정확하고 빠른 상황 판단을 내린다", "나는 다양한 관점에서 볼 줄 안다" 등이 속하고, 절제와 균형에는 "나는 어떤 상황에서도 침착성을 잃지 않는다", "나는 자기 절제를 할 줄 안다", "나는 삶의 모든 측면에서 치우치지 않고 균형을 잘 이룬다" 등의 문항이 포함된다. 긍정적 인생 태도에는 "나는 미래에 대한 목표와 비전이 있다", "나는 인생의 가치와 목표에 대해 진지하게 생각한다", "나는 나만의 인생철학을 가지고 있다"의 문항이 속하고, 공감적 대인관계에는 "나는 상대방의 입장에서 생각할 줄 안다", "나는 다른 사람의 감정을 이해하고 공감한다", "나는 상대방

을 존중할 줄 안다" 등의 문항이 있다. 피검사자는 각 문항이 자신과 일치하는 정도를 1점(전혀 그렇지 않다)~7점(매우 그렇다) 사이에서 평가한다.

이 척도로 측정된 개인적 지혜는 삶의 만족, 안녕감, 긍정 정서 경험과 정적 상관을 보였지만 우울과 부정 정서와는 부적 상관을 보였다. 또한 중년기와 노년기의 성인은 청년에 비해서 지혜 점수가 높은 것으로 나타났다. 지혜 요인별로는 인지적 역량과 긍정적 인생 태도에서는 연령 집단에 따른 차이가 없는 반면, 절제와 균형, 공감적 대인관계에서는 청년에 비해 중·노년기 성인의 점수가 유의미하게 높았다. 중·노년기 성인의 지혜 점수는 연령, 건강수준, 경제수준과 유의미한 관계가 없었으나 교육수준과는 약한 정적 상관을 보였다.

중·노년기 성인들은 지혜를 발달시키는 인생 경험으로 긍정적인 경험뿐만 아니라 부정적인 경험도 중요하다고 지각하고 있었다. 지혜 점수가 높은 사람일수록 부정적인 경험에 대한 현재의 느낌을 "긍정적 경험이었다고 생각한다"라고 응답하는 경우가 많았다. 반면에, 지혜 점수가 낮은 사람일수록 부정적인 경험에 대해서 "슬픔, 불쾌감, 두려움 등의 부정 정서를 경험한다"고 응답하거나 "다시 생각하고 싶지 않다"고 응답하는 경우가 많았다.

지혜를 발달시키는 인생 경험에 대해서 노년기 성인은 뚜렷한 성차를 보였는데, 남자는 업무 성취와 관련된 사건을 가장 많이 보고한 반면, 여자는 자녀와 관련된 사건을 가장 많이 보고했다. 또한 노년기 성인 중 남성은 지혜 요인 중에서 인지적 역량을 더 중요한 것으로 생각하는 반면, 여성은 절제와 균형, 공감적 대인관계를 더 중요하게 여겼다. 청년들은 인지적 역량 요인을 더 중요하게 여기는 반면, 중년들은 공감적 대인관계 요인을 더 중요하게 생각했다.

4) 브레멘 지혜 패러다임

개인적 지혜는 개인의 생각과 경험에 근거하여 평가하는 것이 중요하기 때문에 대부분 자기보고형 검사에 의해 측정되고 있다. 자기보고형 검사는 실시하기가 수월한 장점이 있지만, 긍정적인 자기제시 의도나 자기판단의 부정확성에 의해서 왜곡될 수 있다. 더구나 개인적 지혜가 자기비판과 자기반성을 포함하고 있다면, 자기보고형 검사에서의 긍정적인 자기평가는 오히려 개인적 지혜와 부정적인 상관을 나타낼 수 있다. 예컨대, 높은 자존심을 지닌 순진한 사람은 자신을 좀 더 정확하게 평가하려는 지혜로운 사람보다 자기보고형 검사에서 더 높은 점수를 나타낼 수 있다. 이런 점에서 개인적 지혜는 자기보고형 검사보다 과제 수행에 기반한 측정도구에 의해서 더 잘 평가될 수 있다.

브레멘 지혜 패러다임(Bremen wisdom paradigm)은 과제 수행에 근거하여 개인적 지혜를 평가하는 대표적인 측정방법이다.[51] 이 측정방법은 전반적 지혜를 평가하는 베를린 지혜 패러다임을 개인적 지혜에 적용한 것이지만, 개인적 지혜를 평가할 수 있는 5가지의 기준을 적용한다. 첫째는 풍부한 자기지식으로서 자신의 능력, 정서, 목표를

---

51 Mickler, C., & Staudinger, U. M. (2008). Personal wisdom: Validation and age-related differences of a performance measure. *Psychology and Aging*, 23(4), 787-799.

잘 이해하고 있으며 삶의 의미감을 지니는 정도를 의미한다. 둘째는 성장과 지기 조절에 대한 지식으로서 정서를 표현하고 조절하는 방법, 깊은 사회적 관계를 발달시키고 유지하는 방법 등에 대한 인식의 정도가 포함된다. 셋째는 자기-상호연결성으로서 자기의 여러 영역 간의 상호연결성에 대한 이해, 자신의 감정과 행동의 원인을 성찰하고 깨달음을 얻는 능력 등을 의미한다. 넷째는 자기-상대주의로서 자신의 행동을 다른 사람의 관점에서 비판적으로 평가하지만 동시에 기본적으로 수용하는 자세와 더불어 다른 사람의 가치를 수용하는 능력을 의미한다. 다섯 번째 기준은 불확실성의 수용으로서 자신의 인생과 발달과정에 내재하는 불확실성을 인식하고 관리할 수 있는 능력을 의미한다.

베를린 지혜 패러다임과 마찬가지로, 브레멘 지혜 패러다임에서는 참가자에게 개인적인 삶과 관련된 어려운 현실적인 문제를 제시하고 '생각을 소리 내어 말하기' 방식으로 응답하게 한다. 참가자들은 성별, 연령, 직업뿐만 아니라 현재 살고 있는 상황과 인생 경험이 다르기 때문에 개인적 지혜를 공정하게 평가할 수 있는 과제를 제시하는 것이 매우 중요하다. 브레멘 지혜 패러다임에서 개인적 지혜를 평가하기 위해서 제시하는 문제의 예를 소개하면 다음과 같다.

"당신의 친구관계에 대해서 말해 주세요. 당신은 일반적으로 친구들을 어떻게 대합니까? 어려운 상황에서는 어떻게 행동하나요? 그 예를 들어줄 수 있나요? 당신이 그렇게 행동한 이유가 있나요? 당신의 강점과 약점은 무엇인가요? 당신은 어떤 점을 변화시키고 싶나요?"

참가자에게 문제를 제시하고 20분간 생각하고 20분간 대답하게
한다. 참가자의 응답내용은 녹음되고 이후에 문장으로 정리한 후에
훈련된 평가자에 의해 5개의 기준에 따라 1~7점으로 평가한다. 10명
의 평가자 간 일치도는 0.84로 매우 높게 나타났다.

브레멘 지혜 패러다임으로 측정된 개인적 지혜는 개인적 성장,
삶의 목적의식, 자아발달뿐만 아니라 자비로운 개인적 가치관, 심리
적 마음챙김, 타인의 사고와 감정에 대한 관심과도 정적 상관을 나타냈
다. 개인적 지혜는 전반적 지혜와 중첩되는 측면이 있었지만 상당히
독자적인 영역이 존재했다. 브레멘 지혜 패러다임은 적응보다는 성숙
의 수준을 측정하는 도구이기 때문에, 주관적 안녕의 지표뿐만 아니라
권력, 성취, 쾌락추구와 같은 적응적 측면과는 유의미한 상관을 보이
지 않았다. 또한 개인적 지혜는 지능과 구별되는 것으로 나타났으며,
성격의 5요인 중에서는 경험에 대한 개방성과 가장 밀접한 관련성을
보였다.

4. 지혜에 관한 실증적 연구결과

지혜에 관한 심리학 연구는 매우 다양한 방향으로 확장되고 있다.
그러나 지혜에 대한 정의와 측정도구의 다양성으로 인해서 지혜의
연구결과는 산만하고 일관성이 부족하다. 이 글에서는 지혜와 나이의
관계, 지혜와 행복의 관계, 그리고 지혜의 발달에 영향을 미치는

요인에 대한 연구결과를 중심으로 살펴보고자 한다.

1) 지혜와 나이의 관계

지혜는 나이가 많아짐에 따라 증가하는 것으로 여겨지고 있다. 다양한 인생 경험을 통해서 지혜가 성장할 수 있기 때문이다. 정말 지혜는 나이 듦에 따라 늘어나는 것일까? 지혜와 나이의 관계를 실증적으로 탐색하는 여러 연구가 진행되었다.

베를린 지혜 패러다임을 사용하여 전반적 지혜를 조사한 여러 연구에서는 지혜가 성인기의 나이와 관계가 없는 것으로 나타났다.[52] 청년집단(25~35세), 중년집단(40~50세), 노년집단(60~81세)의 지혜를 조사한 결과, 이들 중 5%가 높은 수준의 지혜를 지닌 것으로 평가되었으나 세 집단에 골고루 퍼져 있어 나이와 무관한 것으로 나타났다. 이후에 베를린 패러다임을 사용한 몇 개의 연구에서도 지혜와 성인기 나이 간에는 유의미한 관계가 없음이 반복적으로 확인되었다.

20대부터 90대까지 폭넓은 연령 집단의 참가자에게 자신의 지혜수준을 평정하게 한 연구[53]에서는 나이가 많은 참가자들이 젊은 사람들보다 자신을 덜 지혜롭다고 평가했다. 지혜의 자기평정 점수는 중년(40세)까지 상승하지만 그 이후에는 저하되는 경향이 있었다. 베를린 지혜 패러다임을 사용한 연구[54]에서도 중년기 성인들이 청년기나

---

52 Baltes, P. B., & Smith, J. (1990). Ibid.

53 Permutter, M., Adams, C., Nyquist, L., & Kaplan, C. (1988). *Beliefs about wisdom,* Unpublished data.

노년기 성인들보다 더 나은 수행을 보였으며, 청년기 성인과 노년기 성인 간에는 차이가 없었다.

개인적 지혜든 전반적 지혜든, 지혜는 나이와 직선적인 관계를 나타내지 않는다. 한 연구[55]에 따르면, 지혜는 15~25세에 급격히 증가하며 40대의 중년기에 정점을 찍고 그 이후로 감소했다. 40대에 지혜가 발달하는 이유는 30대에서 40대로 이행하는 과정에서 직업 경험과 대인관계의 변화를 겪을 뿐만 아니라 40대에 경험하는 스트레스 사건들, 특히 직업영역에서 경험하는 사건들이 영향을 미치는 것으로 나타났다. 30대부터 50대에 이르는 과정에서 겪게 되는 다양한 인생 경험을 얼마나 잘 통합하여 성격적 성숙으로 승화시키느냐에 따라 50대의 지혜 수준이 상당 부분 결정되는 것으로 나타났다.

노년기에 지혜가 감소하는 이유는 인지적 능력의 쇠퇴로 인해 지혜의 중요한 요소인 추상적 사고를 하기가 어렵기 때문이다. 또한 노인들은 인생을 깊이 있게 반성하기보다 편안한 안녕감을 유지하기 위해서 기존에 지니던 신념을 고수하는 일에 초점을 맞춘다. 반면에, 젊은 성인들은 경험에 대한 개방성이 높기 때문에 새로운 경험과 사실에 근거해서 자기와 관련된 통찰을 더 많이 얻게 된다.

노년기에 지혜가 증가한다는 연구결과도 있다. 27세와 52세의 두 시기를 비교한 종단 연구[56]에서는 지혜가 시간에 따라 증가함을 발견되

54 Marchand, H. (1998). Wisdom: A case of high level of human performance.In A. C. Quelhas & F. Pereira (Eds.), *Cognition and context* (pp.367~380). Basil Blackwell.

55 Pasupathi, M., Staudinger, U. M., & Baltes, P. B. (2001). Ibid.

었다. 지혜의 중요한 측면으로 여겨지는 경험에 대한 개방성, 긍정 정서, 반성적 태도, 변증법적 사고가 성인기 동안 지속적으로 증가하는 것으로 나타났다.

이처럼 지혜와 나이의 관계에 대한 연구결과는 일관적이지 않다. 그 이유는 연구자마다 지혜의 정의가 다르고 지혜를 측정하는 방법이 다르기 때문이다. 베를린 그룹은 인지적 능력을 지혜의 핵심으로 여긴다. 따라서 지혜를 인지적 능력으로 정의하는 연구에서는 노년기에 지혜가 향상되는 것으로 기대하기 어렵다. 지혜 연구자들은 나이가 지혜발달의 필요조건이 될 수는 있지만 충분조건은 아니라는 점에 동의한다. 지혜가 발달하기 위해서는 인생 경험이 필요하다. 그러나 나이와 인생 경험이 많다고 해서 지혜가 자동적으로 증가하는 것이 아니라 어떤 인생 경험을 통해서 어떠한 교훈과 통찰을 얻었느냐에 따라 지혜발달이 결정된다.

여러 연구를 분석한 논문[57]에 따르면, 지혜와 나이의 관계는 복잡하다. 지혜는 나이가 많아짐에 따라 증가하는 측면과 감소하는 측면을 지닌다. 나이와 함께 인생 경험은 축적되지만, 복잡한 문제를 파악하고 스트레스 상황에서 정서를 조절하는 능력은 나이와 함께 저하되기 때문이다. 지혜가 발달하는 경로는 개인적 경험, 삶의 상황, 성격,

---

56 Helson, R., & Wink, P. (1997). Practical and transcendent wisdom: Their nature and some longitudinal findings. *Journal of Adult Development, 4(1)*, 1-15.

57 GlückJ. (2024). Wisdom and aging. *Current Opinion in Psychology, 55*, 101742.

대인관계 요인에 따라 사람마다 매우 다르다. 지혜발달을 지원하는 심리사회적 환경도 나이와 함께 변화한다.

2) 지혜와 행복의 관계

지혜로운 사람일수록 더 행복할까? 여러 실증적 연구에서 지혜는 인간의 삶에 긍정적인 영향을 미치는 것으로 나타나고 있다. 특히 노년기에는 지혜가 삶을 만족스럽게 영위하는 데 기여하는 것으로 보고되고 있다. 여러 연구[58][59]에 따르면, 노년기의 삶의 만족도는 신체적 건강, 사회경제적인 지위, 재정 상태와 그 밖의 사회환경적 지표들보다 지혜에 의해서 더 큰 영향을 받는 것으로 나타났다. 또한 59~81세의 성인을 대상으로 한 종단 연구[60]에서 지혜는 삶의 만족과 가족관계뿐만 아니라 신체적 건강에도 긍정적인 영향을 미치는 것으로 나타났다. 다른 종단 연구[61]에 따르면, 43세에 측정된 여성들의 지혜 점수를 통해서 10년 후인 53세의 행복도를 예측할 수 있었다. 특히, 지혜로운 중년 여성들은 폐경기에 성공적으로 대처하는 경향이 있었다. 한국인 청년을 대상으로 한 연구[62]에서도 지혜 점수는 삶의

---

58 Ardelt, M. (1997). Wisdom and life satisfaction in old age. *Journal of Gerontology, 52,* 15-27.

59 Hartman, P. S. (2001). *Women developing wisdom: Antecedents and corre-lates in a longitudinal sample.* Unpublished doctoral dissertation, University of Michigan, Ann Arbor.

60 Ardelt, M. (2000). Still stable after all these years? Personality stability theory revisited. *Social Psychology Quarterly, 63,* 392-405.

61 Hartman, P. S. (2001). Ibid.

만족, 안녕감, 죽음 수용, 긍정 정서와 정적인 상관을 나타냈다. 일반적으로, 자기보고형 검사에 의해서 측정된 개인적 지혜는 행복과 유의미한 상관을 보이는 것으로 나타났다.

그러나 지혜와 행복의 관계는 단순하지 않다. 지혜와 행복의 유형에 따라 그 관계는 다소 복잡하게 나타난다. 심리학자들은 행복을 쾌락주의적 관점의 주관적 안녕과 자기실현적 관점의 심리적 안녕으로 구분하고 있다. 주관적 안녕(subjective well-being)은 삶에 대한 주관적 인식과 평가를 의미하며 높은 삶의 만족도, 높은 긍정 정서, 낮은 부정 정서의 심리상태로 측정된다.[63][64] 반면에, 심리적 안녕(psychological well-being)은 현실에 잘 적응하는 성숙한 사람들의 전반적 속성을 반영하는 것으로서 환경 통제, 긍정적 대인관계, 자율성, 자기수용, 개인적 성장, 인생의 목적의식이 포함된다.[65]

베를린 지혜 패러다임으로 측정된 전반적 지혜는 주관적 안녕과 무관하거나 단지 미약한 상관을 나타냈다.[66] 지혜로운 사람들은 다른 사람들에 비해서 긍정 정서(예: 즐거운, 행복한)와 부정 정서(예: 화나는, 두려운)를 모두 덜 경험한다고 보고했지만 높은 정서적 관여도(흥미를

62 김민희 (2008). 위의 책.
63 Diener, E. (1984). Subjective well-being. *Psychological Bulletin, 193*, 542-575.
64 Diener, E. (1994). Assessing subjective well-being: Progress and opportunities. *Social Indicators Research, 31,* 103-157.
65 Ryff, C. D. (1989). Happiness is everything, or is it? Explorations on the meaning of psychological well-being. *Journal of Personality and Social Psychology, 57,* 1069-1081.
66 Kunzmann, U. & Baltes, P. B. (2003). Ibid.

느끼는, 영감을 받는)를 보고했다. 이러한 결과는 전반적 지혜를 지닌 사람은 현실주의적이고 정서 조절 능력이 높을 뿐만 아니라 인생에 대한 긍정적 편향성과 자존감을 높이려는 자기중심성이 낮기 때문일 수 있다. 이들은 개인적 성장, 인생에 대한 통찰, 사회적 관여, 친구의 행복, 환경 보호에 관한 가치를 더 중요하게 여기는 경향이 있다.

브레멘 지혜 패러다임으로 측정된 개인적 지혜도 주관적 안녕의 지표(삶의 만족도, 긍정 정서와 부정 정서, 권력 욕구, 성취, 쾌락주의)와는 유의미한 상관을 나타내지 않았다.[67] 그러나 개인적 지혜는 개인적 성장, 삶의 목적의식, 자아발달뿐만 아니라 자비로운 개인적 가치관, 심리적 마음챙김, 타인의 사고와 감정에 대한 관심과는 정적인 상관을 나타냈다.

개인적 지혜는 주관적 안녕과 낮은 상관을 보인다. 개인적 지혜가 발달하기 위해서는 일상의 과제를 숙달하는 것과 주관적 안녕을 증가 시키는 것만으로 충분하지 않다. 부정 정서를 직면하는 동시에 진지한 자기성찰과 자기비판을 하는 것은 개인적 지혜를 발달시키는 필수적 요소이다. 이러한 자기성찰적 노력은 주관적 안녕을 증가시키지 않는 다. 그러나 브레멘 지혜 패러다임과 같은 과제 수행을 통해 평가된 개인적 지혜는 자기실현적 관점의 심리적 안녕을 증가시킬 수 있다.

여러 연구를 종합하면, 지혜와 행복의 관계는 직선적이지 않다.[68]

67 Mickler, C., & Staudinger, U. M. (2008). Ibid.

68 Glück, J., Weststrate, N. M., & Scherpf, A. (2022). Looking beyond linear: A closer examination of the relationship between wisdom and wellbeing. *Journal of Happiness Studies, 23*(7), 3285-3313.

자기보고형 척도로 측정된 지혜는 행복과 유의미한 정적 상관을 나타내지만, 과제 수행을 통해 측정된 지혜는 행복과 거의 관계가 없거나 매우 낮은 상관을 보였다. 행복도가 높은 참가자 중 상당수는 베를린 지혜 패러다임에서 낮은 지혜 수준을 보였지만, 지혜 수준이 높은 사람 중에서 행복도가 낮은 참가자는 없었다. 지혜 수준이 높은 사람들은 행복도도 높지만, 지혜 수준이 낮은 사람들의 경우에는 행복도가 다양하다. 즉 행복도가 높은 사람이라고 해서 항상 지혜로운 것은 아니다.

지혜로운 사람은 인생의 어두운 측면을 회피하지 않고 기꺼이 직면하기 때문에 고난과 역경에 처할 수 있다. 그러나 이들의 행복도가 저하되지 않고 유지되는 세 가지의 이유가 있다.[69] 첫째, 지혜로운 사람들은 삶의 고난과 문제에 대처하는 능력이 탁월하다. 둘째, 이들은 고난과 역경을 겪은 경험이 있기 때문에 어려운 삶의 시기에도 부정 정서에 휩싸이지 않고 작은 것에서 기쁨과 즐거움을 얻는다. 셋째, 지혜로운 사람들은 타인과 긍정적인 관계를 맺고 살아왔기 때문에 역경의 시기에도 그들을 지지할 수 있는 자원과 사람들을 제공받게 된다. 지금까지의 연구에 의하면, 지혜로운 사람은 행복한 삶을 영위한다. 그러나 행복한 사람들이 모두 지혜로운 것은 아니다.

---

69 Weststrate, N. M., & Glück, J. (2017). Wiser but not sadder, blissful but not ignorant: Exploring the co-development of wisdom and well-being over time. In M. D. Robinson & M. Ebid (Eds.), *The happy mind: Cognitive contributions to well-being* (pp.459~480). Springer.

3) 지혜의 발달을 촉진하는 요인들

지혜는 어떻게 발달하는 것일까? 백지상태의 신생아가 어떻게 지혜로
운 사람으로 성장하는 것일까? 나이 듦에 따라 모두 지혜로워지는
것이 아니라면, 지혜로운 사람들은 어떤 경험을 통해서 지혜를 발달시
킨 것일까? 지금까지 연구된 결과를 중심으로 지혜발달에 영향을
미치는 요인들을 살펴보기로 한다.

(1) 인지발달

지혜의 핵심적 요소는 고도의 인지적 능력이다. 지혜의 발달은 인지발
달을 기반으로 이루어진다. 우선, 지혜는 어느 수준 이상의 지능을
기반으로 한다. 높은 지능이 지혜를 의미하는 것은 아니지만 지혜롭기
위해서는 어느 수준 이상의 지능이 필요하다.

　지혜는 14~25세 사이에 발달하기 시작한다. 이 시기는 형식적
사고가 생겨나고 발달하는 시기다. 피아제[70]에 따르면, 인간의 인지는
연령이 증가함에 따라 특정한 방향으로 발달한다. 인지발달의 방향은
이분법적 사고에서 다분법적 사고로, 질적인 범주적 사고에서 양적인
수량적 사고로, 단차원적 사고에서 다차원적 사고로, 그리고 일방향
적인 인과적 사고에서 양방향적인 인과적 사고로 나아간다. 지혜는
이러한 인지발달과 함께 발달한다. 고도의 인지적 성숙을 이룬 사람은
현실의 다차원적 속성을 인식하기 때문에 극단적인 편향성을 나타내
지 않는 유연한 태도를 지니게 된다.

---

70 Piaget, J. (1950). *The psychology of intelligence*. Routledge.

라보비-비에프[71]에 따르면, 인간의 인지는 형식적 사고(formal think-ing)를 넘어 후형식적 사고(post-formal thinking)로 발달한다. 대부분의 사람들은 형식적 사고 단계를 넘어서지 못하지만 일부의 지혜로운 사람들은 후형식적 사고 단계로 나아간다. 위대한 지혜는 고도의 인지발달에 근거하여 생겨나는 것이다. 높은 수준의 인지는 형식적 사고로 해결하지 못하는 인간 경험의 복잡성과 다측면성을 이해하고 그에 대처할 수 있는 지혜의 발달에 기여한다.

(2) 정서발달

지혜는 지능보다 성격 요인과 더 밀접한 관련성을 보인다. 스턴버그[72]에 따르면, 지혜는 IQ 검사로 측정된 지능과 약간의 중복은 있었지만 상당히 독립적인 것으로 나타났다. 반면에 정서 안정성, 정서지능, 심리적 성숙도, 개방성, 사교성과 같은 성격특성과 더 밀접하게 관련되는 것으로 나타났다.[73] 특히 개인적 지혜는 지능과의 관련성이 적었다. 지능이 매우 높은 사람들은 이기적이고 성취 지향적 경향이 강해서 정서 조절과 대인관계가 미숙한 경우가 흔하기 때문이다.

지혜에는 정서적 요소가 중요하다. 지혜는 자신의 내면적 갈등과 정서를 잘 조절할 수 있는 정서적 능력을 포함하고 있다. 미첨[74]에

---

71 Labouvie-Vief, G. (1990). Ibid.

72 Sternberg, R. J. (2000). Intelligence and wisdom. In R. J. Sternberg (Ed.), *Handbook of intelligence* (pp.631~649). Cambridge University Press.

73 Staudinger, U. M., Lopez, D. F., & Baltes, P. B. (1997).Ibid.

74 Meacham, J. A. (1990). The loss of wisdom. In R. J. Sternberg (Ed.), *Wisdom:*

따르면, 지혜의 기원은 대인관계에 있다. 지혜는 고립된 아동의 마음 속에서 발달하는 것이 아니라 아동이 맺고 있는 대인관계의 틀 안에서 발달하는 것이다. 부모와의 양육 경험을 비롯한 다양한 대인관계 경험을 통해서 획득하게 되는 정서적 능력이 지혜의 발달에 중요하다. 지혜는 자신의 입장뿐만 아니라 타인의 입장도 고려하는 탈-자기중심 적 관점에서 타인의 문제를 공감적이고 직관적으로 경험하는 능력이 라고 할 수 있다.

크래머[75]는 지혜가 인지발달과 더불어 정서발달에 기반을 두고 있다고 주장한다. 지혜의 본질은 앎(knowing)과 회의(doubting) 사이 의 균형이다. 자신의 앎에 대한 과도한 독단적 확신과 지나치게 조심스 러운 회의라는 양극단을 피하며 중도를 찾는 것이 중요하다. 이를 위해서는 자신이 획득한 지식, 자신이 거둔 성공의 가치, 그리고 자신이 누리는 권력과 권위의 기반에 대해서 물음을 던지는 노력이 필요하다. 즉 자신의 앎과 신념에 대해서 일정한 거리를 두는 노력이 중요하다.

크래머[76]는 인지와 정서의 발달이 지혜로운 판단을 촉진한다고 주장하면서 〈그림 5〉와 같은 지혜의 모델을 제시하였다. 정서발달은

Its nature, origins, and development (pp.181~211). Cambridge University Press.

75 Kramer, D. A. (1990). Conceptualizing wisdom: The primacy of affect-cognition relations. In R. J. Sternberg (Ed.), *Wisdom: Its nature, origins, and development* (pp.279~313). Cambridge University Press.

76 Kramer, D. A. (1990). Ibid.

자신의 감정을 자각하고 조절하는 능력뿐만 아니라 타인과 긍정적인 관계를 형성하고 유지하는 능력의 발달을 포함한다. 이를 위해서 개인은 자신의 마음을 깊이 관조하고 성찰함으로써 의식적 경험과 함께 무의식적 내면세계를 이해하는 것이 필요하다. 자기반성과 자기비판을 통해 자신을 좀 더 객관적으로 바라보면서 자기이해가 깊어진다. 자신의 욕망과 갈등, 강점과 약점에 대한 이해가 증진하면서 자아가 좀 더 성숙하게 된다.

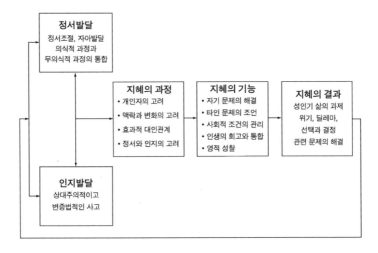

〈그림 5〉 인지발달과 정서발달에 의한 지혜의 발현 모델

인지발달과 정서발달의 균형 속에서 지혜가 성장한다. 지혜로운 사람은 문제해결을 위해서 개인차, 맥락, 변화를 고려한다. 모든 문제에 만병통치적인 해결책은 없다. 적절한 해결책을 찾기 위해서는 문제에 처한 개인의 욕구와 가치의 우선순위를 고려해야 할 뿐만 아니라 문제의 맥락을 잘 이해해야 한다. 타인의 문제에 조언을 하기

위해서는 문제에 처한 사람의 발달 수준과 생활 여건, 시대적 상황과 문화적 조건, 사회에서 수용 가능한 행동방식 등을 고려하면서 여러 가지 대안을 평가하는 것이 중요하다. 아울러 다양한 변화 가능성을 고려하는 것이 중요하다. 모든 것은 변한다는 사실을 인정하는 사고방식은 다양한 변화에 잘 대비하도록 해주기 때문이다. 상대주의적이고 변증법적인 사고는 모두 인간이 끊임없는 변화 속에서 살고 있다는 견해를 촉진한다. 아울러 다른 사람과 효과적인 상호작용을 통해서 모두가 만족할 수 있는 해결책을 모색할 수 있다. 이러한 과정에는 자신과 타인의 감정을 잘 이해하고 조절하는 정서적 능력이 중요한 역할을 한다.

  지혜는 다양한 긍정적 기능을 하게 된다. 지혜는 개인의 삶에서 만나게 되는 딜레마를 해결하고 중요한 결정을 내리는 데 도움을 줄 뿐만 아니라 다른 사람의 문제를 해결하는 조언을 제공하는 기능도 지닌다. 개인이 삶을 영위하는 주변 환경과 사회를 잘 관리하고 효과적으로 인도하고, 자신의 인생을 돌아보며 통합하게 해준다. 아울러 삶의 궁극적 의미에 대해서 물음을 던지며 영적인 성찰을 하게 한다. 이러한 지혜의 기능을 통해서 인생에서 직면하게 되는 다양한 삶의 문제, 위기, 딜레마, 선택이나 결정과 관련된 문제들을 지혜롭게 해결하는 긍정적인 결과를 얻게 된다.

(3) 인생 경험

지혜는 인생 경험을 자양분으로 하여 발달한다. 나이가 많아진다고 해서 자동적으로 지혜가 늘어나는 것은 아니지만, 산전수전 공중전을 치르면서 겪는 인생 경험이 지혜가 발달하는 토양이 된다. 하트만[77]은 중년 여성을 대상으로 한 종난적 연구를 통해서 지혜를 촉진하는 몇 가지 요인을 발견했다. 중년 여성의 경우, 지혜의 발달에는 개인의 성격, 창의적 능력, 자녀 양육 동기가 영향을 미쳤으나 다양한 성인기 경험이 중요한 토대가 되는 것으로 나타났다.

첫째, 지혜는 인생의 각 단계에서 겪는 인생 과제(life tasks)를 적극적으로 잘 해결하는 경험을 통해서 발달한다. 50대 초반 여성의 지혜 수준은 40세 전후에 겪게 되는 인생 과제에 대한 적극적 관여도에 의해서 가장 잘 예측되었다. 특히 인생의 단계마다 사회에서 일반적으로 기대되는 인생 과제들을 잘 헤쳐 나가는 것이 중요했다. 아울러 40세 전후의 직업 경험이 40대 중반의 지혜에 의미 있는 영향을 미쳤다.

둘째, 인생의 커다란 변화 경험이 지혜를 발달시키는 것으로 나타났다. 인간관계와 직업영역에서 커다란 변화를 경험한 사람들이 중년기에 더 높은 지혜 수준을 나타냈다.[78] 특히 30대에 경험한 주요한 삶의 변화들이 지혜발달에 긍정적인 영향을 미치는 것으로 나타났다. 또한 인생의 중요한 선택을 긍정적으로 수용하는 것이 지혜에 중요한 영향을 미친다. 한 연구[79]에 따르면, 지혜는 변증법적으로 생겨난다. 한 극단은 자신의 한계를 넘어서는 것이고, 다른 한 극단은 자신의 한계를 수용하는 것이다. 지혜는 무엇이 변화시킬 수 있는 것이고

---

77 Hartman, P. S. (2001). Ibid.

78 Hartman, P. S. (2001). Ibid.

79 Birren, J. E., & Fisher, L. M. (1990). Ibid.

무엇이 그럴 수 없는 것인지를 결정해야 하는 상황에서 발휘되는 것이다. 하트만[80]의 연구에서는 자신의 결정을 처음에는 후회했지만 50대 초반에 수용하게 된 사람들이 후회했지만 수용하지 못했거나 후회 경험이 없는 사람들에 비해서 50대 초반에 더 지혜로운 것으로 나타났다.

셋째, 스트레스 경험은 지혜발달에 도움이 된다. 스트레스가 항상 나쁜 것만은 아니다. 스트레스는 개인을 자극하여 도전에 적응하도록 촉진하고 변화시키는 기능을 할 수 있다. 아델트[81]에 따르면, 대공황 시기에 심한 경제적 곤란을 겪었던 사람들이 그렇지 않은 사람들에 비해서 10년 이후에 심리적으로 더 건강했으며 노년기에도 더 높은 지혜 수준을 나타냈다. 지혜는 심리적 건강과 밀접한 관계를 지닐 뿐만 아니라 위기와 고난을 성공적으로 해결해 나가면서 발달한다.

"아픈 만큼 성장한다"는 말이 있듯이, 외상 경험이 지혜발달을 촉진하는 것으로 알려져 있다. 사랑하는 사람의 심각한 질병이나 죽음과 같은 충격적인 외상 경험을 한 사람 중 일부는 그러한 고통을 이겨내는 과정에서 정서 조절, 자기 조절, 연민과 자비, 정직성과 신뢰성, 삶과 세상을 바라보는 안목, 영성과 종교성과 같은 개인적 성장을 보고했다. 이를 심리학에서는 '외상후 성장(post-traumatic growth)' 또는 '역경후 성장(growth after adversity)'이라고 지칭한다.[82]

80 Hartman, P. S. (2001). Ibid.

81 Ardelt, M. (1998). Social crisis and individual growth: The long-term effects of the Great Depression. *Journal of Aging Studies, 12*, 291-314.

82 Tedeschi, R. G., & Calhoun, L. G. (2004). The posttraumatic growth:

394

충격적인 외상 경험은 개인이 지니는 기존의 신념체계를 무너뜨리고 재구성하도록 촉진함으로써 근본적인 변화와 성장을 촉진할 수 있다.

넷째, 지혜는 삶의 문제를 다루는 직업 경험을 통해서 증진될 수 있다. 지혜는 곤경에 처한 사람에게 조언을 하거나 조언을 받는 경험을 통해서 발달하는 것으로 알려져 있다. 어려운 삶의 문제들을 다루며 그에 관한 이론과 개입방법을 공부하고 체계적 훈련과 실제적 경험을 하게 되는 직업이 지혜발달에 기여할 수 있다.[83] 그러한 직업의 대표적인 예가 임상심리학이다. 직업 경험이 지혜에 미치는 영향을 조사한 연구[84]에 따르면, 임상심리학자의 경우 20대 후반부터 50대 초반에 이르기까지 다른 직업 집단에 비해서 지혜가 더 급격하게 증가하는 것으로 나타났다.

마지막으로, 지혜는 부모나 스승과 같은 지혜로운 주변사람을 관찰하고 그들과 상호작용하면서 발달한다.[85] 부모를 비롯한 가족 구성원이 서로를 수용하고 존중하면서 가치관과 윤리적 견해의 차이를 토론하고 격려하는 가정 분위기는 지혜의 발달을 촉진한다. 가까이 접하며

Conceptual foundation and empirical evidence. *Psychological Inquiry, 15*, 93-102.

[83] Staudinger, U. M., Smith, J., & Baltes, P. B. (1992). Ibid.

[84] Wink, P., & Helson, R. (1997). Practical and transcendent wisdom: Their nature and some longitudinal findings. *Journal of Adult Development, 4*, 1-15.

[85] Glück, J., & Bluck, S. (2011). Laypeople's conceptions of wisdom and its development: Cognitive and integrative views. *The Journals of Gerontology: Series B, 66*(3), 321-324.

자주 관찰하고 상호작용하는 지혜로운 사람의 말과 행동에 대한 모델링을 통해서 지혜가 발달할 수 있다. 특히 자신이 문제 상황에 처했을 때 현명한 멘토를 통해서 조언을 얻고 자신의 생각과 행동을 변화시켜 긍정적인 결과를 얻은 경험이 지혜를 촉진하는 것으로 알려져 있다. 그러나 개인적 지혜의 경우, 멘토가 멘티와 너무 친밀한 관계를 맺는 경우에는 개인적 지혜의 발달을 저해할 수 있다. 지나치게 밀착된 관계는 객관적이고 공정한 관점을 훼손할 수 있기 때문이다.

인생 경험이 많을수록 반드시 지혜가 늘어나는 것은 아니다. MORE 모델[86][87]에 따르면, 인생 경험을 통해서 지혜가 발달하기 위해서는 네 가지의 조건, 즉 숙달감(Mastery), 개방성(Openness), 성찰(Reflection), 공감 및 정서 조절(Empathy/Emotion regulation)이 필요하다. 첫째, 지혜로운 사람은 인생 경험을 통해서 삶의 많은 부분이 통제할 수 없다는 것을 깊이 인식하지만, 과거의 경험을 통해서 그들에게 일어날 수 있는 어떤 문제 상황에 대해서도 대처할 수 있다는 것을 알기 때문에 무력감보다는 자신감을 가지고 대응한다. 둘째, 지혜로운 사람은 경험에 대한 개방성을 지니고 있어서 새로운 관점과 경험에 대한 호기심과 흥미를 지닌다. 따라서 다양한 경험을 하게 되며 그러한

---

86 Glück, J., & Bluck, S. (2007). Looking back across the life span: A life story account of the reminiscence bump. *Memory & Cognition, 35*(8), 1928-1939.

87 Glück, J., & Bluck. S. (2013). The MORE life experience model: A theory of the development of personal wisdom. In M. Ferrari and N.M. Weststrate (Eds), *The scientific study of personal wisdom: From contemplative traditions to neuroscience* (pp.75~97), Springer.

경험을 통해서 인생과 세상을 이해하는 관점이 넓어지고 깊어진다.
셋째, 지혜로운 사람은 자신의 경험을 돌아보고 반성하는 성찰적
태도를 지닌다. 성찰적 태도는 자신의 경험을 새롭거나 비판적인
관점에서 바라볼 뿐만 아니라 자신의 실수나 실패의 원인을 깊이
숙고하고 교훈을 발견하려는 자세를 의미한다. 넷째, 지혜로운 사람
은 다른 사람의 감정과 관점을 이해하려는 공감적 태도를 지닌다.
이러한 공감적 태도를 통해서 자신의 관점을 확장할 수 있을 뿐만
아니라 타인의 입장을 배려하는 행동이 유발될 수 있다. 지혜로운
사람은 자신과 다른 사람의 감정을 잘 인식하는 동시에 배려하고
조절할 수 있다.

(4) 도덕성 또는 종교성 발달

지혜의 핵심은 무엇일까? 인지적 능력인가? 정서 조절과 대인관계
능력인가? 성숙한 성격인가? 높은 도덕성 또는 깊은 종교성인가?
이 모든 것의 복합체인가? 개인마다 견해가 다를 수 있지만, 도덕성과
종교성은 많은 사람이 존경하는 지혜로운 사람들의 공통적 특성이다.

도덕성 발달

도덕성은 성장과정을 통해 발달하는 성격의 중요한 구성요소다. 도덕
성(morality)은 선善과 악惡, 또는 옳고 그름을 판단하여 선하고 옳은
것을 추구하는 성향을 뜻한다. 피아제에 따르면, 도덕성 발달은 인지
발달의 한 양상이다. 옳고 그름을 평가할 수 있는 인지적 능력이
바로 도덕성이다.

로렌스 콜버그[88]는 피아제의 주장을 발달시켜 도덕성 발달단계를 세 수준의 여섯 단계로 세분했다. 그는 참가자에게 도덕적 갈등상황을 제시하고 그 상황에서의 판단 근거와 해결방안을 분석하여 도덕성 발달을 전인습적, 인습적, 후인습적 수준으로 분류했다.

첫 번째 수준은 전인습적 도덕성(preconventional morality)으로서 외적 기준에 의해 옳고 그름을 판단하는 수준이다. 이 수준에 있는 사람은 행위의 결과에 뒤따르는 보상이나 처벌에 의해서 옳고 그름을 판단하거나 규칙을 정한 사람들의 권위에 따라 도덕성의 판단을 내린다.

1단계는 처벌과 복종의 단계로서 처벌을 피하기 위해서 권위의 명령에 복종하며 행위의 옳고 그름을 그 결과에 의해 판단한다. 이 단계의 사람은 "부모에게 복종하라. 그렇지 않으면 권위적 인물이 너를 육체적으로 처벌할 것이다"는 생각을 지닌다.

2단계는 도구주의(instrumentalism)의 단계로서 자신에게 이익이 되는 것을 좋은 것이라고 판단하면서 보상받을 일은 하고 처벌받을 일은 피한다. 이 단계의 사람은 자신이나 타인의 욕구를 충족시키는 것이 옳은 행위라는 도구주의의 관점을 지닌다. 또한 자신에게 좋은 것은 타인에게도 좋은 것이라는 점을 이해하고 사회적 교환이 나타난다. 서로의 등을 긁어주는 것처럼 자신에게 돌아오는 이익을 생각하는 수단적인 호혜성의 수준에 머물러 있다.

88 Kohlberg, L. (1976). Moral stages and moralization: The cognitive-developmental approach. In T. Lickona (Ed.), *Moral development and behavior: Theory, research and social issues* (pp.31~53). Holt, Rinehart & Winston.

두 번째 수준은 인습적 도덕성(conventional morality)으로서 사회적 규칙을 이해하고 좀 더 객관적인 관점에서 옳고 그름을 판단하게 된다. 이 수준에 있는 사람은 주변사람의 칭찬과 인정을 받기 위해서 도덕적 규칙을 따른다. 자신을 집단의 구성원으로 동일시하며 집단의 규범에 충성하는 도덕적 태도를 지니게 된다.

3단계는 착한 사람의 단계로서 자신과 가까운 사람들의 기대에 따라 행동하는 것을 도덕적 행위라고 판단하며 신뢰, 충성, 존경, 감사, 관계를 중시한다. 선한 행동을 하는 주된 동기는 가까운 사람들로부터 사회적 인정을 받는 것이다.

4단계는 법과 질서의 단계로서 사회적 관습을 존중하고 준수하는 것이다. 법과 질서의 중요성은 가까운 사람들의 인정을 넘어서 사회 전반으로 일반화된다. 이 단계에서는 사회적 의무를 다하는 것이 중요하며 사회, 집단, 제도에 공헌하는 것을 올바른 행동으로 여긴다.

세 번째 수준은 후인습적 도덕성(post-conventional morality)으로서 도덕적 기준이 내면화되어 자신의 판단과 원칙을 중시한다. 관습적인 사회적 규범을 넘어서 개인화되거나 이상화된 원리에 의해서 도덕적 판단이 이루어진다.

5단계는 사회적 계약(social contract)의 단계로서 법과 규칙이 모든 시민의 상호적 이익을 위해 만들어진 것이라는 점을 중시한다. 이 단계의 사람은 민주주의적 가치에 따라 행동하며 공정하지 못한 법은 변화되어야 한다고 인식한다. 또한 모든 인간은 개인적 권리와 더불어 다양한 가치와 의견을 지닐 뿐만 아니라 대부분의 가치와 규칙은 상대적인 것이라는 점을 인식하고 행동한다.

6단계는 보편적인 윤리적 원칙(universal ethical principles)의 단계로서 스스로 선택한 윤리적 원칙에 따르고 그 원칙에 의해서 정의를 판단한다. 보편적 원리, 즉 인간의 평등성과 존엄성을 중시한다. 옳고 그름은 법과 규칙에 따라 결정되는 것이 아니라 개인의 판단과 성찰에 의해 결정된다는 것을 인식한다. 개인의 윤리적 가치(예: 생명의 소중함)는 어떤 법이나 관습보다 우선한다. 법과 규범은 공동선으로 기능할 경우에만 유용한 것이다. 콜버그에 따르면, 소수의 사람만이 이러한 단계에 도달한다.

지혜의 핵심적 요소 중 하나는 자기중심적인 이기성을 극복하고 타인을 배려하는 이타적인 도덕성이다. 도덕성을 갖추지 못한 이기적인 문제해결 능력은 권모술수이자 노회한 교활함으로 여겨질 뿐이며 인간사회에 기여하기보다 오히려 재앙이 될 수 있다. 지혜와 도덕성은 밀접한 관계를 지니며 서로를 촉진하는 역할을 한다. 지혜가 발달함에 따라 도덕성 수준이 높아지고, 도덕성의 발달과 함께 지혜도 성숙하게 된다.

종교성의 발달단계

미국의 신학자이자 도덕발달의 권위자인 제임스 파울러(James Fowler)는 피아제의 인지발달 이론과 콜버그의 도덕발달 이론에 근거하여 기독교의 신앙발달 이론(faith development theory)을 제시했다. 파울러[89][90]는 신앙의 발달이 이러한 인지발달과 도덕발달과 함께 이루

---

89 Fowler, J. W. (1981). *Stages of faith: The psychology of human development and the quest for meaning.* HarperCollins.

어지는 것으로 보았다. 그에 따르면, 신앙의 발달 수준은 여섯 단계로 구분할 수 있다.

인지적으로 매우 미숙한 유아(0~2세)는 매우 원시적 형태의 신앙을 지닌다. 이 시기는 원초적-미분화된 신앙(primal undifferentiated faith)의 단계로서 유아는 부모와의 관계를 통해서 자신과 세상에 대한 원초적 믿음(신뢰 대 불신)을 형성한다.

신앙발달의 1단계는 직감적-투사적 신앙(intuitive-projective faith)의 단계로서 3~7세의 아동은 환상과 현실을 구분하지 못하며 자기중심적인 초보적 신앙을 형성한다. 이 단계의 아동은 종교적인 이야기나 그림 그리고 부모를 비롯한 다른 사람들의 영향에 의해 하나님에 대한 순진한 인식을 발달시킬 뿐만 아니라 옳고 그른 것에 대한 직감에 근거해서 초보적인 신앙을 발달시킨다.

2단계는 신화적-문자적 신앙(mythic-literal faith)의 단계로서 7~12세의 아동은 구체적인 사례에 근거하여 논리적인 사고를 발달시킨다. 이 단계의 아동은 정의와 공정성에 대한 믿음을 형성하기 시작하며 도덕적 인과, 즉 선한 행위는 긍정적 결과를 가져오고 악한 행위는 부정적 결과를 가져온다는 것을 인식하게 된다. 특히 종교의 신화적 이야기를 은유적인 것으로 이해하지 못하고 문자 그대로 받아들여

---

90 Fowler, J. W., & Dell, M. L. (2006). Stages of faith from infancy through adolescent: Reflections on three decades of faith development theory. In E. C. Roehlkepartain., P. E. King., L. Wagener., & P. L. Benson (Eds.). *The handbook of spiritual development in childhood and adolescence* (pp.34~45). Sage Publications.

오해하기도 한다.

3단계는 연합적-관습적 신앙(synthetic-conventional faith)의 단계로서 청소년 초기에 시작하며 성인기까지 이어질 수 있다. 이 시기는 피아제의 형식적 조작기에 해당하며 추상적 생각과 개념을 사용하여 하나님의 존재를 추상적인 것으로 인식할 수 있다. 종교집단과 종교지도자의 권위에 강한 영향을 받으며 그에 동조하는 관습적인 신앙을 고수한다.

파울러에 따르면, 1~3단계는 나이와 함께 발달하는 인지능력과 밀접하게 관련되어 있다. 대부분의 사람은 인지발달과 함께 3단계에 이르지만 이 단계에 고착되어 더 이상 발달하지 못한다. 3단계의 신앙은 도전받는 경우가 드물지만, 자신의 신앙과 상반되는 정보를 접하면 커다란 위협감을 느끼며 무시하려고 노력한다. 그러나 내면적인 갈등을 겪으면서 자신의 종교적 믿음을 상반되는 정보와 통합하려는 노력을 기울이기 시작한다.

4단계는 개인화된-성찰적 신앙(individuative-reflective faith)의 단계로서 흔히 20대 중반의 청년기부터 시작되며 신앙의 중요한 변화가 나타난다. 이 시기에는 지금까지 무비판적으로 받아들인 자신의 신념과 가치에 대해서 의문을 제기하면서 깊은 고민과 갈등을 경험하게 된다. 점차 자신의 신념과 가치에 대해 성찰하면서 자기만의 개인화된 신앙을 발달시키기 시작한다. 이 단계는 5~6단계로 나아가기 위한 전이단계로서 종교적 믿음이 좀 더 복잡한 형태로 발전할 뿐만 아니라 다른 종교나 신념에 대한 개방성이 증가한다.

5단계는 통합적 신앙(conjunctive faith)의 단계로서 중년기 또는

그 이후에 나타난다. 이 단계에서는 초월적 가치에 대한 역설적 모순과
신비성을 인정하게 된다. 이러한 인식을 통해서 관습적인 종교적
전통과 믿음을 넘어서는 신앙적 성숙을 이루게 된다. 진리는 어떤
특정한 기준에 의해 흑백논리로 규정할 수 있는 것이 아니라 다양한
관점에 의해 상대적으로 판단될 수 있는 것임을 인정하게 된다. 이처럼
신앙에 대한 다차원적 관점을 형성함으로써 다양한 주장의 모순을
수용하고 통합하면서 겸손한 신앙적 태도를 발달시키게 된다.

6단계는 보편화된 신앙(universalizing faith)의 단계로서 극소수의
사람들만이 이 단계에 도달한다. 이 단계에 도달한 사람들은 세상에서
통용되는 모든 차별을 뛰어넘어 모든 존재를 연민과 사랑의 대상으로
대하게 된다. 자신과 다른 종교적 믿음에 대해서 저항감이나 거부감을
느끼지 않으며 깊이 이해받을 가치가 있는 것으로 존중한다. 이들은
자신이 깨달은 종교적 진리를 설파하고 실현하기 위해 노력한다.
사랑과 자비를 구현하고 모든 생명에 대한 존중을 표현하기 위해
고통스러운 사회적 상황을 변화시키는 적극적인 행동을 비폭력적
방식으로 실천하게 된다. 세상을 변화시키기 위한 이들의 노력은
기존의 사회적, 종교적 가치와 충돌하기 때문에 고난을 받기도 한다.
파울러에 따르면, 이 단계에 도달한 대표적인 인물로는 마하트마
간디, 마틴 루터킹, 테레사 수녀가 있다.

종교성 역시 위대한 지혜의 핵심 요소라고 할 수 있다. 종교성을
갖추지 못한 세속적인 지혜는 죽음, 무의미, 고독과 같은 실존적
문제 상황에서 무력하기 때문이다. 종교성은 인지발달과 도덕성 발달
을 기반으로 함께 발달한다. 종교성의 핵심은 세상과 분리되어 있다는

자아의식과 이기성을 초월할 뿐만 아니라 자신과 타인 그리고 세상 모든 것이 연결되어 있다는 깊은 통찰 속에서 사랑과 자비를 실천하는 것이라고 할 수 있다. 종교성을 갖춘 지혜야말로 인간이 직면하는 현실적 문제와 실존적 딜레마를 해결할 수 있는 가장 높은 수준의 지혜라고 할 수 있다.

5. 세속적 지혜와 초월적 지혜의 조화

지혜는 인간이 추구해야 할 최고의 덕목으로 여겨지는 심리적 역량이다. 20세기 후반부터 심리학자들이 지혜의 다양한 측면을 실증적으로 탐색하고 있지만 지혜의 실체는 아직 충분히 밝혀지고 있지 않다. 지혜는 개인, 상황, 문제에 따라 관여하는 지식과 기능이 다른 다측면적이고 다차원적인 심리적 역량으로서 여러 수준으로 구분될 수 있다.[91]

1) 세속적-초월적 지혜와 개인적-전반적 지혜

지혜는 해결하고자 하는 문제의 영역에 따라 여러 유형으로 구분할 수 있다. 지혜 연구자들은 개인이 자신의 삶에 적용하는 개인적 지혜와 타인의 삶에 대한 조언을 제시하는 전반적 지혜의 속성이 다르다는 점에 동의하고 있다. 또한 지혜는 해결하고자 하는 문제의 성격에 따라 세속적 지혜와 초월적 지혜로 구분할 수 있다. '세속적 지혜'는

91 Walsh, R. (2015). lbid.

삶의 현장에서 직면하는 다양한 현실적인 문제를 해결하는 능력으로서 인습적인 사고체계 내에서 발휘되는 지혜다. 반면에 '초월적 지혜'는 인간의 유한성과 관련된 실존적 문제를 해결하는 심리적 역량으로서 인습적 사회체계에서의 적응이나 행복을 지향하지 않는다는 점에서 '탈속적' 또는 '후인습적' 지혜라고 할 수 있다. 심리학자들은 주로 세속적 지혜의 실체를 밝히는 데 집중하고 있으며, 레빈슨과 같은 일부 학자들만이 초월적 지혜에 관심을 보이고 있을 뿐이다. 개인적-전반적 지혜와 세속적-초월적 지혜의 구분을 조합하면, 지혜는 크게 네 가지 유형으로 나눌 수 있다.

첫째는 '세속적-개인적 지혜'로서 개인의 삶을 이루는 여러 영역(가족, 직업, 건강, 인간관계, 재정 등)에서 발생하는 문제들을 효과적으로 해결하는 능력을 의미한다. 이러한 지혜만을 갖춘 사람은 원만하고 행복한 삶을 영위할 수 있지만, 다른 사람들의 고통과 문제에는 무관심하거나 개입하지 않는 경향이 있다. 또한 이들은 죽음, 무의미, 고독과 같은 실존적 문제의 해결에는 무능하고 무력하다.

둘째는 '세속적-전반적 지혜'이며 인간의 속성과 현실적인 삶에 대한 이해가 깊고 주변사람들이 겪는 다양한 문제에 현명한 조언을 해주는 능력을 의미한다. 이러한 유형의 지혜를 지닌 사람은 주변사람들로부터 '멘토', '상담자', '현자'로 존경받을 수 있다. 그러나 정작 자신과 관련된 문제들은 효과적으로 해결하지 못하여 혼자만의 고민을 지니거나 이해관계가 얽힌 사람들과 갈등을 겪을 수 있다. 이들은 세상살이에 대해서는 탁월한 조언 능력을 지니지만 죽음과 같은 실존적 문제에 대해서는 깊이 있는 해결책을 지니고 있지 못하다.

셋째는 '초월적-개인적 지혜'로서 현실적 문제보다 실존적 문제에 깊은 관심을 지니고 종교적 또는 영적 탐구와 수행에 몰두하여 실존적 문제에 대한 깊은 이해와 통찰을 지닌 경우를 뜻한다. 이러한 지혜만을 지닌 사람은 일상적 삶과 관련된 현실적 문제에 무관심하거나 그러한 문제를 해결하는 능력이 부족하여 가족을 비롯한 주변사람들을 고통스럽게 만들 수 있다. 또한 이들은 개인적 수행과 유유자적한 삶을 추구할 뿐 다른 사람들이 겪는 현실적 또는 실존적 문제에는 무관심하거나 개입하지 않는 경향이 있다.

넷째는 '초월적-전반적 지혜'이며 실존적 문제에 대한 깊은 이해와 통찰을 지니고 그러한 문제로 고민하는 주변사람들에게 탁월한 조언과 해결책을 제시하는 능력을 의미한다. 이러한 지혜를 지닌 사람들은 흔히 종교적 또는 영적 지도자로 추앙받으며 많은 추종자를 거느릴 수 있다. 그러나 이들 중에는 정작 자신의 현실적, 실존적 문제를 충분히 잘 해결하지 못하며 다른 사람에게 공개하지 못하는 개인적인 고민을 지니거나 추종자들과의 관계에서 갈등과 불화를 겪을 수 있다.

이러한 네 가지 유형의 지혜를 모두 갖추는 것이 이상적이지만 그렇지 못한 경우가 일반적이다. 석가모니를 비롯한 특별한 종교지도자들만이 네 가지 유형의 지혜를 두루 갖추고 자신의 현실적, 실존적 문제를 잘 해결할 뿐만 아니라 일반인이 겪는 다양한 문제와 고통을 해결하는 데에도 탁월한 능력을 보였을 것이다. 우리 사회에는 자신의 지혜를 드러내지 않고 유유자적한 삶을 사는 도인들도 있고, 현란한 말로 사람들을 혹세무민惑世誣民하는 가짜-지혜(pseudo-wisdom)를 지닌 사람도 있다. 인간은 위장 능력이 탁월한 존재라서 표리부동表裏

不同하거나 언행불일치言行不一致를 나타내는 경우가 흔하기 때문에 한 사람의 지혜를 판단하는 것은 매우 어려운 일이다.

사람마다 추구하는 지혜의 유형이 다를 뿐만 아니라 소유하고 있는 지혜의 유형도 다르다. 많은 사람은 행복과 성공을 위한 세속적-개인적 지혜를 추구하는 경향이 있지만, 생사문제를 화택火宅으로 여기며 초월적-개인적 지혜의 추구에 전념하는 사람도 있다. 다른 사람의 삶에 개입하는 것이 무모한 일이라고 생각하는 사람도 있지만, 다른 사람의 문제를 해결해 주는 일에서 보람과 의미를 느끼는 사람도 있다. 이처럼 대부분의 사람은 네 유형의 지혜 중 일부만을 지니고 살아간다.

네 유형의 지혜는 서로 어떤 관계를 지니고 있을까? 사람마다 추구하는 지혜가 다른 이유는 삶의 원동력인 욕구의 초점이 다르기 때문이다. 저명한 인본주의 심리학자인 에이브러햄 매슬로[92]에 따르면, 인간의 욕구는 〈그림 6〉과 같이 다양한 위계로 구분할 수 있다. 일반적으로 하위 욕구가 충족되어야 상위 욕구로 나아간다. 구체적으로, 생리적 욕구와 안전 욕구와 같은 기본적인 하위 욕구가 충족되어야 애정과 소속감을 추구하고 사회적 인정과 존중, 자기실현과 같은 상위 욕구로 나아간다. 자기실현의 단계까지 나아가는 사람은 드물지만, 자기실현을 충분히 이룬 사람들은 이기성을 극복하고 이타적인 성향을 나타내며 자기초월을 지향한다. 말년에 매슬로는 욕구 위계의 정점에 자기초월 욕구가 존재한다고 주장했다.

---

[92] Maslow, A. H. (1969). Various meanings of transcendence. *Journal of Transpersonal Psychology, 1*, 56-66.

〈그림 6〉 매슬로가 제시한 욕구의 위계

　매슬로의 견해에 따르면, 세속적 욕구가 잘 충족되어야 자기초월의 욕구가 나타날 수 있다. 세속적 지혜는 초월적 지혜로 나아가는 기반이 된다. 세속적 지혜가 반드시 초월적 지혜로 이어지는 것은 아니지만, 세속적 지혜의 바탕 없이 초월적 지혜가 발달하기 어렵다. 세속적 행복을 충분히 경험한 사람이 그 허망함을 깨닫고 더 높은 가치를 찾아 자기초월의 단계로 나아갈 수 있다. 또한 개인적 지혜를 쌓은 후에 전반적 지혜로 발전할 수 있다. 공자가 제시했듯이, 수신修身과 제가齊家를 위한 개인적 지혜를 함양하고 나서 치국治國과 평천하平天下를 위한 전반적 지혜로 나아가는 것이 자연스러운 순서인지 모른다. 그러나 지혜로 나아가는 길은 여러 갈래가 있는 듯하다. 세속적 행복 추구가 처절하게 좌절된 사람들이 그 집착과 미련에서 벗어나 자기초월의 길에 매진할 수도 있다. 모든 사람이 매슬로의 욕구 위계를 순서대로 나아가는 것은 아니다. 욕구의 위계를 건너뛸 수도 있고, 상위 욕구가 좌절되면 하위 욕구로 퇴행할 수도 있다. 개인의 관심사는 평생 욕구의 위계를 오르내리기 때문에 초심初心을 유지하기가 어려운 것인지 모른다.

2) 심리학자가 바라본 불교적 지혜

불교는 지혜를 추구하는 종교다. 불교는 세속적 지혜보다 초월적 지혜를 추구하는 종교다. 2,600년 전 석가모니가 왕자의 자리를 버리고 출가한 것은 세속적 행복을 위한 지혜를 구함이 아니라 생사의 고뇌에서 벗어날 수 있는 초월적 지혜를 구하기 위함이었다. 석가모니는 6년간의 수행 끝에 보리수 밑에서 명상을 하는 중에 깨달음을 얻고 모든 고통에서 영원히 벗어나는 열반의 경지에 도달했다고 전해진다.

과연 석가모니가 보리수 아래에서 깨달은 지혜는 무엇이었을까? 석가모니가 깨달은 초월적 지혜는 여러 경전을 통해 전해지고 있고 그 핵심이 사성제四聖諦, 연기緣起, 중도中道로 요약되고 있다. 석가모니가 해결하고자 했던 가장 중요한 문제는 생로병사의 고통, 즉 삶의 욕망과 죽음의 운명 사이의 실존적 딜레마였다. 자기 존재를 영원히 유지하고자 하는 집요한 욕망과 죽음으로 인해 자기 존재가 영원히 소멸하는 필연적 운명 사이의 딜레마였다.

실존적 딜레마를 해소하는 불교적 지혜의 핵심은 삼법인三法印에 잘 표현되어 있다. 제행무상諸行無常은 이 세상 모든 것이 성주괴공成住壞空하며 끊임없이 변화한다는 깨달음이다. 자기 자신을 비롯하여 세상 사물이 변함없이 지속된다고 믿는 무지와 집착에서 벗어나게 하는 지혜라고 할 수 있다. 일체개고一切皆苦는 변화 속에서 불안정한 상태로 살아가는 모든 것이 괴로움이라는 깨달음이다. 인간은 행복과 성공을 추구하며 살아가지만, 모든 기쁨과 성취가 결국에는 무너지고 사라진다는 깊은 지혜를 의미한다. 제법무아諸法無我는 개인을 비롯하여 모든 존재가 그 자체로 독립적인 정체성을 지니지 못한다는 깨달음이다. 중중무진重重無盡의 연기 속에서 일시적으로 존재하는 모든 것은 그 자체로 독립적인 정체성을 지닐 수 없다. 이러한 지혜를 깊이 체득하면 열반적정涅槃寂靜의 상태에 이를 수 있다는 깨달음을 추가하면 사법인四法印이 된다.

불교는 감각적 인식과 언어적 개념의 근간을 이루는 이분법적 사고를 극복하기 위해서 양변兩邊에 집착하지 않는 중도中道의 지혜를 강조하고 있다. '생사불이生死不二', '색즉시공色卽是空 공즉시색空卽是色', '번뇌즉보리煩惱卽菩提', '일즉다一卽多 다즉일多卽一', '진공묘유眞空妙有'와 같은 불교적 표현은 일반인의 마음에 깊이 각인된 이분법적 사고를 넘어선 초월적 지혜를 반영하는 것이라고 할 수 있다. 삶의 무상한 변화에 일희일비一喜一悲하지 않고 실존적 문제와 죽음 불안에서 해방된 평정심, 즉 평화로운 가운데 자유로운 마음을 지니려면 초월적 지혜가 필요하다.

불교의 초월적 지혜를 증득하면 실존적 고뇌에서 벗어나 해탈의 경지에 들 수 있지만, 새로운 문제가 대두된다. 보리수 아래에서 출가의 목적을 성취한 석가모니는 자신이 깨달은 오묘한 지혜를 다른 사람에게 전할 것인지 고민한다. 석가모니는 자신의 깨달음을 개인적 지혜로 홀로 지닐 것인지 아니면 전반적 지혜로 확장할 것인지를 고민한 것이다. 결국 자신의 깨달음을 다른 사람에게 전달하기로 결심하고 열반에 들기까지 전법傳法의 고달픈 삶을 살았다. 차마 중생의 고통을 외면할 수 없어 몸과 마음의 고달픔과 번거로움을 기꺼이 감수한 것은 바로 자비慈悲의 마음이었다.

석가모니가 초전법륜初轉法輪을 통해 깨달음을 전하기 시작하면서 많은 사람이 모여들고 수행자 집단이 형성되었다. 이들이 먹고 자고 수행하기 위한 의식주의 현실적 문제를 해결해야 했으며, 여러 사람이 모여 공동생활을 하면 필연적으로 발생하는 관계 갈등과 견해 차이를 조정해야 하는 문제도 해결해야 했다. 석가모니는 개인적-초월적 지혜를 성취한 후에 전반적-초월적 지혜로 나아갔다. 그리고 자신과 수행자들의 의식주와 인간관계를 조절하는 개인적-세속적 지혜뿐만 아니라 중생들이 겪는 다양한 현실적 문제를 해결하도록 조언과 도움을 제공하는 전반적-세속적 지혜를 발휘해야만 했다. 석가모니는 80세에 열반하기까지 여러 곳을 돌아다니며 많은 사람을 만나 다양한 경험을 쌓으며 사람들의 근기根機에 따라 적절하게 설법하는 지혜가 점점 더 성숙하면서 네 유형의 지혜를 두루 갖춘 성자聖者로 추앙받게 된 것이다.

대승불교는 개인적 지혜를 전반적 지혜로 확장하려는 불교운동이라고 할 수 있다. 대승불교에서 제시하는 이상적 인간상인 보살菩薩은 상구보리上求菩提와 하화중생下化衆生을 추구하는 자리이타自利利他의 도덕성을 갖추고 있다. 중중무진 연기의 깨달음을 통해 동체대비同體大悲의 자비심으로 중생의 이고득락離苦得樂을 돕는다. 상구보리가 개인적-초월적 지혜를 추구하는 노력이라면, 하화중생은 일반인의 문제해결을 위한 전반적-세속적 지혜를 실천하는 노력이라고 할 수 있다.

불교계에서는 지혜의 유형과 관련된 논란이 많았던 듯하다. 진속이제眞俗二諦의 주장처럼, 진제眞諦는 초월적 지혜를 반영하고 속제俗諦는 세속적 지혜를 의미하는 것으로 볼 수 있다. 진여문眞如門에서는 초월적 지혜가 솟아나고, 생멸문生滅門에서는 세속적 지혜가 힘을 발휘한다. 세속에서 살든 산사에서 살든, 인간은 두 발을 땅에 딛고 머리를 하늘로 향하며 살아야 한다. 세속적 지혜만으로는 인생의 허무감을 이겨내기 어렵고, 초월적 지혜만으로는 냉혹한 현실에서 배고픈 외톨이가 될 수밖에 없다. 세속적 지혜와 초월적 지혜의 조화가 중요하다. 세속적 지혜는 초월적 지혜의 안목 안에서 실행되고, 초월적 지혜는 세속적 지혜의 수단 속에서 발현될 수 있다. 진속이제의 이분법적 구분을 초월하여 중도中道를 취해야 한다는 이제합명중도설二諦合明中道說이나 공空·가假·중中의 원융삼제설圓融三諦說은 세속적 지혜와 초월적 지혜의 조화를 강조하는 주장으로 이해할 수 있다.

3) 지혜 교육의 중요성

지혜를 탐구하는 궁극적인 목적은 지혜의 실체를 밝힘으로써 인류의 지혜를 증진하는 것이다. 우리 자신의 지혜 증진뿐만 아니라 후속세대가 좀 더 행복한 삶과 평화로운 세상을 만들 수 있도록 지혜를 교육하는 일이다. 현대사회가 빠른 속도로 복잡하게 변하면서 현대인은 스트레스에 시달리고 있다. 복잡한 사회에서 멀티태스킹(multi-tasking)을 하며 살아가야 하는 현대인들은 무엇보다 자신의 삶을 잘 경영하는 지혜가 필요하다. 이런 점에서 현대사회는 무엇보다 지혜 교육이 필요한 시대다. 교육기관은 과연 학생들에게 무엇을 교육하고 있는가? 가정에서 부모는 자녀에게 무엇을 가르치고 있는가? 기성세대가 후속세대의 행복을 위해서 무엇을 가장 소중하게 전달해야 할지 고민해야 할 때다. 후속세대의 지혜를 함양하려면, 구체적으로 어떤 내용을 어떤 방식으로 교육할 것인지에 대한 준비가 필요하다. 미국과 같은 일부 국가에서는 이미 공식적인 교육기관에서 학생들에게 지혜교육을 시행하고 있다.[93]

한국불교 역시 승려와 신도의 교육을 재점검해 볼 필요가 있다. 불교는 한국사회에서 어떤 역할을 하고 있는가? 승려들은 어떤 교육과정을 통해서 양성되어야 하고 사회에서 어떤 역할을 해야 하는가? 대승의 보살정신을 효율적으로 실천하기 위해서는 개인적 지혜와 전반적 지혜, 그리고 세속적 지혜와 초월적 지혜의 육성을 위한 체계적 교육과 효율적인 수행프로그램이 필요하다. 불교는 초월적 지혜의 보고이고, 심리학은 세속적 지혜의 공장이다. 최근에 심리학계는 지혜를 육성하는 불교의 수행방법에 깊은 관심을 보이며 심리치료에 활용하고 있다. 불교계에서도 현대인의 심리적 문제를 이해하고 치유하는 심리학의 지식과 방법에 관심을 가질 필요가 있다.

21세기의 인류문명은 현란하게 발전하고 있지만 그만큼 심각한 위기에 직면하고 있다. 지구환경의 파괴, 핵무기의 위협, 경제 양극화, 인공지능(AI)의 도전과 같이 인류의 생존과 평화를 위협하는 매우

---

93 Sternberg, R. J. (2001). Why schools should teach for wisdom: The balance theory of wisdom in educational settings. *Educational Psychologist, 36,* 227-245.

중요한 난제가 우리 앞에 놓여 있다. 현대사회의 물질문명은 발전하고 있지만, 현대인의 심리적 고통은 심화되고 있다. 우울증, 불안장애, 중독문제를 비롯하여 다양한 심리적 문제가 증가하고 있다. 지혜의 실체를 밝히고 지혜의 함양 방법을 탐구하는 것은 인류의 행복을 증진하는 것뿐만 아니라 인류의 생존 가능성을 증가시키는 데에도 중요하다.

참고문헌

권석만, 『긍정심리학: 행복의 과학적 탐구』, 학지사, 2008.

김민희, 「한국인의 지혜 개념 탐색과 중·노년기 삶에서 지혜의 의미」, 서울대학교 박사학위 논문, 2008.

네이버 국어사전: https://ko.dict.naver.com/#/entry/koko/161bd22e51954d7c8 d4d67c517ba904b.

161bd22e51954d7c8d4d67c517ba904b.

Aldwin, C. M. (2009). Gender and wisdom: A brief overview. *Research in Human Development, 6*(1), 1-8.

American Heritage Dictionary of The English Language: https://www.ahdic tionary.com/word/search.html?q=wisdom.

Ardelt, M. (1997). Wisdom and life satisfaction in old age. *Journal ofGerontology, 52*, 15-27.

Ardelt, M. (1998). Social crisis and individual growth: The long-term effects of the Great Depression. *Journal of Aging Studies. 12*, 291-314.

Ardelt, M. (2000). Still stable after all these years? Personality stability theory revisited. *Social Psychology Quarterly, 63*, 392-405.

Ardelt, M. (2003). Empirical assessment of a Three-Dimensional Wisdom Scale. *Research on Aging, 25(3)*, 275-324.

Baltes, P. B., & Kunzmann, U. (2004). The two faces of wisdom: Wisdom as a general theory of knowledge and judgment about excellence in mind and virtue vs. wisdom as everyday realization in people and products. *Human Development, 47*(5), 290-299.

Baltes, P. B., & Smith, J. (1990). Toward a psychology of wisdom and its ontogenesis. In R. J. Sternberg (Ed.), *Wisdom: Its nature, origins, and development* (pp.87~120). Cambridge University Press.

Baltes, P. B., & Smith, J. (2008). The fascination of wisdom: Its nature, ontogeny, and function. *Perspectives on Psychological Science, 3*(1), 56–64.

Baltes, P. B., & Staudinger, U. M. (1993). The search for a psychology of wisdom. *Current Directions in Psychological Science, 2*, 75–80.

Birren, J. E., & Fisher, L. M. (1990). The elements of wisdom: Overview and integration. In R. J. Sternberg (Ed.), *Wisdom: Its nature, origins, and development* (pp.317~332). Cambridge University Press.

Clayton, V. P. (1975). Erikson's theory of human development as it applies to the aged: Wisdom as contradictory cognition. *Human Development, 18*, 119–128.

Clayton, V. P. (1982). Wisdom and intelligence: The nature and function of knowledge in the later years. *International Journal of Aging and Development, 15*, 315–323.

Clayton, V. P., & Birren, J. E. (1980). The development of wisdom across the life span: a reexamination of an ancient topic. In P. B. Baltes & J. O. G. Brim (Eds.), *Life-Span Development and Behavior* (pp.103~35). New York: Academic.

Csikszentmihalyi, M., & Rathunde, K. (1990). The psychology of wisdom: An evolutionary interpretation. In R. J. Sternberg (Ed.), *Wisdom: Its nature, origins, and development* (pp.25~51). Cambridge University Press.

Curnow, T. (1999). *Wisdom, Intuition, and Ethics.* Aldershot, UK: Ashgate.

Diener, E. (1984). Subjective well-being. *Psychological Bulletin, 193*, 542–575.

Diener, E. (1994). Assessing subjective well-being: Progress and opportunities. *Social Indicators Research, 31*, 103–157.

Erikson, E. H. (1959). *Identity and the life cycle.* International University Press.

Fowler, J. W. (1981). *Stages of faith: The psychology of human development and the quest for meaning.* HarperCollins.

Fowler, J. W., & Dell, M. L. (2006). Stages of faith from infancy through adolescent: Reflections on three decades of faith development theory. In E. C. Roehlkepartain., P. E. King., L. Wagener., & P. L. Benson (Eds.). *The handbook of spiritual development in childhood and adolescence* (pp.34~45). Sage Publications.

GlückJ. (2024). Wisdom and aging. *Current Opinion in Psychology, 55*, 101742.

Glück, J., & Bluck, S. (2007). Looking back across the life span: A life story account of the reminiscence bump. *Memory & Cognition, 35*(8), 1928–1939.

Glück, J., & Bluck, S. (2011). Laypeople's conceptions of wisdom and its development: Cognitive and integrative views. *The Journals of Gerontology: Series B, 66*(3), 321–324.

Glück, J., & Bluck. S. (2013). The MORE life experience model: A theory of the development of personal wisdom. In M. Ferrari and N.M. Weststrate (Eds), *The scientific study of personal wisdom: From contemplative traditions to neuroscience* (pp.75~97), Springer.

Glück, J., Weststrate, N. M., & Scherpf, A. (2022). Looking beyond linear: A closer examination of the relationship between wisdom and wellbeing. *Journal of Happiness Studies, 23*(7), 3285–3313.

Grossmann, I., Weststrate, N. M., et al. (2020). The science of wisdom in a polarized world: Knowns and unknowns. *Psychological Inquiry, 31*(2), 103–133.

Hall, G. S. (1922). *Senescence: The last half of life.* Appleton.

Hartman, P. S. (2001). *Women developing wisdom: Antecedents andcorrelates in a longitudinal sample.* Unpublished doctoral dissertation, University of Michigan, Ann Arbor.

Helson, R., & Wink, P. (1997). Practical and transcendent wisdom: Their nature and some longitudinal findings. *Journal of Adult Development, 4(1),* 1–15.

Jeste, D. V., Ardelt, M., Blazer, D., Kraemer, H. C., Valillant, G., & Meeks, T. W. (2010). Expert consensus on characteristics of wisdom: A Delphi method study. *The Gerontologist. 50*(5), 668-680.

Jeste, D. V., & Lee, E. E. (2019). The emerging empirical science of wisdom: Definition, measurement, neurobiology, longevity, and interventions. *Harvard Review of Psychiatry, 27*(3), 127-140.

Kohlberg, L. (1976). Moral stages and moralization: The cognitive-developmental approach. In T. Lickona (Ed.), Moral development and behavior: Theory, research and social issures (pp.31~53), New York: Holt, Rinehart & Winston.

Kramer, D. A. (1990). Conceptualizing wisdom: The primacy of affect-cognition relations. In R. J. Sternberg (Ed.), *Wisdom: Its nature, origins, and development* (pp.279~313). Cambridge University Press.

Kunzmann, U. & Baltes, P. B. (2003). Wisdom-related knowledge: Affective, motivational, and interpersonal correlates. *Personality and Social Psychology Bulletin, 29,* 1104-1119.

Labouvie-Vief, G. (1990). Wisdom as integrated thought: historical and developmental perspectives. In R. J. Sternberg (Ed.), *Wisdom: Its nature, origins, and development* (pp.52~83). Cambridge University Press.

Levenson, M. R., Jennings, P. A., Aldwin, C. M., & Shiraishi, R. W. (2005). Self-transcendence: Conceptualization and measurement. *International Journal of Aging and Human Development, 60*(2), 127-143.

Levitt, H. M. (1999). The development of wisdom: An analysis of Tibetan Buddhist experience. *Journal of Humanistic Psychology, 39,* 86-105.

Marchand, H. (1998). Wisdom: A case of high level of human performance.In A. C. Quelhas & F. Pereira (Eds.), *Cognition and context* (pp.367~380). Basil Blackwell.

Maslow, A. H. (1969). Various meanings of transcendence. *Journal of Transpersonal Psychology, 1,* 56-66.

Meacham, J. A. (1990). The loss of wisdom. In R. J. Sternberg (Ed.), *Wisdom: Its nature, origins, and development* (pp.181~211). Cambridge University Press.

Mickler, C., & Staudinger, U. M. (2008). Personal wisdom: Validation and age-related differences of a performance measure. *Psychology and Aging, 23*(4), 787–799.

Oxford English Dictionary: https://www.oed.com/search/dictionary/?scope=Entries&q=wisdom.

Pasupathi, M., Staudinger, U. M., & Baltes, P. B. (2001). Seeds of wisdom: Adolescents' knowledge and judgment about difficult life problems. *Developmental Psychology, 37*, 351–361.

Permutter, M., Adams, C., Nyquist, L., & Kaplan, C. (1988). Beliefs about wisdom, Unpublished data.

Paulhus, D. L., Wehr, P., Harms, P. D., & Strasser, D. I. (2002). Use of exemplar surveys to reveal implicit types of intelligence. *Personality and Social Psychology Bulletin, 28*, 1051–1062.

Peterson C., & Seligman, M. E. P. (2004). *Character strengths and virtues: A handbook and classification*. American Psychological Association.

Piaget, J. (1950). *The psychology of intelligence*. Routledge.

Ryff, C. D. (1989). Happiness is everything, or is it? Explorations on the meaning of psychological well-being. *Journal of Personality and Social Psychology, 57*, 1069–1081.

Sowarka, D. (1989). Wisdom and wise persons: common-sense views from elderly people. *Zeitschrift für Entwicklungspsychologie und Pädagogische Psychologie, 21*, 87–109.

Staudinger, U. M., & Glück, J. (2011). Psychological wisdom research: Commonalities and difference in a growing field. *Annual Review of Psychology, 62*, 215–241.

Staudinger, U. M., Lopez, D. F., & Baltes, P. B. (1997). The psychometric location of wisdom-related performance: Intelligence, personality, and more? *Personality and Social Psychological Bulletin, 23*, 1200–1214.

Staudinger, U. M., Smith, J., & Baltes, P. B. (1992). Wisdom-related knowledge in a life review task: Age differences and the role ofprofessional specialization. *Psychology and Aging, 7*, 271-281.

Sternberg, R. J. (1998). A balance theory of wisdom. *Review of General Psychology, 2*, 347-365.

Sternberg, R. J. (2000). Intelligence and wisdom. In R. J. Sternberg (Ed.), *Handbook of intelligence* (pp.631~649). Cambridge University Press.

Sternberg, R. J. (2001). Why schools should teach for wisdom: The balance theory of wisdom in educational settings. *Educational Psychologist, 36*, 227-245.

Sternberg, R. J. (2019). Four ways to conceive of wisdom: Wisdom as a funcdtion of person, situation, person/situation interaction, or action. *The Journal of Value Inquiry, 53*, 479-485.

Takahashi, M., & Bordia, P. (2000). The concept of wisdom: a cross-cultural comparison. *International Journal of Psychology, 35*, 1-9.

Tedeschi, R. G., & Calhoun, L. G. (2004). The posttraumatic growth: Conceptual foundation and empirical evidence. *Psychological Inquiry, 15*, 93-102.

Tornstam, L. (1994). Gero-transcendence: A theoretical and empirical exploration. In L. E. Thomas & S. A. Eisenhandler (Eds.), *Aging and the religious dimension* (pp.203~225). Auburn House.

Walsh, R. (2015). What is wisdom? Cross-cultural and cross-disciplinary syntheses. *Review of General Psychology, 19*(3), 278-293.

Wang, Z., Wang, Y., Li, K., Shi, J., & Wang F. (2022). The comparison of the wisdom view in Chinese and Western cultures. *Current Psychology, 41*, 8032-8043.

Webster, J. D. (2003). An exploratory analysis of a self-assessed wisdom scale. *Journal of Adult Development, 10*(1), 13-22.

Weststrate, N. M., & Glück, J. (2017). Wiser but not sadder, blissful but not ignorant: Exploring the co-development of wisdom and well-being over time. In M. D. Robinson & M. Eid (Eds.), *The happy mind: Cognitive con-*

tributions to well-being (pp.459~480). Springer.

Wink, P., & Helson, R. (1997). Practical and transcendent wisdom: Their nature and some longitudinal findings. *Journal of Adult Development, 4,* 1~15.

■ 책을 만든 사람들

박찬욱 (밝은사람들연구소장)

한자경 (이화여자대학교 철학과 교수)

이필원 (동국대학교 WISE캠퍼스 교양융합교육원 교수)

장진영 (원광대학교 마음인문학연구소장)

김호귀 (동국대학교 불교문화연구원 교수)

이진우 (포스텍 인문사회학부 명예교수)

권석만 (서울대학교 심리학과 명예교수)

'밝은사람들연구소'에서 진행하는 학술연찬회에 관심이 있으신 분은
전화(02-720-3629)나 메일(happybosal@hanmail.net)로 연락하시면
관련 소식을 받아보실 수 있습니다.

유튜브(www.youtube.com)에서 "밝은사람들연구소"를 검색하시면,
지난 학술연찬회의 주제발표와 종합토론 영상을 시청하실 수 있습니다.

지혜, 타고나는가 배워지는가

초판 1쇄 인쇄 2024년 10월 22일 | **초판 1쇄 발행** 2024년 10월 31일
집필 이필원 외 | **펴낸이** 김시열
펴낸곳 도서출판 운주사
　　　(02832) 서울시 성북구 동소문로 67-1 성심빌딩 3층
　　　전화 (02) 926-8361 | 팩스 0505-115-8361
ISBN 978-89-5746-853-1 94000   값 25,000원
ISBN 978-89-5746-411-3 (세트)
http://cafe.daum.net/unjubooks 〈다음카페: 도서출판 운주사〉